SA-69

Die Deutsche Bibliothek – CIP-Einheitsaufnahme

Keuchel, Stephan:
Wirkungsanalyse von Massnahmen zur Beeinflussung des Verkehrsmittelwahlverhaltens : eine empirische Untersuchung am Beispiel des Berufsverkehrs der Stadt Münster/Westfalen / Stephan Keuchel. - Göttingen : Vandenhoeck und Ruprecht, 1994
   (Beiträge aus dem Institut für Verkehrswissenschaft an der Universität Münster ; H. 131)
   ISBN 3-525-85872-8
NE: Institut für Verkehrswissenschaft <Münster, Westfalen> : Beiträge aus dem ...

SCHRIFTLEITUNG: FRIEDRICH VON STACKELBERG

Die Veröffentlichung des vorliegenden Bandes erfolgt durch die Gesellschaft zur Förderung der Verkehrswissenschaft an der Universität Münster e.V.

© Institut für Verkehrswissenschaft an der Universität Münster 1994
Printed in Germany
Ohne ausdrückliche Genehmigung des Instituts ist es nicht gestattet, das Buch oder Teile daraus auf foto- oder akustomechanischem Wege zu vervielfältigen

Vorwort des Herausgebers

Die Forderung nach maßnahmensensitiven Verkehrsmodellen ist nicht neu, sondern eine mittlerweile ständige Begleiterin der Verkehrsforschung. Angesichts der immer mehr drängenden Verkehrsprobleme sehen sich die Verkehrsplaner zunehmendem Handlungsdruck ausgesetzt. Dabei stellt sich immer häufiger die Aufgabe, neuartige infrastrukturelle, betriebliche oder verkehrspolitische Maßnahmen zu entwickeln und in ihrer Wirkung abzuschätzen. Traditionelle Methdoen sind aus unterschiedlichen Gründen nicht immer geeignet, Veränderungen in der Gestaltung der Verkehrssysteme und der Preisstrukturen problemadäquat abzubilden.

Die Entwicklung von Methoden, die zur Beurteilung dieser Maßnahmen geeignet sind, geht langsam voran. Ein wichtige Gruppe solcher Methoden wird vor allem im englischsprachigen Raum seit mittlerweile mehr als einem Jahrzehnt entwickelt. Die unterschiedlichen einstellungsorientierten Verfahren sind unter den Namen Stated Preferences oder Conjoint-Analysis bekannt. In der Bundesrepublik Deutschland haben sie bislang keine entsprechende Verbreitung gefunden.

Die vorliegende Dissertation stellt die Methodik dieser Ansätze mit ihrem breiten Analysespektrum vor und demonstriert ihre Anwendung am Fall der Wirkungsanalyse von Maßnahmen zur Beeinflussung des Verkehrsmittelwahlverhaltens am Beispiel des Berufsverkehrs einer Großstadt. Mit Hilfe der konjunkten Analyse werden Verkehrsmittelwahlmodelle auf der Basis individueller Präferenzen bezüglich der verschiedenen Verkehrssystemeigenschaften erstellt. Die strukturerhaltende Abbildung individueller Abwägungsprozesse erlaubt es auch, Rahmenbedingungen in die Analyse einzubeziehen, die die individuellen Alternativenfelder auf jeweils unterschiedliche Weise begrenzen. Damit wird eine sehr differenzierte Analyse der Verkehrsmittelwahl unter Berücksichtigung eines erweiterten Modal Split ermöglicht und eine Überprüfung der hier untersuchten Leitfragen 'Kann der öffentliche Nahverkehr so attraktiv gestaltet werden, daß er wesentliche Anteile der Pkw-Einzelfahrer im Berufsverkehr zum Umstieg bewegt?' und 'Welche Verkehrsmittelwahl treffen Pkw-Einzelfahrer, wenn sie sich einschränkenden Maßnahmen gegenübersehen?' erlauben.

Der hiermit vorliegenden Arbeit ist zu wünschen, daß sie Impulse für die Entwicklung weiterer Ansätze dieser Art und deren Anwendung in der verkehrsplanerischen Praxis zu leisten vermag. Denn die Unsicherheit über die Folgen einer Veränderung grundlegender Eigenschaften unserer heutigen Verkehrssysteme sind einer der Hauptgründe für den mangelnden politischen Willen, das ökologisch und ökonomisch Vernünftige zu veranlassen, ehe die Krise manifest ist.

Mit dem Autor zusammen möchte ich der Gesellschaft zur Förderung der Verkehrswissenschaft an der Universität Münster e.V. herzlich danken, die in diesem Fall nicht nur die Publikationskosten übernahm, sondern auch die empirischen Arbeiten zu dieser Studie finanzierte. Dank gebührt auch den Mitarbeitern des Instituts, allen voran *Andreas Brenck*, für vielfältige Diskussion und Anregungen. Weiterer Dank gebührt schließlich den studentischen Mitarbeiterinnen und Mitarbeitern, *Christina Flamme*, *Dorothee Gerhard*, *Katja Götz*, *Christian Hübschen*, *Gunnar Knitschky*, *Stefan Poggemann* und *Stefan Tigges*, die mit großem Elan die Interviews geführt und die Daten EDV-gerecht aufbereitet haben.

Münster im Mai 1994   Hans-Jürgen Ewers

Inhaltsverzeichnis

Seite

Gliederung 6

Abbildungsverzeichnis 10

Tabellenverzeichnis 11

Abkürzungsverzeichnis 15

I. Einleitung 16
II. Ökonomische Anforderungen an Maßnahmen zur Beeinflussung
    der Verkehrsmittelwahl 20
    A. ÖPNV im sozioökonomischen Kontext der Stadtentwicklung ... 20
    B. Einflußgrößen auf die Verkehrsmittelwahl 32
    C. Maßnahmenprogramme 64
III. Methodische Aspekte der Modal Split-Analyse 73
    A. Methodische Ansätze 73
    B. Modellansätze der Conjoint-Analyse 94
IV. Empirische Analyse des Berufsverkehrs der Stadt Münster 123
    A. Rahmenbedingungen 123
    B. Festlegung des Untersuchungsdesigns 130
    C. Wahl des Präferenzmodells 136
    D. Erhebung der Daten 137
    E. Beschreibung der Stichprobe 139
    F. Validität der Ergebnisse 186
    G. Marktsegmentierung 196
    H. Simulation von Maßnahmewirkungen 209
V. Zusammenfassung 239

Anhang 247

Literaturverzeichnis 260

Gliederung

Seite

I. Einleitung ... 16

II. Ökonomische Anforderungen an Maßnahmen zur Beeinflussung der Verkehrsmittelwahl ... 20
   A. ÖPNV im sozioökonomischen Kontext der Stadtentwicklung ... 20
      1. Wirtschaftliche Entwicklung und Wanderungsbewegungen ... 20
      2. Städtebauliche Leitbilder ... 22
      3. Verkehrspolitische Leitbilder ... 24
         a) Allgemeine Zielvorstellungen ... 24
         b) Teilkonzeption: Beeinflussung des Modal Split ... 26
   B. Einflußgrößen auf die Verkehrsmittelwahl ... 32
      1. Merkmale der Fahrt ... 32
         a) Fahrtzweck ... 32
         b) Wegeketten ... 33
         c) Weglänge ... 34
         d) Zeitpunkt der Fahrt ... 36
         e) Zahl der Teilnehmer ... 37
      2. Sozioökonomische Merkmale der Verkehrsnachfrager ... 37
         a) Merkmale der Einzelperson ... 37
            a_1) Alter ... 37
            a_2) Geschlecht ... 38
            a_3) Berufstätigkeit ... 39
            a_4) Pkw-Besitz ... 40
            a_5) Behinderung ... 41
            a_6) Subjektive Einflußfaktoren ... 42
         b) Merkmale des Haushalts ... 44
            b_1) Haushaltsstruktur ... 44
            b_2) Pkw-Verfügbarkeit ... 45
      3. Merkmale des Verkehrssystems ... 48
         a) Kosten der Verkehrsmittelbenutzung ... 48
            a_1) Fahrtkosten des Pkw ... 48
            a_2) Fahrtkosten der öffentlichen Verkehrsmittel ... 50
            a_3) Preiselastizitäten ... 51
         b) Zeitbedarf der Verkehrsmittelnutzung ... 54
            b_1) Ablaufstrukturmuster ... 54
               b_{11}) Pkw-Einzelfahrt ... 54
               b_{12}) Mitfahrgemeinschaft ... 56
               b_{13}) Öffentlicher Personenverkehr ... 57
               b_{14}) Park & Ride ... 59

Seite

       b_2) Zeitwahrnehmung und Zeitbewertung 60
       b_3) Geschwindigkeitselastizität der Nachfrage 62
    c) Qualitätsfaktoren 63
  C. Maßnahmenprogramme 64
    1. Verkehrssystemmanagement 64
    2. Verkehrsträgerspezifische Maßnahmen 65
      a) Pkw-Einzelfahrt 65
      b) Mitfahrgemeinschaften 67
      c) Öffentlicher Personenverkehr 68
      d) Park & Ride 71
    3. Ökonomische Kriterien für den Maßnahmeneinsatz 71

III. Methodische Aspekte der Modal Split-Analyse 73
  A. Methodische Ansätze 73
    1. Aggregierte Verkehrsnachfragemodelle 73
      a) Verkehrserzeugung 74
      b) Verkehrsverteilung 74
      c) Verkehrsteilung (Modal Split) 76
      d) Verkehrswegewahl (Verkehrsumlegung) 78
      e) Rückkopplungen 79
      f) Kritik der Abbildung der Verkehrsmittelwahl 80
    2. Disaggregierte, verhaltensorientierte Modelle 82
      a) Der strict utility-Ansatz 83
      b) Der random utility-Ansatz 84
      c) Mobilitäts- und Verkehrsmittelwahlentscheidungen 90
      d) Kritik der verhaltensorientierten Modelle 92
  B. Modellansätze der Conjoint-Analyse 94
    1. Begriffsbestimmung 94
    2. Methodischer Aufbau einer Conjoint-Analyse 95
      a) Zielbestimmung 95
      b) Untersuchung des Verkehrsumfeldes 96
      c) Präferenzmodelle 99
      d) Datenerhebung 101
        d_1) Stichprobenplan 101
        d_2) Festlegung der Verkehrsmittelalternativen/Stimuli ... 103
        d_3) Präsentation der Alternativen 106
        d_4) Methoden der Präferenzmessung 107
        d_5) Methoden der Durchführung 109
      e) Validitätsprüfung 110
        e_1) Interne Validität 110
        e_2) Externe Validität 114

Seite

    f) Marktsegmentierung 115
    g) Simulationsstudien 120
    h) Kritik an der Conjoint-Analyse... 122

IV. Empirische Analyse des Berufsverkehrs der Stadt Münster 123
    A. Rahmenbedingungen 123
       1. Verkehrsentwicklung der Stadt 123
       2. Immissionsentwicklung 125
       3. Verkehrspolitische Zielvorstellungen 126
          a) Verkehrskonzept zum Gesamtverkehrsplan 1986 126
          b) Maßnahmenprogramm zum GVP 86 128
          c) ÖPNV-Förderprogramm 1991 128
    B. Festlegung des Untersuchungsdesigns 130
       1. Verkehrsinfrastruktur.. 130
       2. Merkmale der alternativen Verkehrsmittel 133
       3. Ausprägungen 134
       4. Merkmalsprofile 135
    C. Wahl des Präferenzmodells.. 136
    D. Erhebung der Daten 137
       1. Stichprobenplan und Auswahl der Probanden 137
       2. Standardisierung der Interviews 138
    E. Beschreibung der Stichprobe 139
       1. Verkehrsmittelwahl.. 139
       2. Sozioökonomische Merkmale 144
          a) Merkmale der Fahrt.. 144
          b) Nachfragermerkmale 144
          c) Haushaltsmerkmale 145
       3. Wahrnehmung der Verkehrssysteme 146
          a) Wahrnehmung der individuellen Verkehrsmittelalternativen............ 146
          b) Nutzerspezifische Wahrnehmung der Eigenschaften 148
             b_1) Methodischer Ansatz 148
             b_2) Aktuelle und potentielle Pkw-Nutzer 149
             b_3) Aktuelle und potentielle Mitglieder von Fahrgemeinschaften 159
             b_4) Aktuelle und potentielle Nutzer öffentlicher Verkehrsmittel 171
             b_5) Akutelle und potentielle Nutzer von P&R-Angeboten.............. 183
             b_6) Fazit 184
    F. Validität der Ergebnisse... 186
       1. Interne Validität.. 186
          a) Korrelationskoeffizienten.. 186
          b) Importance-Kriterium 187
          c) Reversals 189
       2. Externe Validität... 192

Seite

G. Marktsegmentierung 196
  1. Segmentierungsansatz 196
  2. Experimentaldatenanalyse 197
  3. Realdatenanalyse 204
  4. Fazit 207
H. Simulation von Maßnahmewirkungen 209
  1. Variationsbereiche der Systemeigenschaften 209
  2. Attraktivitätssteigerung des ÖPNV 213
    a) Tarifliche Maßnahmen 213
      a_1) Preiselastizität der Nachfrage 213
      a_2) Job-Ticket 216
      a_3) Nulltarif im Stadtverkehr 216
      a_4) Erhöhung der Preistransparenz 217
    b) Beschleunigungsmaßnahmen 218
      b_1) Zeitelastizität der Nachfrage 218
      b_2) Busspuren und Lichtsignalanlagen 219
    c) Komfortverbesserungen 220
    d) Maßnahmenbündel 'Attraktiver ÖPNV' 221
  3. Beschränkungen des Pkw-Verkehrs 222
    a) Preisstrategien 222
      a_1) Preiselastizität der Nachfrage 222
      a_2) Parkraumbewirtschaftung 224
      a_3) Straßenbenutzungsgebühren 227
    b) Fahrtzeitverlängerungen 229
      b_1) Zeitelastizität der Nachfrage 229
      b_2) Zunahme der Stauzeiten für den Pkw-Verkehr 230
    c) Maßnahmenbündel 'Beschränkung des Pkw-Verkehrs' 231
  4. Kombinierte Maßnahmenprogramme 233
  5. Diskussion der Ergebnisse 236
  6. Fazit 238

V. Zusammenfassung 239

Abbildungsverzeichnis

Seite

Abb. 1: Fahrpreiselastizitäten unter Berücksichtigung unterschiedlicher Verkehrsmerkmale 53
Abb. 2: Widerstandsfunktionen unterschiedlicher Fahrtzwecke 75
Abb. 3: Anteil öffentlicher Verkehrsmittel in Abhängigkeit von Fahrtdauerverhältnis, Fahrtzweck und Fahrzeugverfügbarkeit 77
Abb. 4: Güternachfrage im *Lancaster*-Modell 85
Abb. 5: Güternachfrage im *Lancaster*-Modell bei Preisänderungen 86
Abb. 6: Beispiele für full profile-Stimuli 104
Abb. 7: Oberziele des Verkehrskonzeptes zum GVP '86 127
Abb. 8: Einordnung des städtischen ÖPNV-Förderprogramms Münster 1991 zu den übrigen Maßnahmenprogrammen des ÖPNV im Stadtverkehr Münster und im Regionalverkehr 129
Abb. 9: Stärkste Berufseinpendlerströme in die Stadt Münster 132
Abb. 10: Schematisierte Grundstruktur der Merkmale der Verkehrsmittelwahlalternativen 133
Abb. 11: Heterogenitätskriterium in Abhängigkeit von der Zahl der gebildeten Cluster (Experimentaldatenanalyse) 199
Abb. 12: Heterogenitätskriterium in Abhängigkeit von der Zahl der gebildeten Cluster (Realdatenanalyse) 206

Tabellenverzeichnis

Seite

Tab. 1: Personenverkehrsaufkommen und -leistung im Berufsverkehr in den Jahren 1976, 1982 und 1989, bezogen auf die Verkehrsträger (in Prozent) 33

Tab. 2: Modal Split-Vergleich für den Berufsverkehr der Jahre 1976 und 1982 unter Berücksichtigung der Pkw-Verfügbarkeit 46

Tab. 3: Vergleich der mittleren täglichen Wegehäufigkeiten vollerwerbstätiger Personen in den Jahren 1976 und 1982 47

Tab. 4: Km-leistungsabhängige Teil- und Vollkosten des Berufsverkehrs mit Pkw (in DM/Jahr) 50

Tab. 5: Erwerbstätige, Pendler und Beschäftigte 1950-1987 124

Tab. 6: Berufseinpendler nach überwiegend benutzten Verkehrsmitteln am 27.5.1987 124

Tab. 7: Immissionswerte der Stadt Münster im Vergleich mit den derzeit gültigen Grenzwerten 125

Tab. 8: Berufseinpendler nach Verkehrskorridoren und nach Zeitaufwand für den Weg zur Arbeitsstelle 131

Tab. 9: Fraktionierter faktorieller Plan des Untersuchungsdesigns 136

Tab. 10: Verkehrsmittelwahl der Berufseinpendler (in Prozent) 140

Tab. 11: Gründe für Wahl des überwiegend genutzten Verkehrsmittels (in Prozent der Nennungen) 141

Tab. 12: Wahl des zweitrangig genutzten Verkehrsmittels (in Prozent) 142

Tab. 13: Gründe für Wahl des zweitrangig genutzten Verkehrsmittels (in Prozent der Nennungen) 143

Tab. 14: Angaben der Befragten zu ihrer realen Entscheidungssituation 147

Tab. 15: Durchschnittliche Fahrtkostenangaben/km aktueller und potentieller Pkw-Nutzer 150

Tab. 16: t-Tests auf Gleichheit der Mittelwerte der Fahrtkostenangaben/km aktueller und potentieller Pkw-Nutzer 151

Tab. 17: Bemessungsgrundlage der Zuschußzahlungen aktueller und potentieller Pkw-Nutzer 152

Tab. 18: Durchschnittliche Fahrtzeitangaben/km aktueller und potentieller Pkw-Nutzer 153

Tab. 19: t-Tests auf Gleichheit der Mittelwerte der Fahrtzeitangaben/km aktueller und potentieller Pkw-Nutzer 153

Tab. 20: Durchschnittliche der Stauzeitangaben aktueller und potentieller Pkw-Nutzer für den Hin- und Rückweg 154

Tab. 21: t-Tests auf Gleichheit der Mittelwerte der Stauzeitangaben aktueller und potentieller Pkw-Nutzer 155

Tab. 22: Durchschnittliche Parksuchzeitangaben aktueller und potentieller Pkw-Nutzer 155

Seite

Tab. 23: t-Tests auf Gleichheit der Mittelwerte der Parksuchzeitangaben aktueller und potentieller Pkw-Nutzer 156

Tab. 24: Durchschnittliche Gehwegentfernungsangaben aktueller und potentieller Pkw-Nutzer 156

Tab. 25: t-Tests auf Gleichheit der Mittelwerte der Gehwegentfernungsangaben aktueller und potentieller Pkw-Nutzer 157

Tab. 26: Komforteinschätzung des Pkw durch aktuelle und potentielle Pkw-Nutzer 157

Tab. 27: t-Tests auf Gleichheit der durchschnittlichen Komforteinschätzungen aktueller und potentieller Pkw-Nutzer 158

Tab. 28: Kriterien für die Komforteinschätzungen aktueller und potentieller Pkw-Nutzer (häufigste Nennungen) 159

Tab. 29: Größenverteilung der Mitfahrgemeinschaften 160

Tab. 30: Durchschnittliche Angaben zum zusätzlichen Zeitaufwand der Fahrgemeinschaft gegenüber der Pkw-Einzelfahrt............................ 161

Tab. 31: t-Tests auf Gleichheit der Mittelwerte der Angaben zum zusätzlichen Zeitaufwand der Fahrgemeinschaft gegenüber der Pkw-Einzelfahrt 162

Tab. 32: Durchschnittliche Fahrtzeitangaben/km aktueller und potentieller Mitglieder von Fahrgemeinschaften 163

Tab. 33: t-Tests auf Gleichheit der Mittelwerte der Fahrtzeitangaben/km aktueller und potentieller Mitglieder von Fahrgemeinschaften 163

Tab. 34: Paarweiser t-Test der durchschnittlichen Fahrtzeitangaben/km für unterschiedliche Verkehrsmittel 164

Tab. 35: Durchschnittliche Stauzeitangaben aktueller und potentieller Mitglieder von Fahrgemeinschaften für den Hin- und Rückweg 165

Tab. 36: t-Tests auf Gleichheit der Mittelwerte der Stauzeitangaben aktueller und potentieller Mitglieder von Fahrgemeinschaften................ 165

Tab. 37: Paarweiser t-Test der durchschnittlichen Stauzeitangaben für unterschiedliche Verkehrsmittel auf dem Hinweg 166

Tab. 38: Paarweiser t-Test der durchschnittlichen Stauzeitangaben für unterschiedliche Verkehrsmittel auf dem Rückweg........................ 166

Tab. 39: Durchschnittliche Parksuchzeitangaben aktueller und potentieller Mitglieder von Fahrgemeinschaften 167

Tab. 40: t-Tests auf Gleichheit der Mittelwerte der Parksuchzeitangaben aktueller und potentieller Mitglieder von Fahrgemeinschaften 167

Tab. 41: Durchschnittliche Gehwegentfernungsangaben aktueller und potentieller Mitglieder von Fahrgemeinschaften 168

Tab. 42: t-Tests auf Gleichheit der Mittelwerte der Gehwegentfernungsangaben aktueller und potentieller Mitglieder von Fahrgemeinschaften 168

Seite

Tab. 43: Paarweiser t-Test der durchschnittlichen Gehwegentfernungsangaben für unterschiedliche Verkehrsmittel 169
Tab. 44: Komforteinschätzung des Pkw durch aktuelle und potentielle Mitglieder von Fahrgemeinschaften 169
Tab. 45: t-Tests auf Gleichheit der durchschnittlichen Komforteinschätzungen aktueller und potentieller Mitglieder von Fahrgemeinschaften 170
Tab. 46: Kriterien für die Komforteinschätzungen aktueller und potentieller Mitglieder von Fahrgemeinschaften (häufigste Nennungen) 170
Tab. 47: Mittelwert, Modus und Median der Entfernungsangaben von Bus- und Bahnfahrern unterschiedlicher Nutzergruppen (in km) 171
Tab. 48: t-Tests auf Gleichheit der Mittelwerte der Gehwegentfernungsangaben aktueller und potentieller Bahn- und Busnutzer 172
Tab. 49: Angaben der Fahrkartenart, differenziert nach Nutzergruppen und Verkehrsmittel 173
Tab. 50: Mittelwerte der Fahrpreisangaben/km und der tariflichen Monatskartenpreise für Bahn und Bus.. 173
Tab. 51: Paarweiser t-Test der durchschnittlichen Fahrpreisangaben/km und der tariflichen Monatskartenpreise von Bahn und Bus 174
Tab. 52: Wahl des Verkehrsmittels zur Erreichung der Haltestelle 175
Tab. 53: Durchschnittliche Wartezeitangaben an Haltestellen, differenziert nach Nutzergruppen.. 175
Tab. 54: t-Tests auf Gleichheit der Mittelwerte der Wartezeitangaben, differenziert nach Verkehrsmittel, Fahrtrichtung und Nutzergruppen 176
Tab. 55: Durchschnittliche Umsteigezeitangaben aktueller und potentieller Bahn- und Busnutzer 177
Tab. 56: Durchschnittliche Fahrtzeitangaben/km aktueller und potentieller Bahn- und Busnutzer 177
Tab. 57: t-Tests auf Gleichheit der Mittelwerte der Zeitangaben/km aktueller und potentieller Bahn- und Busnutzer 178
Tab. 58: Durchschnittliche Stauzeitangaben aktueller und potentieller Busnutzer für den Hin- und Rückweg 179
Tab. 59: t-Tests auf Gleichheit der Mittelwerte der Stauzeitangaben aktueller und potentieller Busnutzer 179
Tab. 60: Durchschnittliche Gehwegangaben aktueller und potentieller Bahn- und Busnutzer 180
Tab. 61: t-Tests auf Gleichheit der Mittelwerte der Gehwegangaben aktueller und potentieller Pkw-Nutzer 181
Tab. 62: Komforteinschätzung des ÖPNV durch aktuelle und potentielle Bahn- und Busnutzer 181
Tab. 63: t-Tests auf Gleichheit der durchschnittlichen Komforteinschätzungen aktueller und potentieller Bahn- und Busnutzer..................... 182

Seite

Tab. 64: Kriterien für die Komforteinschätzungen aktueller und potentieller Bahn- und Busnutzer (häufigste Nennungen) 182
Tab. 65: Häufigkeitsverteilungen der Korrelationskoeffizienten nach *Pearson* und *Kendalls* tau 186
Tab. 66: Statistische Angaben zum Importance-Kriterium für Rang- und Punktbewertungsmodelle 188
Tab. 67: Anzahl der Reversals je Proband 190
Tab. 68: Durchschnittliche Werte des Importance-Kriteriums bei Vorliegen von Reversals 191
Tab. 69: t-Tests auf Gleichheit der Mittelwerte der Importance-Kriterien 191
Tab. 70: Häufigkeitsverteilung der Plazierung des real gewählten Verkehrsmittels durch das Modell 193
Tab. 71: Vergleich der realen Modal Split-Werte der Stichprobe und der Verkehrsmittelanteile der Entscheidungssimulation 195
Tab. 72: Größenverteilungen der Clusterlösungen für Präferenzstrukturen bei unterschiedlichen Distanzmaßen und Gruppierungsalgorithmen unter Verwendung des Importance-Kriteriums 201
Tab. 73: Beschreibung der Cluster einer 6-Clusterlösung mit Hilfe ihrer Gruppengröße sowie ihren Mittelwerten, Minima und Maxima der Werte des Importance-Kriteriums 202
Tab. 74: t-Tests für eine 6-Clusterlösung nach Importance-Werten 203
Tab. 75: Relative Lage der Mittelwerte der Kostenangaben in DM zur Preisuntergrenze des Untersuchungsdesigns 210
Tab. 76: Relative Lage der Mittelwerte der Fahrtzeitangaben in Minuten zur Zeituntergrenze des Untersuchungsdesigns 211
Tab. 77: Mittelwerte der Gehwegangaben in Meter 213
Tab. 78: Änderung des Modal Split in Abhängigkeit der Preise der öffentlichen Verkehrsmittel 214
Tab. 79: Änderung des Modal Split in Abhängigkeit einer Beschleunigung der öffentlichen Verkehrsmittel 218
Tab. 80: Änderung des Modal Split in Abhängigkeit des Preises im Rahmen eines Maßnahmenprogramms zur Attraktivitätssteigerung der öffentlichen Verkehrsmittel 221
Tab. 81: Änderung des Modal Split in Abhängigkeit der Kosten des Pkw 223
Tab. 82: Änderung des Modal Split in Abhängigkeit des Niveaus der Parkgebühren 225
Tab. 83: Änderung des Modal Split in Abhängigkeit des Niveaus der Gebühren öffentlicher Parkplätze 226
Tab. 84: Änderung des Modal Split in Abhängigkeit des Niveaus von Straßenbenutzungsgebühren 227

		Seite
Tab. 85:	Durchschnittliche Änderung des Modal Split in Abhängigkeit des Niveaus von Straßenbenutzungsgebühren bei teilweiser Erstattung der Kosten	228
Tab. 86:	Änderung des Modal Split in Abhängigkeit einer prozentualen Fahrtzeitverlängerung des Pkw	230
Tab. 87:	Änderung des Modal Split in Abhängigkeit einer Fahrtzeitverlängerung des Pkw	231
Tab. 88:	Änderung der Verkehrsmittelanteile in Abhängigkeit zeitlicher und preislicher Restriktionen des Pkw	232
Tab. 89:	Änderung der Verkehrsmittelanteile in Abhängigkeit zeitlicher und preislicher Restriktionen des Pkw bei gleichzeitiger Attraktivitätssteigerung des ÖPNV	235

Abkürzungsverzeichnis

ASU	Abgas-Sonderuntersuchung
CH_4	Methan
CIAM	Congrès Internationeaux d'Architecture Moderne
CO	Kohlenmonoxid
CO_2	Kohlendioxid
HF	Fluorwasserstoff
KONTIV	Kontinuierliche Erhebung zum Verkehrsverhalten
MFG	(Mit-)Fahrgemeinschaft
MIV	motorisierter Individualverkehr
MS	Modal Split
NMV	nichtmotorisierter Verkehr
NO_x	Stickstoffoxid
NO	Stickstoffmonoxid
NO_2	Stickstoffdioxid
ÖPNV	öffentlicher Personennahverkehr
ÖSPV	öffentlicher Schienenpersonenverkehr
P&R	Park and Ride
SO_x	Schwefeloxid
SO_2	Schwefeldioxid
TA	Technische Anleitung
VOC	flüchtige organische Verbindungen (volatile organic compound)

I. EINLEITUNG

Die Situation des Stadtverkehrs zu Beginn der 90er Jahre gleicht derjenigen in der zweiten Hälfte der 60er Jahre. Die Verkehrsstauungen nehmen zu, und dies nicht mehr nur zu den üblichen Spitzenzeiten, sondern in Großstädten mittlerweile mehr oder weniger über den genzen Tag verteilt. Dies ist insofern erstaunlich, als in den 70er Jahren damit begonnen wurde, den Verkehrsproblemen mit zwei Ansätzen zu begegnen: Zum einen wurden Stadtstraßen in großem Stil bis hin zur Stadtautobahn ausgebaut, zum anderen wurde in den Kernstädten die Trennung der Verkehrswege des öffentlichen Personennahverkehrs (ÖPNV) und des Individualverkehrs mit nicht unerheblichen öffentlichen Mittelzuweisungen zügig vorangetrieben. Dies geschah insbesondere über das Gemeindeverkehrsfinanzierungsgesetz (GVFG)[1], in dessen Folge eine weitreichende Mittelbindung des Bundes, der Länder und der Gemeinden zu verzeichnen war (und ist). In 'kleineren' Städten, die nicht über schienengebundene Verkehrsträger verfügten, blieben demzufolge entsprechende Investitionstätigkeiten aus.

In den 80er Jahren wurde der Straßenbau nicht in der bis dahin praktizierten intensiven Form fortgeführt. Die an das steigende Mineralölsteueraufkommen gekoppelten Zuweisungen des Bundes wurden im Jahr 1988 plafondiert. Die Mittel wurden aber weiterhin vorrangig für den Ausbau von Stadtbahnsystemen mit eigenen Gleiskörpern verwendet. Alternative Mittelverwendungen im Rahmen der Förderung des Busverkehrs erreichten keine zehn Prozent der bislang erfolgten Gesamtinvestitionen.

Der Verkehr entwickelte sich jedoch nicht so, wie man angesichts dieser Maßnahmen erwartet hatte. Stieg das Aufkommen im ÖPNV[2] in den 70er Jahren zumindest noch in absoluten Werten, so kam es in den 80er Jahren nicht nur relativ, sondern auch absolut zu Rückgängen. Das Pkw-Aufkommen wartete demgegenüber mit stetig positiven Zuwachsraten auf. Diese skizzierten Entwicklungen führten in den 70er Jahren auch in den Verdichtungsräumen der BRD zu deutlich anwachsenden Defiziten der Nahverkehrsunternehmen, die sich seither auf gleichbleibend hohem Niveau bewegen.

Handlungsbedarf im städtischen Verkehrssektor leitet sich deshalb vornehmlich aus zwei Faktoren ab: Zum einen aus der zunehmenden Überlastung der Infrastruktur, in deren Folge erhebliche negative externe Effekte wie Stauungskosten, Umweltbelastungen und Produktivitätsverluste entstehen, zum anderen aus der Defizitentwicklung der Nahverkehrsunternehmen.[3]

Mit dem Argument, daß sich die Fahrgastzahlen der Schnellbahnstädte in den 80er Jahren steigern ließen, wird häufig die These vertreten, ein schneller, leistungsfähiger ÖPNV könne den Modal Split wesentlich beeinflussen. Wie aber sollen die Städte handeln, für die ein Schnellbahnsystem mit eigenem Fahrweg nicht eingesetzt werden kann? Ist es realistisch anzunehmen, ein öffentliches Nahverkehrssystem könne auch

---

[1] Vgl. zum GVFG *Verband öffentlicher Verkehrsbetriebe/Deutscher Städtetag/Deutsche Bundesbahn* (Hrsg., 1989); *Verband öffentlicher Verkehrsbetriebe/Deutscher Städtetag* (Hrsg., 1986), S. 13f.

[2] Vgl. *Verband öffentlicher Verkehrsbetriebe* (Hrsg.), Statistische Übersichten, versch. Jahre.

[3] Vgl. *Ratzenberger/Josel/Hahn* (1989), S. 102ff.

ohne ein Schnellbahnsystem so attraktiv gestaltet werden, daß es wesentliche Verkehrsanteile auf sich ziehen kann? Oder kann die dominierende Stellung des Pkw tatsächlich nur über eine restriktive Politik gegenüber dem Individualverkehr verändert werden? Erweist sich die letztere Annahme als zutreffend, so wäre weiter zu fragen, ob sich durch die Bildung von Fahrgemeinschaften ein merklicher Kapazitätseffekt des Pkw ergeben könnte. Die Analyse dieser Wirkungszusammenhänge ist eine notwendige Voraussetzung für eine rationale Verkehrspolitik.

In dem Maße, wie ein Ausbau der Verkehrsinfrastrukturen nicht mehr konsensfähig ist, werden Maßnahmen zur Förderung des ÖPNV ohnehin vielfach zu Lasten des motorisierten Individualverkehrs gehen. In verfestigten Siedlungsstrukturen führt beispielsweise die Einrichtung eines innerstädtischen Netzes von Busspuren zu einer Verminderung der Infrastrukturkapazitäten, die dem Individualverkehr zur Verfügung stehen, und wird auf merklichen Widerstand in der Bevölkerung stoßen. Das einvernehmliche Miteinander von motorisiertem Individualverkehr und öffentlichem Verkehr in Form von Park and Ride-Lösungen erscheint in dieser Situation leicht als Königsweg zur Lösung der Stadtverkehrsprobleme. Ob derartige Einrichtungen eine weitgehende Verkehrsverlagerung bewirken können, ist allerdings ungeklärt und wird oft bezweifelt. Ein verbesserter Kenntnisstand über die Wirkungen von Maßnahmen zur Beeinflussung des Verkehrsmittelwahlverhaltens dient deshalb einer sachlichen Diskussion und öffnet den Blick für differenzierte und differenzierende Maßnahmen.

Die Verbesserung des Kenntnisstandes über Wirkungszusammenhänge zwischen Maßnahmen zur Verlagerung von Verkehrsanteilen auf die öffentlichen Verkehrssysteme und dem tatsächlichen individuellen Verkehrsmittelwahlverhalten dient also nicht nur als notwendige Fundierung von Entscheidungen. Vielmehr trägt sie auch zur Erweiterung des Alternativenfeldes bei und vermindert das damit Risiko folgenschwerer Fehlschläge bei der Planung und Umsetzung von Nahverkehrsprogrammen in zweifacher Weise.

In dieser Arbeit soll deshalb ein Modell entwickelt werden, mit dessen Hilfe Wirkungsanalysen von konkreten Maßnahmenprogrammen zur Beeinflussung des Verkehrsmittelwahlverhaltens durchgeführt werden können. Es soll Simulationsrechnungen ermöglichen, deren Ergebnisse sowohl Aussagen zu Auswirkungen attraktivitätssteigernder Maßnahmen für den ÖPNV als auch zu Verlagerungswirkungen in Folge restriktiver Maßnahmen gegen den Pkw-Verkehr erlauben.

Um die Modellentwicklung problemorientiert vornehmen zu können, werden im Abschnitt II. zunächst allgemeine ökonomische Grundlagen für eine effiziente Stadtverkehrspolitik aufgezeigt. Damit soll ein theoretisches Vorverständnis[1] für die Analyse des Verkehrsmittelwahlverhaltens entwickelt werden.

Zu Beginn der Arbeit werden die verkehrspolitischen Ziele und Rahmenbedingungen, die derzeit von verantwortlichen Stellen formuliert werden, analysiert (Abschnitt II.A.). Die positive Analyse der verkehrspolitischen Ziele soll die Bedeutung des Ziels der Verkehrsverlagerung aufzeigen. Dabei werden die engen Zielbeziehungen zu weiteren Bereichen der Stadtentwicklung berücksichtigt. Zum einen soll damit der Verkehrs-

---

[1] Vgl. *Eichhorn* (1979), S. 98ff.

entstehung durch die wirtschaftliche Entwicklung der Stadt Rechnung getragen werden. Zum zweiten sollen sowohl die Widersprüche als auch die übergreifenden Vorstellungen zwischen städtebaulichen und verkehrspolitischen Leitbildern aufgezeigt werden. Einen weiteren Schwerpunkt bilden die Rahmenbedingungen, die durch die Umweltpolitik gesetzt werden.

Um Wirkungsmodelle von Maßnahmen zur Beeinflussung des Modal Split gestalten zu können, sind zunächst Kenntnisse über potentielle Determinanten des Wahlverhaltens der Verkehrsteilnehmer erforderlich. Zu diesem Zweck werden empirische Untersuchungen zum Verkehrsmittelwahlverhalten ausgewertet (Abschnitt II.B.). Die Analyse bezieht neben den spezifischen Merkmalen der Verkehrssysteme sozioökonomische Merkmale der Verkehrsteilnehmer ein. Diese Synopse bisheriger Erkenntnisse dient als Ansatzpunkt für die im Rahmen der empirischen Untersuchung zu berücksichtigenden Variablen.

Im Abschnitt II.C. schließlich werden Nahverkehrsprogramme bezüglich der derzeit vorgeschlagenen wichtigsten Maßnahmen ausgewertet. Dieser Maßnahmenkatalog gibt Aufschluß über die mit den Maßnahmen verbundenen Ansatzpunkte zur Verhaltensbeeinflussung der Verkehrsteilnehmer.

Im Kap. III. der Arbeit werden methodische Probleme der Modellbildung im Bereich der Verkehrsmittelwahl analysiert. Zielsetzung ist die Auslotung des methodischen Spielraums, den die Conjoint-Analyse zur Untersuchung des Verkehrsmittelwahlverhaltens eröffnet.

Zu diesem Zweck werden drei Modelle in ihrem entwicklungsgeschichtlichen Zusammenhang diskutiert. Begonnen wird mit dem sogenannten Vier-Stufen-Algorithmus (Abschnitt III.A.1.), der maßgeblichen Einfluß auf die städtische Verkehrsplanung genommen hat und auch heute nimmt. Die Modellierung der Verkehrsmittelwahl erfolgt innerhalb größerer Modellzusammenhänge, deren grundsätzlicher Aufbau für die Überlegungen zu Prognosemodellen von Bedeutung ist. Seit den 60er Jahren finden allerdings verhaltensorientierte Modelle (Abschnitt III.A.2.) zunehmende Verbreitung. Diese disaggregierten Ansätze versuchen auf nutzentheoretischer Basis, Verkehrsmittelwahlverhalten strukturerhaltend abzubilden. Aus der Kritik dieser beiden grundlegenden Modelltypen werden Ansatzpunkte für die Weiterentwicklung maßnahmensensitiver Verkehrsmittelwahlmodelle hergeleitet.

Mit Hilfe einstellungsorientierter Methoden wie der Conjoint-Analyse (Abschnitt III.B.) wird es möglich, Verkehrsmittelwahlmodelle auf Basis individueller Präferenzen bezüglich der Verkehrssystemeigenschaften zu entwickeln. Als quasi-experimentelles Verfahren erlaubt dieser Untersuchungsansatz eine weitreichende Kontrolle der Variablen des Entscheidungsfeldes der Individuen. Das Untersuchungsdesign läßt sich aufgrund der vielfältigen methodischen Möglichkeiten der einzelnen Analyseschritte sehr flexibel an die der Problemstellung zugrundeliegenden Strukturen anpassen. Diese Flexibilität wird allerdings durch die notwendige Abstimmung der einzelnen Verfahrensschritte auf den einzelnen Stufen begrenzt. Diesen methodischen Problemen wird breiter Raum gewidmet, um eine Grundlage für die Vorgehensweise im empirischen Teil der Arbeit zu schaffen.

Am Beispiel der Stadt Münster wird im Abschnitt IV. der Arbeit ein Modell für die Simulation der Auswirkungen eines konkreten Maßnahmenprogramms auf den Modal Split entwickelt. Die Analyse befaßt sich mit dem Berufseinpendlerverkehr, der wesentlich zu den Verkehrsproblemen der Stadt beiträgt und ein kontinuierliches Wachstum aufweist.

Zunächst werden die spezifischen verkehrspolitischen Zielsetzungen und Rahmenbedingungen der Stadt aufgezeigt (Abschnitt IV.A.). Unter Berücksichtigung der Ergebnisse der Methodendiskussion des Abschnittes III.B. wird ein Untersuchungsdesign als Grundlage des Bewertungsexperiments der Conjoint-Analyse erstellt (Abschnitt IV.B.) und das der Untersuchung zugrundegelegte Präferenzmodell festgelegt (Abschnitt IV.C.). Auf Basis des Untersuchungsdesigns und der Synopse der Determinanten der Verkehrsmittelwahl (Abschnitt II.B.) wird der im Anhang der Arbeit wiedergegebene Fragebogen zur Durchführung strukturierter Interviews erstellt. Die methodischen Belange der Erhebung der Daten werden im Abschnitt IV.D. erörtert.

Die Ergebnisse einstellungsorientierter Modelle können durch die Wahrnehmung der Probanden beeinflußt werden. Der Analyse der Wahrnehmung der Verkehrssysteme durch die Probanden wird deshalb im Abschnitt IV.E. besondere Aufmerksamkeit geschenkt. Insbesondere wird die Wahrnehmung der Merkmale eines Verkehrssystems durch die Gruppe seiner Nutzer, seiner früheren und gelegentlichen Nutzer (realer Erfahrungshorizont) und der Nichtnutzer (kein realer Erfahrungshorizont) auf systematische Unterschiede untersucht. Aus Gründen der Vollständigkeit werden die Teilergebnisse der Untersuchung vorgestellt. Der besseren Lesbarkeit halber werden die für den Fortgang der Arbeit wesentlichen Ergebnisse am Ende des Abschnitts noch einmal zusammengefaßt wiedergegeben.

Im Anschluß an die Analyse der Wahrnehmung der Verkehrssysteme werden die aus den Ergebnissen der Bewertungsexperimente ermittelten individuellen Präferenzfunktionen auf ihre Validität überprüft (Abschnitt IV.F.). Dazu werden zunächst Kennziffern der internen Validität der Modelle gebildet und gegen ein Zufallsmodell getestet. Im Rahmen der Analyse der externen Validität werden die Modellergebnisse der individuellen Verkehrsmittelwahlentscheidungen zunächst gegen Beobachtungsdaten der tatsächlich gewählten Verkehrsmittel getestet. Des weiteren werden einige Ergebnisse aus den Simulationsrechnungen mit Beobachtungsergebnissen anderer Studien verglichen.

Zur Vorbereitung der Wirkungsanalysen wird zunächst geprüft, ob sich unter den Probanden bezüglich der Präferenz bestimmter Verkehrssystemeigenschaften homogene Gruppen ermitteln lassen (Abschnitt IV.G.). Die Analyse solcher Gruppierungen kann eine gruppenspezifische Differenzierung der Maßnahmen, wie sie im Abschnitt II.C. vorgestellt werden, nahelegen.

Unter Berücksichtigung der Vorstudien der Abschnitte IV.E.-G. werden nun Simulationsrechnungen zur Abschätzung der Maßnahmenwirkungen auf die Verkehrsmittelwahl durchgeführt. Zunächst werden die Ergebnisse für Einzelmaßnahmen und ein Maßnahmenbündel zur Attraktivitätssteigerung des ÖPNV vorgestellt. Daran anschließend folgen die Simulationsrechnungen für Maßnahmen zur Beschränkung des Individualverkehrs. Abschließend werden die Ergebnisse der Wirkungsanalyse für ein kombiniertes Maßnahmenprogramm vorgestellt.

II. ÖKONOMISCHE ANFORDERUNGEN AN MASSNAHMEN ZUR BEEINFLUSSUNG DER VERKEHRSMITTELWAHL

A. ÖPNV IM SOZIOÖKONOMISCHEN KONTEXT DER STADTENTWICKLUNG

1. Wirtschaftliche Entwicklung und Wanderungsbewegungen

Die Urbanisierung hat im allgemeinen Skalen-, Verbund- und Verdichtungsvorteile zur Folge. So lassen sich beispielsweise in Verdichtungsgebieten Funktionen zentralisieren; mit der Ansiedlung gleichartiger Betriebe entstehen Vorteile durch große Facharbeitermärkte; durch die Ansiedlung unterschiedlicher Branchen wiederum wird ein höheres Versorgungsniveau erreicht. Der Prozeß der Verstädterung begann mit der Industrialisierung und erreichte in der Bundesrepublik Deutschland in den 50er und 60er Jahren ein Ausmaß, das Agglomerationsnachteile sichtbar machte.[1] Nachteilige Effekte zeigten sich beispielsweise in steigenden Lebenshaltungskosten und Löhnen, Bodenpreisen und Mieten, länger werdenden Fahrzeiten im Verkehr und einer zunehmenden Gesundheitsgefährdung durch Lärmbelastung und Luftverschmutzung.

Durch die Steigerung der Leistungsfähigkeit der Verkehrssysteme wurde deshalb eine Erhaltung der Funktionsfähigkeit der Städte bei fortgesetzten Wachstumsprozessen angestrebt. Ein höheres Mobilitätsniveau erlaubte einer zunehmenden Anzahl von Menschen, die Vorteile des Wohnens in peripher gelegenen Stadtteilen mit in den Kernstädten gelegenen Arbeitsplätzen und der Wahrnehmung zentralörtlicher Vorteile zu verbinden. Damit entstanden zeitlich unpaarige Verkehrsströme der morgendlichen und abendlichen Verkehrsspitzen.

Die in den Kernstädten steigenden Bodenpreise und Mieten stellten Betriebe vor Standortprobleme, so daß Neuansiedlungen und Verlagerungen von flächenexpansiven Betrieben zunehmend in Peripheriebereichen erfolgten. Der Ausbau des Verkehrssystems erlaubte die Gewährleistung der Versorgung mit Produktionsfaktoren. Der räumlichen Diffusion von zunächst rangniedrigeren Industrien und Dienstleistungen folgte auch die Auslagerung von gehobenen Arbeitsplätzen. Dieser Prozeß der Suburbanisierung[2] ist in der BRD verstärkt in den 70er Jahren und mit abgeschwächter Tendenz auch in den 80er Jahren fortgesetzt zu beobachten. Er drückt sich insbesondere in weiterhin abnehmenden Bevölkerungszahlen der Kernstädte zugunsten der hochverdichteten Räume und des ländlichen Umlands aus und in der Herausbildung neuer suburbaner Kernbereiche durch strukturelles Wachstum.

---

[1] Vgl. *Kampmann* (1991), S. 216ff.
[2] Vgl. *Bucher/Kocks* (1987), S. 689ff.

Dieses Wachstum der ehemals abhängigen Peripherie führt allmählich zu einer Neuorganisation der städtischen Flächennutzung. Damit eng verbunden sind sich ändernde Verkehrsbeziehungen: die Pendlerströme der Verkehrsspitzen streben nach einem Richtungsausgleich und es entstehen zunehmend Verkehrsbeziehungen zwischen den suburbanen Kernen, was sich in ringförmigen Strukturen niederschlägt. Diese Wandlung von monozentrischen zu polyzentrischen Beziehungsgefügen wird für amerikanische Siedlungsstrukturen empirisch belegt.[1] Sie kann sich in unterschiedlicher Weise vollziehen, ist aber nicht zwangsläufig.

Ein wesentlicher Einflußfaktor der Stadtentwicklung liegt in der wirtschaftlichen Entwicklung der Städte. Sie sind von dem allgemeinen Strukturwandel von Grundstoff- und Basisgüterindustrien hin zu hochtechnologischen Produkten und Dienstleistungen in unterschiedlicher Weise betroffen. Grundlegende Innovationen betreffen nicht alle Wirtschaftsbereiche in gleicher Weise. Sie setzen sich zudem in manchen Branchen mit zeitlichen Verzögerungen durch. Damit können sich regionale Entwicklungsunterschiede aufgrund der Branchenzusammensetzung der jeweiligen Städte ergeben.[2]

Diese unterschiedlichen wirtschaftlichen Entwicklungen werden durch branchenspezifische Rentabilitätsgefälle geprägt. Zu kostenintensive Produktionen scheiden aus dem Wettbewerb aus oder werden an günstigere Standorte verlagert, und rentablere Unternehmen drängen auf den Markt. Ist das neu entstehende Rentabilitätsgefälle zwischen den Unternehmen der verschieden Branchen relativ gering, so sinken die Anpassungspotentiale, die zum Abbau der entstandenen Arbeitslosigkeit beitragen können. Langfristig ist dann mit Wanderungsbewegungen zu rechnen, die grundsätzliche Veränderungen der Siedlungsstrukturen - und damit der Verkehrsströme - nach sich ziehen können.

Diesen zentrifugalen Kräften können jedoch vielfältige zentripetale entgegenwirken. Zunächst muß auch in sich polyzentrisch entwickelnden Siedlungsräumen von Persistenzwirkungen[3] ausgegangen werden. Diese können ursächlich von öffentlichen und privaten zentralen Verwaltungseinrichtungen ausgehen, die oftmals in den Kernstädten verbleiben. Daneben sind insbesondere kulturelle Institutionen zu nennen, die auch in starken Wachstumspolen von Strukturveränderungen kaum berührt werden. Über zentrale Einrichtungen bleiben gewachsene Kommunikationswege und -strukturen bestehen und wirken damit ebenfalls den zentrifugalen Kräften entgegen.

Mit zunehmendem Wachstum werden zudem die Vorteile der Peripheriewanderung für Teile der Bevölkerung geringer. Die Verdichtungsprozesse können auch in den suburbanen Stadtteilen ein hohes Ausmaß erreichen, ebenso die Umweltbelastungen. Des weiteren wird im Zuge von Revitalisierungsprogrammen versucht, den negativen Trend der Wanderungssalden der Kernstädte aufzuhalten und umzukehren. Die Reurbanisierung im Sinne einer Integration der Grundfunktionen Wohnen, Arbeiten, Einkaufen (Versorgen), Bilden und Erholen im Stadtgebiet wird vielfach durch subventionierte Wohnraumangebote und Maßnahmen zur Steigerung der Attraktivität der Kern-

---

[1] Vgl. *Krug* (1989), S. 322.
[2] Vgl. *Kampmann* (1991), S. 227ff.
[3] Vgl. *Braun* (1989), S. 71f.

gebiete angestrebt. Dem Verkehrssektor kommt dabei instrumentaler Charakter zu, beispielsweise über breit angelegte Programme zur flächendeckenden Verkehrsberuhigung. Der Erfolg solcher Maßnahmen ist jedoch bislang empirisch nicht belegt.[1]

Es bleibt festzuhalten, daß die aufgezeigten möglichen langfristigen Entwicklungen stadtspezifisch verlaufen und für wesentliche Rahmendaten städtischer Verkehrssysteme, z.B. der Verkehrsentstehung und der Verkehrsverteilung, maßgeblich sind.

2. Städtebauliche Leitbilder

Definiert man Leitbilder als "Inbegriff einer gedachten und zugleich gewollten Ordnung gesellschaftlicher und wirtschaftlicher Zustände"[2], so ergibt sich, daß es für die Städtebaupolitik kein von Raum und Zeit unabhängiges Leitbild geben kann. Städtebauliche Leitbilder enthalten stets normative Wertvorstellungen. Ihr Einfluß auf die Entwicklung von Stadtstrukturen setzt zugleich langfristige Rahmenbedingungen für den Stadtverkehr.

Der Städtebau wurde seit Ende des 19. Jahrhunderts im wesentlichen durch zwei Leitbilder geprägt: zum einem durch das Modell der "Garden City" von *E. Howard*[3] und zum anderen durch die "Charte d'Athenes", einem städtebaulichen Manifest, das im Jahr 1933 auf dem 4. internationalen Kongreß für Neues Bauen (CIAM)[4] erarbeitet wurde.

Howard wollte die Stadt als Inbegriff einer erstrebenswerten Lebensform sehen; sie sollte ihren Bewohnern sowohl urbane Funktionen bieten als auch naturnahes Arbeiten und Wohnen ermöglichen. Die Erfüllung dieser Funktionen sollte eine Konzeption gewährleisten, die Gartenstädte gleichen Typs um eine Zentralstadt gruppiert. Eine Gartenstadt ist eine städtische Siedlung mit räumlicher und wirtschaftlicher Selbständigkeit, weist Einwohnerzahlen um 30.000 auf mit einer Siedlungsdichte von etwa 100 E/ha und ist von weiteren Siedlungseinheiten durch Grüngürtel getrennt. Diese Siedlungsform soll zugleich einer ungeplanten Zersiedlung vorbeugen. Gartenstädte sind in etwa mit Trabantenstädten vergleichbar, denn etwa die Hälfte ihrer erwerbstätigen Bevölkerung arbeitet in der Zentralstadt und kann ausgebaute Schnellbahnverbindungen nutzen. Durch die verkehrlichen, wirtschaftlichen und kulturellen Strukturen entsteht ein "cluster of cities". Elemente dieser Integration von Stadt und Land, Dezentralisierung der Industrie, geringe Bebauungsdichten, aufgelockerte und durchgrünte Bauweisen, wirken auch heute auf Konzeptionen des Städtebaus, wenngleich sie Rahmenbedingungen setzen, die unter ökonomischen Gesichtspunkten problematisch sein können.[5]

---

1 Vgl. *Böltken* (1987), S. 756ff.

2 *Kloten* (1967), S. 334; vgl. auch *Pütz* (1960), S. 11ff.

3 Vgl. *Howard* (1968), S. 51ff.

4 CIAM: Congrès Internationeaux d'Architecture Moderne, gegründet im Jahr 1928.

5 Vgl. *Heuer* (1956), S. 64.

Die 1933 von der CIAM formulierte "Charta von Athen"[1] war von wesentlicher Bedeutung für die Leitbildentwicklung europäischer Städte. Sie stellte eine Aufforderung dar, auf die Zustände des beginnenden 20. Jahrhunderts im Sinne einer Steigerung der gesellschaftlichen Wohlfahrt zu reagieren. Bemängelt wurde vor allen Dingen die Planlosigkeit, mit der sich die Städte im Zuge der Industrialisierung entwickelten. Sie erfüllten ihre Bestimmung, "die wichtigsten biologischen und psychologischen Bedürfnisse ihrer Bewohner zu befriedigen"[2], nicht mehr.

Als Grundlage der Städteplanung wurden die Funktionen Wohnung, Arbeit, Erholung und Verkehr angesehen. Die Planung sollte die Struktur der diesen Schlüsselfunktionen zugewiesenen Gebiete bestimmen und die Einordnung in den Gesamtkomplex Stadt festlegen. Als wichtiges Strukturkriterium wurde die Zeit der Raumüberwindung gesehen, insbesondere die Gewährleistung einer guten Erreichbarkeit der Arbeitsplätze mit Hilfe der Zuordnung von Wohnungen und Arbeitsstätten. Diese räumliche Trennung der Funktionen diente dabei vornehmlich der Verringerung von Umweltbelastungen und nicht als eigenständiges Prinzip. Getrennte Areale wurden vor allem für Industriebetriebe vorgesehen, weniger aber für Handwerk und Verwaltung. Die Konzentration industrieller Ansiedlungen sollte in der Nähe von Schienenverbindungen, Kanälen und Straßen erfolgen, um eine ausreichende Verkehrsversorgung zu gewährleisten.

Die Forderung nach Einbeziehung der dritten Dimension durch Hochhäuser war verbunden mit dem Ziel der Verringerung des Flächenverbrauchs zur Schaffung von Grünflächen. Diese wurden nicht zuletzt deshalb als erforderlich angesehen, da die großen Verkehrsadern durch Lärm-, Staub- und Gasemissionen einem straßennahen Wohnen entgegenstanden.

Die Interpretationen der Charta hatten in der Wiederaufbauphase nach dem 2. Weltkrieg wesentlichen Einfluß auf die Entwicklung der Siedlungsstrukturen. Die relativ geringe Operationalisierbarkeit etwa der Beiträge von *Le Corbusier*[3] führten zu einer sehr konsequenten Durchsetzung der Funktionstrennung, die von manchen Vertretern der CIAM nicht intendiert war.[4] Das Leitbild der gegliederten und aufgelockerten Stadt wurde in das Baugesetzbuch (BauGB) von 1962 aufgenommen.

Die zunehmende Verdichtung[5] führte in Verbindung mit der in den 60er Jahren beginnenden Massenmotorisierung zu Engpässen im Verkehrssektor. So folgten in den Jahren 1968, 1977 und 1986 Novellierungen der Baunutzungsverordnung (BauNVO)[6], die das Prinzip der Funktionstrennung auflockerten, das Wohnen in Kerngebieten erleichtern und die kleinräumige Versorgung durch Handwerks- und Dienstleistungs-

---

[1] Vgl. *Hoffmann* (1979), S. 129ff.

[2] *Hoffmann* (1979), S. 131.

[3] Vgl. *Le Corbusier* (1956), S. 62ff.

[4] Vgl. *Hoffmann* (1979), S. 132ff.

[5] Die Verdichtung im städtischen Raum erfolgte in weit höherem Maße als sie im Zuge der Charta vorgeschlagen wurde. Zu den entsprechenden Kennziffern vgl. *Röck* (1974), S. 36. In der mangelnden Analyse ökonomischer Aspekte, beispielsweise der Bodenrentabilitäten und ihrer Konsequenzen, ist sicherlich einer der wesentlichen Schwachpunkte der Charta von Athen zu sehen.

[6] Vgl. *Stegt/Seehausen* (1990), S. 299.

betriebe verbessern sollten. Die Vorstellung, durch eine großräumigere Verteilung der Arbeitsplätze mit der damit einhergehenden Funktionsmischung von Arbeiten und Wohnen die Verkehrsprobleme in den Stoßzeiten vermindern zu können, erwies sich als Irrtum.[1] Die steigende Zahl von Haushalten mit mehreren Berufstätigen und die berufliche Spezialisierung verringerten die Möglichkeiten, Pendlerbewegungen zu reduzieren. Zudem schränkte die gleichmäßigere Verteilung der Quell- und Zielpunkte über die steigende Zahl der Verkehrsbeziehungen den Einsatz von Massenverkehrsmitteln ein.

Mit dem Baugesetzbuch des Jahres 1986[2] und der BauNVO 1990[3] soll dem wachsenden Umweltbewußtsein sowie den gestiegenen Anforderungen an den Schutz des Freiraums und der natürlichen Lebensgrundlagen Rechnung getragen werden. So enthält § 1 Abs. 5 BauGB[4] als in der Planung zu berücksichtigende Belange: die Bodenschutzklausel, die zum sparsamen und schonenden Umgang mit Grund und Boden anhalten soll, den Denkmalschutz, den Naturhaushalt, die verbrauchernahe Versorgung der Bevölkerung und die Sicherung und Schaffung von Arbeitsplätzen.

Die genannten, zusätzlich aufgenommenen Planungsvorgaben machen einerseits die potentiell gegenläufigen Interessen der an der Stadtentwicklung Beteiligten deutlich. Andererseits stellt die Vorstellung der Innenentwicklung, des Wandels vom Neubau zum Umbau, zur erhaltenden Stadterneuerung und zur Stadtbildpflege ein Leitbild dar[5], innerhalb dessen die verkehrspolitischen Ziele im städtischen Raum konsistent, weitgehend operational und möglichst vollständig zu formulieren sind.

3. Verkehrspolitische Leitbilder

a) Allgemeine Zielvorstellungen

Die wirtschaftliche Entwicklung einer Stadt und ihre Siedlungsstruktur setzen mit der Höhe des Verkehrsaufkommens und der Verkehrsverteilung wesentliche Rahmen-

---

[1] Vgl. *Kandler* (1987), S. 195.

[2] Vgl. Baugesetzbuch (BauGB) v. 8.12.1986 (BGBl I S. 2253), geändert durch Gesetz v. 25.7.1988 (BGBl I S. 1093).

[3] Vgl. Verordnung über die bauliche Nutzung der Grundstücke (Baunutzungsverordnung - BauNVO) in der Neufassung v. 23. 1. 1990 (BGBl I S. 133).

[4] *Meckenheim* (1987), S. 545f.

[5] Die Elemente eines Leitbildes der Innenentwicklung tragen Merkmale eines qualitativen Wachstumsgedankens. Es werden externe Effekte (Stadtbildpflege) und schonender Ressourcenverbrauch (Flächenschutzklausel) explizit erwähnt. Programme zur Revitalisierung von Innenstädten zeugen von Bemühungen um eine andauernde Entwicklung der Städte durch Erhöhung der Lebensqualität (siehe Abschnitt II.C.1. Siedlungsstrukturen). Insofern lassen sich hier Ansätze zur Entwicklung von städtebaulichen Leitbildern im Sinne des sustainable development-Ansatzes erkennen. Gleichwohl bleiben potentielle Konfliktfelder (Sicherung von Arbeitsplätzen) ungelöst. I.R.d. Arbeit ist es nicht möglich, eine weiterführende Analyse der notwendigen Anforderungen an Ziele, Grundsätze und Methoden vorzunehmen. Vgl. *Fuhrich* (1987), S. 663-674; *Daly* (1990), S. 1ff.; *OECD* (Hrsg., 1990); *Pearce/Button* (1989), S. 139-184.

daten für die Verkehrsplanung. Der resultierende Mobilitätsbedarf stellt damit einerseits eine abgeleitete Nachfrage einer arbeitsteiligen Wirtschaft dar. Andererseits nimmt das Verkehrssystem und mit ihm die Verkehrsplanung Einfluß auf die wirtschaftliche Entwicklung und die Stadtgestalt.

War die "Fußgängerstadt"[1] auf einen Durchmesser von etwa 4 km begrenzt, erweiterte sich dieser aufgrund zunehmender Beförderungsgeschwindigkeiten auf 12 km bei einer Straßenbahnstadt, auf etwa 20 km bei einer Schnellbahnstadt und schließlich 30 und mehr km bei der Autostadt im Zuge des Baus von Stadtautobahnen. Der mit der Massenmotorisierung einhergehende Ausbau des Individualverkehrssystems bedeutete zugleich eine Vergrößerung des Anteils verkehrstragender Flächen im Verhältnis zu verkehrserzeugenden Flächen. Um beispielsweise 40.000 Personen in einer Stunde in eine Richtung zu befördern, sind folgende Trassenbreiten erforderlich: S-Bahn: 10 m (1 Gleis), Straßenbahn: 14 m (2 Gleise), Bus: 32 m (4 Spuren), Pkw: 68 m (29 Spuren) bei kreuzungsfreier bzw. 136 m (40 Spuren) bei einer Straße mit Querverkehr. Hinzu kommt ein hoher Flächenverbrauch zur Bereitstellung von Parkflächen.[2]

Die Unterschiede der Verkehrssysteme hinsichtlich des Flächenverbrauchs haben weitreichende ökonomische Konsequenzen. Eine im Zuge des Einsatzes von Massenverkehrsmitteln geförderte Wohn- und Arbeitsplatzdichte verringert Bau- und Erschließungskosten pro Einwohner bzw. Arbeitsplatz. Die starke Bündelung von Verkehrsströmen fördert zudem die Erreichbarkeit zentraler Einrichtungen, insbesondere der Innenstädte. Damit einher geht ein im Vergleich zu Flächensiedlungen steigendes Preisgefälle, was letztendlich zentrifugale ökonomische Kräfte aufgrund sich ändernder Bodenrentabilitäten auslösen kann.

Grundlegende, langfristige Entscheidungen bezüglich der Ausgestaltung der Verkehrssysteme des NMV (nichtmotorisierter Verkehr)[3], des ÖPNV und des MIV sind mithin im Lichte komplexer Zielsysteme zu beurteilen. Neben städtebaulichen und raumplanerischen Zielen (z.B. Gewährleistung der Erreichbarkeit zentraler Einrichtungen, Denkmalschutz, Verbesserung der Lebensqualität in den Städten und angrenzenden Gebieten) bilden wirtschaftliche Ziele (z.B. Gewährleistung eines hohen Beschäftigungsstandes und Erhöhung der Produktivität des Verkehrssektors zur Förderung wirtschaftlichen Wachstums) wichtige Vorgaben für den Verkehrssektor.

Da Mobilität weniger als originäres Bedürfnis, sondern vielmehr als ein aus ökonomischen Aktivitäten abgeleitetes Bedürfnis definiert werden kann, kommt den produktivitätsbezogenen Zielen des Verkehrssektors besondere Bedeutung zu. Sofern die weitgehende Befriedigung des Mobilitätsbedarfs, insbesondere im Berufsverkehr, als gesellschaftlich weitgehend anerkanntes Ziel angesehen werden kann, entsteht ein Kostenminimierungsproblem. Als produktivitätsbezogene Ziele lassen sich die Reduzierung von Transportkosten, die Erhöhung der Verkehrssicherheit und die Internalisierung

---

[1] *Kandler* (1987), S.196.

[2] Vgl. *Kandler* (1987), S.196.

[3] Die Analyse des Modal Split wird im allg. auf die motorisierten Verkehrsträger verkürzt. Auch im Rahmen dieser Untersuchung stehen die motorisierten Verkehrsträger aufgrund der weitreichenden ökonomischen Konsequenzen ihres Einsatzes im Vordergrund des Interesses.

externer Effekte nennen. Dem ÖPNV kommt dabei aufgrund seiner Systemeigenschaften - hohe Beförderungskapazität, geringer Flächenverbrauch und derzeit vergleichsweise geringe externe Kosten - eine wichtige Rolle zu.

Das Beförderungsaufkommen[1] im ÖPNV ist allerdings seit Beginn der 80er Jahre nicht nur relativ zum MIV gesunken, sondern auch in absoluten Werten stark rückläufig. Bereinigt man das Gesamtaufkommen um den Schülerverkehr, so sinken die Fahrgastzahlen bereits seit zwei Jahrzehnten kontinuierlich ab.[2] In der Fläche ist dabei ein wesentlich stärkerer Rückgang zu verzeichnen als in den Kernstädten und verdichteten Gebieten.

Die Förderung des ÖPNV nimmt erhebliche öffentliche Mittel in Anspruch. Mit dem für die 90er Jahre prognostizierten Nachfragerückgang ist eine weiteres Absinken des Kostendeckungsgrades zu erwarten. Die reinen Fahrgeldeinnahmen der Verkehrsunternehmen decken etwa 45% der anfallenden Kosten; unter Berücksichtigung der Ausgleichszahlungen für gemeinwirtschaftliche Leistungen steigert sich der Kostendeckungsgrad in den Ballungsräumen auf etwa 66%[3]. Die hieraus resultierenden Defizite[4] stiegen seit Ende der 60er Jahre bis Mitte der 70er Jahre kontinuierlich an. Sie verdoppelten sich von 642 Mio. DM im Jahr 1970 real auf 1.243 Mio. DM und blieben auch in den 80er Jahren auf diesem Niveau. Da eine spürbare Minderung der Defizite nicht in Sicht ist, können zunehmend Konflikte mit Finanzierungszielen der öffentlichen Haushalte entstehen.

b) Teilkonzeption: Beeinflussung des Modal Split

Unter dem Gesichtspunkt der Freiheit der Verkehrsmittelwahl erhält die Gestaltung von Verhaltensanreizen in Verkehrssystemen zentrale Bedeutung für Konzeptionen zur Beeinflussung des Modal Split. Der in der BRD seit den 60er Jahren stetig steigende Automobilbestand deutet bei gleichzeitig abnehmenden Beförderungszahlen im ÖPNV auf eine vergleichsweise hohe Attraktivität des MIV hin.[5]

---

[1] Vgl. *Verband öffentlicher Verkehrsbetriebe VÖV* (Hrsg.), Statistik, versch. Jahrgänge; *Ratzenberger/Josel/Hahn* (1989), S.32ff.

[2] In den Jahren 1989 und 1990 wurden leicht steigende Fahrgastzahlen verzeichnet. Diese Entwicklung wird hier nicht berücksichtigt, da diese Ergebnisse möglicherweise einer systematischen Verzerrung unterliegen. Eine Überschätzung der Nachfrage kann durch die zunehmende Einführung von sogenannten Umwelttickets hervorgerufen werden. Diese besonders preisgünstigen Zeitkarten substituieren einen Teil der Einzelfahrscheine, gehen aber mit einem durchschnittlichen Wert in die Aufkommensberechnung ein. Gerade der Anteil der Zeitkartennutzer, die nur wenig Gebrauch von der Karte machen, ist jedoch relativ schwer zu erfassen. Gesicherte Erkenntnisse liegen zu diesem Problem bislang nicht vor.

[3] Der Kostendeckungsgrad in der Fläche beläuft sich auf etwa 83%. Vgl. *Ratzenberger/Josel/Hahn* (1989), S. 106f.

[4] Die Angaben beziehen sich auf die jährlichen Defizite der VÖV-Unternehmen. Diese betreiben im wesentlichen den ÖPNV im städtischen Raum. Vgl. *Verband öffentlicher Verkehrsbetriebe VÖV* (Hrsg.), Statistik, versch. Jahrgänge.

[5] Vgl. *Der Bundesminister für Verkehr* (Hrsg.), Verkehr in Zahlen, versch. Jahre.

Die Grenzen eines Ausbaus der städtischen Verkehrsinfrastrukturen zur Schaffung einer "autogerechten Stadt" wurden allerdings bereits 1965 mit dem Bericht der Sachverständigenkommission nach dem Gesetz über eine Untersuchung von Maßnahmen zur Verbesserung der Verkehrsverhältnisse in den Gemeinden aufgezeigt: "Zusätzliche Verkehrsflächen in einem solchen Maße zu schaffen, daß jeder Zuwachs an Verkehrsaufkommen aufgenommen werden kann, ist nicht möglich. Die verfügbare Verkehrsfläche in den Gemeinden wird daher immer ein knappes Gut bleiben."[1] Im Verkehrsbericht 1970 der Bundesregierung wurde festgestellt: "Es gilt heute als gesicherte Erkenntnis, daß die Kernbereiche der Großstädte, wenn überhaupt, dann nur unter utopisch hohen Kosten und unter Verlust ihrer historisch gewachsenen Städtebilder 'autogerecht' ausgebaut werden können."[2]

Die mit der Schaffung von neuen Anreizstrukturen für den ÖPNV verbundenen Grenzkosten dürfen den Grenznutzen in Form von Kapazitätseffekten, Immissions-/Emissionssenkungen, Vorteilen der Stadtgestaltung u.a. nicht übersteigen. Maßnahmen der Attraktivitätssteigerung des ÖPNV laufen Gefahr, das Kostenoptimum zu verfehlen, wenn die Nachfrageelastizität gering ist. Derartige Situationen können insbesondere dann leicht entstehen, wenn Parallelausbauten von Verkehrssystemen durchgeführt werden, wie sie beispielsweise im Zuge der U-Bahn-Bauten der 70er Jahre erfolgten. War man damals im wesentlichen mit Fragen des Infrastrukturausbaus[3] zur Lösung städtischer Verkehrsengpässe befaßt, so stehen heute primär Fragen der Verkehrsorganisation im Vordergrund des Interesses. In erster Linie gilt es, Probleme, die aus der Überlastung und der Überfüllung von Ressourcen im Stadtverkehr resultieren, zu bewältigen.

Überlastungsprobleme ergeben sich aus den zunehmenden Umweltbelastungen, die der Verkehr hervorruft. Neben der Flächenversiegelung sind hierzu insbesondere Lärm- und Abgasemissionen zu zählen.[4] Gemäß Angaben des Umweltbundesamtes[5] wurde mit Hilfe von jährlichen Befragungen der Bevölkerung der Straßenverkehr als

---

[1] *Hollatz/Tamms* (1965), S. 105. Zu erwähnen sind in diesem Zusammenhang aber auch die Ausführungen von *C. Buchanan*: "Unser Bericht hat zu einer Grunderkenntnis geführt: Der Menge des Verkehrs, den eine Stadt aufnehmen kann, ist je nach Größe und Bebauungsdichte eine absolute Grenze gesetzt. Bis zu dieser Grenze gilt - wenn man von der Erhaltung oder Schaffung eines menschenwürdigen Environments ausgeht - der Grundsatz: Welcher Grad an Zugänglichkeit für die Fahrzeuge in der Stadt erreicht wird, hängt davon ab, in welchem Maße sie bereit ist, die erforderlichen äußeren Veränderungen dafür hinzunehmen und dafür zu bezahlen. Die Entscheidung liegt bei der Gesellschaft. (...) Alles deutet darauf hin, daß eine angemessene Behandlung der städtischen Verkehrsprobleme Maßnahmen und Ausgaben in Größenordnungen erfordern wird, die über alle bisherigen Vorstellungen weit hinausgehen." *Buchanan* (1964), S. 191f.

[2] Verkehrsbericht 1970 der Bundesregierung, BtDrs. VI/1350, Bonn 1970, S. 76.

[3] Vgl. hierzu z.B. den Fragenkatalog, der dem Bericht der Sachverständigenkommission nach dem Gesetz über eine Untersuchung von Maßnahmen zur Verbesserung der Verkehrsverhältnisse in den Gemeinden zugrundelag.

[4] Vgl. *Rothengatter* (1989), S. 66.

[5] Vgl. *Umweltbundesamt* (Hrsg., 1990), S. 472ff.; Vierter Immissionsschutzbericht der Bundesregierung, BtDrs. 11/2714 v. 28.7.1988, S. 96.

Hauptquelle von Lärmbelästigungen ermittelt. Nach Modellrechnungen[1] (basierend auf Eingabedaten von 1979) ist davon auszugehen, daß mehr als 12% der Bevölkerung im Wohnbereich Geräuschpegeln von 65 dB(A) und mehr ausgesetzt waren. "Bei solchen Pegeln muß mit gesundheitlichen Auswirkungen gerechnet werden. (...) Die Geräuschbelastung ist zwischen 1979 und 1985 auf ihrem hohen Niveau geblieben. Ein Trend zur Verbesserung ist bisher nicht zu erkennen."[2] Mit zunehmender Gemeindegröße steigt tendenziell der Anteil der belasteten Bürger. Besondere Belastungen treten stets an Hauptverkehrs- und Verkehrsstraßen auf.

An Gasen emittiert der Pkw-Verkehr Schwefeldioxid (SO_2), Kohlenmonoxid (CO), Kohlendioxid (CO_2), Stickstoffoxide (NO_x), Kohlenwasserstoffe (VOC), Methan (CH_4) sowie Ruß und Staubpartikel.[3] Bei CO und NO_x ist der Verkehr (insgesamt, aber vornehmlich der Straßenverkehr) im Vergleich zu Kraftwerken, Industriebetrieben und privaten Haushalten der größte Emittent.[4] Zielgröße einer rationalen Verkehrspolitik sind jedoch zunächst einmal die Immissionen und weniger die Emissionen. Externe Kosten werden durch die Konzentration von Abfallstoffen und eine daraus folgende Überlastung der Aufnahmekapazitäten der Umwelt verursacht. Der Zusammenhang zwischen Emission und Immission ist jedoch sehr komplexer Natur. Ort, Zeit und Intensität der Emission stimmen mit denen von Umweltbelastungen nicht überein. Des weiteren sind die Grenzbeiträge bestimmter Emittenten zu lokalen Immissionen selten genau zu identifizieren. Daher wird vielfach auf die Zielgröße der Emission zurückgegriffen.

Die Bedeutung des MIV für die Überlastung natürlicher Ressourcen soll am Beispiel der Stadt Stuttgart näher konkretisiert werden. Für das Jahr 1985 wurde in Stuttgart[5] ein Emissionskataster auf der Basis der Vorschriften der TA-Luft[6], die zur Ausführung des Bundes-Immissionsschutzgesetzes (BImSchG)[7] erlassen wurde, erstellt.[8] Die Unter-

---

[1] Vgl. *Umweltbundesamt* (Hrsg., 1990), S. 474.

[2] *Umweltbundesamt* (Hrsg., 1990), S. 474.

[3] Die Gesamtemissionen des motorisierten Individualverkehrs betrugen im Jahr 1987 in der BRD 97.300.000 t CO_2 (dies entspricht einem Anteil von 60,6% der Gesamtemission des Verkehrssektors), 150.000 t CH_4 (60,7%), 1.230.000 t VOC (83,1%), 1.120.000 NO_x (60,5%), 6.000.000 t CO (93,8%). Vgl. *Heimerl/Dobeschinsky/Gerhardt* (1991), S. 33.

[4] Vgl. *Umweltbundesamt* (Hrsg., 1990), S. 268ff. Die Emissionsentwicklung ist weitgehend abhängig vom Einsatz schadstoffarmer Fahrzeuge mit Dreiwegekatalysator. Der Anteil an Staub- und Rußpartikeln ist abhängig vom Einsatz von Dieselfahrzeugen. Vgl. *Umweltbundesamt* (Hrsg., 1990), S. 58f.

[5] Vgl. *Regierungspräsidium Stuttgart* (Hrsg., 1988).

[6] Vgl. Technische Anleitung zur Reinhaltung der Luft (TA-Luft) v. 27.2.1986 (GMBl S. 95), im folgenden zitiert als TA-Luft.

[7] Vgl. Bundes-Immissionsschutzgesetz (BImSchG) v. 14.5.1990 (BGBl I S. 881).

[8] Gemessen wurden SO_2, NO_2, CO, Fluorwasserstoff (HF), Schwebestaub und Staubniederschlag. Vgl. *Regierungspräsidium Stuttgart* (Hrsg., 1990), S. 1.

suchung zeigte, daß insbesondere die NO_2-Konzentrationen[1] die Kurzzeitwerte der Immissionsgrenzwerte[2] der TA-Luft deutlich überschritten (bis zu 45%); in Bezug auf die Langzeitwerte lagen sie zwar unter den zulässigen Höchstwerten, aber ebenfalls auf hohem Niveau. Des weiteren wurde der Verkehr als Hauptemissionsquelle neben der Industrie und dem Gewerbe identifiziert.[3] Bezüglich der NO_2-Immissionen wurde ermittelt, daß der Verkehr an der Schadstoffbelastung der Meßflächen jeweils zwischen 85% und 95% beteiligt ist. Die räumliche Anordnung von Meßstellen kann allerdings wesentlichen Einfluß auf die gemessene Immissionskonzentration ausüben. So wurden unmittelbar an hochbelasteten Straßen sehr hohe Immissionswerte gemessen, die weit über dem zulässigen Kurzzeitgrenzwert lagen. Da die TA-Luft ein starres Raster von Meßstellen[4] erfordert, ist davon auszugehen, daß Orte besonders hoher Schadstoffkonzentrationen nicht systematisch erfaßt werden können. Demzufolge sind derartige Konzentrationen im gesamten Stadtgebiet möglich. In anderen Städten können derartige Belastungen, wenn nicht in gleicher Form, so doch zumindest ähnlich charakterisiert werden.[5] Bereits diese skizzenhaften Angaben machen deutlich, daß sich die Städte schon seit längerer Zeit in einer Situation befinden, in der Maßnahmen zur Senkung der Schadstoffemissionen des Verkehrssektors zur Einhaltung gesetzlicher Immissionsnormen unbedingt notwendig erscheinen.[6]

Überfüllungen ergeben sich im Verkehrssektor im wesentlichen aus zwei Ursachen. Nachfragebedingt kann ein hohes Verkehrsaufkommen zu sinkenden Geschwindigkei-

---

[1] NO_2 ist ein Reizgas, das bereits bei niedrigen Konzentrationen und normaler Atmung zu Atembeschwerden führt. Untersuchungen haben gezeigt, daß Kurzzeitbelastungen mit hohen Konzentrationen gesundheitlich bedeutsamer sind als langfristige Belastungen mit relativ niedrigen Konzentrationen. Vgl. *Regierungspräsidium Stuttgart* (Hrsg., 1990), S. 2.

[2] Gemäß der TA-Luft bestehen nur dann keine Gesundheitsgefahren durch Luftschadstoffe, wenn auf keiner Meßfläche die gesundheitlich bedenklichen Immissionswerte überschritten werden. Der Langzeitgrenzwert ist überschritten, wenn der Durchschnitt aller Einzelmessungen an den 4 Eckpunkten einer Meßfläche innerhalb eines Jahres über dem Immissionsgrenzwert liegt. Der Kurzzeitgrenzwert gilt als überschritten, wenn mehr als 2% aller Meßwerte einer Meßfläche über dem Grenzwert liegen.

[3] Gleiches gilt für die CO- und HC-Emissionen.

[4] Vgl. TA-Luft, Punkt 2.6.2 Kenngrößen für die Vorbelastung - Meßplan - und 2.6.2.6 Meßstellen. Vgl. aber auch Richtlinie des Rates v. 7. März 1985 über Luftqualitätsnormen für Stickstoffdioxid, 85/203/EWG, in: Amtsblatt der Europäischen Gemeinschaften, Jg. 28 (1985), L 87, S. 1ff. In Anhang III dieser Richtlinie wird auf die Überwachung der Stickstoffdioxidkonzentration eingegangen. Als Meßpunkte sollen die Stellen mit dem mutmaßlichen höchsten Belastungsrisiko gewählt werden. Der Kraftfahrzeugverkehr wird dabei an erster Stelle genannt. Insbesondere wird auf die Überprüfung verkehrsreicher Straßenschluchten und Verkehrsknotenpunkte explizit hingewiesen.

[5] Vgl. *Knoflacher* (1990), S. 222ff. Ähnliche Messungen wie in Stuttgart wurden auch in Mannheim und Karlsruhe durchgeführt. Die Immissionswerte lagen hier jedoch unter denen in Stuttgart, überschritten allerdings ebenfalls an manchen Meßstationen die Kurzzeitgrenzwerte. Vgl. *Regierungspräsidium Stuttgart* (Hrsg., 1990); S. 1; *Umweltbundesamt* (Hrsg. 1991), S. 64ff.

[6] Die EG erlaubt befristete Ausnahmeregelungen bei Überschreitung der in der Richtlinie 85/203/EWG angegebenen Grenzwerte hinsichtlich NO_2, vorausgesetzt der betreffende Mitgliedstaat legt der Kommission Pläne zur schrittweisen Verbesserung der Luftqualität in den betroffenen Gebieten vor. Vgl. Richtlinie des Rates v. 7. März 1985 über Luftqualitätsnormen für Stickstoffdioxid, a.a.O., S. 1.

ten des fließenden Verkehrs bis hin zum Stillstand führen. Solche Überfüllungen treten häufig während der Stoßzeiten auf Hauptverkehrsadern auf. Ein im Trend steigendes Verkehrsaufkommen führt dazu, daß Überfüllungserscheinungen immer häufiger auftreten. Angebotsbedingt treten Überfüllungen bei nicht harmonisierten Kapazitäten der Infrastruktur auf. Engpässe können zum einen im Straßennetz selbst begründet liegen, zum anderen aber auch aufgrund mangelnder Koordination im Parksuchverkehr entstehen.

Im Zuge von Verkehrsstauungen entstehen mehrere ungünstige Begleiterscheinungen. Zunächst ist ein permanentes Beschleunigen und Abbremsen der Fahrzeuge mit einem wesentlich erhöhten Energieverbrauch und mit höheren Lärm- und Abgasemissionen verbunden. Die mit einem hohen Verkehrsaufkommen verbundenen Belastungen der Umwelt werden damit durch die Überfüllung zusätzlich gesteigert. Des weiteren entstehen allen Verkehrsteilnehmern Zeitverluste. Diese sind unter ökonomischen Gesichtspunkten problematisch, wenn es keine Ausweichmöglichkeiten für die Verkehrsteilnehmer gibt oder der ÖPNV selbst am Stau beteiligt ist. Die Verkehrsteilnehmer befinden sich dann in einer Situation des Gefangenendilemmas.[1] Jede Aktivität des einzelnen Verkehrsteilnehmers zur Verminderung des Pkw-Aufkommens durch die Bildung von Fahrgemeinschaften oder den Umstieg auf Beförderungsmittel des ÖPNV führt nicht zur Beseitigung des Staus, beinhaltet aber anscheinend einen Nutzenentgang durch die Verringerung des Komforts der Raumüberwindung. Eine dritte unerwünschte Wirkung schlägt sich in produktivitätssenkenden Folgen nieder. Produktivitätssenkungen oder -ausfälle entstehen durch Stress, nachlassende Konzentration oder Verspätungen der Verkehrsteilnehmer am Arbeitsplatz.

Es entstehen also sowohl durch Überlastungen als auch Überfüllungen externe Kosten, die es unter ökonomischen Gesichtspunkten zu internalisieren gilt. Das verkehrspolitische Konzept der deutschen Städte weist darauf hin, es gelte "mit Hilfe stadtentwicklungspolitischer Entscheidungen, stadtplanerischer, baulicher, verkehrslenkender und anderer organisatorischer Maßnahmen zu einer Reduzierung vermeidbarer Verkehrsbedürfnisse beizutragen und den nicht vermeidbaren Verkehr in allen seinen Erscheinungsformen so auszugestalten, daß die Lebens- und Umweltbedingungen für die Bürger verbessert werden. Dies bedeutet:

- Stärkung des öffentlichen Personennahverkehrs (ÖPNV),
- Erhaltung und Verbesserung des vorhandenen Straßennetzes sowie Um- und Neubauten von Straßen zur Verbesserung des Verkehrsflusses sowie der städtebaulichen und umweltbezogenen Situation,
- Menschenfreundliche Gestaltung des Wohnumfeldes, Reduzierung von Lärm und Abgasen in Wohngebieten sowie Verbesserung der innerstädtischen Erholungsmöglichkeiten,
- Ordnung und angemessene Unterbringung des ruhenden Verkehrs,
- Berücksichtigung der Bedürfnisse des Fußgängers und des Fahrradverkehrs,

---

[1] Vgl. *Bacharach* (1976), S. 61ff.

- Erhöhung der Verkehrssicherheit."[1]

Die im Zuge dieses allgemeinen Verkehrskonzeptes vorgeschlagenen Maßnahmen finden sich im Luftreinhalteplan Stuttgart 1988[2] konkretisiert. Aufbauend auf dem oben erwähnten Emissionskataster, den Ursachenanalysen des TÜV Rheinland und dessen Vorschlägen hinsichtlich der erforderlichen Emissionsminderungen im Bereich des KFZ-Verkehrs wurden mehrere Maßnahmenbündel simuliert. Geschwindigkeitsreduzierungen auf Hauptverkehrsstraßen von 60/80/100 km/h auf 50/60/80 km/h, flächendeckende verkehrsberuhigende Maßnahmen, Verbesserungen des ÖPNV mit Hilfe konsequenter Priorität an Lichtsignalanlagen und durchgehender Busspursysteme, Reduktion der Straßenkapazität für den Kfz-Verkehr und Maßnahmen des Parkraummanagements wurden in unterschiedlichen Kombinationen zusammengestellt. Dennoch können auch mit derart einschneidenden Maßnahmen lokale NO_2-Spitzenimmissionen nicht verhindert werden. Um eine Vermeidung der Überschreitung der Kurzzeitgrenzwerte zu gewährleisten, wird ausdrücklich festgestellt, daß diese kurzfristig lediglich über eine Verringerung des Verkehrsaufkommens bzw. eine Priorisierung von Katalysator-Fahrzeugen im Falle von hohen Immissionsbelastungen möglich sein wird. Die rechtliche Grundlage für eine Festlegung von Fahrverboten ist seit 1990 gegeben. Gemäß §40 Abs.2 BImSchG[3] kann bei bestimmten Schadstoffkonzentrationen der Verkehr beschränkt oder gänzlich unterbunden werden.[4] Die Durchführungsverordnung wurde allerdings noch nicht erlassen.

Unter ökonomischen Gesichtspunkten erscheinen die skizzierten Leitbilder unvollständig, da eine Berücksichtigung marktwirtschaftlicher Koordinationsmechanismen[5] fast vollständig unterbleibt. Ge- und Verbote stellen die bedeutendste Kategorie von Maßnahmen dar. Der Einsatz preispolitischer Instrumente sollte unter dem Aspekt der Systemkonformität zumindest grundsätzlich in Erwägung gezogen werden. Er erfolgt bislang allenfalls über Formen des Parkraummanagements. Dabei lassen sich erfolgreiche Anwendungen beispielsweise der vielfältigen Formen des Road Pricing anführen. In mehreren ausländischen Städten sind diese preispolitischen Instrumente unter verschiedenen Zielsetzungen bereits zum Einsatz gekommen:[6] primär zum Abbau von Überfüllungen in Singapur und vornehmlich zur Finanzierung von Verkehrswegen in Oslo. Ansätze einer Weiterentwicklung der verkehrspolitischen Leitbilder für den städtischen Raum unter Berücksichtigung marktwirtschaftlicher Koordinationsformen sind

---

[1] *Deutscher Städtetag* (Hrsg., 1985), S. 11. Abgesehen von der expliziten Erwähnung von Umweltbelangen entsprechen viele der Ziele und Methoden dieses verkehrspolitischen Konzeptes den Konzeptionen der 60er und 70er Jahre.

[2] Vgl. *Steierwald Schönharting und Partner* (1988); *Pischner* (1991), S. 93-100.

[3] Vgl. Bundes-Immissionsschutzgesetz (BImSchG) v. 14.5.1990 (BGBl I S. 881), §40 Verkehrsbeschränkungen.

[4] Nach *Eickeler* fällt die Beschränkung oder Einstellung des Verkehrs in den Zuständigkeitsbereich der Städte. Vgl. *Eickeler* (1991), S. 3.

[5] Vgl. *Pütz* (1960), S. 12f.; *Ewers* (1992), S. 83f; *Ewers* (1991), S. 73ff.

[6] Vgl. *OECD* (Hrsg., 1988), S. 185ff.; *Keuchel* (1992), S. 377-386.

aber auch in der BRD denkbar. Erste Ansätze zur Planung differenzierender Verkehrsabgaben wurden in Baden-Württemberg und Nordrhein-Westfalen bereits vorgestellt.[1]

B. EINFLUSSGRÖSSEN AUF DIE VERKEHRSMITTELWAHL

Um Maßnahmen zur Beeinflussung des Modal Split analysieren zu können, werden im folgenden zunächst synoptisch mögliche Determinanten der Verkehrsnachfrage analysiert, um potentielle Ansatzpunkte für Maßnahmen der Verhaltensbeeinflussung aufzuzeigen. Dabei sind auch jene Determinanten einzubeziehen, an denen verkehrspolitische Maßnahmen nicht ansetzen können. Im Zuge der Modellbildung sind sie als Rahmenbedingungen der individuellen Verkehrsmittelwahl zu berücksichtigen.

1. Merkmale der Fahrt

a) Fahrtzweck

Der Verkehrszweck gibt an, welche Daseinsgrundfunktionen Fahrten auslösen. Damit kommt ihm eine wesentliche Bedeutung für das Verkehrsverhalten zu. Der Verkehrszweck steht oft in engem Zusammenhang mit der sozialen Stellung des Verkehrsteilnehmers; so wird der Ausbildungsverkehr zumeist von Schülern und Studenten und der Versorgungsverkehr vielfach von Frauen vorgenommen. Die Fahrten im Berufsverkehr sind nicht nur personell, sondern auch räumlich und zeitlich weitgehend festgelegt. Die Freiheitsgrade der Entscheidung des Verkehrsteilnehmers beschränken sich auf die Wahl des Verkehrsmittels und die Route, sofern diese durch das Verkehrsmittel nicht bereits festgelegt ist.

Aufbauend auf den Ergebnissen der KONTIV-Untersuchungen von 1976, 1982 und 1989[2] weist der Modal Split im Berufsverkehr ein differenziertes Bild auf (siehe Tab. 1). Der MIV ist sowohl bei der Zahl der Wege als auch bei der Verkehrsleistung dominierend. In beiden Fällen ist eine steigende Tendenz im MIV, eine fallende Tendenz im ÖPNV und ein etwa gleichbleibender Verkehrsanteil der nicht motorisierten Verkehrsteilnehmer festzustellen.

---

[1] *Verkehrsministerium Baden-Württemberg* (Hrsg., 1991); *Vogel* (1991), S. 4ff.; Gesetzesentwurf der Fraktion DIE GRÜNEN zur Einführung einer Lenkungsabgabe zur Reduzierung des motorisierten Individualverkehrs in den Städten und Gemeinden des Landes Nordrhein-Westfalen ("Nahverkehrsabgabe"), Landtag Nordrhein-Westfalen, LtDrs. 11/2644 v. 4.11.1991.

[2] Vgl. *Kloas/Kuhfeld* (1987), S. 52f.; *EMNID* (o.J.), Tabellenteil, I S. 66ff. u. II S. 5ff.; *Cerwenka/Rommerskirchen* (1985), S. 25ff. Die Angaben fassen Nah- und Fernverkehr zusammen, wobei der Nahverkehr allerdings deutlich überwiegt. Die Angaben in diesem Kapitel beruhen z.T. auf eigenen Berechnungen, denen das oben genannte Datenmaterial zugrunde liegt.

Auffallend ist der relativ geringe Mitfahreranteil[1] im MIV. Der aufkommensgewichtete Besetzungsgrad (Personen/Kfz) ging von 1,123 (1976) über 1,109 (1982) auf 1,102 (1989) zurück. Der verkehrsleistungsgewichtete Besetzungsgrad (Personenkm/Kfz-km) ging ebenfalls zurück: von 1,111 (1976) über 1,107 (1982) auf 1,0985 (1989). Er ist deutlich niedriger als bei Ausbildungs-, Freizeit- und Besorgungsfahrten. Des weiteren fällt der relativ hohe Anteil des NMV auf. Er liegt mit seinen Anteilen deutlich über denen der öffentlichen Verkehrsmittel. Der NMV ist allerdings lediglich für Wege geringer Entfernungen von Bedeutung.

Tab. 1: **Personenverkehrsaufkommen und -leistung im Berufsverkehr in den Jahren 1976, 1982 und 1989, bezogen auf die Verkehrsträger (in Prozent)**

Jahr	Verkehrsaufkommen			Verkehrsleistung		
	MIV	ÖPNV	NMV	MIV	ÖPNV	NMV
1976	57	19	24	69	26	5
1982	62	15	23	76	20	5
1989	70	12	16	80	15	2

Quelle: Zusammengestellt und berechnet nach *Kloas/Kuhfeld* (1987), S. 52f., und *EMNID* (o.J.), Tabellenteil I S. 66ff. u. II S. 5ff.

Der Wegeanteil des NMV ist bei Besorgungs- und Freizeitwegen (Nahverkehr) noch weitaus höher ausgeprägt. Auch die öffentlichen Verkehrsmittel haben mit dem Schülerverkehr ihren größten Anteil außerhalb des Berufsverkehrs.

b) Wegeketten

Eine Wegekette bezeichnet eine Folge von Wegen, die unterschiedliche Ziele mit unter Umständen unterschiedlichen Verkehrszwecken miteinander verbindet. Im Berufsverkehr fallen der Anfangs- und Endpunkt im allg. mit der Wohnung zusammen. Die grundlegende Wegekette ist durch die Ortsfolge Wohnung-Arbeitsplatz-Wohnung gekennzeichnet. In der Regel sind die Aktivitätenfolgen in dieser einfachen Form

---

[1] Der Fahrzeugbesetzungsgrad wird errechnet als Personenverkehrsaufkommen bezogen auf das Fahrzeugaufkommen (Selbstfahrer). Leistungsgewichtet ergibt er sich aus der Personenverkehrsleistung bezogen auf die Fahrzeugkilometer der Selbstfahrer. Vgl. *Cerwenka/Rommerskirchen* (1985), S. 36f., und eigene Berechnungen nach *EMNID* (1989), Tabellenteil I S. 66ff. u. II S. 5ff.

strukturiert.[1] Kommen weitere Aktivitäten hinzu, so werden diese überwiegend nach der Arbeit durchgeführt.[2] Typische Wegeketten sind dann Wohnen-Arbeiten-Arbeiten-Wohnen, Wohnen-Arbeiten-Versorgen-Wohnen oder Wohnen-Arbeiten-Freizeit-Wohnen. Im Zuge von Halbtagsarbeit und flexiblen Arbeitszeiten ist die Bildung von Wegeketten in vielfältigen Formen möglich.

Meist fällt die Verkehrsmittelwahl vor Antritt des ersten Weges. Auch wenn der Weg zur Arbeit den Hauptfahrtzweck beschreibt, sind die Modalitäten des gesamten Weges, d.h. aller Teilwege, von Bedeutung. Nach Antritt der Fahrt ist die Verkehrsmittelwahl für Folgefahrten oftmals nur eingeschränkt möglich, z.B. muß im IV das Verkehrsmittel letztendlich zur Wohnung zurückgebracht werden.

Grundsätzlich verlangt die Kombination verschiedener Aktivitäten ein vergleichsweise beliebig verfügbares Verkehrsmittel. Die Individualverkehrsmittel verfügen dementsprechend über ein tendenziell günstigeres Eigenschaftsprofil als öffentliche Verkehrsmittel. Wenn ein Wechsel der Verkehrsmittel stattfindet, dann meist vom ÖV zum IV, wenn Berufspendler mit öffentlichen Verkehrsmitteln losfahren und später zur Weiterfahrt mit einem Pkw abgeholt werden. Individuelle Verkehrsmittel eröffnen dann wiederum eine größere Beweglichkeit. Der Wechsel vom IV auf ein anderes Verkehrsmittel verlangt, daß der Standort des Wechsels zumindest zweimal in der Wegekette auftaucht. Eine Attraktivitätssteigerung des ÖPNV mit niedrigen Fahrpreisen bei relativ hohen Bedienungsfrequenzen zwischen Arbeitsplatzkonzentrationen und Innenstädten wäre demzufolge ein Ansatzpunkt zur Beeinflussung der Verkehrsmittelwahl. Die Verkehrsmittelwahl wird jedoch wesentlich von der räumlichen Lage des Arbeitsplatzes hinsichtlich der Folgeaktivitäten und der Zeitverfügbarkeit mitbestimmt.[3]

Nach der Rückkehr zur Wohnung ist eine wiederum uneingeschränkte Verkehrsmittelwahl möglich. Die raumzeitliche Lage von Wohnung und Arbeitsplatz ist besonders dann von Bedeutung, wenn die Folgeaktivitäten nicht ortsgebunden stattfinden, d.h. in der Nähe beider Standorte durchgeführt werden können. Die Lage der Standorte bestimmt die Relevanz von Rahmenbedingungen für die Folgeaktivitäten, z.B. der Geschäftsöffnungszeiten.

c) Weglänge

Mit der Länge eines Weges ist eine veränderte Häufigkeit der Nutzung alternativer Verkehrsmittel zu beobachten. Die unterschiedlichen Verkehrsmittel erreichen ihre jeweils günstigste Reisegeschwindigkeit in bestimmten Entfernungsklassen, die sich in unterschiedlichen Untersuchungen bestätigt finden.[4] Der NMV, Fußgänger und Rad-

---

1 Etwa 75% aller Wegeketten entfallen auf die folgenden vier einfach strukturierten Wegeketten: Wohnen-Freizeit-Wohnen, Wohnen-Arbeit-Wohnen, Wohnen-Einkauf-Wohnen, Wohnen-Ausbildung-Wohnen. Vgl. *Socialdata* (1992), S. 6.
2 Vgl. *Küchler* (1985), S. 69ff.
3 Vgl. *Küchler* (1965), S. 69ff. u. S. 88ff.
4 Vgl. *Leutzbach/Pampel* (1983), S. 123ff.

fahrer, unterscheidet sich deutlich vom MIV und ÖPNV. Bei Entfernungen um etwa 1 km dominiert der NMV, sein Anteil fällt dann bis hin zu 4-5 km sehr stark ab.

Demzufolge ist ein entsprechender steiler Anstieg des motorisierten Verkehrs im Intervall von 1 bis 5 km feststellbar. Ab 5 km konkurrieren fast ausschließlich der MIV und der ÖPNV miteinander. Dabei liegen über 90% aller Fahrten im Bereich unter 25 km Entfernung.[1] Bemerkenswert ist, daß der MIV bereits bei relativ geringen Entfernungen wesentliche Anteile am Modal Split erreicht und ab Entfernungen über 10 km zwar weniger deutlich aber stetig zunimmt.

Der Einfluß der Wegelängen auf den Modal Split ist von der Bedeutung der räumlichen Lage der Ausgangs- und Zielpunkte der Fahrt zu unterscheiden. Ungenauigkeiten der Erhebung des Einflusses der Wegelängen auf den Modal Split können sich ergeben, wenn wesentliche Abweichungen zwischen den Luftlinienentfernungen als eigentlich zu überbrückender Distanz und der durch die Wegenetze gegebenen Wegestrukturen entstehen.[2] Je direkter z.B. der NMV seine gewählten Ziele im Vergleich zu motorisierten Verkehren erreichen kann, desto mehr wird sein Anteil an Kurzstreckenverkehren[3] überschätzt. Der Einfluß der Netzstruktur als Verkehrssystemeigenschaft fließt dann in die Analyse mit ein.

Ein weiteres Erhebungsproblem kann bei Befragungen bezüglich der Wegelängen entstehen. Werden Entfernungen erfragt und nicht gemessen, entstehen leicht Schätzfehler. So können durch Staus bedingte lange Fahrtzeiten oder durch topographische Gegebenheiten bedingte körperliche Anstrengungen bei Verkehrsteilnehmern des NMV zu einer Überschätzung der zurückgelegten Entfernungen führen.

Bei einer Strategieentwicklung für einen attraktiven ÖPNV ist also darauf zu achten, daß Maßnahmen, die den Bereich der Kurzstrecken betreffen, tatsächlich die gewünschten Zielgruppen, z.B. wahlfreie Pkw-Fahrer oder potentielle ÖPNV-Fahrer im Anschlußverkehr, anspricht. Möglicherweise kann es ökonomisch sinnvoll sein, reinen Kurzstreckenverkehr relativ unattraktiv zu gestalten, um nicht Kapazitäten, die für Verlagerungen vom MIV benötigt werden, durch Verlagerungen vom NMV zum ÖPNV zu belegen.[4]

---

[1] Ballungskerne unterscheiden sich in diesem Punkt nur geringfügig von Ballungsrandgebieten und ländlichen Zonen. Weitere 4,5% der Fahrten entfallen auf Streckenlängen zwischen 25 und 50 km und 2,3% auf Entfernungen zwischen 50 und 75 km. Vgl. *Intraplan München u.a.* (Hrsg., 1989), S. 3-19.

[2] Derartige Wegenetzeigenschaften können dann leicht entstehen, wenn z.B. Radfahrer in Einbahnstraßensystemen in beiden Fahrtrichtungen fahren dürfen oder im Zuge von flächendeckenden Verkehrsberuhigungsmaßnahmen ganze Straßenzüge für den motorisierten Durchgangsverkehr gesperrt werden.

[3] Hier wird Kurzstreckenverkehr definiert als Verkehr zwischen räumlich dicht beieinander liegenden Zielen.

[4] Vgl. *Bohley* (1973), S. 119.

d) Zeitpunkt der Fahrt

Das Verkehrsmittelwahlverhalten variiert mit dem Zeitpunkt der Fahrt, also mit der Tageszeit, dem Wochentag und der Jahreszeit. Der Berufsverkehr findet im wesentlichen an den Werktagen Montag bis Freitag statt. Der Modal Split ist bezüglich dieser Tage relativ konstant. An Wochenenden und Feiertagen hingegen sinkt der Anteil der ÖV deutlich zugunsten des Mitfahreranteils im MIV ab. Diese deutliche Veränderung kann durch den Zusammenhang zwischen Tagen und Fahrtzwecken erklärt werden. An Wochenenden und Feiertagen dominieren der Versorgungs- und der Freizeitverkehr, deren Fahrtzwecke eine hohe Affinität zu Individualverkehrsmitteln aufweisen.[1]

Bezüglich der Tageszeit ist der Modal Split deutlichen Schwankungen unterworfen.[2] In der morgendlichen Spitze des Verkehrsaufkommens, die zwischen 6 und 9 Uhr den höchsten Wert der täglichen Aufkommensverteilung darstellt, weist der ÖV einen Verkehrsanteil von über 40% auf und liegt damit noch vor dem des MIV (Selbstfahrer). Der Anteil des ÖPNV sinkt dann zunächst stark ab und weist bezüglich des Berufsverkehrs zwei weitere Spitzen gegen Mittag (12-14 Uhr) und nach Feierabend (16-18 Uhr) auf.

Bei der Planung von Maßnahmen zur Attraktivitätssteigerung des ÖPNV für den Berufsverkehr ist zu berücksichtigen, daß die morgendliche Verkehrsspitze die maximal vorzuhaltende Beförderungskapazität bestimmt. Eine deutliche zusätzliche Verlagerung des MIV-Aufkommens auf den ÖV impliziert damit eine Erhöhung der Beförderungskapazität, die lediglich während des kurzen morgendlichen Zeitraumes ausgelastet werden kann. Ansatzpunkte für eine Beseitigung möglicher finanzieller Engpässe können sowohl im Verkehrsbereich als auch außerhalb dieses Sektors ansetzen. Maßnahmen der Verkehrsorganisation können beispielsweise durch eine Verkehrsflußoptimierung die Produktivität des ÖPNV erhöhen. Flankierende Maßnahmen außerhalb des Verkehrssektors dienen insbesondere zur Entzerrung der morgendlichen Spitze. Derartige Maßnahmen liegen insbesondere im Bereich der Beeinflussung der Arbeitszeitregelungen.

Jahreszeitliche Schwankungen des Modal Split ergeben sich witterungsbedingt besonders dann, wenn die nichtmotorisierten Verkehrsmittelanteile hoch sind. In den wärmeren Monaten weist der Fahrradverkehr steigende Anteile auf. Der Fußgängeranteil weist eine gegenläufige Tendenz auf. Bei schlechten Witterungsverhältnissen verteilt sich der Fahrradverkehr auf alle anderen Verkehrsträger. Aufgrund der Bedeutung der nichtmotorisierten Verkehrsmittel wirkt sich der jahreszeitliche Effekt auf den Modal Split deutlich entfernungsabhängig aus.[3]

---

[1] Vgl. *EMNID* (o.J.), Tabellenteil I S. 40f. u. S. 66f.

[2] Vgl. *EMNID* (o.J.), Tabellenteil I S. 75f.

[3] Vgl. *EMNID* (o.J.), Tabellenteil I S. 38f. In der Stadt Münster kann der Anteil des Fahrradverkehrs witterungsbedingt deutlich schwanken. Mit zunehmender Entfernung wechseln Berufspendler bei ungünstiger Witterung zunächst zum Fußweg, dann zum ÖPNV und schließlich zum Pkw. Der Einfluß der Witterung nimmt allerdings bei Entfernungen über 8 km sehr deutlich ab, da der Fahrradanteil mit der Entfernung abnimmt. Vgl. *Der Oberstadtdirektor der Stadt Münster* (Hrsg., 1992), S. 4ff. u. Tab. 1.

e) Zahl der Teilnehmer

Nehmen mehrere Personen an einer Fahrt teil, so muß die Entscheidung bezüglich der Verkehrsmittelwahl oftmals in einem Gruppenentscheidungsprozeß herbeigeführt werden. Im allg. werden ÖPNV-, Fahrrad- und Fußwege häufiger allein unternommen als Pkw-Fahrten. Für diesen Sachverhalt werden zwei Erklärungen[1] angeführt: zum einen erhöht sich die Wahrscheinlichkeit der Pkw-Verfügbarkeit mit der Zahl der Personen, zum anderen werden bestimmte Pkw-affine Fahrtzwecke wie Versorgungs- und Freizeitwege häufig von Familien gemeinsam durchgeführt. Die durchschnittlichen, aufkommensgewichteten Pkw-Besetzungsgrade[2] im Berufsverkehr sind jedoch relativ gering: 1,123 (1976), 1,109 (1982) und 1,102 (1989) gegenüber 1,358, 1,299 bzw. 1,277 im Versorgungsverkehr und 1,763, 1,599 bzw. 1,492 im Freizeitverkehr. Berufspendler sind es demzufolge nicht gewohnt, Fahrten mit anderen zu koordinieren. Bezüglich einer Strategieentwicklung für den ÖPNV bedeutet dieser Umstand, daß eine individualisierte Beförderungsleistung für viele Verkehrsteilnehmer ein Attraktivitätskriterium sein kann.

2. Sozioökonomische Merkmale der Verkehrsnachfrager

a) Merkmale der Einzelperson

a_1) Alter

Das Lebensalter der Menschen findet einen deutlichen Niederschlag in der Verkehrmittelnutzung. Dies hängt insbesondere mit altersbedingten Lebenseinschnitten zusammen.

Kinder bzw. junge Erwachsene treten nach Schulabschluß teilweise bereits mit 15 Jahren in die Erwerbstätigkeit ein, sind aber altersbedingt weder im Besitz eines Führerscheins noch eines Automobils. Mit 18 Jahren aber setzt ein sprunghafter Anstieg des MIV-Anteils zu Lasten des ÖV ein. Mit dem Ablegen der Führerscheinprüfung und der folgenden Motorisierung findet der größte altersbedingte Einschnitt im Verkehrsmittelwahlverhalten ein.[3]

Der KONTIV aus dem Jahre 1989[4] zufolge erreicht der MIV-Anteil in der Altersklasse 35-45 Jahre seinen höchsten Anteil, nimmt aber erst ab der Altersklasse 60-65 Jahre deutlich ab. Die Verkehrsmittelanteile des ÖPNV schwanken umgekehrt; sie nehmen ab 18 Jahre deutlich ab und steigen in höheren Altersklassen wieder an. Bei den NMV steigt der Fußwegeanteil ab der Altersklasse 35 bis 40 Jahre wieder konti-

---

1 Vgl. *Leutzbach/Pampel* (1983), S. 133.

2 Vgl. Abschnitt a) Fahrtzweck und *Cerwenka/Rommerskirchen* (1985), S. 36f., sowie eigene Berechnungen nach *EMNID* (o.J.), Tabellenteil I S. 66.

3 Vgl. *EMNID* (o.J.), Tabellenteil I S. 70ff.

4 Vgl. *EMNID* (o.J.), Tabellenteil I S. 70ff.

nuierlich an, während er im Fahrradverkehr auf einem gleichbleibenden Niveau verharrt.

Der Motorisierungsgrad von Erwerbstätigen ist in allen Altersgruppen deutlich höher als bei Nichterwerbstätigen.[1] Er steigt zudem mit zunehmendem Alter stetig an, was im wesentlichen auf weitere Einflußgrößen wie Beruf und steigendes Einkommen zurückgeführt werden kann.[2] Immer mehr Menschen besitzen bereits in frühen Lebensabschnitten einen Führerschein und verfügen über einen Pkw. Diese Menschen sind an einen entsprechend hohen Mobilitätsgrad gewöhnt und allenfalls bedingt bereit, diesen aufzugeben.

a_2) Geschlecht

Mit dem Geschlecht sind aufgrund von gesellschaftlichen Normen und Werthaltungen vielen Menschen bestimmte Rollen zugewiesen. Mit dem daraus resultierenden Rollenverhalten sind bestimmte Aktivitätsmuster eng verbunden. So weisen viele jüngere Frauen in einer Doppelrolle als berufstätige Mütter tendenziell längere Wegeketten auf als Männer.[3]

Soziale Unterschiede wirken sich über Faktoren wie Ausbildung, Einkommen und Stellung im Beruf auf das Verkehrsmittelwahlverhalten aus. Alle drei Merkmale haben einen Einfluß auf die Motorisierung und damit die Pkw-Verfügbarkeit. Durch den geringeren Motorisierungsgrad sind Frauen im Verkehrsmittelwahlverhalten eingeschränkt. Im Jahr 1988 betrug der für Frauen statistisch ausgewiesene Motorisierungsgrad 0,241. Dies entspricht absolut 6,36 Mio. Pkw. Für Männer wird die Pkw-Dichte mit 0,839 fast dreimal so hoch beziffert. Es ist jedoch davon auszugehen, daß eine nicht unerhebliche Zahl von Pkw, die auf Männer zugelassen sind, tatsächlich hauptsächlich von jüngeren Erwachsenen und Frauen gefahren werden. Nach Angaben der Deutsche Shell AG[4] beläuft sich der effektive Motorisierungsgrad unter diesem Aspekt auf etwa 0,298 bzw. 0,775 Pkw. Dem entspricht, daß Frauen im Berufsverkehr tendenziell höhere Mitfahreranteile und ÖPNV-Anteile aufweisen als Männer. Geht man von einer zunehmenden Berufstätigkeit von Frauen aus,[5] ist mit einem stärkeren Anstieg ihres Motorisierungsgrades in Zukunft zu rechnen[6], was wiederum Rückwirkungen auf ihr Verkehrsmittelwahlverhalten haben wird.

Des weiteren sind Frauen in bestimmten Berufsgruppen, insbesondere im Dienstleistungsbereich (in Verwaltung und Handel), überproportional vertreten. Diese Arbeits-

---

1 Vgl. *Intraplan München u.a.* (Hrsg., 1985), S. 3-15.

2 Vgl. hierzu den Abschnitt Beruf.

3 Vgl. *Kutter* (1972), S. 106.

4 Vgl. *Deutsche Shell AG* (Hrsg., 1989), S. 14f.

5 Die Erwerbstätigenquote von Frauen zwischen 15 und 65 Jahren ist seit den 70er Jahren steigend und betrug 1972 46,2%, 1980 48,2% und 1989 50,5% (jeweils im April des Jahres). Vgl. *Statistisches Bundesamt* (Hrsg.), Statistische Jahrbücher für die Bundesrepublik Deutschland, verschiedene Jahre.

6 Vgl. *Deutsche Shell AG* (Hrsg., 1987), S. 17ff.

plätze liegen räumlich vergleichsweise konzentriert in zentralen Bereichen der Städte. Diese zentralen Bereiche sind durch den ÖPNV tendenziell besser erschlossen als die meist flächenintensiven Industriebetriebe in den städtischen Randlagen. In der unterschiedlichen Qualität der Verkehrssysteme kann ebenfalls eine Ursache für das Verkehrsmittelwahlverahlten liegen. Es handelt sich hier, ebenso wie bei den obengenannten Gründen, um indirekte Verhaltenseinflüsse anderer Determinanten.

a_3) Berufstätigkeit

Der Tagesablauf von Erwerbstätigen läßt sich eindeutig in mehrere Abschnitte einteilen. Er wiederholt sich zudem im Gegensatz zum Tagesablauf der Nichterwerbstätigen regelmäßig. Hinsichtlich der zeitlichen Dauer der Aktivitäten Einkauf/Besorgungen und Freizeit weisen Erwerbstätige nur geringe Abweichungen auf.[1]

Der Anteil des MIV ist bei den Erwerbstätigen auch bei den Fahrtzwecken Versorgen und Freizeit deutlich höher ausgeprägt als bei Nichterwerbstätigen. Dies gilt auch unter Berücksichtigung des Kriteriums des Pkw-Besitzes bzw. -Nichtbesitzes und in der räumlichen Differenzierung bezüglich der Kategorien Ballungskern, Ballungsrandgebiet und ländlicher Raum.[2]

Die Zugehörigkeit zu einem bestimmten Wirtschaftszweig kann spezifischen Einfluß auf Aktivitätenmuster ausüben. Damit werden Mobilitätsbedürfnisse beeinflußt und ebenso das Verkehrsmittelwahlverhalten. So sind z.B. die Pkw-Selbstfahrer in der Bauindustrie vergleichsweise stark vertreten. Mögliche Erklärungsansätze lassen sich in der hohen Pkw-Verfügbarkeit der Bauarbeiter, aber auch im häufigen Wechsel der Arbeitsstellen finden. Es lassen sich mehrere Kriterien finden, die mit der Branchenzugehörigkeit eng korreliert sind. Hierzu gehören etwa die Merkmale Geschlecht, Einkommen, Lage des Arbeitsplatzes oder ÖPNV-Erschließung.[3] Im allgemeinen lassen sich allerdings lediglich geringfügige Unterschiede zwischen den verschiedenen Branchen feststellen.

Die Stellung im Beruf gehört zu den wesentlichen Merkmalen des sozialen Status. Es gibt allerdings eine breite Skala der sozialen Abstufung, die über eine Unterteilung der Ausprägungen Arbeiter, Angestellter, Beamter, Selbständiger weit hinausgeht. Der genaue Einfluß dieses Merkmals auf die Verkehrsmittelwahl läßt sich aufgrund dieser Abstufungen der KONTIV-Untersuchungen[4] nicht ermitteln. Auffallend ist der hohe MIV-Anteil der Selbständigen bei einem gleichzeitig niedrigen ÖPNV-Anteil und geringen NMV-Anteilen. Dieses Verhalten läßt sich zum einen auf die höhere Pkw-Verfügbarkeit und zum anderen auf besondere Aktivitätsmuster, die z.B. mehr Wege während der Arbeitszeit oder den Transport von Gegenständen erfordern, zurückfüh-

---

[1] Vgl. *Küchler* (1985), S. 83.

[2] Vgl. *Intraplan München u.a.* (Hrsg., 1985), S. 3-18. Die entsprechenden Modellrechnungen für 1985 basieren auf der KONTIV 1982.

[3] Vgl. *Leutzbach/Pampel* (1983), S. 75.

[4] Vgl. *EMNID* (o.J.), Tabellenteil I S. 64f.

ren. Aus dem Beispiel dieser Gruppe mit ihrem hohen Anforderungsprofil an das Verkehrssystem resultiert die Frage, ob ein ÖV überhaupt für alle Gruppen attraktiv gestaltet werden kann oder ob eine ökonomisch sinnvolle Lösung zur Beeinflussung des Modal Split nicht vielmehr verkehrsträgerübergreifend u.a. auch die Bewirtschaftung knapper Infrastruktureinrichtungen beinhalten soll.

Mit Beruf und Stellung ist das Einkommen verbunden und damit eine wichtige Einflußgröße auf den Pkw-Besitz und die Pkw-Verfügbarkeit. Haushalte von Erwerbstätigen weisen eine deutlich höhere durchschnittliche Ausstattung mit Pkw auf als Haushalte von Nichterwerbstätigen.[1] Mit dem Erwerb des Pkw wird zunächst eine langfristige Verkehrsmittelwahlentscheidung getroffen, die das Entscheidungsfeld im Einzelfall um eine wesentliche Komponente erweitert. Der Anteil des ÖV geht für alle Reisezwecke mit steigendem Einkommen deutlich zurück. Die größte Anteilseinbuße erfolgt bereits bei relativ niedrigen Einkommensgruppen. Mit zunehmendem Einkommen steigt der Anteil des MIV kontinuierlich weiter an.[2]

Das Einkommen kann insofern eine wichtige Rahmenbedingung für verhaltensbeeinflussende Maßnahmen darstellen, da es nicht nur auf die Pkw-Haltung sondern vielmehr auf den Gebrauch ankommt. Auch wenn viele erwerbstätige Menschen bereits mit geringen Einkommen einen Pkw besitzen, so sagt dies allerdings noch nichts über ihre Zahlungsbereitschaft bezüglich der Verkehrmittelwahl im Berufsverkehr aus.

a_4) Pkw-Besitz

Mit der Entscheidung zum Kauf eines Pkw wird eine langfristige Verkehrsmittelwahl getroffen. Der Pkw-Besitzer nimmt den MIV grundsätzlich als eine mögliche Alternative in sein Entscheidungsfeld auf. Der Pkw-Besitz ist damit eine der wichtigsten Einflußgrößen der Verkehrsmittelwahl.

Der Pkw-Bestand in der Bundesrepublik Deutschland hat die ihn betreffenden Prognosen innerhalb kürzester Zeiten überholt und die jeweils angenommenen Sättigungsgrenzen nach oben verschoben. Abhängig von der wirtschaftlichen Entwicklung wird von der Deutschen Shell AG[3] ein Anstieg der Pkw-Dichte von 583 Fahrzeuge/1.000 Erwachsene im Jahr 1988 auf zwischen 616 und 700 prognostiziert.[4] Es ist mithin davon auszugehen, daß sich immer weniger Menschen in der Situation des Captive Riders befinden, also auf öffentliche Verkehrsmittel angewiesen sind.

Die durch den Pkw-Besitz vorweggenommene Grundentscheidung für den MIV ist der Ausgangspunkt der speziellen Wahlentscheidung in einer spezifischen Situation. Von ihr wird nur dann abgewichen, wenn die spezielle Situation von der bei Pkw-Beschaffung unterstellten allgemeinen Situation so abweicht, daß entweder die Pkw-

---

[1] Vgl. *Deutsches Institut für Wirtschaftsforschung* (DIW) (1985), S. 419-425.

[2] Vgl. *Brüll* (1976), S. 51.

[3] Vgl. *Deutsche Shell AG* (Hrsg., 1989), S. 20.

[4] Diese Prognose bezieht sich auf das Gebiet der alten Bundesländer. Es ist jedoch davon auszugehen, daß sich die Motorisierung in den neuen Bundesländern ähnlich vollziehen wird.

Benutzung durch einen Sachzwang ausgeschlossen ist oder das konkrete Verkehrsbedürfnis in der subjektiven Beurteilung des Verkehrsteilnehmers mit einem anderen Verkehrsmittel besser befriedigt werden kann und gleichzeitig die Bereitschaft zum Verzicht auf den Pkw besteht. Häufig ist es allerdings gerade eine als unzureichend empfundene Verkehrsbedienung durch den ÖPNV, die zum Kauf eines Pkw führt. Des weiteren steigen im Zuge der Motorisierung die reisezweckspezifischen Mobilitätsraten[1] und damit auch zweckspezifische Anforderungsprofile an Verkehrssysteme. Diese Verkettung von Umständen macht deutlich, daß eine Rückgewinnung von Fahrgästen durch eine Attraktivitätssteigerung des ÖPNV vor erhebliche Schwierigkeiten gestellt ist und möglicherweise durch Maßnahmen zur Erhöhung der Bereitschaft zum Verzicht auf den Pkw unterstützt werden muß.

Die Wirkung des Pkw-Besitzes auf die Verkehrsmittelwahl sollte jedoch nicht überschätzt werden. Untersuchungen zeigen, daß der Erwerb eines Pkw, wie oben ausgeführt, von den personenbezogenen Merkmalen (indirekt) beeinflußt wird. Der Pkw-Besitz ist mithin Teil einer längeren Wirkungskette der Verkehrsmittelwahl. Zudem ist es letztendlich die Pkw-Verfügbarkeit, die für die Möglichkeiten der Verkehrsmittelwahl ausschlaggebend ist.[2]

a_5) Behinderung

Ein Verkehrssystem stellt stets Funktionsanforderungen an die Orientierungs- und Bewegungsfähigkeit von Menschen. Personen, die entsprechende Funktionsfähigkeiten nur unzureichend oder gar nicht aufweisen, sind in ihrer Mobilität eingeschränkt.[3] Derartige gesundheitliche Beeinträchtigungen sind in ihrem Schweregrad unterschiedlich und können als Mehrfachbehinderung auftreten. Sie treten zudem in vielfältiger Form auf. Demzufolge stellen Blinde, Sehbehinderte, Gehbehinderte, Greifbehinderte, Kleinwüchsige, Hör- und geistig Behinderte jeweils spezifische Anforderungen an Verkehrssysteme.

Die Mobilitätseinschränkung von Behinderten läßt sich statistisch näherungsweise erfassen.[4] Mobilitätsbehinderte verlassen an durchschnittlichen Wochentagen etwa 1 mal das Haus, Nichtbehinderte dagegen etwa 1,25 mal. Die Wegezahl Mobilitätsbehinderter entspricht mit 2,08 etwa 72 % derjenigen von Nichtbehinderten. Der Anteil der im ÖPNV zurückgelegten Wege ist bei Mobilitäsbehinderten mit 0,33 Wegen an einem Tag etwa 44 % höher als bei Nichtbehinderten. Dieser Anteil unterstreicht die Bedeutung des ÖPNV für den Behindertenverkehr. Mobilitätsbehinderte haben allerdings vielfältige Probleme bei der Benutzung öffentlicher Verkehrsmittel. Viele sind nicht in der Lage, ein Verkehrsmittel allein zu nutzen oder sind auf fremde Hilfe angewiesen.

---

1 Vgl. *Intraplan München u.a.* (Hrsg., 1985), S. 3-17.

2 Die Pkw-Verfügbarkeit hängt vielfach mit haushaltsbezogenen Merkmalen zusammen und wird in einem gesonderten Abschnitt analysiert.

3 Vgl. *Studiengesellschaft für unterirdische Verkehrsanlagen e.V., STUVA*, (1978), S.12f.

4 Vgl. *Socialdata* (1985), S. 40ff.

Des weiteren besitzen lediglich 30% der Mobilitätsbehinderten einen Führerschein, etwa 20% einen Pkw.[1] Der Anteil der Nichtbehinderten, die über einen Pkw verfügen können, ist mehr als doppelt so hoch. Das Entscheidungsfeld der Verkehrsmittelwahl wird damit erheblich eingeschränkt.

Attraktivitätssteigernde Maßnahmen im Verkehrssystem können sich für Mobilitätsbehinderte insbesondere in Komfortgrößen zur Erleichterung der Orientierung (z.B. Gestaltung der Fahrpläne, Anzeigen und Durchsagen) und des Zugangs (z.B. durch Niederflurbusse, Haltegriffe und Sitzplätze) widerspiegeln. Derartige Verbesserungen der Leistung des ÖPNV können jedoch nicht alle Verkehrsteilnehmer erreichen.

Es stellt sich daher die Frage, wie groß die Gruppe der Mobilitätsbehinderten ist. Mehrere Studien[2] weisen darauf hin, daß die Anzahl der zu Hause lebenden Behinderten (über 18 Jahre) mit über 5 Mio. Menschen mehr als 10% der Bevölkerung ausmachen. Auffällig ist dabei ihre Altersstruktur[3]. Beträgt der Anteil der über 50-jährigen in der Gesamtbevölkerung rund 40%, erreicht dieser Anteil bei Mobilitätsbehinderten etwa 87%. Die Behinderungen sind demzufolge meist altersbedingt. Der größte Teil der Behinderten entfällt auf Beziehern von Altersruhegeld (52%) und Invalidenrenten (12%). Die in dieser Studie relevante Gruppe der Erwerbstätigen ist mit 15% eher gering.[4] Aufgrund dieser relativ kleinen Gruppe mit sehr spezifischen Anforderungen an Verkehrssysteme werden in dieser Studie Behinderungen lediglich insoweit berücksichtigt, wie sie die Verkehrsmittelwahl grundsätzlich einschränken können.[5]

a$_6$) Subjektive Einflußfaktoren

Entscheidet sich ein Verkehrsteilnehmer für ein Verkehrsmittel zur Erfüllung eines bestimmten Verkehrsbedürfnisses, so kann dieses Verhalten als Folge eines aktiven Prozesses der Bestimmung der alternativen Handlungsmöglichkeiten, ihrer Bewertung und damit der Bildung einer Verhaltensabsicht verstanden werden.[6] Es sei hier angenommen, daß sich der Mensch unter gegebenen Umständen in einer Weise verhält, die für ihn persönlich am günstigsten erscheint, also seinen Nutzen maximiert. Der Entscheidungsprozeß beginnt dann mit der Reflexion der Wirkungen, die eine Verkehrsmittelwahl für den Nutzer haben wird. Die Berücksichtigung von Konsequenzen des eigenen Verhaltens erfordert Informationen über die für die Erreichung der eigenen Zielvorstellungen relevanten Zusammenhänge. Hierzu dient zunächst der eigene Erfah-

---

[1] Vgl. *Socialdata* (1985), S. 97.

[2] Vgl. *Socialdata* (1985), S. 36; *Gruppe Hardtberg* (1986), S. 26ff. Die letztgenannte Studie kommt in wesentlichen Kennziffern bezüglich des Behindertenverkehrs zu vergleichbaren Ergebnissen.

[3] Vgl. *Socialdata* (1985), S. 92.

[4] Zum Zeitpunkt der Befragung war etwa 1% der Behinderten arbeitslos. Vgl. *Socialdata* (1985), S. 93.

[5] Für eine ausführliche Darstellung behindertengerechter Angebotsgestaltung im ÖPNV vgl. *Der Bundesminister für Verkehr* (Hrsg., 1987).

[6] Vgl. *Fachgruppe Forum Mensch und Verkehr*, (1989), S. 21ff.

rungshorizont, der z.B. bestimmte bekannte Leistungsmerkmale von Verkehrsmitteln berücksichtigt. Des weiteren können auch Informationen durch Dritte, z.B. durch Meldungen über den Belastungszustand von Verkehrsnetzen, die persönlichen Erwartungen bezüglich der Konsequenzen des eigenen Verhaltens beeinflussen. Unter Berücksichtigung der eigenen Wert- und Zielvorstellungen erfolgt anschließend eine Bewertung der Handlungsalternativen, die über eine Abwägung der jeweiligen Zielbeiträge zur Entscheidung führt, eine Handlung zu vollziehen.

Die Herausbildung der Verhaltensabsicht kann allerdings durch mehrere Faktoren überlagert werden. Zunächst gilt es zu berücksichtigen, daß Menschen innerhalb von sozialen Systemen agieren. Neben dem eigenen Zielsystem existieren gemeinsame Wertvorstellungen und gesellschaftliche Normen, die von dem Individuum bestimmte Verhaltensweisen erwarten. Der Verkehrsteilnehmer erhält entsprechende Informationen über eigene Beobachtungen des Verhaltens anderer Personen oder über Normen und Gesetze, z.B. Fahrverbote bei Smog oder Geschwindigkeitsbegrenzungen in überfüllten Verkehrsnetzen. Mögliche Lernprozesse sind dann das Ergebnis der Veränderungen normativer Überzeugungen, die wiederum auf die Verhaltensabsichten und damit letztendlich auf das Verhalten Einfluß nehmen.

Wird ein Individuum nicht durch Sachzwänge auf ein bestimmtes Verkehrsmittel festgelegt, kann es zwar wählen. Die Bildung persönlicher und normativer Überzeugungen, auf denen die Entscheidungen beruhen, ist jedoch abhängig von der subjektiven Wahrnehmung der das Individuum umgebenden Realität. Es können vielfältige Wahrnehmungsverzerrungen auftreten, für welche die Psychologie verschiedene Erklärungsansätze liefert. Gemäß der Gestalttheorie[1] besitzt die menschliche Wahrnehmung eine Tendenz zur spontanen Organisation der Elemente in möglichst klare, einfache und widerspruchsfreie Gestalten. Das Wahrnehmungsbild besitzt eine Struktur, und die strukturbestimmenden Elemente der Realität können somit andere Aspekte dominieren. Maßnahmen zur Attraktivitätssteigerung des ÖPNV müssen demzufolge an strukturbildenden Elementen ansetzen, um nicht Gefahr zu laufen, von den potentiellen Nutzern weitgehend unbemerkt zu bleiben.

Des weiteren geht die Theorie der sozialen Wahrnehmung davon aus, daß Individuen dazu neigen, diejenigen Elemente der Realität verstärkt wahrzunehmen, die ihren Erwartungen entsprechen. Dies kann sich selbst verstärkende Effekte zur Folge haben. Stehen z.B. öffentliche Verkehrsmittel in dem Ruf, unzuverlässig zu sein, so werden Verspätungen von den Verkehrsteilnehmern selektiv, also verstärkt wahrgenommen. Die Beeinflussung von Erwartungshaltungen kann demzufolge wesentlichen Einfluß auf die Wahrnehmung und damit auf die Verhaltensbeeinflussung von attraktivitätssteigernden Maßnahmen nehmen.

Individuen versuchen vielfach, Übereinstimmung (Konsonanz) zwischen der Realität und dem eigenen Verhalten bzw. ihren Einstellungen und Meinungen zu erreichen. Sie sind mithin bemüht, "kognitive Dissonanzen" zu vermeiden. Eine Möglichkeit, diese zu vermeiden, liegt wiederum in einer Form der selektiven Wahrnehmung. Diejenigen Realitätsaspekte, die konsonant und schwer widerlegbar sowie diejenigen, die dissonant

---

[1] Vgl. z.B. *Verron* (1986), S. 33.

und leicht widerlegbar sind, werden bevorzugt wahrgenommen. Umgekehrt werden Informationen, die dissonant und schwer widerlegbar sind, gemieden sowie diejenigen, die konsonant und leicht widerlegbar sind, so weit wie möglich ignoriert. *Martens/Verron*[1] zeigen an einem Beispiel, wie die Tendenz zur Dissonanzreduktion auf das Verkehrsmittelwahlverhalten der Individuen wirken kann: Ist die Entscheidung für die Anschaffung eines Pkw erst einmal gefallen, erzeugen alle Wahrnehmungen, die das Auto als überflüssig erscheinen lassen, z.B. ein attraktiv ausgestalteter ÖPNV, Dissonanz. Um diese zu reduzieren, werden möglicherweise die laufenden Kosten des Pkw systematisch unterschätzt, Informationen über Vorteile des ÖPNV nicht beachtet, Daten über seine Systemeigenschaften verzerrt (z.B. Unterstellung zu langer Wartezeiten und langsamer Geschwindigkeiten) oder schlechte Erfahrungen im Einzelfall generalisiert. In der Tendenz ist davon auszugehen, daß der ÖPNV systematisch von potentiellen Nutzern abgewertet wird.

In der Überwindung von Wahrnehmungsfiltern liegt somit ein Ansatzpunkt, Verkehrsverhalten zu beeinflussen. Die Bereitschaft, sein eigenes Handeln im sozialen Bezug zu reflektieren, hat einen deutlichen Einfluß auf die Bereitschaft zur Nutzung der ÖV.[2] Subjektive Merkmale sind damit für die Gestaltung von Verkehrssystemen in zweifacher Weise von Bedeutung: erstens wird die Abschätzung subjektiver Wirkungen von Verbesserungsmaßnahmen im ÖPNV durch die Berücksichtigung subjektiver Merkmale erleichtert, zweitens sind die das Verkehrsverhalten beeinflussenden subjektiven Grundhaltungen zumindest langfristig der Beeinflussung zugänglich.[3]

b) Merkmale des Haushalts

b_1) Haushaltsstruktur

Die Struktur eines Haushalts kann sich auf das Verkehrsmittelwahlverhalten seiner Mitglieder auswirken. Es sind zunächst soziodemographische Merkmale des Haushalts, also Größe, Zahl und Alter der zusammenlebenden Personen, die das Verkehrsverhalten beeinflussen können. So weisen Ein-Personen-Haushalte und große Haushalte relativ geringe Anteile des MIV auf. Bei den Ein-Personen-Haushalten erklärt sich dieser Sachverhalt aus dem überproportional hohen Anteil älterer Menschen und alleinstehender Frauen, die zumeist Bezieher geringer Einkommen sind und oftmals keinen Pkw besitzen. Bei größeren Familien mit 5 Personen spielen ein meist niedriges Einkommen je Haushaltsmitglied und ein vergleichsweise geringer Pkw-Besitz eine wesentliche

---

[1] Vgl. *Martens/Verron* (1979), S. 7ff., zitiert in: *Leutzbach/Pampel* (1983), S. 111f.

[2] Vgl. *Brög* (1981), S. 138ff.

[3] Subjektive Faktoren beeinflussen das Verhalten aller Menschen. Sie nehmen damit Einfluß auf das gesamte Handeln des Menschen, also auch hinsichtlich seiner Wohnortwahl, seiner Wahl des Arbeitsplatzstandortes und des Kfz-Kaufs. Umgekehrt kann angenommen werden, daß subjektive Dimensionen selbst wiederum von sozialstrukturellen und demographischen Faktoren beeinflußt werden, daß mithin die Lebensumstände des Menschen indirekt Einfluß auf sein Verkehrsmittelwahlverhalten nehmen können.

Rolle.[1] Haushalte mittlerer Größe weisen dementsprechend einen relativ hohen MIV-Anteil auf. Haushalte mit Kleinkindern weisen ebenfalls vergleichsweise hohe MIV-Anteile auf. Untersuchungen von *Kutter*[2] weisen Kleinkinder als ein gruppenbildendes Merkmal aus.

Die Stellung im Haushalt leitet sich im wesentlichen aus dem Geschlecht (auch heute sind die Männer überwiegend erwerbstätig und nehmen die Rolle des Haushaltsvorstands ein) und dem Alter (Kinder, Großeltern) ab. Je nach ihrer sozialen Rolle sind den Haushaltsmitgliedern spezifische Aufgaben und Tätigkeiten zugewiesen. Sie weisen dementsprechend unterschiedliche Wegeketten und Mobilitätsbedürfnisse auf. Sie stellen mithin verschiedene Anforderungen an die Verkehrssysteme, was sich in der Verkehrsmittelwahl niederschlägt.[3] Hinzu kommt die Möglichkeit der Abstimmung von Aktivitäten, die meist zur gemeinsamen Nutzung von Individualverkehrsmitteln führt, z.B. die Mitnahme von Schülern oder die gemeinsame Fahrt zum Arbeitsplatz, wenn zwei oder mehrere Personen des Haushalts erwerbstätig sind.

Die Anzahl der Berufstätigen in einem Haushalt kann die Verkehrsmittelwahl aus mehreren Gründen wesentlich beeinflussen. Neben der Möglichkeit zur Abstimmung der Fahrten, die den Anteil des MIV im Berufsverkehr erhöht, verfügen diese Haushalte über höhere Einkommen, was sich tendenziell im Besitz mehrerer Pkw niederschlägt. Zudem weisen Doppelverdiener oftmals längere Wegeketten im Berufsverkehr auf, da sie die Wege zur Arbeit mit Versorgungsaktivitäten kombinieren müssen. Hieraus resultiert ein erhöhtes Mobilitätsbedürfnis, was mit dem MIV bei gegebener Verfügbarkeit tendenziell günstiger zu bewältigen zu sein scheint.

b_2) Pkw-Verfügbarkeit

Die Verfügbarkeit eines Pkw hat wesentliche Bedeutung für die Verkehrsmittelwahl. *Hautzinger u.a.*[4] untersuchten diesen Zusammenhang auf Basis der Daten der KONTIV 76 und 82. Sie unterschieden dabei zwischen keiner, bedingter und voller Pkw-Verfügbarkeit.[5] Die Verfügbarkeit über einen Pkw ist dabei abhängig von der in einem Haushalt zur Verfügung stehenden Pkw, also letztendlich vom gesamten Einkommen des Haushalts und der Aufteilung der Pkw auf die Haushaltsmitglieder. Im Falle von Verteilungsproblemen wirkt vielfach die soziale Schlechterstellung der Frau (im Beruf und im Haushalt) auf eine tendenziell geringere Pkw-Verfügbarkeit der Frauen hin.

---

1 Vgl. zum Pkw-Besitz *EMNID* (o.J.), Tabellenteil I S. 9. Ein-Personen-Haushalte sind zu 54 % nicht motorisiert. Der Motorisierungsgrad nimmt zudem bei Familien mit mehr als 5 Mitgliedern wieder deutlich ab.

2 Vgl. *Kutter* (1972), S. 29ff.

3 Vgl. *Leutzbach/Pampel* (1983), S. 67.

4 Die folgenden Datenangaben basieren auf *Hautzinger* (1990), S. 3-15ff.

5 Diese Unterteilung entspricht der von *Kloas/Kuhfeld* verwendeten Dreiteilung: Person besitzt Pkw, Person besitzt keinen eigenen Pkw, lebt jedoch in einem Haushalt mit Pkw, Person lebt in einem Haushalt ohne Pkw. Vgl. *Kloas/Kuhfeld* (1987), S. 12.

Der Anteil der Fußwege ist im Berufsverkehr unabhängig von der Pkw-Verfügbarkeit rückläufig. Der Rückgang ist bei einem hohen Fußweganteil und keiner Pkw-Verfügbarkeit am stärksten ausgeprägt und sinkt mit zunehmender Pkw-Verfügbarkeit bei zugleich geringerem Ausgangsanteil. Einem allgemeinen Trend folgend weist jedoch der Fahrradverkehr auch im Berufsverkehr bei den bedingt und voll motorisierten Personen einen steigenden Anteil auf. Ein deutlicher Anteilseinbruch ist hier zwischen bedingter und voller Motorisierung festzustellen. Der Anteil des MIV ist bei der Gruppe der voll motorisierten Personen zwar rückläufig, jedoch in deutlich geringerem Ausmaß als bei anderen Fahrtzwecken. Der Mitfahreranteil ist zeitlich als konstant anzusehen, aber in Abhängigkeit der Pkw-Verfügbarkeit auf sehr unterschiedlichem Niveau. Nimmt er mit zunehmender, bedingter Verfügbarkeit zunächst zu, so fällt er bei voller Verfügbarkeit auf einen Anteilswert zurück, der deutlich unter dem des NMV und des ÖV liegt. Der Anteil des ÖV ist im Berufsverkehr im Vergleich zu anderen Fahrtzwecken relativ hoch, nimmt jedoch mit dem Grad der Pkw-Verfügbarkeit ebenfalls deutlich ab. Leichte Änderungen im Zeitablauf, etwa die Abnahme des MIV zugunsten des ÖPNV, können durch weitere Einflußgrößen überlagert sein, insbesondere durch die zu Beginn der 80er Jahre deutlich gestiegenen Treibstoffpreise. Insofern ist davon auszugehen, daß die Wahrscheinlichkeiten der Verkehrsmittelwahl bei gegebener Pkw-Verfügbarkeit bislang zeitlich stabil waren.

Tab. 2: **Modal Split-Vergleich für den Berufsverkehr der Jahre 1976 und 1982 unter Berücksichtigung der Pkw-Verfügbarkeit**

	Pkw-Verfügbarkeit					
	keine		bedingt		voll	
	76	82	76	82	76	82
zu Fuß	31,3	24,6	25,0	20,3	12,1	10,4
Rad	14,5	13,8	7,7	10,6	2,9	4,2
MIV	12,8	19,7	34,3	34,9	77,9	75,1
Mitfahrer	10,7	10,2	15,7	16,4	2,7	2,8
ÖPNV	24,2	22,5	13,3	12,2	2,4	3,1
ÖSPV[1]	6,5	6,1	4,1	3,3	2,0	2,0
Sonst	0,0	3,1	0,0	2,3	0,0	2,3
Gesamt	100,0	100,0	100,0	100,0	100,0	100,0

[1] ÖSPV: öffentlicher Schienenpersonenverkehr.

Quelle: *Hautzinger* (1990), S. 3-18.

Die Pkw-Verfügbarkeit scheint einen wesentlichen Einfluß auf das Verkehrsmittelwahlverhalten auszuüben. Insbesondere ist eine starke Veränderung des Modal Split zwischen bedingter und voller Pkw-Verfügbarkeit zu erkennen, die den MIV-Anteil von etwa 35% auf zwischen 70% und 80% ansteigen läßt. Bei einem weiteren Anstieg des Pkw-Bestandes ist davon auszugehen, daß in Zukunft immer mehr Menschen die volle Verkehrsmittelwahlfreiheit erreichen werden. Dementsprechend ist eine weitere Verschiebung des Modal Split in Richtung MIV zu erwarten. Alle anderen Verkehrsmittel werden damit deutlich zurückgedrängt.

Verlagerungseffekte, die durch eine sich ändernde Pkw-Verfügbarkeit ausgelöst werden, können zudem durch Mobilitätseffekte verstärkt werden. Insbesondere bei der Gruppe der Vollerwerbstätigen ist zwischen der Gruppe mit bedingter Pkw-Verfügbarkeit und voller Verfügbarkeit ein deutlich höheres Niveau der berufsbedingten Wegehäufigkeiten festzustellen.

Tab. 3: **Vergleich der mittleren täglichen Wegehäufigkeiten vollerwerbstätiger Personen in den Jahren 1976 und 1982**

	Pkw-Verfügbarkeit					
	keine		bedingt		voll	
	76	82	76	82	76	82
Beruf	1,68	1,76	1,72	1,72	2,07	2,09
Versorgung	0,49	0,48	0,57	0,57	0,58	0,65
Freizeit	0,59	0,59	0,77	0,75	0,90	0,90
Summe	2,76	2,83	3,06	3,04	3,55	3,64

Quelle: Zusammengestellt nach *Hautzinger* (1990), S. 3-12.

Zeitlich weisen die Wegehäufigkeiten zwischen den beiden Verkehrserhebungen keine wesentlichen Änderungen auf. Allenfalls nehmen die Versorgungswege der voll motorisierten Personen um etwa 12% zu. Dieser Zuwachs ist auf den steigenden berufstätigen Frauenanteil[1] zurückzuführen, also letztendlich wieder auf die Einflußfaktoren Geschlecht und soziales Rollenverhalten.

---

[1] Vgl. *Hautzinger* (1990), S. 3-13f.

3. Merkmale des Verkehrssystems

a) Kosten der Verkehrsmittelbenutzung

a_1) Fahrtkosten des Pkw

Die Nutzung von motorisierten Individualverkehrsmitteln im Berufsverkehr ist mit einer Vielzahl von Kostenarten verbunden, die sich im wesentlichen aus Anschaffungs-, Instandhaltungs-, Betriebs- und verkehrsrisikobedingten Kosten zusammensetzen.

Bei den Anschaffungskosten handelt es sich um den Kaufpreis für das Fahrzeug, der abhängig ist von der Marke, dem Modell, der Ausstattung und dem Zustand des Fahrzeugs (neu oder gebraucht) und wesentliche Unterschiede aufweisen kann, um die Überführungskosten, die Kosten der Zulassung und die Opportunitätskosten der Kapitalbeschaffung. Mit dem Kauf eines Pkw kann der Verkehrsteilnehmer seine Kosten des Kapitaldienstes wesentlich beeinflussen. So stellte die Stiftung Warentest[1] aus einer Stichprobe von 200 gängigen Pkw 50 Katalysator-Autos und 43 dieselgetriebene Pkw zwischen 15.000 DM und 30.000 DM vor. Bei einem Zinssatz von 5% (10%) entsprechen diese Fahrzeugpreise bei einer unterstellten Nutzungsdauer von 10 Jahren und einem Restwert von Null einem jährlichen Kapitaldienst von 1.943 DM (2.441 DM) bzw. von 3.885 DM (4.883 DM).

Mit der Anschaffung sind jährlich wiederkehrende Kosten verbunden. Diesbezüglich sind insbesondere die Kfz-Steuer, von der die Katalysator-Autos zeitweise befreit sind, TÜV- und ASU-Gebühren zu nennen.

Die Instandhaltungskosten beinhalten die Wartungs- und Pflegekosten des Pkw. Dabei sollen unter dem Begriff der Wartungskosten diejenigen Kosten verstanden werden, die der Erhaltung der Betriebsbereitschaft des Fahrzeugs dienen, während die Pflegekosten der Sicherung eines größtmöglichen Wiederverkaufswertes dienen. Die konkrete Höhe der Instandhaltungskosten ist sehr von den handwerklichen und technischen Möglichkeiten des jeweiligen Besitzers abhängig, denn durch die Eigenproduktion können die Kosten der Wartung teilweise erheblich gesenkt werden.[2]

Die Betriebskosten setzen sich aus Kosten zusammen, die durch Kraftstoff-, Öl- und Reifenverbrauch entstehen und wesentlich vom Fahrzeugtyp und der Fahrweise des Fahrers abhängen. Hinzu kommen Gebühren und Beiträge, die für die Nutzung von Infrastruktureinrichtungen, derzeit insbesondere von Parkplätzen[3], anfallen. Letztere können vom Verkehrsteilnehmer im Berufsverkehr nur bedingt beeinflußt werden, da er auf die Nutzungsmöglichkeit firmeneigener Parkplätze keinen Einfluß hat.

---

[1] Vgl. *Stiftung Warentest* (Hrsg., 1991), S. 10ff. Vgl. zu Kostenangaben auch *Juchum/Weich/Wichote* (1991), S. 82ff. u. 93ff.

[2] Neben diesen Kosten entstehen dem Fahrzeughalter Zeitkosten für z.B. Waschen, Tanken und Formalien, die wiederum individuell in sehr unterschiedlicher Höhe anfallen können.

[3] Die Stiftung Warentest veranschlagt die Kosten der Unterbringung mit einem Erfahrungswert von 829 DM/Jahr.

Das Risiko, im MIV Personen- oder Sachschäden zu erleiden bzw. zu verursachen, ist im Vergleich zu anderen Verkehrsträgern hoch.[1] Ein großer Teil der potentiellen Risiken wird durch die Haftpflichtversicherung abgedeckt. Diese Versicherung bezieht jedoch Schäden am eigenen Fahrzeug nicht mit ein, so daß zusätzliche Kosten auf den Pkw-Halter z.B. in Form einer (Teil-/Voll-)Kaskoversicherung zukommen können. Über die unfallkostenabhängige Prämiengestaltung werden die risikobedingten Kosten jedoch für den Halter durch sein Fahrverhalten deutlich beeinflußbar.

Die meisten genannten Kosten sind allerdings nur dann entscheidungsrelevant, wenn das Individuum tatsächlich vor der Entscheidung steht, einen Pkw zur ausschließlichen Benutzung für den Berufsverkehr zu erwerben oder öffentliche bzw. nichtmotorisierte Verkehrsmittel zu benutzen. Im Normalfall stellt sich das Entscheidungsproblem jedoch nicht in dieser Form. Meist ist die langfristige Verkehrsmittelwahlentscheidung (Mobilitätsentscheidung), die mit dem Erwerb eines Pkw getroffen wird, bereits vollzogen, d.h. ein Pkw steht zumindest bedingt zur Verfügung und versetzt den Verkehrsteilnehmer in eine Wahlsituation. Anderenfalls steht nicht die Anschaffung eines Pkw zur Entscheidung an, sondern ist das Alternativenfeld meist um die Möglichkeit des MIV vermindert. Der bezüglich des Verkehrsmittels wahlfreie Verkehrsteilnehmer bezieht demzufolge bei einem Kostenvergleich seiner Alternativen vorrangig die von der Fahrt abhängigen variablen Betriebskosten in sein Kalkül ein. Diese sind im wesentlichen diejenigen Kostenarten, mit denen er sich stets konfrontiert sieht: Treibstoff- und Ölkosten sowie möglicherweise zu entrichtende Parkgebühren. Allenfalls finden abnutzungsbedingte Kosten der Instandhaltung und risikobedingte Faktoren, z.B. eine witterungsbedingt erhöhte Unfallgefahr, Berücksichtigung. Die bezüglich der Verkehrsmittelwahlentscheidung fixen Kosten wie Abschreibungen und Opportunitätskosten werden in eine derartige Teilkostenrechnung nicht einbezogen. So weisen die auf Voll- und Teilkostenbasis ermittelten Fahrtkosten erhebliche Unterschiede auf. Tab. 4 weist diese Unterschiede für zwei Fahrzeuge aus, die nach den Auswertungen der Stiftung Warentest die geringsten bzw. höchsten variablen Kosten (Benzin, Öl, Reifen, Wartung, Reparatur und Pflege eines Neuwagens) des Intervalls der 50 günstigsten Fahrzeuge aufweisen. Die Werte wurden zudem für unterschiedliche Entfernungen des Weges zur Arbeit (10, 20 bzw. 30 km) berechnet.[2]

Des weiteren ist zu berücksichtigen, daß die möglichen Steuerrückzahlungen von 288, 575 bzw. 863 DM/Jahr[3] die Vergleichsbasis der wahrgenommenen Kosten zu anderen Verkehrsmitteln senkt. Die Teilkosten können jedoch je nach Ansatz von fahrleistungsabhängigen Reparatur- und Wartungskosten sehr viel höher ausfallen.[4]

---

[1] Vgl. *PLANCO Consulting GmbH* (Hrsg., 1991), S. 6-4f.

[2] Bei diesen Entfernung ergeben sich etwa jährliche Fahrleistungen von 5.000, 10.000 und 15.000 km.

[3] Die genannten Steuerrückzahlungen ergeben sich bei einem Steuersatz von 25% und einer km-Pauschale von 46 Pfg/Doppelkm.

[4] Vgl. *Juchum/Weich/Wichote* (1991); *Brauner* kalkuliert z.B. die variablen Kosten eines Golf (unter Berücksichtigung relativ hoher Wartungskosten und Versicherungskosten incl. Vollkaskoversicherung) mit etwa 4.300 DM/Jahr bei einer jährlichen Fahrleistung von 12.000 km/Jahr und die vollen Kosten mit etwa 8.800 DM/Jahr. Vgl. *Brauner* (1986), S. 68.

Tab. 4: **Km-leistungsabhängige Teil- und Vollkosten des Berufsverkehrs mit Pkw (Citroen AX 52 PS/D / Suzuki Swift 71 PS/Kat) in DM/Jahr**

	5.000 km/Jahr	10.000 km/Jahr	15.000 km/Jahr
Vollkosten	6.112/6.447	6.514/6.989	6.915/7.530
Teilkosten	637/777	1.039/1.319	1.440/1.860

Quelle: *Stiftung Warentest* (1991), S. 10ff.; eigene Berechnungen.

Bislang wurde eine Kostenart nicht berücksichtigt: die Arbeit, die mit der Eigenproduktion der Fahrleistung zu erbringen ist. Während die Lohnkosten des Fahrers in der Kostenrechnung der Verkehrsunternehmen des ÖPNV Eingang finden, bleibt die Tätigkeit des Autofahrens der Einzelhaushalte unberücksichtigt. Alternative Tätigkeiten, wie sie im ÖV möglich sind (Lesen oder Entspannen), werden allenfalls durch Fahrgemeinschaften ermöglicht. Die monetäre Bewertung der Fahrtätigkeit ist jedoch außerordentlich schwierig, da sie individuell sehr unterschiedlich ausfallen kann. Sie läßt sich allenfalls über qualitative Variablen des Komforts der Verkehrsmittel berücksichtigen.

a_2) Fahrtkosten der öffentlichen Verkehrsmittel

Mit der Wahl des ÖPNV kauft der Verkehrsteilnehmer eine Verkehrsleistung vollständig ein. Bei diesem Fremdbezug der Leistung bestehen für den Nutzer kaum Möglichkeiten, seine Kosten zu beeinflussen. Er hat allenfalls die Wahl, die für ihn günstigste Alternative aus dem vorgegebenen Tarifsystem zu wählen.[1] Seine Kosten sind damit lediglich über Degressionseffekte beeinflußbar. Er kann im allg. zwischen Einzelfahrscheinen, Mehrfachkarten und Zeitkarten[2] wählen. Durch die Wahl einer geeigneten Periodenlänge als Berechnungsgrundlage der Zeitkarte (z.B. Woche, Monat oder Jahr) kann der Verkehrsteilnehmer seine Kosten ebenfalls seiner spezifischen Situation anpassen.

Das Tarifsystem beeinflußt die Kosten des Verkehrsteilnehmers zudem durch den fortschreitenden Übergang von leistungs- zu bedarfsgerechten Systemen. Bestimmen erstere den Fahrpreis auf km-Basis, so errechnen letztere den Fahrpreis aus abrech-

---

[1] Da der ÖPNV in der BRD im wesentlichen über Verkehrsverbünde und Verkehrsgemeinschaften organisiert ist, kann von einem für die jeweilige Region einheitlichen Angebot ausgegangen werden.

[2] Bei Zeitkarten ist wie beim IV die Zurechnung von Kosten problematisch, da die Karte einen über den Berufsverkehrszweck hinausgehenden Nutzen ermöglicht.

nungstechnischen Gründen[1] als Zonentarif. Der Fahrpreis berechnet sich dann über eine durchschnittliche Nutzung des Verkehrsangebotes einer räumlich und zeitlich abgegrenzten Zone bzw. einer Zonenkombination. Durch überdurchschnittliche Nutzung können für den Verkehrsteilnehmer wiederum Degressionseffekte entstehen.

Mit der Einführung von sogenannten Umweltkarten[2] erfahren die Preise für Zeitkarten seit Mitte der 80er Jahre in vielen, aber bei weitem nicht allen Städten eine deutliche Reduzierung. Die Preise schwanken im Städtevergleich zwischen 300 und 850 DM/Jahr. Sie gelten im allgemeinen für das gesamte Stadtgebiet.

Da sowohl die Anschaffungs-, Betriebs-, Instandhaltungs- und risikobedingten Kosten über den Fahrpreis entrichtet werden, sind die Opportunitätskosten des ÖPNV-Nutzers (insbesondere Zinskosten) im Vergleich zum MIV gering anzusetzen. Auch bezüglich der passiven Rolle, die der ÖPNV-Nutzer bezüglich des Fahrens einnimmt, können sich Vorteile gegenüber dem MIV ergeben. Die alternativen Verwendungsmöglichkeiten der Fahrzeit hängen jedoch sehr von der Abstimmung der Kapazitätsbereitstellung der Verkehrsbetriebe auf die Nachfrage nach öffentlichen Verkehrsleistungen ab. Zudem ist eine monetäre Bewertung solcher alternativen Verwendungsmöglichkeiten der Fahrzeit mit erheblichen Problemen verbunden.

a_3) Preiselastizitäten

Angesichts der hohen gesamten Kosten des Pkw muß grundsätzlich von einer entsprechend hohen Zahlungsbereitschaft für die Raumüberwindung ausgegangen werden. Für den Verkehrsteilnehmer bestehen allerdings, wie oben ausgeführt, vielfältige Möglichkeiten, die Gesamtkosten in ihrer Höhe bezüglich seiner individuellen Bedürfnisse anzupassen.[3] Es werden damit letztendlich diejenigen Kostenarten verstärkt wahrgenommen, die erstens in ihrer Höhe nicht beeinflußbar bzw. nicht substituierbar sind und zweitens mit jeder Fahrt erneut anfallen. Die Preiselastizität der Nachfrage im MIV hängt demzufolge von der sich ändernden Kostenart ab und steigt tendenziell mit den beiden genannten Eigenschaften. Insgesamt ist sie jedoch nicht sehr hoch anzusetzen. Die Nachfrage ist insbesondere im Berufsverkehr in Bezug auf Benzinpreisänderungen[4] vergleichsweise unelastisch. Von einer tendenziell höheren Elastizität ist bei

---

[1] Der verminderte Verwaltungsaufwand der exakten leistungsmäßigen Fahrpreise führt zu Rationalisierungseffekten im Personalbereich und damit zu geringeren Betriebskosten.

[2] Vgl. *Klewe/Holzapfel* (1991), S. 118ff.

[3] Mit dieser zumindest langfristigen Möglichkeit der Kostensubstitution erhöht sich zugleich der individuelle Spielraum der Verringerung der kognitiven Dissonanz. Der Verkehrsteilnehmer kann sich allein über die bestehende Möglichkeit der Kostenanpassung an seine Bedürfnisse über die tatsächliche derzeitige Kostensituation hinwegtäuschen.

[4] Die Benzinpreiselastizität ist insgesamt recht gering. Basierend auf Zeitreihendaten zwischen 1957 und 1973 bewegte sie sich im europäischen Vergleich zwischen -0,16 (Dänemark) und -0,41 (Belgien/Luxemburg). Differenzierte Schätzungen für London weisen den wöchentlichen Berufsverkehr mit der geringsten Elastizität von -0,024 aus. An Wochenenden stieg diese jedoch auf etwa -0,36 an. Vgl. *Dix/Goodwin* (1982), S. 70ff. u. 74f.

der Erhebung von Straßenbenutzungsgebühren, z.B. Mautgebühren auf Brücken, auszugehen. Die Elastizitätsschätzungen bezüglich der Mautgebühren schwanken zwischen -0,05 und -0,5. Bei einer konsequent angewandten Parkraumbewirtschaftung steigt die Preiselastizität tendenziell mit zunehmender Parkdauer. Der Berufsverkehr reagiert demzufolge empfindlicher auf Preisänderungen als z.B. der Einkaufsverkehr.[1]

Die Preiselastizität der Nachfrage ist im ÖPNV eher gering anzusetzen. Analysen zu Beginn der 70er Jahre deuteten zunächst auf eine durchschnittliche Preiselastizität von -0,3 hin.[2] Differenziertere Analysen zeigten später, daß sich die Preiselastizitäten im ÖPNV bei Analysen von Teilmärkten deutlich unterscheiden. Konnte die allgemeine durchschnittliche Elastizität von -0,3 im wesentlichen bestätigt werden, so schwanken die spezifischen Elastizitäten um diesen Wert im Zusammenhang mit oben bereits diskutierten sozioökonomischen Merkmalen der Nutzergruppen in unterschiedlich großen Intervallen.[3] Verschiedene Untersuchungen stellen eine mit dem Alter steigende Preiselastizität fest. Des weiteren steige sie im allgemeinen mit steigendem Einkommen sowie mit der Pkw-Verfügbarkeit und verhalte sich invers zur Wegelänge. Für den Berufsverkehr wird eine im Vergleich zu anderen Wegezwecken geringe Preiselastizität der Nachfrage ermittelt. Abb. 1 vermittelt eine Übersicht über die Schwankungsbreiten, innerhalb derer sich empirische Untersuchungsergebnisse bewegen.

Der Preispolitik sind im ÖPNV demzufolge zahlreiche Grenzen gesetzt, insbesondere dann, wenn sich die unterschiedlichen Teilmärkte nicht gut voneinander abgrenzen lassen. Preispolitische Instrumente können dann nicht zielgruppengerichtet eingesetzt werden. Diese Grenzen wurden durch die in den 70er Jahren durchgeführten Nullpreisexperimente[4] besonders deutlich. Die Nachfrage stieg zwar stark an, bestand aber im wesentlichen aus latenter Nachfrage nichtmotorisierter Verkehrsteilnehmer, vornehmlich von Jugendlichen. Neben dem Verlust der Fahrgeldeinnahmen entstanden zusätzlich kaum prognostizierbare lokale Engpässe[5], die durch Überfüllungen und Verspätungen zu einer Verschlechterung des Verkehrsangebotes führten. Eine Wirkung auf den MIV im Berufsverkehr wurde kaum erzielt. Die Verkehrsverhältnisse blieben dementsprechend unverändert.[6] Die seit Mitte der 80er Jahre in vielen Städten eingeführten Umweltkarten[7] mit Preisnachlässen von 4% bis hin zu 50% (im Durchschnitt

---

[1] Die Angaben der Elastizitäten beziehen sich jeweils auf kurze Zeiträume. Langfristeffekte können beispielsweise in Folge von Benzinpreiserhöhungen weitaus höher ausfallen. Vgl. *OECD* (Hrsg., 1985)), S. 64.

[2] Vgl. z.B. *Erbe* (1968), S. 95; *Kindt* (1971), S. 67; *Pudenz* (1974), S. 55.

[3] Vgl. *Transport and Road Research Laboratory (TRRL)* (Hrsg., 1980), S. 18; *Gutknecht* (1986), S. 157-161; *Cervero* (1990), S. 122ff.; *Frank* (1990), S. 79ff.

[4] Nullpreistarife wurden 1972 testhalber in Rom über einen Zeitraum von 9 Tagen und Ende der 70er Jahre in Trenton, New Jersey, und Denver, Colorado, mit jeweils ähnlichen Ergebnissen eingeführt.

[5] Mit dem Wegfall des Fahrpreises entfielen die Tickets und damit auch ein Informationsinstrument über das Verkehrsverhalten im ÖPNV.

[6] Derartige Probleme lassen sich möglicherweise mit zeitlich differenzierten Tarifermäßigungen in Grenzen halten.

[7] Vgl. *Klewe/Holzapfel* (1991), S. 118ff.

etwa 25%) lassen bislang noch keine Rückschlüsse auf eine im Zeitablauf geänderte Preiselastizität der Nachfrage zu. Zwar konnten in vielen Städten deutliche Fahrgastzuwächse verzeichnet werden. Der Einfluß des Preises der Karten läßt sich jedoch kaum isolieren, sondern ist vielmehr, wie im Fall der Stadt Freiburg, von Angebotsverbesserungen teilweise überlagert. Hinzu kommen mögliche systematische Verzerrungen, die durch den Ansatz der durchschnittlichen Fahrtenzahl pro Karte entstehen können.[1]

Abb. 1: **Fahrpreiselastizitäten unter Berücksichtigung unterschiedlicher Verkehrsmerkmale**

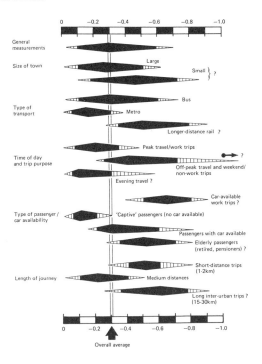

Quelle: *Transport and Road Research Laboratory (TRRL)* (Hrsg., 1980), S. 18.

Neben den Preiselastizitäten kann die Ermittlung von Kreuzpreiselastizitäten Informationen für einen zielgerichteten Einsatz der Preisinstrumente im Stadtverkehr beitragen. Dabei steht die Abhängigkeit der Nachfrage nach Leistungen des ÖPNV von Preisänderungen im Bereich des Individualverkehrssystems im Vordergrund des Interesses. Die Kreuzpreiselastizität ist im wesentlichen von zwei Faktoren abhängig. Zum

---

[1] Vgl. *Mötsch* (1986), S. 152-156.

ersten wird sie von der Zahl relevanter Substitutionsalternativen beeinflußt. So können Pkw-Nutzer neben dem ÖPNV auf nichtmotorisierte Verkehrsmittel ausweichen oder mit der Bildung von Fahrgemeinschaften auf Preisänderungen reagieren. Zum zweiten hängt die Kreuzpreiselastizität von der relativen Größe der Marktanteile der Verkehrsmittel ab.

b) Zeitbedarf der Verkehrsmittelnutzung

Im folgenden werden zeitliche Strukturen von Fahrtabläufen unterschiedlicher Verkehrssysteme (Pkw-Einzelfahrer und Mitfahrgemeinschaft sowie ÖPNV und P&R) im Berufspendlerverkehr analysiert. Dabei wird von einer Wegekette Wohnen-Arbeiten-Wohnen ausgegangen. Die Zerlegung der zeitlichen Abschnitte der Fahrten bildet die Grundlage für die Erhebung der Fahrtzeiten und die Simulationsstudien im empirischen Teil der Arbeit.

b_1) Ablaufstrukturmuster

b_{11}) Einzelfahrt

Berufsbedingte Fahrten werden von den Verkehrsteilnehmern regelmäßig und in gleichbleibenden Ablaufmustern durchgeführt.[1] Die zeitliche Abfolge kann deshalb von den Pendlern antizipiert werden. Im allgemeinen verläuft eine Fahrt nach folgendem Grundschema[2]:

Hinweg:
- Gehweg[3] von der Wohnung zum Parkplatz,
- Fahrtzeit mit möglichen Stauzeiten,
- Parkplatzsuche,
- Gehweg vom Parkplatz zur Arbeit.

Rückweg:
- Gehweg von der Arbeit zum Parkplatz,
- Fahrtzeit mit möglichen Stauzeiten,
- Gehweg vom Parkplatz zur Wohnung.

---

[1] Die Zeitbedarfsstruktur für den Pkw läßt sich zunächst in aperiodisch anfallende und periodisch wiederkehrende Tätigkeiten aufteilen. Unter der Annahme, daß der Besitz eines Pkw eine langfristige Vorentscheidung bezüglich der Verkehrsmittelwahl darstellt, werden die unregelmäßigen Zeitbedarfe für Tätigkeiten wie Inspektionen, Reparaturen, TÜV-Vorführung, An-/Abmeldung, Schriftverkehr u.a. im folgenden nicht berücksichtigt.

[2] Vgl. *Brauner* (1986), S. 78ff.

[3] Gehwege umfassen im folgenden nicht motorisierte Fortbewegungsmöglichkeiten, so z.B. das Fahrrad. Damit fällt auch die Transportkette Park&Bike in den Bereich der Pkw-Einzelfahrt.

Im Berufspendlerverkehr aus den Vororten und dem Umland kann davon ausgegangen werden, daß keine längeren Gehwege zu den Fahrzeugen erforderlich sind. Vielfach besitzen die Verkehrsteilnehmer eigenen Parkraum oder sie können auf der Straße vor der Wohnung parken.

Für die reine Fahrzeit sind weniger die Eigenschaften des Fahrzeugs, sondern vielmehr die Gegebenheiten des Verkehrssystems bestimmend. Die Determinanten sind hier die Straßenbeschaffenheit, die tendenziell in Richtung Stadtgebiet zunehmende Verkehrsdichte und verkehrsregelnde Maßnahmen, z.B. Geschwindigkeitsbegrenzungen. Diese Bedingungen selbst sind durch den Fahrer nicht beeinflußbar; er kann sie aber zumindest antizipieren und dementsprechend seine Reisegeschwindigkeit durch Umgehung von Verkehrsstauungen erhöhen. Seine Handlungsparameter sind der Zeitpunkt der Abfahrt und die Wahl der Route. Angesichts eines steigenden Verkehrsaufkommens lassen sich jedoch die Verkehrsspitzen mit ihren geschwindigkeitssenkenden Effekten in vielen Fällen weder räumlich noch zeitlich umgehen.

Der Zeitbedarf für die Parkplatzsuche ist bei berufsbedingten Fahrten wesentlich davon abhängig, ob der Betrieb seinen Arbeitnehmern Parkplätze zur Verfügung stellt. Im Fall reservierter Plätze ist die Parksuchzeit sehr gering. Andernfalls kann sie besonders in Innenstadtbereichen einen wesentlichen Teil der Gesamtfahrzeit ausmachen. Aufgrund der Regelmäßigkeit berufsbedingter Fahrten kann sie jedoch von Verkehrsteilnehmern durch Kenntnis verfügbarer Stellflächen verringert werden. Auch hier sind die Handlungsparameter der Zeitpunkt der Abfahrt und die zu fahrende Route.

Der Zeitbedarf zur Überwindung des Weges vom Parkplatz zur Arbeit hängt ebenfalls von der betrieblichen Reservierung von Stellflächen für die Arbeitnehmer ab. Tendenziell nimmt die Verfügbarkeit von (öffentlichen) Stellflächen zum Innenstadtbereich hin ab. Die Wegelängen steigen damit im Falle nicht firmeneigener Parkplätze an.

Für den Rückweg wiederholt sich das Wegemuster im wesentlichen. Die Hauptunterschiede liegen in der zumeist fehlenden Parkplatzsuche und in der mit zunehmender Entfernung von der Stadt bei abnehmender Verkehrsdichte zunehmenden Geschwindigkeit. Allerdings lassen sich Stauungen auf dem Rückweg nur sehr bedingt umgehen. Stauungen auf dem Hinweg entstehen vielfach, durch Lichtsignalschaltungen beeinflußt, vor dem engmaschigen Straßennetz der Innenstädte. Sie können oftmals auf Parallelstraßen großräumig umfahren werden. Während der abendlichen Verkehrsspitze ist eine derartige Beeinflussung lokaler Verkehrsstauungen nicht möglich. Sie entstehen im Zentrum der Stadt und können räumlich nicht mehr umfahren werden.

b_{12}) Mitfahrgemeinschaft

Vielfach sind Mitfahrgemeinschaften (MFG) derart organisiert, daß im Wechsel mit dem jeweils eigenen Auto gefahren wird.[1] Über diese Form der Organisation können vielfältige Transaktionskosten, insbesondere Abrechnungskosten, vermieden werden. Auf diese Weise entstehen für Pendler Zeitstrukturen, die sich aus der jeweiligen Sicht als Fahrer bzw. als Mitfahrer leicht unterscheiden können. Die Ablaufstruktur unterscheidet sich von der Einzelfahrt im wesentlichen durch Umwegzeiten und koordinationsbedingte Komponenten.

Auf dem Hinweg hängt der zu fahrende Umweg von der relativen Lage der Wohnorte und der Anzahl der Beteiligten ab. Die Umwegzeit verlängert sich zudem, wenn für die einzelnen Beteiligten Wartezeiten bei der Abholung einkalkuliert werden müssen. Aufgrund der zeitlichen Koordinationsnotwendigkeit von mehreren Teilnehmern der MFG ist ein flexibles zeitliches Ausweichen von lokalen Verkehrsstauungen nur sehr bedingt möglich. Angesichts der sich wiederholenden werktäglichen Verkehrsverhältnisse sind derartige Entscheidungen allerdings nur selten kurzfristig, sondern vielmehr längerfristig zu treffen.

Im Fall der Parkplatzsuche können sich deutliche Vorteile der MFG herauskristallisieren. Die Beifahrer können im Bedarfsfall abgesetzt werden. Die Parkplatzsuchzeit reduziert sich dann für die Beteiligten der MFG, mit Ausnahme des jeweiligen Fahrers, auf Null. Gehören die Mitglieder der MFG unterschiedlichen Firmen bzw. Filialen einer Firma an, wird die Fahrtroute wesentlich durch die relative Lage der Standorte der Firma des Fahrers und der Betriebe der Mitfahrer zueinander bestimmt. Der Zeitvorteil der geringen Parkplatzsuchzeit kann durch die ungünstige Lage der Firmen zueinander überkompensiert werden. Gehören die Beteiligten der MFG unterschiedlichen Betrieben an, steigt aber die Wahrscheinlichkeit, über einen reservierten Parkplatz verfügen zu können. Die gewonnenen Zeitvorteile können aber durch verlängerte Gehwege mancher Fahrer vom Parkplatz zu ihrer Arbeitsstelle überkompensiert werden.

Gehören die Teilnehmer der MFG derselben Firma an, so ergeben sich nur selten Wartezeiten vor bzw. nach der Arbeit. Bei unterschiedlichen Firmen können bezüglich dieser Wartezeiten erhebliche Koordinierungsprobleme auftreten. Die durch unterschiedliche Arbeitszeiten entstehenden Wartezeiten überschreiten leicht die reine Fahrzeit. Diese Abstimmungsprobleme lassen sich allerdings im Fall gleitender Arbeitszeiten abmildern.

Auf dem Rückweg können durch Wartezeiten am Parkplatz oder an Abholpunkten weitere Zeitnachteile für die MFG entstehen. Diese sind im Gegensatz zur Hinfahrt von den Beteiligten der MFG nur unwesentlich beeinflußbar. Sie sind zum einen durch unregelmäßig verlängerte Arbeitszeiten in den Betrieben begründet, zum anderen durch

---

[1] Die Fälle, daß ein Pendler stets der Fahrer ist und andere mitnimmt bzw. umgekehrt ein Pendler stets mitgenommen wird, sind Sonderfälle der wechselseitigen Fahrarrangements. Die Zeitstrukturen dieser Formen der Mitfahrgemeinschaft lassen sich aus den allgemeinen Überlegungen des wechselseitigen Fahrarrangements ableiten. Sie werden deshalb im folgenden nicht gesondert behandelt.

die zunehmenden nachmittäglichen und abendlichen Stauungen im Stadtgebiet, die ein zuverlässiges und pünktliches Erreichen der Abholpunkte erschweren.

Insgesamt kann mithin davon ausgegangen werden, daß der Zeitbedarf der MFG gegenüber der Einzelfahrt tendenziell höher liegt und für die Teilnehmer an einer MFG nur in Ausnahmefällen Zeitvorteile erzielbar sein werden.

b_{13}) Öffentlicher Personenverkehr

Der zeitliche Ablauf einer Fahrt mit öffentlichen Verkehrsmitteln unterscheidet sich vom MIV grundsätzlich durch Wartezeiten an den Haltestellen und bei möglichen Umsteigevorgängen.[1]

Hinweg:
- Gehweg von der Wohnung zur Einstiegshaltestelle,
- Wartezeit an der Einstiegshaltestelle,
- reine Fahrzeit mit möglichen Stauungen und Umsteigevorgängen,
- Gehweg von der Ausstiegshaltestelle zum Arbeitsplatz.

Rückweg:
- Gehweg vom Arbeitsplatz zur Einstiegshaltestelle,
- Wartezeit an der Einstiegshaltestelle,
- reine Fahrzeit mit möglichen Stauungen und Umsteigevorgängen,
- Gehweg von der Austiegshaltestelle zur Wohnung.

Der Zeitbedarf zur Überwindung der Entfernung zwischen der Wohnung und der Einstiegshaltestelle wird zunächst durch die räumliche Erschließung durch den ÖPNV bestimmt. Des weiteren kann sie der Pendler durch die Wahl des Verkehrsmittels zur Erreichung der Haltestelle beeinflussen. Im folgenden sind lediglich die nichtmotorisierten Verkehrsmittel Fußweg und Fahrrad im Rahmen des ÖPNV denkbar. Wird das Automobil gewählt, so fällt diese Transportkette unter den im anschließenden Abschnitt behandelten kombinierten Verkehr Park & Ride.[2] Angesichts der i.d.R. größeren Entfernung ist der Zeitbedarf zur Erreichung der Einstiegshaltestelle tendenziell größer als derjenige zur Erreichung des eigenen Pkw.

Die Wartezeit an der Einstiegshaltestelle ist im wesentlichen vom individuellen Timing des Pendlers und der Zuverlässigkeit des ÖPNV abhängig. Die Handlungsparameter sind der Zeitpunkt des Verlassens der Wohnung und die Variation der Geschwindigkeit auf dem Weg zur Haltestelle. Je größer das Sicherheitsbedürfnis des Pendlers ist, desto länger wird er die Wartezeit auf das öffentliche Verkehrsmittel bemessen. Dabei ist davon auszugehen, daß die Risikoneigung im wesentlichen von den Folgen des Versäumens des öffentlichen Verkehrsmittels abhängig ist. Diese wiederum hängen von den Arbeitszeitbedingungen des Pendlers und der Bedienungsfre-

---

[1] Vgl. *Brauner* (1986), S. 82ff.
[2] Zur Begriffsbestimmung vgl. folgenden Abschnitt.

quenz des ÖPNV, welche die Höhe des versäumungsbedingten Zeitverlustes bestimmt, ab.

Die Fahrtzeit steht in Zusammenhang mit den Merkmalen des öffentlichen Verkehrssystems und der Verkehrsdichte. Die durch den Zu- und Ausstieg von Fahrgästen notwendigen Unterbrechungen der Fahrt der öffentlichen Verkehrsmittel verringern die Geschwindigkeit. Das Ausmaß der Verlängerung der Fahrtdauer hängt von mehreren Faktoren ab. Die Haltestellendichte bestimmt die Anzahl der Fahrtunterbrechungen. Busse und Straßenbahnen weisen aufgrund ihrer flächenmäßigen Erschließung und Zubringerfunktion zu Massenverkehrsmitteln in Ballungsräumen eine höhere Haltestellendichte auf als Stadtbahnen und S-Bahnen. Die Anzahl der jeweils ein- und aussteigenden Fahrgäste bestimmt die Länge der Fahrtunterbrechung. Die Veränderung der Einstiegsdauer ist allerdings systembedingt verschieden. Bei Bussen sind die Einstiegsmöglichkeiten begrenzt, d.h. die Fahrtunterbrechung nimmt im Vergleich zu Stadtbahnen, die als Massenverkehrsmittel viele Einstiegsmöglichkeiten vorhalten, bei einem Anstieg der Fahrgastzahlen schneller zu. Die Art des Fahrkartenverkaufs schließlich ist die dritte wichtige Einflußgröße auf die Länge der Fahrtunterbrechungen. Bei Stadtbahnen und S-Bahnen müssen die Fahrscheine vor dem Einstieg bezogen werden; diese werden in den Zügen kontrolliert. Busfahrer hingegen verkaufen und kontrollieren Fahrscheine beim Einstieg, was die Aufenthaltsdauer merklich verlängert.

Die allgemeine Verkehrsdichte ist dann fahrzeitrelevant, wenn der ÖPNV nicht an den staugefährdeten Stellen des Verkehrssystems über eigene Verkehrswege verfügt. Die Schienenverkehrssysteme S-Bahn und Stadtbahn weisen deshalb insbesondere während der Verkehrsspitzenzeiten gegenüber Straßenbahnen und Bussen höhere Geschwindigkeiten auf, da letztere meist nicht durchgehend eigene Infrastruktur nutzen können. Trotz Fahrtunterbrechungen in den Verkehrsspitzenzeiten erreichen erstere tendenziell höhere Durchschnittsgeschwindigkeiten als der Individualverkehr, Busse und Straßenbahnen dagegen oft geringere.

Sind Umsteigevorgänge zur Erreichung einer günstigen Anbindung an das Fahrtziel erforderlich, so entstehen Umsteigezeiten durch den Gehweg von der Ausstiegs- zur Einstiegshaltestelle. Im allgemeinen sind Busbahnhöfe und Bahnhöfe miteinander verknüpft, so daß hier keine großen Entfernungen zurückzulegen sind. Noch geringere Entfernungen sind bei unimodalen Verkehrsmittelkombinationen zu überwinden. Bedeutender erscheinen vielmehr koordinationsbedingte Wartezeiten. Diese sind zum einen fahrplanbedingt, d.h. von einer planmäßigen Abstimmung der Abfahrtszeiten der Verkehrsmittel abhängig. Die Koordination findet zumeist für Verbindungen statt, die auf die Zentren hin ausgerichtet sind. Die dennoch verbleibenden Wartezeiten verringern sich mit zunehmender Bedienungsfrequenz des folgenden Verkehrsmittels. Umsteigezeiten sind demzufolge in den Stadtgebieten mit ihren dicht vertakteten Nahverkehrsnetzen tendenziell kürzer.[1] Auf dem Rückweg nehmen die Bedienungsfrequenzen des Folgeverkehrsmittels tendenziell ab, was im allg. zu verlängerten Wartezeiten führen kann. Der Zeitvorteil, der sich in dichtvertakteten Nahverkehrsgebieten

---

[1] In abgestimmten Nahverkehrsnetzen des städtischen Umlandes sind die Wartezeiten ebenfalls relativ kurz. Vgl. z.B. *Arbeitskreis Bus/Schiene* (Hrsg., 1988), S. 11 u. 63ff. Zufällige Verbindungen, wie sie im Stadtverkehr zustandekommen können, spielen eine nur untergeordnete Rolle.

ergibt, wird jedoch dann zunichte gemacht, wenn die allgemeine Verkehrsdichte eine zeitgenaue Einhaltung der Fahrpläne nicht zuläßt. Verspätungen und auffahrende Busse können sogar zu einer verlängerten Umsteigezeit in Verdichtungsgebieten führen.

Der Zeitbedarf für den Gehweg von der Ausstiegshaltestelle zur Arbeit ist abhängig von der Erschließung des Stadtgebietes durch den ÖPNV, d.h. von der Anzahl der Haltestellen und deren räumlicher Verteilung. Hier weisen die Busse und Straßenbahnen mit ihren kurzen Haltestellenabständen Vorteile gegenüber den Massenverkehrsmitteln auf. Des weiteren beeinflussen die baulichen Gegebenheiten die Gehzeit. Städtebauliche Gesichtspunkte, wie z.B. Straßenüberführungen oder die Lage von Brücken, können die Gehzeit wesentlich beeinflussen.

Schließlich verbleibt die Wartezeit vor Arbeitsbeginn als eine zu berücksichtigende Größe. Ihre Länge ist wesentlich von den Arbeitszeitbedingungen der Betriebe abhängig. Im Falle der Gleitzeit entstehen praktisch keine Wartezeiten dieser Art. Bei festen Arbeitszeiten kann die ungünstige Abstimmung von Ankunftszeit und Arbeitsbeginn leicht einen Großteil der Fahrzeit ausmachen.

Die Rückfahrt verläuft im wesentlichen in gleichen Zeitkategorien. Die wenigen Unterschiede wurden bereits in den relevanten Zeitgrößen des Hinwegs erwähnt. Eine weitere Erörterung erübrigt sich deshalb.

b_{14}) Park & Ride

Unter zeitlichen Gesichtspunkten ist ein P&R-System[1] dann eine sinnvolle Alternative für den Pkw bzw. den ÖPNV, wenn die Vorteile der in den vorangegangenen Abschnitten vorgestellten zeitlichen Abläufe kombiniert werden können. Eine Beschleunigung gegenüber der Pkw-Fahrt ist dann möglich, wenn durch die Wahl der P&R-Station Verkehrsstauungen auf den Straßen vermieden werden können. Treten die Stauzeiten im wesentlichen im Innenstadtbereich auf, ist die Wahl eines P&R-Platzes mit Busanschlußverkehr am Stadtrand sinnvoll. Treten Stauzeiten eher großräumig auf den Zufahrtsstraßen auf, ist die Wahl eines weiter entfernt gelegenen P&R-Platzes sinnvoll. Als öffentliches Verkehrsmittel kommen dann Schnellbusse oder Nahverkehrszüge (Stadtbahn oder S-Bahn) in Frage. Gegenüber dem reinen ÖPNV bringt der kombinierte Verkehr zeitliche Vorteile, wenn durch die größere Reichweite des Pkw mit der Wahl der Einstiegshaltestelle eine günstige Verbindung überhaupt erst zustandekommen kann.

Die Parksuchzeit kann im Falle eines angelegten P&R-Parkplatzes gegenüber dem Innenstadtparkplatz deutlich sinken, sofern die P&R-Stelle nicht überlastet ist. Alternativ kann jede Haltestelle bzw. jeder Bahnhof zum "wilden P&R" genutzt werden. Parkplätze werden in diesem Fall in nahegelegenen Wohngebieten gesucht. Damit verlängert sich allerdings im allg. der Weg zur Haltestelle. Die Parksuchzeit ist für den Pendler durch die Wahl der Abfahrtszeit beeinflußbar, um die P&R-Stelle zu Zeiten

---

[1] Die Form des sogen. Kiss&Ride (der ÖV-Nutzer wird mit dem Pkw an der Haltestelle abgesetzt) wird hier als eine Sonderform des P&R mit einer Parksuchzeit von Null Zeiteinheiten und Parkgebühren von Null Geldeinheiten definiert.

geringer Parkplatzbelegung zu erreichen. Eine Verringerung ist aber nur dann sinnvoll, wenn diese nicht zugleich zu einer Verlängerung der Wartezeit auf das öffentliche Verkehrsmittel führt.

Die Wartezeit am P&R-Platz wird wiederum durch das individuelle Sicherheitsstreben des Pendlers bestimmt. Zunächst kann der Pendler durch die Abfahrtzeit von der Wohnung auf die Wartezeit Einfluß nehmen. Im Falle des P&R-Verkehrs spielen aber im Gegensatz zum reinen ÖPNV die unterschiedlich hohen Bedienungsfrequenzen der öffentlichen Verkehrssysteme Bus und Bahn eine wichtige Rolle für die Konsequenzen, die das Versäumen des öffentlichen Verkehrsmittels nach sich zieht. Neben der Wahl eines weiteren P&R-Platzes hat der Pendler zudem die Option, die Folgen des Versäumens des öffentlichen Verkehrsmittels durch die Fortsetzung der Fahrt mit dem eigenen Pkw abzumildern. Tendenziell sind also die Wartezeiten im P&R-System geringer als die beim reinen ÖPNV.

Umsteigevorgänge können auch in P&R-Systemen erforderlich sein. Dies ist insbesondere bei Nutzung von Nahverkehrszügen der Fall, die lediglich wenige Haltepunkte im Stadtgebiet anfahren können. P&R-Systeme können nur dann Zeitvorteile erbringen, wenn auch die Busverkehre mit gut koordinierten Anschlußzeiten fahren und an stauungsgefährdeten Stellen im Straßenverkehr auf eigene Verkehrswege zurückgreifen können. Nur so sind die kurzen Umsteigezeiten auch zu Zeiten steigender Verkehrsdichte zu gewährleisten.

Der Rückweg verläuft im wesentlichen in gleichen Zeitabläufen wie der Hinweg. Unter zeitlichen Gesichtspunkten kann der P&R-Verkehr also die Erschließungseffekte des ÖPNV im Innenstadtbereich mit denen des Pkw-Verkehrs im ländlichen Bereich kombinieren.

b_2) Zeitwahrnehmung und Zeitbewertung

Veränderungen in der Zeitbedarfsstruktur der Verkehrsmittelalternativen sind für die Wahlentscheidung nur dann relevant, wenn sie von dem betreffenden Individuum auch tatsächlich wahrgenommen werden. Somit können bereits wenige Minuten zusätzlichen Zeitbedarfs die Präferenz für ein Verkehrsmittel beeinflussen. Kleinere Veränderungen können sich zu alternativ verwendbaren, größeren Zeitbudgets addieren. Veränderte Reisezeiten können mithin zu einer geänderten Zeitallokation in Form von Aktivitätseinschränkungen, -beschleunigungen oder -umlenkungen im Falle von Zeitverlusten bzw. vorgezogenen, verlängerten oder zusätzlichen Aktivitäten im Falle von Zeitgewinnen führen. Zeitverluste treten zum einen durch zufallsbedingte Systemstörungen auf, zum anderen entstehen sie systematisch: Zeitverluste nehmen z.B. mit der im Zeitablauf steigenden Verkehrsdichte durch neue oder verlängerte Stauzeiten zu. Im einfachsten Fall erzwingen sie eine frühere Abfahrt auf dem Hinweg oder eine spätere Ankunft auf dem Rückweg und wirken sich direkt auf die vor- bzw. nachgelagerten Aktivitäten aus. Zeitgewinne können sich über systematische Eingriffe in Verkehrssysteme z.B. im Rahmen von Maßnahmen zur Attraktivitätssteigerung des ÖPNV ergeben. Eine Beschleunigung öffentlicher Verkehrsmittel ist dann zeitallokationsrelevant, wenn gewonnene Zeitintervalle tatsächlich einer alternativen Verwendung zugeführt werden können. Im Falle von z.B. gebrochenen Verkehren ist diese Voraussetzung für eine verbesserte Verkehrsmittelpräferenz nur dann gegeben, wenn sie die Gesamtreisezeit verringert und der Zeitvorteil nicht durch zusätzliche Wartezeiten aufgrund einer mangelnden Koordination der Verkehrsmittel wieder aufgezehrt wird.[1]

Es erscheint plausibel, daß sich die alternativen Zeitverwendungsmöglichkeiten vor der Arbeit bzw. nach der Arbeit unterscheiden. Die Hypothese, Zeitbudgets würden deshalb auf dem Hinweg bzw. Rückweg unterschiedlich bewertet, wird jedoch von Untersuchungen[2] als nicht signifikant abgelehnt.

Um die freiwerdende Zeit einer alternativen Verwendung zuführen zu können, entstehen Informationskosten. Im Gegensatz zu der erzwungenen Veränderung der Zeitallokation im Falle der Verlustzeiten ist die Aufnahme einer zusätzlichen Aktivität im Falle der Zeitgewinne fakultativ. Demzufolge kann davon ausgegangen werden, daß die Fühlbarkeitsschwelle von Zeitgewinnen tendenziell über derjenigen von Zeitverlusten liegt. Eine Korrektur dieser Fühlbarkeitsschwelle ist zu erwarten, wenn die Zeitgewinne dauerhaft vorhanden sind.[3] Es kann deshalb angenommen werden, daß systematische Veränderungen der Zeitstrukturen, die im Zuge von Nahverkehrsprogrammen bewußt erzeugt werden, von den Verkehrsteilnehmern im Berufsverkehr in ihrer Größenordnung adäquat wahrgenommen werden. *Heggie*[4] zeigt in seiner Untersuchung zur Zeitbewertung, daß eine Fühlbarkeitsschwelle bei Zeitgewinnen im Bereich um 5 Minuten angenommen werden kann. Darüber hinausgehende Veränderungen werden näherungsweise linear bewertet. Im Falle der Nutzer öffentlicher Verkehrsmittel stellt eine lineare Veränderung der Bewertung allerdings eine deutliche Vereinfachung dar. Zumindest für Teile dieser Gruppe von Verkehrsteilnehmern kann von einer weiteren Schwelle der Bewertung bei längeren Fahrten ausgegangen werden.

Für Untersuchungen des Modal Split ist der Einfluß der tatsächlichen Verkehrsmittelnutzung auf die Wahrnehmung der Zeitstrukturmuster, insbesondere des ÖPNV, von besonderer Bedeutung. So berichtet z.B. *Heggie*[5] von deutlichen Unterschieden in der Einschätzung von Zeitstrukturen der Nutzung öffentlicher Verkehrsmittel zwischen Pkw-Nutzern und ÖPNV-Nutzern. Sie betreffen die Wege von und zu Haltestellen, Warte- und Umsteigezeiten und die reinen Fahrzeiten. Autofahrer schätzen vergleichbare zeitliche Merkmale des öffentlichen Verkehrssystems in allen genannten Bereichen systematisch schlechter ein. Die Fehleinschätzungen sind deutlich ausgeprägter als z.B. die in einer Studie von *Könnemann*[6] vorgefundenen. In dieser Studie sind allerdings neben reinen ÖPNV-Nutzern nur Pkw-Fahrer berücksichtigt, die im Berufsverkehr

---

[1] Dabei wird unterstellt, daß die Wartezeit im allgemeinen keiner sinnvollen alternativen Verwendung zugeführt werden kann.
[2] Vgl. *Heggie* (1976), S. 33ff.; *Hunt* (1992), S. 97ff.
[3] Vgl. *Brauner* (1986), S. 91.
[4] Vgl. *Heggie* (1976), S. 29ff.
[5] Vgl. *Heggie* (1976), S. 21ff.
[6] Vgl. *Könnemann* (1980), S. 21 u. 70ff.

gelegentlich die öffentlichen Verkehrsmittel nutzen. Die Wahrnehmung der Zeitstrukturen von Busnutzern ist zwar ebenfalls nicht unverzerrt, entspricht aber doch tendenziell den objektiv meßbaren Werten.[1] Aus der Analyse unterschiedlicher Einschätzungen von Reisezeiten zwischen reinen Pkw-Nutzern und ÖPNV-Nutzern lassen sich deshalb mögliche Verzerrungen von Untersuchungsergebnissen aufzeigen.

Weitere Unwägbarkeiten bei der Ermittlung von Zeitgrößen liegen in der Kombination unterschiedlicher Aktivitäten mit einzelnen Zeitabschnitten eines Weges. So ist z.B. der Weg von und zu Haltestellen zu Fuß oder mit dem Fahrrad dem einen eine angenehme, möglicherweise sportliche Tätigkeit, dem anderen aber ein äußerst lästiges Übel, sobald seine Länge wenige Minuten übersteigt. Im Gegensatz zur erstgenannten Aktivität ist der Verkehrsteilnehmer an den Haltestellen der öffentlichen Verkehrsmittel im allgemeinen zu völliger Passivität verurteilt, was zu einem verstärkten Zeitempfinden beitragen kann. Sind die Verkehrsmittel zudem unpünktlich, wird die Verzerrung der objektiven Wartezeit noch verstärkt.[2] An diesem Beispiel wird deutlich, daß die Zeitwahrnehmung mit Komfortkriterien der Verkehrssysteme verbunden sind.

b_3) Geschwindigkeitselastizität der Nachfrage

Die relative Geschwindigkeit der Verkehrsmittel scheint für das Wahlverhalten der Verkehrsteilnehmer von mindestens gleichwertiger Bedeutung zu sein wie die relativen Preise. So liegt beispielsweise in einer Untersuchung der GfK Marktforschung[3] der Prozentsatz der Nennungen des Zeitverlustes als Grund gegen das Umsteigen vom MIV auf den ÖPNV mit 50,1% noch vor den Fahrpreisen mit einem Prozentsatz von 44,6%.

Diese These wird gestützt durch die Ergebnisse mehrerer Untersuchungen[4] bezüglich der Preis- und Zeitelastizitäten der Nachfrage. Eine norwegische Studie weist eine Zeitelastizität von -2,8 auf, verglichen mit einer Preiselastizität von -0,28. Die Zeitelastizität des MIV scheint allerdings deutlich unter dem Wert derjenigen des ÖPNV zu liegen. Sie weist für eine Fahrzeitverlängerung von etwa 1% eine Aufkommensverminderung um etwa 1,3% aus. Der Elastizitätswert beträgt -0,77.

Die Kreuzzeitelastizitäten fallen dagegen gering aus. Das Pkw-Aufkommen sinkt nach einer 1%igen Reduzierung der Fahrzeit des ÖPNV um nur 0,1%. Umgekehrt wird nur etwa ein Viertel des MIV-Rückgangs nach einer Erhöhung der Reisezeit des

---

[1] Die Messung der Abweichungen von objektiven Zeitstrukturen und subjektiv wahrgenommenen Zeitstrukturen ist nur sehr bedingt möglich. Eine Erhebung objektiver Gesamtreisezeiten ist sehr aufwendig, da z.B. die reinen Fahrplandaten im ÖPNV nur eine sehr grobe Annäherung an tatsächliche Reisezeiten sind. Insbesondere in Zeiten der Verkehrsspitzen des Berufsverkehrs stimmen diese Daten mit den objektiv meßbaren Zeiten keineswegs mehr überein.

[2] Vgl. *Walther* (1975), S. 271ff.; *Heggie* (1976), S. 32f.; *Moreau* (1992), S. 52-71.

[3] Vgl. *GfK Marktforschung* (1988), S. 23.

[4] Vgl. *Gwilliam u.a.* (1991), S. 67.

Straßenverkehrs tatsächlich vom ÖPNV aufgenommen.[1] Der Fahrgastzuwachs des ÖPNV besteht im Falle einer Beschleunigung zu großen Teilen aus Neuverkehr. Verschlechtern sich die relativen Fahrzeiten des MIV, so stehen den Verkehrsteilnehmern offensichtlich mehr Alternativen zur Verfügung als der Umstieg auf den ÖPNV. Eine zeitliche Verschiebung der Reise oder gar die Unterlassung der Fahrt sind mögliche Alternativen. Im Berufsverkehr sind die vorgestellten Alternativen allenfalls eingeschränkt als gegeben anzunehmen. Jedoch machen diese Beispiele deutlich, daß die Reaktion der Verkehrsteilnehmer unter Umständen über das meist unterstellte polare Verkehrsmittelwahlspektrum ÖPNV versus MIV hinausgehen kann.

Von verkehrsplanerischer Seite wird vielfach versucht, der Bedeutung der Zeit für die Verkehrsmittelwahl mit der Trennung der Verkehrswege Rechnung zu tragen. Die Aufhebung der Nutzungskonkurrenz von knappem Straßenraum erfolgte in den 70er Jahren zunächst durch den Bau von U-Bahnen und S-Bahnen in den Kernstädten und findet seit den 80er Jahren seine Fortsetzung in der Einrichtung von Stadtbahnsystemen und der Implementierung von Beschleunigungsprogrammen für den Busverkehr. Um die Nutzungskonkurrenz des Straßenraumes aufzuheben, findet also vielfach ein weitreichender Ausbau von Nahverkehrssystemen statt.[2] Eine isolierte Beobachtung von Veränderungen der Geschwindigkeit ist deshalb kaum möglich. Es tritt im allgemeinen eine Verbesserung des Gesamtangebotes auf. Weitere Qualitätsfaktoren wie Erhöhung der Zuverlässigkeit, neue und komfortablere Fahrzeuge sowie bessere Verbindungen sind in Untersuchungen zu berücksichtigen. Differenzierte Aussagen zu Wirkungen der Beschleunigung von Verkehrsmitteln sind deshalb nur sehr bedingt möglich.

c) Qualitätsfaktoren

Qualitative Merkmale der Verkehrssysteme dominieren die Zeit- und Kostenmerkmale in den Begründungen für das eigene Fahrverhalten.[3] Die beiden am häufigsten genannten Gründe für ein Umsteigen auf öffentliche Verkehrsmittel sind Parkplatzprobleme und mehr Bequemlichkeit/weniger Streß beim Fahren. Fließen in die Argumente für die Nutzung öffentlicher Verkehrsmittel vielfach auch übergeordnete Aspekte wie Umweltschutz und Energieeinsparung, so sind die Argumente gegen eine Nutzung des ÖPNV überwiegend negative Qualitätseinschätzungen. Am häufigsten wird dabei die Umsteigenotwendigkeit bzw. die schlechte Verbindung genannt. *Höfler u.a.*[4] stellen fest, daß der ÖPNV-Anteil bereits bei einmaligem Umsteigen deutlich sinkt, zweimaliges Umsteigen kaum noch akzeptiert wird und dreimaliges Umsteigen zu einem Anteil von 0% führt. Auffallend ist, daß der Nachfragerückgang im ÖPNV zwischen Direkt-

---

1 Vgl. *Gwilliam u.a.* (1991), S. 67: Eine Untersuchung von *Bovy u.a.* weist die Kreuzzeitelastizität des ÖPNV auf eine Fahrtzeitänderung des MIV mit +0,03 aus. Vgl. auch *Transport and Road Research Laboratory (TRRL)* (Hrsg., 1980).

2 Vgl. *Meier* (1991), S. 8-13; *Weber* (1990), S. 171-178; *Weber* (1991), S.158-169.

3 Vgl. *GfK Marktforschung* (1988), S. 22.

4 Vgl. *Höfler* (1981), S. 123.

fahrten und Fahrten mit einmaligem Umsteigen im regelmäßigen Berufsverkehr deutlich ausgeprägter ermittelt wird als im Gelegenheitsverkehr.
Als weitere, allerdings nachgeordnete Gründe gegen eine Nutzung des ÖPNV werden überfüllte und unbequeme öffentlichen Verkehrsmittel genannt. Die Bedienungshäufigkeit hingegen spielt im Berufsverkehr ein untergeordnete Rolle.[1] Eine wesentliche Ursache hierfür dürfte wiederum in der Regelmäßigkeit der Fahrten zu sehen sein. Dieser Aspekt ist u.a. auch für die Bildung von Fahrgemeinschaften von Bedeutung, da deren Organisation im allgemeinen jeweils nur eine Abfahrt am Tag ermöglicht.
Die ausgeprägte Häufigkeit der Nennungen von Komfortkriterien[2] für die Verkehrsmittelwahl sollte aber nicht darüber hinwegtäuschen, daß den Merkmalen Preis und Zeitbedarf eine wesentliche Bedeutung bei der Verkehrsmittelwahlentscheidung zukommt. *Höfler u.a.*[3] kommen z.B. zu dem Schluß, daß Schnellbahnen auch im Fall gebrochener Fahrten mit Zubringerbus und Bahn häufiger von wahlfreien Verkehrsteilnehmern genutzt werden als ungebrochene Fahrten mit dem Bus. *Kypke-Burchardi*[4] ermittelt für den Berufsverkehr in Richtung der Stadtzentren den kombinierten Einfluß von Reisezeit und Umsteigehäufigkeit. Der stärkste Anteil geht auch hier von der Reisezeit aus. Allein durch ihren Einfluß variiert der Anteil des ÖPNV um ca. 40%, der Anteil des MIV um etwa 55 %. Es sollte aber nicht übersehen werden, daß es letztendlich Preis-Leistungskombinationen sind, die vom Verkehrsteilnehmer gewählt werden.

C. MASSNAHMENPROGRAMME

1. Verkehrssystemmanagement

Bereits die Verkehrsprobleme der 60er Jahre[5] gaben weltweit Anlaß zu Überlegungen, die Kapazität der städtischen Infrastruktur mit Hilfe vielfältiger steuernder Maßnahmen zu erhöhen. Für die Integration derartiger Einzelmaßnahmen zu einem Gesamtverkehrssteuerungssysten wurde in den USA der Begriff "Transportation System Management" (TSM) eingeführt. Die derzeit gebräuchliche Begriffsbestimmung wird von verschiedenen Seiten über den Verkehrsbereich hinaus gesehen.[6] Die Zielbestimmung des Verkehrssystemmanagement (VSM) umfaßt neben den verkehrspolitischen Zielen raumordnungspolitische, umweltpolitische und wirtschaftspolitische

---

1 Vgl. *Kypke-Burchardi* (1975), S. 118.

2 Die Begriffe Qualitätskriterium und Komfortkriterium werden im folgenden synonym verwendet.

3 Vgl. *Höfler* (1981), S.128.

4 Vgl. *Kypke-Burchardi* (1975), S.99ff.

5 Vgl. Abschnitt II.A.3. dieser Arbeit.

6 Vgl. z.B. *Forschungsgesellschaft für Straßen- und Verkehrswesen* (Hrsg., 1986), S. 17ff.; *Vereinigung der Stadt-, Regional- und Landesplaner e.V. (SRL)* (Hrsg., 1989), S. 19ff.; *Krug* (1988), S 21; aber auch *Higgins* (1990), S. 94ff.

Ziele. Als Beurteilungskriterien werden dementsprechend neben der Verkehrsqualität die Verkehrssicherheit, die Standortqualität, die Umweltqualität, der Energieverbrauch und die Wirtschaftlichkeit genannt.

Diese Begriffsbestimmung ist für die in dieser Arbeit verfolgten Ziele zu weitgehend. Die Begriffe TSM und VSM werden deshalb im folgenden synonym verwendet. Im folgenden Kapitel werden für die Verkehrsträger des Berufsverkehrs (Pkw, ÖPNV, P&R) Maßnahmen vorgestellt, die im Rahmen von Programmen zur Beeinflussung der städtischen Verkehrsnachfrage vorgesehen werden.[1] Maßnahmen zur Erhöhung der Systemkapazität finden damit ebenso Berücksichtigung wie restriktive Maßnahmen zur Reduzierung des Pkw-Aufkommens. Dabei wird zwischen baulichen und betrieblich-organisatorischen Maßnahmen sowie Informationsmaßnahmen und preispolitischen Instrumenten unterschieden. Die sich anschließenden Kriterien der Bewertung orientieren sich vornehmlich an den in Abschnitt II.A. diskutierten verkehrspolitischen und umweltpolitischen Zielen.

2. Verkehrsträgerspezifische Maßnahmen

a) Pkw-Einzelfahrt

Bauliche Maßnahmen lassen sich in Neu-, Aus- und Rückbau von Infrastruktur gliedern. Der Neubau von Stadtstraßen wird derzeit allenfalls in Einzelfällen vorgesehen. In den verfestigten Siedlungsstrukturen der Kernstädte werden Tunnellösungen für hochbelastete Straßen diskutiert. Im allgemeinen handelt es sich bei Straßenbauten aber um Ausbauvorhaben von Hauptverkehrsadern zur Aufweitung von Engpässen. Die Bauten dienen der Erhöhung der Kapazität und einer Verstetigung des Verkehrsflusses. Sie zielen damit auf eine Erhöhung der durchschnittlichen Geschwindigkeit des MIV während der Kapazitätsspitzen ab. Vielfach ist jedoch im Zuge von Verkehrsberuhigungsprogrammen ein flächenhafter Rückbau von Stadtstraßen zu beobachten. Damit wird der Verkehr auf die Hauptstraßen konzentriert, was für die Verkehrsdichte und damit die Fließgeschwindigkeit einen gegenläufigen Effekt hat.

Die am weitesten verbreitete organisatorische Maßnahme zur direkten Steuerung des Verkehrs ist die Einrichtung von Lichtsignalanlagen[2]. Diese können festzeit-, zeitplan- oder verkehrsabhängig programmiert werden. Bevorzugte Einsatzbereiche sind Verkehrsknotenpunkte, aber auch vollständige Streckenzüge. Neben der Schaltung von sogenannten grünen Wellen können Lichtsignalanlagen in integrierte Steuerungssysteme eingebettet werden, so z.B. zur Fahrstreifensignalisierung, zum Zwecke von Wechselwegweisungen oder zur Unterstützung von Parkleitsystemen. Mit Hilfe von Lichtsignalanlagen können Zufahrtsdosierungen zum Stadtverkehrssystem vorgenommen werden. Damit sollen regelmäßig wiederkehrende Überlastungen bestimmter Streckenabschnitte vermieden werden. Ziel ist es, den Verkehrsfluß innerhalb des Stadtgebietes zu

---

[1] Vgl. *Stock* (1991), S. 150f.

[2] Vgl. *Forschungsgesellschaft für Straßen- und Verkehrswesen* (1986), S. 18.

verbessern. Verkehrsstauungen werden damit in Gebiete außerhalb der Stadt verlegt, sofern eine alternative Routenwahl für die betroffenen Pendler nicht möglich ist.

Diese Funktionen können teilweise auch von Wechselverkehrszeichen wahrgenommen werden. Dies sind im Zeitablauf veränderbare optische Anzeigen mit gesetzlichen Ge- und Verboten, Hinweisen und Empfehlungen. Sie dienen damit der

- Geschwindigkeitsbeeinflussung (z.B. bei koordinierter Lichtsignalsteuerung),
- Fahrstreifensignalisierung (z.B. für zeitlich begrenzte Sondernutzungen),
- Zustandswarnung (z.B. bei Glätte),
- Ausweisung temporärer Abbiegegebote oder -verbote zu Verkehrsspitzenzeiten auf stark frequentierten Straßen und der
- Wegweisung im Rahmen eines Parkleitsystems.

Neben diesen steuernden Eingriffen können auch selektive Fahrverbote verhängt werden. Derartige räumlich und zeitlich begrenzte Fahrverbote werden meist über die Medien Rundfunk und Fernsehen bekanntgegeben. Sie können aber auch bei fest vorgegebenen Zeiten des Verbotes durch statische und bei von der Verkehrs- und Umweltsituation abhängigen Eingriffen durch dynamische Wechselanzeigen und Lichtsignalanlagen ausgesprochen werden. Mit am weitesten verbreitet sind derartige Verbotsmaßnahmen, um Einschränkungen bei Smog durchzusetzen.

Aus den Beschreibungen der vorigen Steuerungsmaßnahmen wird der enge Zusammenhang derartiger Maßnahmen mit Informationssystemen deutlich. Je flexibler die Steuerung an den tatsächlichen Verkehrs- und Umweltverhältnissen ausgerichtet werden soll, desto mehr müssen allgemeine Verkehrsdaten erhoben werden, um sowohl systematische Zusammenhänge im voraus zu planen und zu steuern als auch unvorhergesehene Störungen des Systems adäquat zu berücksichtigen. Die vorgestellten Maßnahmen benötigen im wesentlichen eine allgemeine Datenaufbereitung bezüglich der sich im Zeitablauf ändernden Verkehrsbelastungen im Netz und der sich ergebenden Umweltbelastungen.

Neben diesen allgemeinen Informationen lassen sich speziell aufbereitete Daten an Gruppen von Verkehrsteilnehmern oder gar Individuen weiterleiten.[1] So können im Rahmen von Park-Leitsystemen bestimmte Gruppen von Verkehrsteilnehmern über die jeweiligen Angaben zur Stellplatzverfügbarkeit angesprochen und in ihrem Fahrverhalten beeinflußt werden. Des weiteren können Leitsysteme fahrzeuginterne Kommunikationseinrichtungen ansprechen. Dabei geht es in diesem Fall nicht um die Information über das Medium Radio, sondern um individuelle Zielführungssysteme. Dem Verkehrsteilnehmer wird damit die Möglichkeit gegeben, seinen Zielort mittels Code in ein Gerät einzugeben, das daraufhin vom Leitsystem vor den jeweiligen Verkehrsknoten Fahrthinweise empfängt. Diese können von der Fahrtrichtungsempfehlung über Geschwindigkeitsempfehlungen bis hin zu allgemeinen Informationen reichen.

Im Gegensatz zu den folgenden Preislösungen zielen fast alle genannten organisatorischen Lösungen auf eine Verstetigung und Beschleunigung des Verkehrs hin. Letzt-

---

[1] Vgl. *Robert Bosch GmbH, Forschungsinstitut für Kommunikationstechnik* (Hrsg., 1991), S. 8.

endlich weisen sie eine kapazitätserhöhende Wirkung auf. Die Zielsetzung von Preislösungen hingegen dient der Allokation knapper Ressourcen. Zur Beeinflussung des Verkehrsmittelwahlverhaltens werden diesbezüglich zwei Instrumente diskutiert: die Parkraumbepreisung und das Road Pricing.

Ein gängiger Versuch zur Reduzierung des MIV in Kernstädten ist die Erhebung von Preisen auf öffentlichen Parkplätzen. Eine differenzierte Ansprache von Zielgruppen ist über eine raumzeitlich differenzierte Bepreisung von öffentlichem Parkraum möglich. Parkgebühren stellen allerdings nur einen indirekten Zusammenhang zwischen finanzieller Belastung und dem Ausmaß der Straßennutzung her. So wird z.B. der Durchgangsverkehr grundsätzlich im Rahmen einer Parkraumbepreisung nicht erfaßt. Im Berufsverkehr muß die Parkraumbewirtschaftung zudem neben den öffentlichen Stellflächen diejenigen der privaten Unternehmen berücksichtigen.

Straßenbenutzungsgebühren wurden bereits in den 60er und 70er Jahren zur Lösung der innerstädtischen Verkehrsprobleme erörtert.[1] Angesichts der weiter bestehenden Engpässe gerät dieses Instrument der Verkehrslenkung wieder zunehmend in die verkehrspolitische Diskussion. Die möglichen Formen der Gebührenerhebung sind sehr unterschiedlich. Sie reichen von einfachen Kordonlösungen bis hin zu komplexen Steuerungssystemen des "Electronic Road Pricing" (ERP).[2] Im ersteren Fall wird um ein hochbelastetes Verkehrsgebiet ein Kordon gelegt und die Einfahrt in dieses Gebiet vom Erwerb einer Vignette abhängig gemacht. Im Fall des ERP läßt sich das Steuerungssystem wesentlich differenzierter ausgestalten. Neuere Entwicklungen sehen die Erhebung von Straßenbenutzungsgebühren auf der Basis von Fahrtmerkmalen vor. Hierfür werden zunächst Verkehrsbedingungen definiert, bei deren Eintreten ein Stau angenommen werden kann. Diese Bedingungen wurden im Fall des Modells von Cambridge[3] über die Anzahl der Bremsvorgänge und die durchschnittliche Geschwindigkeit auf einer fest definierten Streckenlänge ermittelt. Die Gebühren werden dann im Fahrzeug von einer Chipkarte abgebucht. Eine Kommunikation mit einem übergeordneten Steuerungssystem ist nur dann erforderlich, wenn das Fahrzeug das gebührenpflichtige Verkehrsgebiet verläßt bzw. wieder einfährt, um das Abbuchungsgerät entsprechend zu deaktivieren bzw. zu aktivieren.

b) Mitfahrgemeinschaften

Die Abstimmung von Tätigkeitsprogrammen zwischen Mitgliedern einer Fahrgemeinschaft führt zu einer Reduzierung des motorisierten Individualverkehrsaufkommens und wird daher in allen Programmen mit fördernden Maßnahmen unterstützt.[4]

In baulicher Hinsicht sind die Möglichkeiten zur Schaffung von speziellen Fahrbahnen ebenso begrenzt wie im Bereich des MIV. In manchen Städten, z.B. in Sydney,

---

1   Vgl. z.B. *Baum* (1972).
2   Vgl. *Keuchel* (1992), S. 377-387.
3   Vgl. *Cambridgeshire County Council* (Hrsg., o.J.); *Abay/Zehnder* (1992), S. 34ff.
4   Vgl. *Baum* (1991), S. 72ff.

können höher besetzte Fahrzeuge aber die eingerichteten Busspuren nutzen. Zudem werden Fahrgemeinschaften oft mit bevorzugten Stellflächen begünstigt. Bei einem Rückbau öffentlicher Parkplätze können damit im Fall entstehender Stellflächenknappheiten Anreize zur Bildung von Fahrgemeinschaften geschaffen werden, sofern lange Parksuchzeiten entfallen.

Die organisatorischen Instrumente, Lichtsignalanlagen und Wechselverkehrszeichen, können in einer Weise in das Verkehrssystem eingreifen, daß höherbesetzte Fahrzeuge systematisch an Engpässen bevorzugt werden. Dies kann z.B. durch spezielle Fahrbahnmarkierungen an mit Busspuren aufgeweiteten Engpässen erfolgen. Ebenso können Fahrgemeinschaften bei der Einführung von Zufahrtsdosierungen bevorzugt in das eingeschränkt befahrbare Gebiet eingelassen werden oder gar von räumlich und zeitlich differenziert eingeführten Fahrverboten ausgenommen werden. Die genannten Maßnahmen dienen einer verkehrsträgerspezifischen Erhöhung der Geschwindigkeit bei Engpässen im Verkehrssystem.

Im Falle des Einsatzes monetärer Instrumente benötigen höher besetzte Fahrzeuge keine explizite Bevorzugung. Die Mitglieder von Fahrgemeinschaften erhalten durch die Erhöhung des Besetzungsgrades automatisch eine proportionale Verminderung ihrer finanziellen Belastung. Diese Verminderung der Gebühren trifft sowohl für die Parkraumbepreisung als auch im Falle der Einführung eines Road Pricing-Systems zu.

c) Öffentlicher Personennahverkehr

Eines der Kernelemente zur Steigerung der Attraktivität des ÖPNV stellen Beschleunigungsprogramme dar, die mittlerweile in vielen Städten[1] umgesetzt werden. Die Vermeidung betriebsexterner Störungen durch die Nutzungskonkurrenz knappen Straßenraums mit dem MIV bildet einen wesentlichen Ausgangspunkt. Dabei werden verschiedene bauliche Maßnahmen vorgesehen. Zentrale Maßnahmen sind der Bau von Busspuren und die Aufweitung von Straßenkreuzungen, um Busse über Abbiegespuren lenken zu können. Kleinere Bauvorhaben betreffen die Einrichtung bzw. den Ausbau witterungsgeschützter Haltestellen an verkehrsgünstigen Stellen oder eine Verlegung von Haltepunkten, die sich an verkehrsungünstigen Stellen befinden. Des weiteren wird versucht, durch die Einrichtung sogenannter Buskaps, die eine schnelle parallele Haltestellenan- und -abfahrt ermöglichen, die Haltestellenverweildauer der Busse zu verkürzen.

Die beiden erstgenannten Beschleunigungsmaßnahmen können ebenso über eine Neuorganisation des Verkehrssystems erreicht werden. So bieten sich wiederum Lichtsignalanlagen oder Wechselverkehrszeichen an, um bestimmte Fahrspuren permanent oder zeitlich begrenzt einer speziellen ÖPNV-Widmung zuzuführen. Eine solche Maßnahme muß nicht zwangsläufig einseitig zu Lasten des MIV gehen. So können Busspuren möglicherweise auch von höherbesetzten Pkw befahren werden. Des weiteren werden viele Pkw auf Abbiegespuren ebenfalls bevorzugt behandelt, wenn für ihre Fahr-

---

[1] Vgl. z.B. *Bosserhoff/Grund/Masak* (1990), S. 63-67.

spur eine bevorrechtigende Ampelschaltung von sich dem Knotenpunkt nähernden Bussen abgerufen wird. An dieser Stelle werden die Notwendigkeit und die Möglichkeit einer verkehrsträgerübergreifenden, integrierten Verkehrsflußsteuerung deutlich. Eine weitere nennenswerte organisatorische Maßnahme stellt die Änderung der Vorfahrtregelung zu Gunsten der von Bussen häufig befahrenen Straßenzüge dar, die in den meisten Fällen durch permanente Verkehrszeichen geregelt wird.

Beschleunigungsprogramme führen im allg. zu einer generellen Verbesserung der Angebotsqualität im ÖPNV. In den letzten Jahren ist der Schnellbus zu einem wichtigen Bestandteil von Angebotsausweitungen geworden. Derartige Busse fahren eine nur begrenzte Anzahl von Haltestellen an und erreichen im Zusammenwirken mit den bereits genannten Beschleunigungsmaßnahmen eine dem MIV annähernd gleichwertige Reisezeit. Als eine weitere betriebliche Maßnahme ist die Anpassung alter Liniennetzstrukturen an neue Quellen und Senken der aktuellen und potentiellen Nahverkehrsnachfrage zu nennen. Viele Liniennetze sind bislang auf die beiden städtischen Verkehrsknotenpunkte Kernstadt und Bahnhof ausgerichtet. Viele Fahrtziele sind deshalb nur über diese Knotenpunkte zu erreichen. Damit ist entweder ein Umsteigevorgang oder eine Umwegfahrt, in vielen Fällen beides zugleich verbunden. Durch die Bildung von weiteren Knotenpunkten können im Berufsverkehr die zeitintensiven Umwegfahrten eingespart werden.

Um derartige betriebliche Maßnahmen koordinieren zu können, wird zunehmend der Einsatz von rechnergesteuerten Betriebsleitsystemen eingeführt.[1] Diese Systeme erfassen den Betriebszustand des Fuhrparks, und zeigen mit Hilfe von Soll/Ist-Vergleichen Störungen im Betriebsablauf an. So können die Fahrer über die aktuelle Verkehrslage informiert werden, um geringfügige Störungen durch eine der Situation angepaßte Fahrweise selbst zu beheben. Im Fall schwerer Störungen können von zentraler Stelle aus Eingriffe in das System frühzeitig vorgenommen werden, z.B. der Einsatz zusätzlicher Fahrzeuge, spezielle Fahranweisungen für die Fahrer oder die Beeinflussung von Lichtsignalanlagen zur Schaltung bevorrechtigter Straßenzüge. Betriebsleitsysteme dienen also zunächst einem optimierten Fahrzeugeinsatz. Sie ermöglichen aber zugleich weitere Angebotsverbesserungen durch die Verbesserung der Fahrplansicherheit und die damit verbundene Möglichkeit der Einrichtung zusätzlicher Umsteigepunkte unter Vermeidung langer Umsteigezeiten. Die Koordination kann zudem zu einer verbesserten überbetrieblichen Abstimmung z.B. zwischen Bus und Bahn beitragen.

Die Einrichtung von betrieblichen Informationssystemen bildet zugleich eine Grundlage der Fahrgastinformation. Informationen können im Fahrzeug, an Haltestellen oder systemübergreifend an beliebigen Orten zur Verfügung gestellt werden. Der Einsatz von EDV-gestützten Informationseinrichtungen kann mit Hilfe einer leicht verständlichen, individualisierten Fahrplan- und Tarifauskunft zum Abbau von auf Informationsdefiziten gegründeten Zugangshemmnissen des ÖPNV beitragen. Neue derartige Systeme arbeiten interaktiv Informationen für den jeweiligen Fahrtwunsch hin-

---

[1] Vgl. *Weber* (1990), S. 171-178; *Tokarski* (1991), S. 348-362.

sichtlich der Fahrtgelegenheiten, des Fahrtablaufs, des Fahrpreises, der Art seiner Entrichtung und der Verkehrsstörungen auf.[1]

Neben den Maßnahmen zur Beschleunigung spielen tarifliche Maßnahmen wieder eine zunehmende Rolle im ÖPNV.[2] Mit der Einführung von sogenannten Umwelttickets werden günstige, meist übertragbare Netzkarten in Form von Monats- und Jahreskarten angeboten. Mit Hilfe dieser Karten sollen neue Stammkunden für den ÖPNV gewonnen werden. Die Relevanz dieser Tickets für den Berufsverkehr hängt von der räumlichen Differenzierung des Tarifes ab. Manche Karten beziehen nur das Stadtgebiet in ihren Geltungsbereich mit ein, andere beziehen das Umland oder ganze Verbundgebiete (z.B. Ticket 2000) ein, teilweise in Form einer Zonenabstufung. Für viele Pendler stehen Zeitkarten allerdings in Form eines kilometerabhängigen Streckentarifs zur Wahl.

In jüngster Zeit werden verstärkt Mengenrabatte für Großabnehmer angeboten. Diese Mengenrabatte werden im Fall des Job-Tickets mit einer nachfragegruppenspezifischen Preisbildung verbunden. So erhalten Pendler dann günstige Job-Tickets, wenn innerhalb der Firma eine bestimmte Mindestmenge an Zeitkarten verkauft wird oder ein bestimmter Anteil der Belegschaft ein Job-Ticket erwirbt.

Neben den Maßnahmen der Tarifdifferenzierung werden zudem neue Zahlungsmodalitäten eingeführt.[3] Im Zuge der EDV-gestützten Betriebsführung werden in Pilotprojekten Möglichkeiten einer Individualisierung des Tarifsrstellung geprüft. Der Fahrgast erhält eine maschinenlesbare Chipkarte, die er beim Ein- und Ausstieg in ein Schreib/Lese-Gerät einführt. Die personenspezifischen Daten der in Anspruch genommenen Verkehrsleistungen werden gespeichert und am Monatsende zu den günstigst möglichen Bedingungen abgerechnet. Die Abrechnung erfolgt vom Konto des Fahrgastes. Die Preisobergrenze stellt die Monatskarte dar. Aus betrieblichen Gründen ist diese Form der Abrechnung für die Marktforschung von Bedeutung, da eine Vielzahl von Wegedaten gesammelt werden können (z.B. über das Umsteigeverhalten). Eine einfachere Methode der Fahrgeldabrechnung stellen Debit- und Kreditkarten dar. Sie können allerdings nur eingeschränkt zu Marktforschungszwecken genutzt werden.

Die Bedeutung dieser Abrechnungsmodalitäten dürfte aber für Berufspendler gering sein. Die regelmäßigen Fahrgäste im Berufsverkehr benötigen in den seltensten Fällen derartige flexible Abrechnungsformen. Im Zuge von sogenannten Zeitkarten-Abbonnements erhalten sie vielmehr von den Verkehrsbetrieben Mengenrabatte bei einer regelmäßigen Abnahme, verbunden mit einem Gebühreneinzugsverfahren. Die jeweiligen Zeitkarten werden dem Fahrgast automatisch zugesendet. Neben einem gewährten Preisnachlass für die Zeit potentiell ungenutzter Karten (z.B. während der Urlaubszeit) ist diese Form der Abrechnung vor allem durch das Komfortmerkmal des bequemen Kaufs der Karte gekennzeichnet.

---

[1] Automatisches Fahrplaninformations- und Auskunftssystem (AFI in Hamburg), Haltestellenbezogenes Informationssystem (HIS in Erkrath, Vellmar, Kaufungen und Hameln).

[2] Vgl. *Baum* (1991), S. 34ff.

[3] Vgl. *Schmidt* (1991), S. 29-34.

d) Park & Ride

In vielen Programmen werden P&R-Systeme als wichtiger Baustein zur Entlastung der Kernstädte vorgesehen. Um die Attraktivität dieses kombinierten Verkehrs zu steigern, müssen vielfach Stellflächen gebaut werden. Ein großer Teil des heutigen P&R-Verkehrs fällt unter das "wilde" Park and Ride, d.h. vielfach werden die Fahrzeuge in der Nähe von Haltestellen oder Bahnhöfen, oftmals in Wohngebieten, abgestellt. Die Stellplatzkapazitäten sind schnell erschöpft, attraktivitätsmindernde Parksuchzeiten und verlängerte Gehwege die Folge. Bauliche Maßnahmen zur Förderung des P&R-Verkehrs an geeigneten Stellen der Stadtrandgebiete und der Bahnhöfe des Umlandes nehmen deshalb einen vergleichsweise hohen Stellenwert ein. Hauptziel ist es, die attraktivitätsmindernde Wirkung des notwendigen Umsteigevorgangs zu senken.[1]

Unter betrieblich/organisatorischen Gesichtspunkten erhalten die bereits besprochenen beschleunigenden Maßnahmen des ÖPNV eine besondere Bedeutung, um den umstiegebedingten Zeitverlust kompensieren zu können. Teilweise wird für die Verkehrsspitzenzeit der Einsatz zusätzlicher Shuttle Busse vorgesehen, wenn die Lage der P&R-Stellflächen bezüglich des Liniennetzes des ÖPNV ungünstig erscheint. Derartige spezielle Angebote wären in das Informationssystem zu integrieren, um den Pendlern Hinweise auf die potentielle Vorteilhaftigkeit des Systems geben zu können.

Die im vorigen Abschnitt besprochenen tariflichen Maßnahmen begünstigen die P&R-Nutzer tendenziell, da ein Teil von ihnen die vergleichsweise günstigen Umwelttickets im Stadtverkehr wahrnehmen kann. Zudem wird meist die Einbeziehung der Parkgebühren, sofern diese überhaupt erhoben werden, in das Ticket vorgesehen.

3. Ökonomische Kriterien für den Maßnahmeneinsatz

Sollen Maßnahmen möglichst rational eingesetzt werden, so sind sie im Hinblick auf ihre Zielbeiträge und die damit verbundenen Kosten miteinander zu vergleichen. Eine rationale Politik setzt demzufolge voraus, daß die Ziele überhaupt operational formuliert werden. Im ersten Abschnitt der Arbeit wurden Ziele für den Stadtverkehr vorgestellt, wie sie von zuständigen Institutionen derzeit formuliert werden. Selbst wenn man die Zielformulierung auf die Teilkonzeption 'Beeinflussung des Verkehrsmittelwahlverhaltens' reduziert, ist eine konkrete Festlegung des Ausmaßes der Veränderung des Modal Split oder des Zeithorizonts nicht möglich. Die Effizienzanalyse wird damit bereits im Ansatz vor große Probleme gestellt.

Ein weiteres Problem stellt die Vielzahl der Maßnahmen dar, die zur Veränderung des Modal Split vorgeschlagen werden. Jede einzelne Maßnahme wäre im Grundsatz hinsichtlich ihrer Implikationen für das gesamte gesellschaftliche Zielsystem zu überprüfen. Eine derartig komplexe Aufgabe erfordert Kriterien für eine stufenweise Vorauswahl der Maßnahmen, um die Kosten der Entscheidung zu verringern. Dafür bieten

---

[1] Vgl. *Budde* (1991), S. 295-303.

sich zwei Kriterien an.[1] Zum ersten ist die Zweckmäßigkeit einer Maßnahme zu überprüfen. Alle vorgeschlagenen Maßnahmen sollten also daraufhin untersucht werden, ob sie überhaupt geeignet sind, einen Zielbeitrag zu leisten. Zum zweiten ist zu prüfen, ob die Maßnahmen mit grundlegenden gesellschaftspolitischen Konzeptionen vereinbar sind. Für den Verkehrssektor wird beispielsweise stets die Freiheit der Verkehrsmittelwahl als ein wesentliches Kriterium für die Auswahl von Instrumenten genannt. Diese Forderung führt vielfach zu einer Vorauswahl von Instrumenten, die Verhaltensanreize setzen. Das Auswahlkriterium bevorzugt also diejenigen Maßnahmen, von denen eine vergleichsweise geringe Eingriffsintensität erwartet wird.

Die beiden vorgenannten Selektionskriterien erlauben also eine Zusammenstellung der hinsichtlich ihrer Vorteilhaftigkeit zu vergleichenden Maßnahmen. Die Kosten-Nutzen-Analyse[2] ist eines der wichtigsten wirtschaftsanalytischen Verfahren zur Fundierung rationaler Entscheidungen des öffentlichen Sektors bei der Wahrnehmung seiner Versorgungsfunktion. Mit ihrer Anwendung sollen generell zwei Fragen beantwortet werden. Erstens ist zu prüfen, ob die zur Umsetzung einer Maßnahme erforderlichen Mittel dem privaten Sektor entzogen werden sollen. Zweitens stellt sich die Frage, welche der potentiell möglichen Alternativen zur Umsetzung gelangen soll. Die Kosten-Nutzen-Analyse setzt voraus, daß die Wirkungen der Instrumente bekannt sind und daß diese Wirkungen von der Entscheidungsinstanz bewertet werden können.

Die Kenntnis der in dieser Arbeit zu untersuchenden Wirkungszusammenhänge verhaltensbeeinflussender Maßnahmen ist also eine notwendige Voraussetzung zur Durchführung von Kosten-Nutzen-Analysen. Die Grundproblematik der Wirkungsanalyse kann in zwei Teilaspekte gegliedert werden.[3] Erstens sind die Wirkungsrichtungen von Maßnahmen zu untersuchen. Es handelt sich dabei sowohl um die direkte Wirkung einer Maßnahme auf die verfolgte Zielgröße als auch um die Nebenwirkungen, die mit ihrem Einsatz verbunden sein werden. Die im Rahmen dieser Arbeit formulierten Hypothesen betreffen direkte und kurzfristige Maßnahmenwirkungen. Ein wichtiges Teilproblem ist dabei die Frage, welche Verkehrsmittelwahl von denen getroffen wird, die durch restriktive Maßnahmen des Pkw-Verkehrs betroffen sein werden. Ist es sinnvoll anzunehmen, daß es einen Kapazitätseffekt im Straßenverkehr geben wird? Oder kommt es zu Verlagerungen zugunsten der kombinierten Verkehrssysteme, namentlich des Park & Ride-Verkehrs?

Zweitens ist das Wissen um die Dosierbarkeit der Maßnahmen von Bedeutung für die Beurteilung ihrer ökonomischen Vorteilhaftigkeit. Zum einen handelt es sich um die Berücksichtigung von Grenzen des Mitteleinsatzes. Diese können technisch bedingt sein. So ist beispielsweise der Beschleunigung öffentlicher Verkehrsmittel mit der vollständigen Abkopplung von anderen Verkehrssystemen eine Grenze gesetzt. Des weiteren können Akzeptanzprobleme einer beliebigen Dosierung beispielsweise preispolitischer Instrumente entgegenstehen. Und schließlich sind nicht alle Mittel beliebig fein

---

[1] Vgl. *Streit* (1991), S. 265ff.

[2] Vgl. *Hanusch* (1987).

[3] Vgl. *Streit* (1991), S. 271ff.

dosierbar. So führen bauliche Maßnahmen, wie etwa die Einrichtung von Busspursystemen, zu sprunghaften Veränderungen der Eigenschaften von Verkehrssystemen.

Zum zweiten dienen Wirkungsanalysen dazu, die Gefahr von Fehldosierungen zu vermindern. Diese können aufgrund von Schwellenwerten und Summationseffekten entstehen. Die Existenz von Schwellenwerten kann dazu führen, daß ein Mitteleinsatz so lange keine oder eine nur geringe Zielwirkung aufweist, wie er unter einem Minimalniveau bleibt. Der Nutzen einer Maßnahme steigt mit Überschreitung der Reaktionsschwelle der Verkehrsteilnehmer sprunghaft an, was auf die Einschätzung seiner Vorteilhaftigkeit im Vergleich zu anderen Maßnahmen wesentlichen Einfluß nehmen kann. Summationseffekte können zwei gegenläufige Effekte bewirken, die als Folge eines kombinierten Maßnahmeneinsatzes entstehen. Erstens können im Rahmen von Maßnahmenprogrammen Synergieeffekte auftreten. Dieser Fall tritt dann auf, wenn es sich um komplementär wirkende Maßnahmen handelt, wenn also attraktivitätssteigernde Maßnahmen der öffentlichen Verkehrsmittel mit restriktiven Maßnahmen des Pkw-Verkehrs zusammenwirken. Maßnahmen können aber grundsätzlich auch substitutive Wirkungen aufweisen. Ein Kapazitätseffekt des Pkw-Verkehrs durch die Förderung von Fahrgemeinschaften im Zuge der Einführung von Straßenbenutzungsgebühren kann möglicherweise durch zunehmende Verkehrsstauungen als Folge eines Busspurennetzes aufgehoben werden.

Diese Wirkungs- und Dosierungskriterien sollen in den beiden folgenden Teilen der Arbeit weitergehend analysiert werden. Zunächst werden die methodischen Ansätze zur Modal Split-Analyse auf ihre Eignung hin untersucht, Maßnahmenwirkungen strukturerhaltend abzubilden. Im anschließenden empirischen Abschnitt der Arbeit werden dann auf Basis der hier synoptisch vorgestellten Determinanten der Verkehrsmittelwahl verhaltensrelevante Daten für die Berufseinpendler der Stadt Münster erhoben. Sie bilden die Grundlage der Modellsimulation der Wirkungen der hier vorgestellten Maßnahmen auf den Modal Split des Berufspendlerverkehrs der Stadt Münster.

III. METHODISCHE ASPEKTE DER MODAL SPLIT-ANALYSE

A. METHODISCHE ANSÄTZE

1. Aggregierte Verkehrsnachfragemodelle

In den 50er Jahren wurden vor allem in den USA Planungsmodelle für den Stadtverkehr entwickelt, deren Grundstruktur auch im europäischen Raum bis heute maßgeblichen Einfluß auf die städtische Verkehrsplanung nimmt.[1] Die aggregierten Verkehrsnachfragemodelle werden auf Basis von vier Teilmodellen entwickelt, die eine

---

[1] Die im folgenden dargestellte Vorgehensweise zur Entwicklung von Verkehrsnachfragemodellen ist für die Verkehrsplanung von elementarer Bedeutung, nicht nur für den Personennahverkehr, sondern allgemein auch für den Personen- und Güterfernverkehr. Vgl. z.B. *Intraplan Consult GmbH* (Hrsg., 1989); *Prognos/BVU* (Hrsg., 1989).

gedankliche Einheit bilden und damit Rahmenbedingungen für die Konstruktion eines Modal Split-Ansatzes bilden.

a) Verkehrserzeugung

In der ersten Modellstufe wird zunächst ermittelt, welches Verkehrsaufkommen zu bewältigen ist. Der Mobilitätsbedarf wird auf Basis der Fahrten zwischen Verkehrszellen geschätzt. Diese Zellen sind räumlich definierte Quellen und Senken des Verkehrs. Da Verkehrsplanung notwendigerweise zukunftsbezogen ist, wird der Quellverkehr und der Zielverkehr einer Zelle i mit Hilfe von unterstellten ursächlichen Variablen, sogen. Leitvariablen, auf den Planungshorizont prognostiziert. Derartige Inputdaten können zellenbezogen, haushaltsbezogen oder personenbezogen sein.[1] Verkehr ergibt sich damit als abgeleitete Nachfrage in Abhängigkeit der sozioökonomischen Merkmale der Individuen oder Haushalte einer Verkehrszelle. Eine Fahrt entsteht also unabhängig von den bestehenden Verkehrseinrichtungen und der Attraktivität der anderen Zellen. Für den Berufspendlerverkehr wären derartige Leitvariablen z.B. die Anzahl der Erwerbspersonen einer Zelle, die Zahl der Pkw pro Haushalt der Zelle oder die Altersstruktur der Erwerbspersonen der Zelle. Lassen sich keine sinnvollen Leitvariablen festlegen, sind andere Verfahren, z.B. Trendanalysen oder Analogieschlüsse, zu wählen.[2] Der methodische Aufwand nimmt jedoch mit einer speziellen fahrtzweckspezifischen Schätzung deutlich zu, wenn diese Unterteilung über die folgenden drei Stufen des Nachfragemodells fortgeführt werden soll.

b) Verkehrsverteilung

Nachdem für jede Verkehrszelle j jeweils ein zugehöriges Quellverkehrsaufkommen Q_j und Zielverkehrsaufkommen Z_j bekannt sind, werden im zweiten Modellschritt die Verflechtungen zwischen den Verkehrszellen ermittelt. Um richtungsscharfe Verkehrsbeziehungen bestimmen zu können, ist die Zielwahl des Quellverkehrs Q_j einer Zelle j für jede andere Zelle i $\neq$ j zu bestimmen. Umgekehrt ist für den Quellverkehr Q_i jeder Zelle i $\neq$ j der Anteil des Zielverkehrs Z_j für Zelle j aufzuzeigen. Dies geschieht durch Verkehrsverteilungsrechnungen, z.B. mit Hilfe von Gravitationsmodellen.[3] Diese Modelle verteilen die Fahrten zwischen den Zellen wie folgt: Von einer Zelle i wird zu einer Zelle j eine Anzahl Fahrten durchgeführt, die sich proportional zum Gesamtquellaufkommen der Zelle i, proportional zum Gesamtzielverkehr der Zelle j und

---

[1] Diese Disaggregierung der Daten bezieht sich dennoch auf die Zellen. D.h. die haushalts- und personenbezogenen Merkmale gehen als Durchschnittswerte der Zelle in das Verkehrserzeugungsmodell ein. Vgl. hierzu *Braun/Wermuth* (1973), S. 50ff.

[2] Zu den Prognosemethoden vgl. *Makridakis/Reschke/Wheelwright* (1980); *Weber* (1989).

[3] Vgl. *Rüsch* (1980), S. 82ff.; *Mäcke/Hensel* (1975), S. 103ff.

umgekehrt proportional zum Widerstand des Weges zwischen den beiden Zellen verhält. Dieser ergibt sich aus den herrschenden Wege-, Netz- und Verkehrsbedingungen.

Abb. 2   Widerstandsfunktionen unterschiedlicher Fahrtzwecke

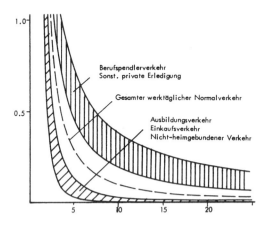

Widerstand w in Min

- Berufspendlerverkehr	$0{,}9 < \alpha < 1{,}3$
- Ausbildungsverkehr	$2{,}0 < \alpha < 3{,}0$
- Einkaufs-, Besorgungs-, Geschäftsverkehr	$2{,}0 < \alpha < 2{,}5$
- sonstiger privater Verkehr	$0{,}8 < \alpha < 1{,}2$
- nichtwohnungsgebundener Verkehr	$2{,}5 < \alpha < 3{,}0$

Quelle: *Braun/Wermuth* (1973), S. 119.

Abb. 2 zeigt Widerstandsfunktionen der Form $f(w) = w^{-\alpha}$ für bverschiedene Fahrtzwecke in Abhängigkeit der Zeit. Grundsätzlich können viele Einflußgrößen, mit denen die Nachfragergruppen der Verkehrszellen konfrontiert werden, in die Widerstandsfunktion einfließen, z.B. Wegelängen, Reisezeiten und Fahrtkosten.[1]

Verteilungsmodelle[2] führen nur dann zu einer in sich widerspruchslosen Fahrtenmatrix T, wenn folgende Nebenbedingungen erfüllt sind:

---

[1] Vgl. *Mäcke/Hensel* (1975), S. 117ff.
[2] Zu den vielfältigen mathematischen Möglichkeiten der Bildung von Verteilungsmodellen vgl. *Mäcke/Hensel* (1975), S. 91ff.

- die gesuchten Verkehrsbeziehungen T_{ij} zwischen einer Zelle i und einer Zelle j dürfen nicht negativ sein, d.h. es muß gelten:
  $T_{ij} \geq 0$, für alle Zellen i, j = 1, ..., n.
- Die Zeilensummen Q_i und Spaltensummen Z_j der gesuchten Matrix T müssen gleich den entsprechenden Mengen der erzeugten bzw. angezogenen Fahrten der jeweiligen Zellen sein. Es gelten die folgenden Randbedingungen:

$\sum_j T_{ij} = Q_i$, für alle i und

$\sum_i T_{ij} = Z_j$, für alle j.

c) Verkehrsteilung (Modal Split)

Nach den ersten beiden Stufen sind im Verkehrsplanungsprozeß die Zahl der Fahrten und die Orte, zwischen denen sie durchgeführt werden, bekannt. Im Teilmodell Modal Split werden diese zielgerichteten Fahrten auf die einzelnen Verkehrsträger aufgeteilt. Üblicherweise wird eine binäre Verkehrsmittelwahl unterstellt, also ÖPNV oder MIV. Der ÖPNV wird durch die zwischen den jeweiligen Zellen bestehende kürzeste Verbindung abgebildet, der MIV durch die Fahrt mit dem Pkw. Im Gegensatz zu den anderen Stufen gibt es bei den Modellen der Verkehrsmittelwahl keine allgemein anerkannten Ansätze. Sie unterscheiden sich von Projekt zu Projekt. Die verschiedenen Modelle lassen sich in zwei Arten unterteilen, die durch ihre Stellung im Vier-Stufen-Algorithmus gekennzeichnet sind. Die "trip end"-Modelle schätzen die Verkehrsmittelanteile bereits nach dem Verkehrsaufkommen, die "trip interchange"-Modelle verteilen die Nachfrage erst nach Ermittlung der zielgerichteten Fahrten auf die Verkehrsträger.

"Trip end"-Modelle basieren meist auf Regressions- und/oder gruppenspezifischen Methoden. Mittels gruppenspezifischer Verfahren werden die Zellen zunächst in verhaltenshomogene Gruppen[1] eingeteilt. Zuordnungskriterien sind z.B. Berufstätigkeit, Ausbildung und Motorisierungsgrad. Mit Hilfe der Regressionsanalyse werden dann gruppenspezifische Verkehrsteilungen ermittelt. Diese Modelle werden vielfach kritisiert.[2] Hauptkritikpunkt ist die fehlende Berücksichtigung der Eigenschaften des Verkehrssystems. So würde selbst die Errichtung einer U-Bahn-Linie zwischen zwei Zellen zu keinen Veränderungen des Modal Split führen. Es wird implizit angenommen, daß sich ÖPNV-Nutzer als captive riders verhalten, denn nur ihre sozioökonomischen Merkmale bestimmen ihr Wahlverhalten, nicht aber die Eigenschaften des Verkehrssystems.

Derartige Modelle werden deshalb zusätzlich nach der Lagegunst[3] der Zellen differenziert. Damit werden Eigenschaften des Verkehrsnetzes, z.B. die Erreichbarkeit der

---

[1] Vgl. *Kutter* (1972), S. 24ff.
[2] Vgl. z.B. *Rüsch* (1980), S. 86ff.
[3] Vgl. *Braun/Wermuth* (1973), S. 142.

Zelle mit dem ÖPNV, ansatzweise berücksichtigt. Die Lagegunst ergibt sich allerdings lediglich als grobes Maß für die Flächenerschließung des Umlandes. Das Maß für die Zugänglichkeit ergibt sich als Summe aller Reisezeiten zwischen einer Zelle i und den übrigen Verkehrszellen. Die auf einer spezifischen Strecke möglicherweise deutliche Zeitersparnis eines U-Bahn-Neubaus erhält über die Bildung des Gesamtmaßes der Lagegunst ein nur geringfügiges Gewicht. "trip end"-Modelle unterschätzen damit Verbesserungen bei öffentlichen Verkehrsmitteln in ihrer Wirkung.

Die Einflüsse der Verkehrssystemcharakteristiken können erst dann differenziert in das Modal Split-Modell eingebracht werden, wenn die Verkehrsverteilung bekannt ist. "Trip interchange"-Modelle benötigen als Dateninput die Fahrtenmatrix. Den darin enthaltenen zielgerichteten Verkehrsaufkommen lassen sich Faktoren wie Fahrtweite, Fahrtwiderstand und Serviceniveau zuordnen. Neu eingerichtete Verkehrsverbindungen können in ihrer beschleunigenden Wirkung auf Verkehrsmittelwahlverhalten der paarspezifischen Verkehrsnachfrager der angebundenen Zellen abgebildet werden. Die Verkehrsmittelwahl wird dabei überwiegend mit Hilfe von Diversionskurven bestimmt. Diese Kurven werden mit Hilfe von Regressionsverfahren ermittelt. Sie zeigen im allgemeinen Reisezeit- und/oder Reisekostenverhältnisse zwischen ÖPNV und MIV. Obwohl die Variablen meist kontinuierlicher Natur sind, werden sie aufgrund mangelnder statistischer Sicherheit oft in Klassen eingeteilt, z.B. Einkommensgrößen. Abb. 3 stellt den Anteil des ÖPNV in Abhängigkeit von Fahrtdauerverhältnis, Fahrtzweck

Abb. 3: Anteil öffentlicher Verkehrsmittel in Abhängigkeit von Fahrtdauerverhältnis, Fahrtzweck und Fahrzeugverfügbarkeit

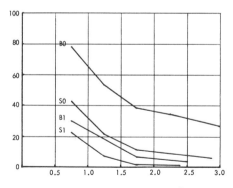

Legende:

B   Berufspendlerverkehr
S   sonstiger Verkehr

0   kein Fahrzeug verfügbar
1   Fahrzeug verfügbar

Gültigkeitsbereich: Fahrtweite 4-10 Meilen

Quelle: *Braun/Wermuth* (1973), S. 138.

und Fahrzeugverfügbarkeit beispielhaft dar. Die mögliche Vielzahl von empirisch ermittelten Zusammenhängen ist im ersten Teil der Arbeit diskutiert worden. "Trip interchange"-Modelle ermöglichen damit grundsätzlich die Analyse von Maßnahmen zur Attraktivitätssteigerung des ÖPNV.

Im Ergebnis liefern die Modelle zunächst die Verkehrsmittelanteile zwischen zwei Verkehrszellen, aber ohne nähere Angaben über die Fahrtrichtungen. Jede (wohnungsgebundene)[1] Fahrt impliziert sowohl eine Hin- als auch eine Rückfahrt zwischen den Zellen i und j.

Um in der vierten Stufe die Verkehrswegewahl bestimmen zu können, sind die Quelle-Ziel-Beziehungen der Fahrten zu operationalisieren. Mit Hilfe der Verteilungsmatrix T lassen sich zunächst die Anzahl der Fahrten im ÖPNV und im MIV bestimmen. Mit Hilfe der Tagesspitzen der Verkehrsnachfrage und durchschnittlicher Fahrzeugbesetzungsgrade entstehen schließlich Fahrtenmatrizen F_t, deren Elemente F_{ijt} die Fahrtabsichten der Verkehrsteilnehmer zwischen den Verkehrszellen i und j in einem bestimmten Zeitintervall angeben.

d) Verkehrswegewahl (Verkehrsumlegung)

Die Realisierung der gewünschten Ortsveränderungen F_{ijt} wird im vierten Teilmodul des Verkehrsnachfragemodells simuliert. Das Modell geht von der Annahme aus, daß sich die Verkehrsteilnehmer rational verhalten, d.h. sie wählen diejenige Route, auf welcher der Widerstand am geringsten ist.

Um eine Zuordnung des Verkehrsaufkommens zum Verkehrsnetz zu schaffen, ist zunächst ein Netzmodell zu entwickeln. Dieses Modell soll die Netzstruktur abbilden und die Widerstände der einzelnen Elemente beschreiben. Es gibt zwei wesentliche Verfahren zur Abbildung von Netzen: knotenpunkt- und streckenbezogene Darstellungsformen. Sie sind allerdings duale Formen der Netzbeschreibung, d.h. sie lassen sich ineinander überführen. Streckenorientierte Modelle enthalten Informationen über Abbiegebewegungen, die in knotenorientierten Modellen nur über zusätzliche Hilfskonstruktionen integriert werden können. Diese Abbiegebewegungen können in städtischen Verkehrsnetzen eine wichtige Rolle bei der Bestimmung des Streckenwiderstandes spielen. Für den Pkw wird ein Straßennetzmodell deshalb meist auf streckenorientierter Basis entwickelt, für den ÖPNV entsprechend ein Liniennetzmodell.[2]

Für die Ermittlung des Streckenwiderstandes ist grundsätzlich die Einbeziehung einer Vielzahl von Einflußgrößen möglich, z.B. Fahrtdauer, Wegelänge, Reisegeschwindigkeit, direkte und indirekte Fahrtkosten, Anzahl der unfreiwilligen Aufenthalte an Kreuzungen, Haltestellen oder Umsteigepunkten, Straßenzustand und -belastung. Die Ermittlung dieser Daten bedeutet einen hohen methodischen Aufwand. Da

---

[1] Die Fahrten lassen sich in wohnungsgebundene und nichtwohnungsgebundene Fahrten unterscheiden. Die Berücksichtigung beider Formen sind in den Modellen der Verkehrsmittelwahl möglich, aber hier nicht weiter von Bedeutung. Vgl. *Braun/Wermuth* (1973), S. 46, S. 150f.

[2] Für eine Beschreibung der Verfahren vgl. *Braun/Wermuth* (1973), S. 153ff.

viele der genannten Faktoren mit der Reisezeit in einer engen Beziehung stehen, wird der Widerstand meist als Funktion in Abhängigkeit der Zeit definiert.

Auf diesen Verfahren aufbauend wird die Verkehrswegewahl simuliert. Die möglichen Verfahren lassen sich im wesentlichen in zwei Gruppen gliedern: belastungsunabhängige und belastungsabhängige Verfahren.[1] Erstere abstrahieren bei den Verkehrsumlegungen von der Tatsache, daß die Streckenwiderstände von sich ändernden Streckenbelastungen abhängen können. Bei den vielfach auftretenden Engpässen in städtischen Streckennetzen während des Berufsverkehrs ist daher der Einsatz belastungsabhängiger Verfahren sinnvoller. Diese Verfahren ermitteln die Netzbelastungen nach der ersten Umlegung und berechnen in deren Abhängigkeit eine neue Widerstandsmatrix. Diese stellt die Grundlage für eine erneute Umlegung des Verkehrs dar. Die iterativen Anpassungen werden fortgesetzt, bis sich nur noch marginale Änderungen der Netzbelastungen ergeben.

Beim belastungsabhängigen Bestweg-Umlegungsverfahren (Alles-oder-Nichts-Verfahren) wird das Verkehrsaufkommen eines Verkehrsträgers zwischen zwei Zellen vollständig auf den Weg des geringsten Streckenwiderstandes gelegt. Der Nachteil dieses Systems liegt auf der Hand: Bei etwa gleichwertigen Wegealternativen können marginale Änderungen der Streckenwiderstände zu vergleichsweise großen Änderungen der Verkehrsströme führen. Aufgrund der modellinhärenten Instabilität werden daher vielfach Mehrwegverfahren angewendet. Diese Verfahren verteilen das Verhältnis des Verkehrsaufkommens zwischen zwei Wegealternativen mit Hilfe von Diversionskurven in funktionaler Abhängigkeit des Widerstandsverhältnisses.[2]

Die hier skizzierten Verfahren können sowohl für die Berechnung der künftigen Fahrgastzahlen der Linien des ÖPNV als auch für die Bestimmung des Pkw-Aufkommens auf den Straßen des Verkehrsnetzes angewandt werden.[3] Im ÖPNV hängt der Widerstand (die Reisezeit) zwar nur unwesentlich von der Auslastung der Linie ab, da die öffentlichen Verkehrsmittel eine kollektive Nutzung ohne nennenswerte Überfüllungserscheinungen ermöglichen. Der Streckenwiderstand ist aber in vielen Fällen von der Auslastung der Straßen durch den MIV abhängig. Deshalb ist eine simultane belastungsabhängige Umlegung des Verkehrsaufkommens im ÖPNV und im MIV sinnvoll.

e) Rückkopplungen

Mit dem Ergebnis des Moduls der Verkehrswegewahl werden die Verkehrsbelastungen im Verkehrswegenetz ermittelt und damit Engpässe im Netz aufgezeigt. Diese Engpässe weisen zugleich auf Veränderungen der Widerstandsmatrix hin, die aber als Input in die vorgelagerten Modelle zur Verkehrsverteilung und Verkehrsteilung eingegangen sind. Die Modelle wären also grundsätzlich in einem Simultanansatz zu integrieren, um diese Rückkopplungen adäquat zu berücksichtigen.

---

1 Vgl. *Rüsch* (1980), S. 91ff.
2 Vgl. *Braun/Wermuth* (1973), S. 178ff.
3 Vgl. *Mäcke/Hensel* (1975), S. 147.

Der Aufwand zur Gestaltung derartiger Modelle ist sehr hoch. Deshalb werden die Parameter der vorgelagerten Module meist innerhalb eines iterativen Prozesses erneut bestimmt; mit den dann aktualisierten Fahrtenmatrizen F_{ijt} wird wiederum die Verkehrswegewahl neu berechnet, was zu einer neuen Verteilung der Belastungen der Infrastruktur führt, also zu einer neuen Widerstandsmatrix etc. Die Iterationen werden fortgeführt, bis eine konvergierende Lösung gefunden wird.[1] Bei negativen Rückkopplungen, wie sie hier vorliegen, ergeben sich im allg. solche stabilen Lösungen: Steigen die Widerstände im Wegenetz nach der Verkehrsumlegung im Vergleich zu der bei der Ermittlung der Verkehrsverteilung und des Modal Split unterstellten Widerstandsmatrix an, so ergeben sich neue Verkehrsverteilungen, und das Verkehrsmittelwahlverhalten ändert sich zugunsten des ÖPNV. Damit wiederum werden die Belastungsschwerpunkte verändert, die Widerstände sinken und führen zu einer gegenläufigen Entwicklung des eingeleiteten Prozesses.

Neben dieser modellinternen Rückkopplungsnotwendigkeit besteht eine externe Kopplung des Modells über den Algorithmus der Verkehrserzeugung. Über Leitvariablen der Verkehrserzeugung wird eine Beziehung zu übergreifenden Aspekten, insbesondere der Veränderung der Siedlungsstruktur geschaffen. Verkehr wird damit als aus externen Größen abgeleitete Nachfrage definiert. Umgekehrt beeinflußt aber die (General)Verkehrsplanung der Städte die Flächennutzungsplanung in nicht unerheblichem Maße. Verkehrsnachfragemodelle weisen also keinen festen Ausgangspunkt auf. Die Generalverkehrspläne werden vielmehr in die Stadtentwicklungsplanung einbezogen, d.h. an bestimmten Zielvorgaben ausgerichtet.

f) *Kritik der Abbildung der Verkehrsmittelwahl*

Aus den vorigen Abschnitten wird ersichtlich, daß mit Hilfe der Modelle des Vier-Stufen-Algorithmus eine sehr differenzierte Abbildung der Strukturen von Verkehrssystemen möglich ist. Im Ergebnis werden Informationen über Netzbelastungen ermittelt. Des weiteren lassen sich je nach Planungszweck gezielte Veränderungen des Verkehrssystems mit Hilfe der Widerstandsmatrix simulieren. Damit können Maßnahmen zur Attraktivitätssteigerung des ÖPNV ebenso getestet werden wie solche zur Attraktivitätsminderung des MIV. Die Teilmodelle können sehr flexibel aufeinander abgestimmt werden. Die fortwährende Entwicklung der elektronischen Datenverarbeitung ermöglicht immer komplexere und rechenintensivere Prozeduren. Ist dennoch eine Komplexitätsreduzierung erforderlich, kann z.B. eine Analyse erfolgen, die das Modal Split-Modul schwerpunktmäßig modelliert und die mögliche Vielzahl von Einflußgrößen auf die Verkehrsmittelwahl berücksichtigt. Die Grenzen der Differenzierung des Untersuchungsansatzes treten vielmehr bei den Erhebungsmöglichkeiten der erforderlichen Daten auf.

---

[1] Vgl. *Mäcke/Hensel* (1975), S. 155f.

Trotz dieser weitreichenden Möglichkeiten der Modellbildung weisen aggregierte Ansätze wesentliche Schwächen auf. Diese liegen vor allem in dem Aggregationsniveau der zentralen Datenbasis, der Verkehrszelle, begründet.

Zur Ermittlung des Verkehrsaufkommens wird das Untersuchungsgebiet in Verkehrszellen eingeteilt. Selbst wenn also weitergehend disaggregierte haushaltsbezogene Daten im Rahmen gruppenspezifischer Verfahren Verwendung finden, so gehen diese als Zellendurchschnittswerte in die Analyse ein. Damit wird unterstellt, daß diese Werte repräsentativ für alle Haushalte in den Zellen sind. Eine wichtige Forderung für die Bildung der Zellen ist daher ihre weitgehende Homogenität bezüglich verkehrsrelevanter Merkmale. Je größer das Untersuchungsgebiet und damit die Verkehrszellen sind, desto unwahrscheinlicher wird die Realitätsnähe dieser Annahme. Die Häufigkeitsverteilungen der Zellenwerte wird sich kaum symmetrisch um die jeweiligen Mittelwerte gruppieren, sondern möglicherweise schief oder mehrgipflig sein. Damit ist die Repräsentativität der Zellenwerte nicht mehr gewährleistet. Des weiteren ist davon auszugehen, daß mit der Größe der Zellen die Varianzen der Parameter zur Bestimmung des Verkehrsaufkommens innerhalb der Zellen größer sind als diejenigen der Parameter zwischen den Zellen.[1]

Selbst wenn das Verkehrsaufkommen auf einer differenzierteren Basis, z.B. der verhaltenshomogenen Gruppen, geschätzt würde, so gingen diese zusätzlichen Informationen auf der zweiten Stufe der Verkehrsverteilung wieder verloren. Denn deren Verteilungsalgorithmen arbeiten auf der Basis von Zellen, d.h. nicht auf einer haushaltsspezifischen Differenzierung.

Ein weiterer Nachteil der Zellenbildung wird in der Bildung der Widerstandsmatrix deutlich. Diese basiert auf Zellenschwerpunkten. Alle Fahrten beginnen und enden in diesen Schwerpunkten. Die kleinräumige Erschließung kann damit nicht mehr berücksichtigt werden.[2] Die Daten des Verkehrssystems werden wieder nur als Durchschnittswerte berücksichtigt. Je größer die Zellen sind, desto größer können z.B. im Fall des ÖPNV die Abweichungen der tatsächlichen Reisezeiten, gebildet als Summe aus den Wegen zu den Haltestellen und der tatsächlichen Fahrzeit, von den in der Widerstandsmatrix angesetzten durchschnittlichen Reisezeiten zwischen den Zellen sein. Selbst wenn eine liniennetzorientierte Abbildung vorgenommen wird, können die Wege zu den Haltestellen nur als Durchschnittswerte Berücksichtigung finden.

Die Kritik an den Durchschnittswerten der Zellen gilt auch für die Preise, die in die Widerstandsmatrix eingehen. In Abschnitt II.B.3. wurde gezeigt, wie unterschiedlich die Kosten der Fahrten zwischen Individuen sein können. Wenn Preise und Reisezeiten zwischen den Zellen als durchschnittliche Werte eingehen, wird für alle Verkehrsteil-

---

[1] Diese Kritik geht im wesentlichen auf eine Studie von *McCarthy* zurück. Vgl. *McCarthy* (1969), S. 31-43.

[2] Vgl. *Rüsch* (1980), S. 100f.

nehmer eine einheitliche Präferenzstruktur bezüglich der Preis-Leistungs-Profile des ÖPNV und des MIV unterstellt.[1]

Aufgrund der Einschränkungen der Abbildungsmöglichkeiten des Verkehrsmittelwahlverhaltens sind Modelle der vorgestellten Art trotz ihrer teilweise weitreichenden Differenzierungsmöglichkeiten nur sehr bedingt gegenüber Maßnahmen empfindlich. Widerstandsfunktionen bilden das individuelle Verkehrsmittelwahlverhalten der Verkehrsteilnehmer aufgrund der mit hoher Wahrscheinlichkeit mangelnden Repräsentativität der auf Zellenbasis aggregierten Daten nur unzureichend ab.

Es ist davon auszugehen, daß die auf Zellenbasis aggregierten Daten zu einer verzerrten Abbildung der Strukturen des individuellen Verkehrsmittelwahlverhaltens führen. Damit sind derartige Modelle nur bedingt geeignet, die Auswirkungen von Maßnahmen zur Beeinflussung des Modal Split zu analysieren. Aus diesem Grund werden zunehmend Modelle auf Basis disaggregierter, individueller Daten entwickelt.

2. Disaggregierte, verhaltensorientierte Modelle

Die Untersuchungseinheit disaggregierter Modelle ist der einzelne Verkehrsteilnehmer. Um die sozioökonomisch determinierten Verkehrsmittelwahlentscheidungen des Vier-Stufen-Algorithmus zu überwinden, sollen die Modelle das Verkehrsmittelwahlverhalten der Verkehrsteilnehmer erklären und prognostizieren. Um eine unmittelbare Maßnahmenempfindlichkeit zu gewährleisten, sind die Modelle direkt an den Eigenschaften des Verkehrssystems auszurichten. Im folgenden sollen zunächst verhaltensorientierte Modelle ausführlich dargestellt werden, da die im empirischen Teil der Arbeit verwendeten einstellungsorientierten Modelle der Conjoint-Analyse vielfältige methodische Bezugspunkte zu ihnen aufweisen.[2] Verhaltensorientierte Modelle verwenden unterschiedliche Funktionstypen, Erklärungsfaktoren und Hypothesen. Den Ansätzen gemein ist folgender Ausgangspunkt: Individuen treffen Verkehrsmittelwahl-

---

[1] Die mangelnde Berücksichtigung der Preise im Teilmodell Verkehrsaufkommen ist ein weiterer wichtiger Kritikpunkt. Da das Verkehrsaufkommen einer Zelle unabhängig vom Verkehrssystem geschätzt wird, kommt es zu einer systematischen Überschätzung des Verkehrsaufkommens. Auch die Berücksichtigung der Preise in den Widerstandsmatrizen führt nicht zu einer Behebung dieses Mangels, da die Widerstände im Verkehrssystem nur in den Iterationsprozeß der drei folgenden Teilmodelle eingehen. Die Simulationsergebnisse der Verkehrsverteilung, der Verkehrsteilung und der Routenwahl sind damit verzerrt. Da eine Lenkung des Verkehrsaufkommens über Preise nicht vorgesehen ist, reduzieren sich die Anpassungsmöglichkeiten auf eine Kapazitätsplanung. Deren Aufgabe ist letztlich die Beseitigung der im Verkehrswegewahlmodell ausgewiesenen Engpässe. Dieser Aspekt findet im folgenden keine weitere Berücksichtigung, da das Verkehrsaufkommen im Berufspendlerverkehr zumindest kurzfristig auch unter Berücksichtigung der relativen Preise als konstant angenommen werden kann. Veränderungen des Verkehrsaufkommens können nur über die Siedlungsstruktur (Wohnungswechsel in die Nähe des Arbeitsplatzes) oder den Wechsel des Arbeitsplatzes erfolgen. Beide Entscheidungen sind langfristiger Natur.

[2] Es existieren vielfältige disaggregierte Modal Split-Modelle. Neben den oben genannten haben vor allem Raum-Zeit-Modelle eine weite Beachtung gefunden. Vgl. *Rüsch* (1980), S. 142ff.; *Held* (1982), S. 45ff.

entscheidungen aufgrund der Qualitäten der unterschiedlichen Verkehrsmittelalternativen. Ihre Wahlentscheidung wird durch individuelle Charakteristika beeinflußt.

a) Der strict utility-Ansatz

Ausgangspunkt der Modellbildung ist ein Ansatz der mathematischen Psychologie, der davon ausgeht, daß sich menschliche Entscheidungen grundsätzlich probabilistisch vollziehen. Die Bedingungen zur Abbildung einer Entscheidungssituation werden in der psychologischen Theorie aus dem Axiom der Unabhängigkeit von irrelevanten Alternativen (Independence of Irrelevant Alternatives, IIA) abgeleitet.[1] Die Bewertung der Vor- und Nachteile einer Alternative ist demnach unabhängig von weiteren Wahlmöglichkeiten. Die Alternative wird danach beurteilt, inwieweit sie dazu verhilft, formulierte Ziele und Anforderungen zu erfüllen.

Zunächst wird angenommen, daß jede Alternative k für das Individuum i einen Nutzen U_{ik} besitzt.[2] Dieser Nutzen ergibt sich aus dem Vektor der Eigenschaften X_k der jeweiligen Alternative. Er wird zudem durch den Vektor der Charakteristika S_i des Individuums i beeinflußt.

(1) $\quad U_{ik} = U(X_k, S_i)$.

Des weiteren sei das Individuum zwar in der Lage, den Nutzen jeder Alternative genau bestimmen zu können (strict utility), sei aber in seiner Entscheidung letztlich unsicher. Für die Wahrscheinlichkeit, mit der das Individuum sich letztendlich für eine Wahlmöglichkeit entscheidet wird angenommen, daß diese direkt mit der Höhe des Nutzens zusammenhängt. Damit kann das Verhältnis zweier Entscheidungswahrscheinlichkeiten als das Verhältnis der jeweils zugehörigen Nutzen ausgedrückt werden.

(2) $\quad \dfrac{P_{ia}}{P_{ib}} = \dfrac{U(X_a, S_i)}{U(X_b, S_i)}$.

mit P_{ia}, P_{ib} = Wahrscheinlichkeit, mit der das Individuum i die Alternative a bzw. b wählt.

Nach der Annahme der IIA ist das Verhältnis der Wahlwahrscheinlichkeiten unabhängig von der Zahl weiterer Alternativen. Es wird vollständig und ausschließlich durch das Nutzenverhältnis der beiden Wahlmöglichkeiten bestimmt.

---

[1] Vgl. *Luce/Raiffa* (1957).
[2] Im folgenden stellt k einen Index für unterschiedliche Alternativen dar. Die Indizes a, b, c und d hingegen stehen für jeweils eine konkrete Wahlalternative.

$$\text{(3)} \quad \frac{P_{i(a/a,b)}}{P_{i(b/a,b)}} = \frac{P_{i(a/a,b,c,\ldots)}}{P_{i(a/a,b,c,\ldots)}} = \frac{U(X_a, S_i)}{U(X_b, S_i)}.$$

Gemäß der Wahrscheinlichkeitsrechnung gilt für die Summe der Wahlwahrscheinlichkeiten:

$$\text{(4)} \quad P_{ia} + P_{ib} + \ldots + P_{ik} = 1.$$

Mit (3) ergibt sich weiter:

$$\text{(5)} \quad P_{ia} \left[1 \frac{U(X_b, S_i)}{U(X_a, S_i)} + \ldots + \frac{U(X_k, S_i)}{U(X_a, S_i)} \right] = 1.$$

Aus dieser Gleichung ergibt sich für M Alternativen das multiple choice strict utility-Modell, das in seiner Struktur derjenigen ökonometrischer Modelle ähnlich ist:

$$\text{(6)} \quad P_{i(k/M)} = \frac{U(X_k, S_i)}{\sum_{j=1}^{M} U(X_j, S_i)}.$$

b) Der random utility-Ansatz

In der neoklassischen Konsumtheorie beziehen sich die Überlegungen bezüglich der Allokation auf die Preise und Mengen der Güter sowie das Einkommen der Nachfrager. Die Qualitäten dieser Güter werden als homogen angenommen.[1] Die hier zur Diskussion stehenden verhaltensorientierten Modelle der Verkehrsmittelwahl (im Berufsverkehr) differenzieren nach eben den Eigenschaften der Güter, d.h. der zur Verfügung stehenden Verkehrsmittel. Sie stützen sich auf den konsumtheoretischen Ansatz von *Lancaster*[2]. Der Nutzen des Konsumenten wird demnach nicht direkt aus dem Gut gezogen, sondern aus dessen Eigenschaften. Damit wird die explizite Analyse verhaltensbeeinflussender Attribute der Verkehrssysteme möglich. Neben den Preisen der Verkehrsmittelalternativen können objektiv meßbare Merkmale einer Fahrt, z.B. die Reisezeit, berücksichtigt werden.

Abb. 4 zeigt ein Koordinatensystem der beiden Eigenschaften x_1 und x_2 der alternativen Güter a, b, c und d. Die Güter haben jedes je Mengeneinheit eine konstante Kombination der beiden Eigenschaften und können deshalb als Eigenschaftenstrahl aus

---

[1] Diese Annahme ist für die verhaltensorientierten Modelle, wie noch herausgestellt werden wird, von wesentlicher Bedeutung.
[2] Vgl. *Lancaster* (1970), S. 18-54.

dem Ursprung abgebildet werden. Die Steigung ß des Eigenschaftsstrahls gibt die Eigenschaftsproportion des jeweiligen Gutes an. Die Punkte A, B, C und D stellen die mit dem gegebenen Budget maximal mögliche Verbrauchsmenge jeweils eines Gutes und der damit verbundenen Eigenschaftskombination dar, wenn nur dieses konsumiert wird. Durch Kombinationen der Verbrauchsmengen können die Verbindungslinien zwischen diesen Punkten realisiert werden. Damit wird der mit Hilfe der Güter realisierbare Eigenschaftenraum begrenzt. Ergeben sich aus der Nutzenfunktion des Individuums keine Indifferenzkurven[1], die diese Begrenzung berühren, wird das Individuum eine reine Konsumaktivität wählen, d.h. einen Eckpunkt des Eigenschaftsraums durch Erwerb nur einer einzigen Güterart realisieren. Andernfalls kommt es zu gemischten Konsumaktivitäten. Der Extremfall der reinen Konsumaktivität stellt sich tendenziell dann ein, wenn die Zahl der zur Wahl stehenden Güter sehr begrenzt ist, der Eigenschaftenraum also durch nur wenige Güterkombinationen aufgespannt wird.[2]

Abb. 4: Güternachfrage im *Lancaster*-Modell

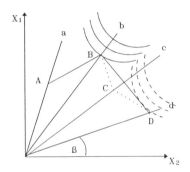

Quelle: *Lancaster* (1970), S. 28.

Im Gegensatz zum herkömmlichen Güterraum kann es also im Fall des Nutzenmodells von *Lancaster* dazu kommen, daß ein Produkt überhaupt nicht nachgefragt wird. Verändern sich die realisierbaren Punkte durch Änderungen (Erhöhungen) der Preise, so verkürzen sich die Distanzen der Punkte A,B,C,D zum Ursprung des Eigenschaftenraums. Wandert der Punkt B um eine Mengeneinheit in Richtung des Ursprungs zu B' (Abb. 5), so wird der Konsum lediglich eingeschränkt, es finden aber keine Substitutionseffekte statt.

---

[1] Es gilt auch hier die Annahme der fallenden Grenzrate der Substitution zwischen den Eigenschaften der Güter, d.h. negative Steigung und konvexer Verlauf der Indifferenzkurven.
[2] Vgl. *Schumann* (1987), S. 58f.

Abb. 5: Güternachfrage im *Lancaster*-Modell bei Preisänderungen

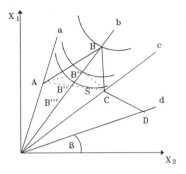

Quelle: *Lancaster* (1970), S. 28.

Erst bei einer weiteren Preiserhöhung ist die mit Hilfe des Gutes b realisierbare Eigenschaftenkombination im Punkt B'' auf ein Niveau gesunken, daß die reine Konsumaktivität des Produktes b aufgegeben wird. Zunächst wird sie durch eine gemischte Konsumaktivität der Güter a, b und c im Punkt S ersetzt. Steigen die Güterpreise für b weiter an (z.B. Punkt B'''), kommt es schließlich zu einer vollständigen Substitution des Gutes b durch eine Güterkombination der Güter a und c. Solange keine Substitution von Gütern stattfindet, haben Preisänderungen also lediglich Einkommenseffekte zur Folge. Des weiteren können im Gegensatz zur herkömmlichen Nutzenfunktion bereits geringe Preisänderungen zu sehr starken Substitutionseffekten führen.[1]

Neben dieser deutlichen Unterscheidung gelten die sonst üblichen Annahmen der neoklassischen Konsumtheorie. Es wird angenommen, daß die Merkmalsausprägungen für alle Konsumenten gleich sind; sie sind objektiv meßbar. Es treten keine Wahrnehmungsverzerrungen auf. Es wird zudem unterstellt, daß die Konsumenten vollständige Information über die relevanten Gütereigenschaften besitzen. Die Präferenzordnungen der Verbraucher bezüglich der Verkehrsmitteleigenschaften sind vollständig und transitiv. Der Grenznutzen der Eigenschaften ist stets positiv und die Grenzrate der Substitution ist abnehmend.

Der Nutzen der Wahl einer Verkehrsmittelalternative k durch Individuum i ergibt sich dann mit dem zugehörigen Eigenschaftenvektor und einem Güterbündel G_i zu:

(7) $\quad U_{ik} = U(X_{ik}, G_i)$.

Das Individuum maximiert seinen Nutzen unter der Budgetrestriktion:

(8) $\quad Y_i = p_{ik} k + G_i$,

---

[1] Vgl. *Lancaster* (1970), S. 30f.

mit Y_i = bezüglich des Preises des Güterbündels standardisiertes Einkommen des Individuums i,
p_{ik} = standardisierter Preis für die Nutzung des Verkehrsmittel k und
G_i = Bündel aller anderen Güter, die Individuum i konsumiert.

Des weiteren gibt es für jede Verkehrsmittelalternative k ein optimales Güterbündel G_i^*. Es ergibt sich damit als indirekte Nutzenfunktion:

(9) $U_{ik}^* = V(X_{ik}, p_{ik}, Y_i)$.

Eine Verkehrsmittelalternative k wird demnach einer Alternative j vorgezogen, wenn:

(10) $V_{ik}(X_{ik}, p_{ik}, Y_i) > V_{ij}(X_{ij}, p_{ij}, Y_i)$.[1]

Geht man weiter davon aus, daß ein Individuum aus einem vorgegebenen Set von Verkehrsmittelalternativen und deren bekannten Eigenschaften genau eine auswählt, es sich also um eine diskrete Konsumentscheidung handelt, lassen sich mit dieser diskreten Formulierung des Entscheidungsmodells keine Optimalitätsbedingungen der neoklassischen Konsumtheorie vereinbaren. Es verbleibt die Aussage, der Nutzenmaximierung durch die Verkehrsmittelwahlentscheidung.[2]

Gemäß der Theorie der bekundeten Präferenz läßt sich der Nutzen einer Verkehrsmittelalternative nicht direkt angeben. Vielmehr ist er über das tatsächliche Verhalten der Individuen zu beobachten. Entscheidet sich ein Individuum für eine Alternative a, so sucht es, seinen Nutzen zu maximieren:

(11) $U_{ia} > U_{ik}$ für alle $k \in M$ und $k \neq a$.

Der Nutzen einer Verkehrsmittelalternative a ergibt sich für ein Individuum i als:[3]

(12) $U_{ia} = V(X_{ia}, S_i) + \epsilon_{ia}$,

mit: U_{ia} = Nutzen der Alternative a für das Individuum i,
X_{ia} = Vektor der Eigenschaften der Alternative a bezogen auf das Individuum i,
S_i = Vektor der sozioökonomischen Merkmale des Individuums i,

---

[1] Vgl. *Hensher/Barnard/Truong* (1988), S. 46ff.
[2] Vgl. *Meier/Weiss* (1990), S. 97f.
[3] Vgl. *Domencich/McFadden* (1975), S. 117ff. Diese Nutzenfunktion entspricht im Kern derjenigen des strict utility-Modells. Die explizite Berücksichtigung der sozioökonomischen Merkmale der Individuen einer Population widerspricht allerdings dem zugrundeliegenden ökonomischen Nutzenmodell, das annimmt, lediglich die Eigenschaften der Verkehrssysteme seien entscheidungsrelevant. Diese Inkonsistenz zur theoretischen Fundierung des verhaltensorientierten Ansatzes der Verkehrsmittelwahl ist allerdings in praktisch allen Modellanwendungen zu finden.

ϵ_{ia} = nicht beobachtbare Zufallskomponente des Nutzens der Alternative a für das Individuum i.

Das erste Nutzenelement beschreibt den repräsentativen Nutzen einer Population[1], die sich den Eigenschaften X_a der Alternative a gegenübersieht und deren Individuen durch den gleichen Vektor sozioökonomischer Merkmale S gekennzeichnet sind. Die Struktur dieses systematischen Teils der Nutzenfunktion soll letztendlich mit Hilfe eines Modells ermittelt werden.

Das zweite Element, ϵ_{ia}, ist stochastischer Natur. Im Gegensatz zum Ansatz der Psychologie ist sich das Individuum in seiner Entscheidung sicher. Es maximiert seinen Nutzen deterministisch. Das stochastische Nutzenelement spiegelt hier den individuellen Nutzen wider, der sich nicht beobachten läßt. Er beinhaltet individuelle, vom repräsentativen Geschmack einer Population abweichende Präferenzen und die nicht beobachtbaren, subjektiven Nutzendimensionen. Hinzu kommen Meßfehler des Untersuchenden, der weder alle tatsächlich relevanten Charakteristika der Alternativen noch die sozioökonomischen Merkmale der Individuen kennen kann. Der Nutzen einer Alternative wird damit zu einer Zufallsvariable.

Sei P_{ia} die Wahrscheinlichkeit, daß ein Individuum die Alternative a wählt:[2]

(13) $P_{ia} = \text{Prob}(Y_{ia} = 1) = \text{Prob}(U_{ia} > U_{ik}$ für alle $k \in M$ und $k \neq a)$.

mit $Y_{ia} = 1$, falls $U_{ia} > U_{ik}$ für alle $k \in M$ und $k \neq a$,
$Y_{ia} = 0$, sonst.

Gleichung (13) läßt sich mit (12) umformulieren zu:

(14) $P_{ia} = \text{Prob}[\epsilon_{ik} < \epsilon_{ia} + V(X_{ia}, S_i) - V(X_{ik}, S_i)$ für alle $k \in M$ und $k \neq a]$,

der Definition einer Verteilungsfunktion:[3]

(15) $P_{ia} = \int_{-\infty}^{\infty} \prod_{\substack{k \in M \\ a \neq k}} F[\epsilon_{ia} + V(X_{ia}, S_i) - V(X_{ik}, S_i)] f(\epsilon_{ia}) d\epsilon_{ia}$,

wenn folgende Annahmen bezüglich der Zufallskomponenten getroffen werden: Die Zufallskomponenten sind über die Individuen der Population und ihre Alternativen identisch und unabhängig verteilt (random utility model). $F(...)$ ist die noch unbestimmte Verteilungsfunktion der Zufallsvariablen ϵ_{ik} und $f(...)$ die ebenfalls noch zu

---

[1] Daß der Nutzen für eine Population repräsentativ bestimmt wird und individuelle Abweichungen als zufällige Nutzenelemente verstanden werden, ist auf die Tatsache zurückzuführen, daß für die Individuen z.B. im Berufsverkehr jeweils nur eine Beobachtung in die empirische Analyse eingehen kann.

[2] Prob = Probability.

[3] Zur Herleitung der Verteilungsfunktion vgl. *Meier/Weiss* (1990), S. 103ff.

bestimmende Dichtefunktion der Zufallsvariablen ϵ_{ia}. Die Gleichung (16) besagt also, daß mit zunehmendem Nutzen der Verkehrsmittelalternative a die Wahrscheinlichkeit zunimmt, daß diese aus der Menge der möglichen Alternativen gewählt wird. Nimmt umgekehrt der Nutzen einer anderen Alternative zu, so verringert sich entsprechend die Wahrscheinlichkeit der Wahl der Alternative a. Ausschlaggebend sind die Nutzendifferenzen $V(X_{ia}, S_i) - V(X_{ik}, S_i)$ der Verkehrsmittel für alle $k \in M$ und $k \neq a$.

Um das Modell abschließend zu formulieren, ist eine Wahl der Nutzenfunktion zu vollziehen und der Verteilungstyp der Zufallselemente festzulegen. Bezüglich der Nutzenfunktion finden meist lineare Funktionstypen in der empirischen Forschung Anwendung. Die Wahl möglichst einfacher Funktionstypen beruht im wesentlichen auf zwei Gründen. Erstens gibt es keine zwingenden ökonomischen Anhaltspunkte für komplexere Nutzenfunktionen. Zweitens lassen sich Begründungen allenfalls aus statistischen Signifikanztests ableiten. Funktionen können zwar geradezu beliebig an empirische Daten angepaßt werden, leiden dann aber zunehmend an mangelnder ökonomischer Interpretierbarkeit. Lineare Funktionen erweisen sich im allgemeinen als gute Näherungslösungen, die einfach zu interpretieren sind. Aus Gleichung (12) ergibt sich dann:

(16) $U_{ia} = \beta' X_{ia} + \alpha' S_i + \epsilon_{ia}$ für alle $i \in I$ und $a \in M$.

Als Verteilungstyp hat bislang die Extremwertverteilung die weiteste Verbreitung gefunden, da sie erhebliche rechentechnische Vorteile gegenüber der Normalverteilung aufweist. Aus ihr läßt sich das multinomiale Logit-Modell ableiten.[1] D.h. die Verteilungs- und Dichtefunktionen aus Gleichung (15) werden näher spezifiziert. Es gilt:

(17) $F(\epsilon_{ia}) = \exp(-e^{-\epsilon_{ia}})$.

Unter der Annahme der Extremwertverteilung gilt weiter:

(18) $f(\epsilon_{ia}) = e^{-\epsilon_{ia}} \exp(-e^{-\epsilon_{ia}})$.

Aus (15), (16) und (17) ergibt sich nach einigen Umformungen die Wahrscheinlichkeit, daß ein Individuum i die Alternative a wählt, zu:[2]

(19) $P_{i(a/A)} = \dfrac{e^{V(X_a, S_i)}}{\sum\limits_{j=1}^{A} e^{V(X_j, S_i)}}$.

---

[1] Die Annahme normalverteilter Zufallsvariablen führt zum sogenannten multinomialen Probit-Modell. Dieses Modell weist den Vorteil auf, die restriktive IIA-Annahme nicht zu besitzen. Eine Übersicht über die Modelle bietet *Wermuth* (1981), S. 96-135.

[2] Vgl. *Domencich/McFadden* (1975), S. 63ff.; *Frantzke* (1989), S. 90ff.

Die Schätzung der Parameter erfolgt mit Hilfe der Methode der kleinsten Quadrate oder der Maximum Likelihood-Methode.[1]

c) Mobilitäts- und Verkehrsmittelwahlentscheidungen

Die Vielzahl der Konsumentscheidungen, die ein Individuum im Laufe der Zeit trifft, läßt sich innerhalb eines einzigen verhaltensorientierten Modells nicht abbilden. Um die verkehrsrelevanten Entscheidungen der empirischen Forschung zugänglich machen zu können, ist eine Komplexitätsreduzierung erforderlich. Eine Möglichkeit hierfür liegt in der Annahme, daß Entscheidungsprozesse von Individuen in Form von Entscheidungsbäumen[2] strukturiert sein können. Die Struktur von Entscheidungsbäumen ist davon abhängig, welche Bedürfnisse durch die Eigenschaften erworbener Güter befriedigt werden. Demzufolge können sich Güter aufgrund ihrer Eigenschaften ergänzen, alternativen Charakter haben oder voneinander unabhängig sein.

Unter langfristigen Gesichtspunkten sind für den Berufsverkehr die Wahl des Arbeitsplatzes und des Wohnortes von besonderer Bedeutung. Bei der Wahl des Arbeitsplatzes kann unterstellt werden, daß allenfalls dessen regionale Lage in den Entscheidungsprozeß einbezogen wird, und dieses weniger aus verkehrlichen Gründen, sondern vielmehr aus Gründen des sozialen Umfeldes. Im Fall der Wahl des Wohnungsortes können dagegen Aspekte der Verkehrsanbindung und damit der Eigenschaften des Verkehrssystems von Bedeutung sein.[3] Unter langfristigen Planungsgesichtspunkten ist aber nur eine unsichere Berücksichtigung der zur Verfügung stehenden Verkehrssysteme und deren Entwicklung möglich. Die Wahl der beiden Standorte setzen langfristige Rahmenbedingungen für die Verkehrsmittelwahl. Die Annahme der Separierbarkeit dieser Entscheidungen von der eigentlichen Verkehrsmittelwahl erscheint durchaus gerechtfertigt.

Die Entscheidung über den Kauf eines Pkw ist tendenziell mittelfristiger Natur. Der Berufspendler verändert mit dieser Entscheidung allerdings die Wahlalternativen des täglichen Berufsverkehrs nachhaltig und damit die relativen Eigenschaften, die für die Wahlentscheidung von Bedeutung sind. Auch der Pkw-Besitz setzt damit Rahmenbedingungen für die nachfolgenden Verkehrsmittelwahlentscheidungen.

Verkehrsbedürfnisse entstehen im wesentlichen durch Konsumwünsche, die zu Ortsveränderungen zwingen. Damit entstehen zugleich Abhängigkeiten zwischen dem Nutzen des Konsumwunsches und der zugehörigen Fahrt. So kann z.B. eine Einkaufsaktivität, die gegenüber einer anderen einen höheren Nutzen aufweist, umdisponiert werden, wenn der Nutzenentgang durch die notwendige Nutzung eines Verkehrssystems die Opportunitätskosten der Aktivität übersteigt. Möglicherweise unterbleibt der Einkauf sogar vollständig. Im Fall des Berufsverkehrs ist die das Verkehrsbedürfnis auslö-

---

[1] Vgl. *Domencich/McFadden* (1975), S. 101ff.

[2] Vgl. *Domencich/McFadden* (1975), S. 38ff.

[3] Diese Annahme impliziert, daß der Wohnungsmarkt eine hinreichende Flexibilität des Angebotes aufweist und dem Individuum damit eine Auswahl zwischen mehreren Standorten möglich ist.

sende Entscheidung allerdings langfristig vorentschieden worden. Die Entscheidungsparameter betreffen lediglich die Verkehrsmittelwahl, die Tageszeit und die Fahrtroute.

Die auf diese Weise strukturierten Entscheidungen sind nur dann als Stufenprozess interpretierbar, wenn zusätzlich zur Annahme der separierbaren Nutzenfunktion unterstellt wird, daß die Entscheidungen auf jeder Stufe keine Einkommenseffekte aufweisen, die zu einer Änderung der Verbrauchsmengenkombination des Haushalts führen. In der BRD geben die privaten Haushalte[1] etwa 25% ihres Einkommens für Wohnungsmieten[2] aus. Etwa 14-15% des Einkommens entfallen auf den Verkehrsbereich[3]. Davon entfallen lediglich etwa 3 Prozentpunkte auf Kraftstoffe und etwa 2 Prozentpunkte auf Kosten der Wartung. Weitere 1-1,5 Prozentpunkte entfallen auf fremde Verkehrsleistungen (ohne Pauschalreisen). Die Kosten im Verkehrsbereich sind also wesentlich durch die Pkw-Haltung bedingt.[4] Angesichts dieser Kostengrößen erscheint die unterstellte Entscheidungshierarchie durchaus plausibel. Die Einkommenseffekte einer einprozentigen Preisänderung sind auf der kurzfristigen Stufe der Verkehrsmittelwahl vergleichsweise gering.[5]

Im Abschnitt II.B.3.a) wurden die Haltungskosten des Pkw näher untersucht. Da Pkw-Halter die Fahrzeughaltungskosten über mehrere Parameter wesentlich beeinflussen können, ist selbst bei einem deutlichen Anstieg der Kosten der Nutzung motorisierter Individualverkehrsmittel die Annahme gerechtfertigt, daß die möglichen Einkommenseffekte der Verkehrsmittelwahl allenfalls zu einer Umschichtung der Kosten der Pkw-Haltung führen, nicht aber zu einer Substitution des Gutes Pkw. Die optimale Verbrauchskombination des Haushalts bleibt insoweit davon unberührt. Eine Rückkopplung zwischen den individuellen Entscheidungsmodellen der Verkehrsmittelwahl und der mittelfristigen Mobilitätsentscheidung durch den Pkw-Besitz ist deshalb im Fall der kurzfristigen Analyse des Berufspendlerverkehrs nicht erforderlich.

Bisherige simultane Modellansätze[6] beschränken sich demzufolge auf die langfristigen Mobilitätsentscheidungen bezüglich der rückgekoppelten Wahl der Standorte von Arbeitsplatz und Wohnung bzw. auf die kurzfristigen Wahlentscheidungen, die mit der Verkehrsmittelwahl verbunden sind, z.B. Fahrtzeit und Route.

Wenngleich also die kurzfristige Verkehrsmittelwahl im Berufsverkehr unter der Annahme separierbarer Nutzenfunktionen und vernachlässigbaren Einkommenseffekten isoliert in Modellen abgebildet werden kann, zeigen die Ausführungen, daß die indivi-

---

1 Die hier verwendeten Angaben beziehen sich auf Vier-Personenhaushalte mit mittlerem und höherem Einkommen. Vgl. *Statistisches Bundesamt* (Hrsg., 1991), S. 532f. u. Tab. 21.2.

2 Wohnungsmiete einschließlich der Nebenkosten und der Energiekosten, ohne Kraftstoffe.

3 Verkehrsbereich ohne Kommunikation.

4 Vgl. *Statistisches Bundesamt* (Hrsg., 1991), S. 532f. u. Tab. 21.2, 21.5.

5 Auch im Falle der Einbeziehung der Zwei-Personenhaushalte von Renten- und Sozialhilfeempfängern mit geringem Einkommen kann die Annahme der Entscheidungshierarchie aufrechterhalten werden. Für diese Gruppen entstehen Mietkosten in Höhe von etwa 34% ihres Einkommens. Der Anteil der Kosten im Verkehrsbereich ist allerdings deutlich geringer, was auf eine geringere Motorisierung dieser Gruppen zurückzuführen ist.

6 Vgl. z.B. *Ben-Akiva/Lerman* (1979), S. 654-679.

duellen verhaltensorientierten Modellansätze in die gleichen Strukturen eingebunden sind, die bereits im Vier-Stufen-Algorithmus vorgestellt wurden. Damit sind grundsätzlich rückkoppelnde und damit differenziertere Systeme von Teilmodellen auf Basis der Individualverhaltensansätze denkbar.[1]

d) Kritik der verhaltensorientierten Modelle

Der entscheidende Unterschied der verhaltensorientierten Modelle zu den Vier-Stufen-Algorithmen liegt im Untersuchungsobjekt, dem Individuum. Da eine Vollerhebung aller Individuen aus arbeitstechnischen Gründen im allg. nicht möglich ist, werden mit Hilfe von Stichproben repräsentative Untersuchungsobjekte ausgewählt. Damit können disaggregierte Modelle die Entscheidungssituation der Verkehrsteilnehmer detailliert erfassen.[2] Die Ansätze erfüllen damit eine wesentliche Voraussetzung zur Gestaltung maßnahmensensitiver Modelle, sind aber dennoch mit einer Reihe von Schwächen behaftet.

Zunächst seien zwei Kritikpunkte zur gängigen Anwendung der verhaltensorientierten Modelle erwähnt. Gemäß der Annahmen der Konsumtheorie von *Lancaster* sind die Attribute der Alternativen für die Verkehrsmittelwahl ausschlaggebend. Die bislang entwickelten Modelle weichen in diesem Punkt regelmäßig von den theoretischen Annahmen ab. Sie beziehen stets sozioökonomische Merkmale der Individuen in die Nutzenfunktion mit ein. Modelle der Entscheidungstheorie beziehen sich aber entweder auf die zur Wahl stehenden Alternativen, oder sie führen limitierende Faktoren explizit ein.

Auf der anderen Seite werden die Möglichkeiten der Konsumtheorie nicht ausgeschöpft. *Lancaster* weist explizit auf die mögliche Einbeziehung qualitativer Faktoren in die Nutzenfunktion hin. Die Mehrzahl der Modal Split-Modelle beschränken sich aber auf die beiden zentralen Eigenschaften Fahrtkosten und -zeit. Allenfalls wird die Reise in mehrere unterschiedliche Zeitabschnitte aufgeteilt, z.B. in Wartezeiten und Fahrtzeiten. Komfortelemente einer Verkehrsmittelalternative werden auf diese Weise indirekt berücksichtigt. Sie gehen über differenzierte Zeitwerte als objektiv meßbare Größen in die Analyse ein.[3]

In die zufallsabhängige Nutzenkomponente gehen neben den individuellen Nutzenvariationen die im Modell nicht explizit formulierten Aspekte, wie z.B. Sicherheits- und Komfortkriterien, ein. Des weiteren beinhaltet diese Größe fehlende Informationen einzelner Individuen, Wahrnehmungsabweichungen und individuelle Wertunterschiede bezüglich der in die Analyse explizit einbezogenen Eigenschaften der Verkehrsmittel-

---

[1] Vgl. *Stopher/Meyburg* (1975), S. 285ff.

[2] Vgl. zur Vielzahl einzubeziehender verhaltenserklärender Variablen *Ben-Akiva/Atherton* (1977), S. 232.

[3] Es bleibt vielfach unberücksichtigt, daß auch qualitative Eigenschaften an objektiv meßbare Indikatoren geknüpft werden können. Als Beispiel diene hier die Sicherheitseigenschaft. Das Unfallrisiko kann hierfür als objektiv meßbarer Indikator dienen.

alternativen. Damit steht dieses Element im Widerspruch zu der unterlegten Theorie, die letztendlich vollständige Information der Individuen unterstellt.

Eine Reihe von Problemen bereitet zudem die Theorie der bekundeten Präferenz. Einer der gravierendsten Nachteile liegt darin begründet, daß im Zuge von Programmen zur Beeinflussung des Verkehrsmittelwahlverhaltens Maßnahmen entweder vollkommen neu eingeführt oder aber bereits erprobte Maßnahmen deutlichen Änderungen unterworfen werden sollen. Da die verhaltensorientierten Ansätze mit ex post-Daten des Verhaltens der Verkehrsteilnehmer arbeiten, sind sie ex definitione nicht in der Lage, die Wirkungen derartiger Maßnahmenprogramme adäquat zu berücksichtigen. Für neu einzuführende Instrumente fehlen Beobachtungswerte völlig. Deutliche Veränderungen der Eigenschaften des Verkehrssystems sind nicht systematisch zu beobachten. Sie treten allenfalls sporadisch auf.

Ein weiteres Problem für die verhaltensorientierten Ansätze entsteht dadurch, daß pro Individuum letztendlich nur eine Beobachtung in die Analyse z.B. des Verkehrsmittelwahlverhaltens im Berufsverkehr eingeht. Um die für eine Schätzung der Nutzenfunktion erforderliche Zahl an Beobachtungen erzielen zu können, muß die Konstruktion eines repräsentativen Nutzens für mehrere Individuen bereits im Untersuchungsansatz verwendet werden. Die individuelle Entscheidung geht lediglich über ein zufälliges Nutzenelement in die Nutzenfunktion einer Population ein. Die explizite Berücksichtigung möglicher Variationen der individuellen Nutzenvorstellungen der Fahrtkosten und Reisezeiten unterbleibt oder wird durch die Abgrenzung der Population ex ante vorgenommen.

Hinzu kommt, daß die Merkmale der Verkehrssysteme und der Individuen in der Realität einer Vielzahl hoher Interkorrelationen unterworfen sind. Dies gilt sowohl für die Eigenschaften der Verkehrssysteme als auch für die sozioökonomischen Merkmale der Individuen.[1] Damit wird eine Schätzung der Parameter der Nutzenfunktionen, sofern sie überhaupt möglich ist, vor große Schwierigkeiten gestellt. In der Praxis werden Modelle meist aufgrund ihres statistischen "Fit" beurteilt. Die Modellergebnisse können mithin Zufallskorrelationen ergeben, je nachdem, welche Variablen in die Nutzenfunktion einbezogen werden. Eine ökonomische Interpretation der Ergebnisse ist deshalb nur unter Zuhilfenahme plausibler Wirkungszusammenhänge möglich.

Um diese immanenten Nachteile verhaltensorientierter Modelle, die insbesondere auf der Annahme der bekundeten Präferenz ("revealed preference") beruhen, zu beheben oder zumindest abzumildern, wird den einstellungsorientierten Ansätzen zur Abbildung der Strukturen des individuellen Verkehrsmittelwahlverhaltens zunehmende Beachtung geschenkt. Besondere Beachtung findet dabei die Methode der Conjoint-Analyse, die dem empirischen Teil dieser Arbeit zugrundeliegt und im folgenden Abschnitt ausführlich behandelt wird.

---

[1] Auf die Vielzahl möglicher Korrelationen zwischen den sozioökonomischen Merkmalen der Individuen wurde bereits in Abschnitt II.B. z.B. im Falle der Merkmale Geschlecht, Pkw-Besitz- und Verfügbarkeit eingegangen; ebenso auf die möglichen systematischen Unterschiede zwischen den Eigenschaften bestimmter Verkehrsmittel.

B. MODELLANSÄTZE DER CONJOINT-ANALYSE

1. Begriffsbestimmung

In der Literatur findet sich eine Vielzahl von Ansätzen, die Bewertungen von Produktalternativen, "stated prefenrences", verwenden, um Nutzenfunktionen zu schätzen. Hierzu zählen z.b. die Trade off-Analyse, Functional Measurement und die Conjoint-Analyse.[1] Diese in der Marktforschung entwickelten einstellungsorientierten[2] Ansätze unterstellen ebenso wie die verhaltensorientierten im Grundsatz eine *Lancaster* Nutzenfunktion. Dies bedeutet: Der Nutzen, den ein Individuum aus einer (Verkehrsmittel-)Alternative zieht, beruht auf deren Eigenschaften. Nach *Green/Srinivasan* umfaßt der Begriff "any decompositional method that estimates the *structure* of a consumer's preference (...) given his/her overall evaluation of a set of alternatives that are pre-specified in terms of levels of different attributes."[3]

Durch die Aufhebung der Annahme der bekundeten Präferenz, "revealed preference", können also im Gegensatz zu den verhaltensorientierten Modellen mehrere "Beobachtungen" je Individuum in die Analyse einbezogen werden. Individuelle Präferenzen gehen nicht mehr als zufälliges Element in eine aggregierte Nutzenfunktion einer Population bzw. eines Marktsegmentes ein, vielmehr kann für jedes Individuum eine tatsächlich individuelle Nutzenfunktion geschätzt werden. Des weiteren können von den Probanden Bewertungen für real nicht existierende Verkehrsmittelalternativen erfragt werden.

Die Conjoint-Analyse gehört zu den indirekten Befragungsmethoden. Den Befragten wird eine Anzahl fiktiver, aber dennoch real vorstellbarer Verkehrsmittelalternativen zur Bewertung vorgelegt. Aus den so ermittelten Präferenzordnungen der Alternativen werden dann mit Hilfe eines Nutzenmodells individuelle Nutzenfunktionen ermittelt, die Aufschluß über die Präferenzstrukturen bezüglich der Eigenschaften der Verkehrsmittel geben. Mit Hilfe dieser Methode werden die Gesamtbewertungen in Teilpräferenzen für die Eigenschaften zerlegt (Dekomposition). Kompositionelle Methoden[4] gehen den umgekehrten Weg. Sie erfragen die Bedeutung der einzelnen Eigenschaften der Verkehrsmittelalternativen direkt. Darauf aufbauend wird auf die Präferenz für eine Verkehrsmittelalternative geschlossen.

Im Gegensatz zu den kompositionellen Verfahren werden die Befragten mit der Bewertungsaufgabe der Conjoint-Analyse vor eine vergleichsweise einfache Aufgabe gestellt. Wahlentscheidungen werden in der Realität meist durch Vergleich zumindest zweier Alternativen vorgenommen, die sich durch eine bestimmte Merkmalskombination auszeichnen. Die Befragten werden also mit der Bewertungsaufgabe der jeweiligen

---

[1] Der Anteil der Studien im Verkehrssektor ist dabei vergleichsweise gering. Vgl. *Cattin/Wittink* (1982), S. 44-53; *Cattin/Wittink* (1989), S. 91-96; *Kroes* (1988), S. 11-25.

[2] Zu den Zusammenhängen zwischen Einstellungsmodellen und Ansätzen der Verhaltensintention vgl. *Verron* (1986), S. 89ff.

[3] *Green/Srinivasan* (1978), S. 104.

[4] Vgl. *Thomas* (1983), S. 271ff.; *Green* (1990), S. 9f.

Alternativen vor eine bekannte Aufgabe gestellt. Isolierte Abfragen bezüglich der Vorziehenswürdigkeit einzelner Merkmalsausprägungen oder der Bedeutung bestimmter Merkmale hingegen stellen die Befragten vor eine unbekannte Aufgabe. Eine Überforderung des Vorstellungsvermögens kann dazu führen, daß stereotype Bewertungen abgegeben werden und eine Abwägung der Attribute überhaupt nicht erfolgt. Des weiteren ist anzunehmen, daß viele Befragte nicht in der Lage sind, eine Bewertung unterschiedlicher Merkmalsausprägungen unabhängig von anderen Merkmalen vorzunehmen, sondern diese vielmehr stets mit bestimmten Vorstellungen bezüglich vollständiger Merkmalskombinationen in Form real existierender Verkehrsmittel verbinden.

Die im Rahmen der Conjoint-Analyse von dem Untersuchenden vorgegebenen Merkmalskombinationen der zu bewertenden Verkehrsmittelalternativen unterstützen also die Vorstellungskraft des Probanden, indem dieser in eine quasi-experimentelle Wahlsituation versetzt wird. Dem Untersuchenden stehen damit vielfältige Möglichkeiten der Kontrolle der Variablen zur Verfügung. Das Experiment kann letztendlich individuell auf den Befragten abgestimmt werden. Diese Flexibilität macht die Conjoint-Analyse zu einem vielfältig einsetzbaren Analyseinstrument, was sich auch in der Unterschiedlichkeit der bislang entwickelten Ansätze zeigt, angefangen von ihren Zielsetzungen bis hin zu den Methoden der Datenerhebung und der Schätzung der Nutzenfunktionen. Im wesentlichen bauen sie aber auf den Analyseschritten auf, die dem folgenden Abschnitt zugrundeliegen.

2. Methodischer Aufbau einer Conjoint-Analyse

Im folgenden werden die methodischen Möglichkeiten der Conjoint-Analyse in den jeweiligen Analyseschritten aufgezeigt und ihre Konsequenzen für das Gesamtmodell diskutiert.

a) *Zielbestimmung*

Mit Hilfe der Conjoint-Analyse können unterschiedliche Ziele verfolgt werden. Empirische Erhebungen zeigen, daß im allgemeinen mehrere Ziele gleichzeitig verfolgt werden.[1] Die häufigsten Nennungen entfallen auf Neuproduktkonzeptionen (47%) und in zunehmendem Maße auf Wettbewerbsanalysen (40%). Des weiteren folgen die Analyse von Preisstrategien (38%) und die Marktsegmentierung (33%).

Im Bereich des städtischen Personennahverkehrs[2] können Studien also sowohl auf neue Produkte, wie z.B. den Einsatz von Schnellbussen, ausgerichtet werden, als auch auf die Analyse einzelner Maßnahmen, z.B. der Beschleunigung des ÖPNV. Die Grenzen sind dabei allerdings fließend. So kann die Einführung eines Umwelttickets sowohl den Charakter eines neuen Produktes als auch den einer markanten Preisstrategie tra-

---

[1] Vgl. *Cattin/Wittink* (1989), S. 92f.
[2] Vgl. *Bradley* (1988), S. 123.

gen. Das Marketing-Mix der Einführung wäre im Fall der Neuproduktplanung explizit in die Analyse aufzunehmen.

Die wettbewerbliche Analyse umfaßt ganze Nahverkehrsprogramme, also das Zusammenwirken verschiedener Maßnahmen zur Beeinflussung des Modal Split, die an den unterschiedlichen Verkehrsträgern gleichzeitig ansetzen. Mit Hilfe der Marktsegmentierung schließlich können Zusammenhänge der Verkehrsmittelwahlentscheidung mit weiteren, bspw. personenbezogenen Merkmalen hergestellt werden. Damit lassen sich bisherige Kriterien der Segmentierung überprüfen, um Maßnahmen zielgruppengerichtet ausrichten zu können.

Das Untersuchungsdesign ist an den jeweils verfolgten Zielsetzungen auszurichten. Der erste methodische Schritt ist demzufolge die Untersuchung des Verkehrsumfeldes.

b) Untersuchung des Verkehrsumfeldes

Eine der grundlegenden Annahmen der Conjoint-Analyse ist, daß sich die individuellen Präferenzen für eine Wahlalternative in Teilpräferenzen für deren Eigenschaften zerlegen lassen. Der Vorauswahl der verhaltensrelevanten Eigenschaften der Verkehrsmittelalternativen ist deshalb besondere Aufmerksamkeit zu schenken. Die Verkehrsmittelwahlmodelle können nur in dem Maße maßnahmensensibel sein, wie sie deren Auswirkungen auf die Verkehrsmitteleigenschaften adäquat zu berücksichtigen in der Lage sind. Die Eigenschaftenprofile der aktuellen und potentiellen Verkehrssysteme stellen einen wesentlichen vorzugebenden Input der Präferenzanalyse dar.

Im Hinblick auf die Zielsetzung der Untersuchung sind zunächst die Zielgruppen festzulegen, die von den Maßnahmen zur Beeinflussung des Modal Split betroffen sein können. Diese Individuen stellen die Grundgesamtheit der Analyse dar. Zielgruppen lassen sich z.B. wegezweckspezifisch (Berufsverkehr), räumlich (Verkehrskorridor) oder zeitlich (Verkehrsspitzenzeit, Tagesrandzeit) abgrenzen.

Mit Hilfe einer Analyse des bestehenden Verkehrssystems können dann die derzeit existierenden Verkehrsmittelalternativen bestimmt werden. Um die verhaltensrelevanten Merkmale dieser Alternativen zu bestimmen, stehen unterschiedliche Methoden zur Verfügung.[1] Neben der Auswertung bereits vorliegender Forschungsergebnisse werden vielfach potentielle Nutzer in Gruppeninterviews oder auf dem Wege der direkten Einzelbefragung bezüglich der entscheidungsrelevanten Merkmale befragt. Auf diesem Wege lassen sich zumindest ansatzweise auch solche Merkmale ermitteln, die im Einzelfall zu einer völligen Ablehnung einer Verkehrsmittelalternative führen, die mithin nicht durch andere Merkmale des Verkehrssystems kompensierbar ist. So kann z.B. im Berufsverkehr die Teilnahme an einer Fahrgemeinschaft deshalb kategorisch abgelehnt werden, weil die beruflichen Anforderungen an zeitliche Flexibilität systembedingt nicht erfüllbar sind. Bei einer Formulierung nichtkompensatorischer Entscheidungsregeln ist allerdings zu berücksichtigen, daß sich Menschen nicht notwendigerweise so

---

[1] Eine Häufigkeitsauswertung der verwendeten Methoden zur Ermittlung verhaltensrelevanter Merkmale der Produkte findet sich bei *Cattin/Wittink* (1982), S. 46.

verhalten, wie sie es bei direkter Befragung vorgeben zu tun. Da derartige Verfahren im wesentlichen die am Markt bereits existierenden Alternativen reflektieren, sind weitere Analysen erforderlich, um den Vorteil der Conjoint-Analyse, auch am Markt noch nicht eingeführte Verkehrsmittelalternativen zu simulieren, ausnutzen zu können. Neben der Analyse der derzeit in Stadtverkehrsprogrammen vorgeschlagenen Maßnahmen können mit Hilfe von Expertenbefragungen neue denkbare Verkehrsmittelalternativen und deren Eigenschaften generiert werden. Wie bereits in der Zielbestimmung ausgeführt wurde, unterschieden sich neue Verkehrsmittelalternativen aber möglicherweise nur durch eine deutliche Änderung der Ausprägungen der Eigenschaften bereits am Markt existierender Produkte.

Die Conjoint-Analyse wurde weiter oben als dekompositionierende Methode gekennzeichnet. Verkehrsteilnehmern wird unterstellt, ihr Wahlverhalten hänge von einem trade off zwischen den Merkmalsausprägungen der Verkehrsmittel ab. Die Variationsbreite der Merkmalsausprägungen der die Verkehrssysteme auszeichnenden Eigenschaften ist deshalb so groß zu wählen, daß die befragten Verkehrsteilnehmer bei der Bewertung unterschiedlicher Alternativen auf jeden Fall zu einem trade off zwischen den Merkmalen bewogen werden. Stehen z.B. ein schnelles, ein mittelschnelles und ein langsames Verkehrsmittel zur Wahl, so ist die Preisvariation für die Verkehrsmittel über einen Bereich zu führen, der den Verkehrsteilnehmer zu mindestens einem Wechsel der Präferenz der Verkehrsmittel aufgrund der geänderten Preis-Geschwindigkeitskombinationen veranlaßt.

Im Rahmen von Marktforschungsanalysen werden häufig zunächst am Markt zu findende Referenzprodukte definiert.[1] Diese stellen eine derzeit allgemein als dominant angesehene Merkmalskombination dar, den "Rolls Royce" unter den Produkten am Markt. Im Nahverkehrsmarkt ist ein solcher Referenzstandard aber praktisch nicht festzulegen. Die realistischen, d.h. vorstellbaren Merkmalsausprägungen können innerhalb der untersuchten Grundgesamtheit nicht unerheblich schwanken. Dieser Tatbestand ist auf mehrere Ursachen zurückzuführen. Zum ersten ändern sich die Merkmalsausprägungen, so z.B. Fahrtzeit und Kosten, mit der zurückzulegenden Entfernung. Zum zweiten ändern sich die Merkmalsausprägungen mit der räumlichen Erschließung durch Verkehrssysteme, wenn mehrere Verkehrskorridore in die Untersuchung mit einbezogen werden. Im Gegensatz zu vielen Industrieprodukten stellen die Nutzungskosten, z.B. "user costs" im Sinne von Gehwegen zu Haltestellen oder Parkplätzen, im städtischen Nahverkehr einen Teil der Merkmalsausprägungen der unterschiedlichen Verkehrssysteme dar. Setzt man die derzeitig individuell gewählte Alternative als Referenzstandard und definiert die Merkmalsausprägungen als prozentuale Abweichungen, so entsteht das gleiche Problem, da sich die Schwankungsbereiche der Merkmalsausprägungen auch prozentual deutlich unterscheiden können.

Werden die hypothetischen Verkehrsmittelwahlalternativen für alle Verkehrsteilnehmer in gleicher Weise definiert, werden sie entweder unrealistisch, für die Probanden unakzeptabel oder gar beides sein. Völlig unrealistische Kombinationen der Merkmalsausprägungen sind wenig hilfreich für die spätere Simulation von Maßnahmewir-

---

[1] Vgl. z.B. *Green/Krieger* (1991), S. 23f.

kungen. Die Wirkungen der Eigenschaftsausprägungen können zwar grundsätzlich im Modell abgebildet werden, der Aussagewert bleibt jedoch gering, da diese Eigenschaften letztendlich nicht bestimmten Maßnahmen zugeordnet werden können.

Methodisch problematisch sind Merkmalsausprägungen, die zwar möglicherweise realistisch sind, aber dem jeweiligen Probanden als unakzeptabel erscheinen. Vergleichbar mit den verhaltensorientierten Verkehrsmittelwahlmodellen wird im allgemeinen angenommen, daß Abwägungen zwischen den Ausprägungen unterschiedlicher Merkmale voneinander unabhängig vorgenommen werden. Dies bedeutet, daß zwischen einem teuren Schnellbus und einem langsamen Bus zu günstigen Tarifen die Merkmale Kosten und Fahrtzeit in einem additiven Zusammenhang gegeneinander abgewogen werden. Interaktionen zwischen den Merkmalen werden als vernachlässigbar gering unterstellt.[1] Im Falle unakzeptabler Merkmalsausprägungen wird entweder keine Kompensation zwischen den einzelnen Nutzenkomponenten vorgenommen; d.h. ab einer bestimmten Geschwindigkeit wird ein Bus derart unattraktiv, daß er unabhängig vom Preis nicht mehr gewählt würde. Der unterstellte Zusammenhang gilt nur bis zu einer bestimmten Grenze. Oder die Verkehrsteilnehmer beginnen, bestimmte Ausprägungen der Merkmale implizit in Verbindung mit anderen zu bewerten. So simulieren z.B. *Backhaus u.a.*[2] in einer Studie zum Güterverkehr ceteris paribus den Einfluß von Marktpreisänderungen des Wagenladungsverkehrs der Eisenbahn auf dessen Marktanteil. Der Anteil wird für die Preisstufen Erhöhung des Marktpreises um 15%, unveränderter Marktpreis, Preissenkung des Marktpreises um 15% und um 40% simuliert. Der Marktanteil steigt mit sinkenden Preisen. Jedoch wird der Anteil im Falle der 40%igen Preissenkung mit 39% um einen Prozentpunkt niedriger ausgewiesen als bei der Preissenkung um 15%. Diese, wenn auch geringe, Marktanteilsentwicklung ist nur dann ökonomisch sinnvoll zu erklären, wenn die Probanden mit der deutlichen Preissenkung zugleich eine Senkung eines weiteren Merkmals, z.B. des Qualitätsniveaus, verbinden. Damit ist aber die Annahme der Unabhängigkeit der Merkmalsausprägungen nicht mehr als erfüllt anzusehen. Im Gegensatz zu den unrealistischen können also unakzeptable Ausprägungen zu Verzerrungen der Analyseergebnisse führen.

Im Fall der Analyse des Nahverkehrs sind also die hypothetischen Verkehrsmittelalternativen mit ihren unterstellten Merkmalsausprägungen gemäß drei Anforderungen zu bestimmen: Sie müssen erstens realitätsnah sein, um maßnahmenrelevante Simulationen durchführen zu können. Sie müssen zweitens für die Probanden akzeptabel sein, um Verzerrungen in den unterstellten Zusammenhängen zu vermeiden. Sie müssen drittens weit genug variieren, um einen trade off zwischen den Merkmalen herbeiführen zu können. Aufgrund der individuellen Wahlsituation im städtischen Nahverkehr, kann ein einziges Set von Wahlalternativen nicht ausreichen, um diesen Anforderungen gerecht zu werden. Die Alternativen sind individuell oder zumindest gruppenspezifisch, z.B. in Abhängigkeit der Wegelänge, zu formulieren. Im Extremfall wären individuell

---

[1] Die Einbeziehung von Abhängigkeiten zwischen den Attributen ist allerdings grundsätzlich möglich. Die mathematische Form der Nutzenfunktion ist dann zu modifizieren, z.B. durch multiplikative Verknüpfungsregeln. Vgl. hierzu den Abschnitt Schätzmethoden.

[2] Vgl. *Backhaus/Ewers u.a.* (1992), S. 130f., S. 142.

ausgerichtete Wahlalternativen im Rahmen der Interviews computergestützt interaktiv mit dem Probanden zu erstellen.[1]

Um die These überprüfen zu können, ob die Variation der Merkmalsausprägungen für die Entscheidung allein ausschlaggebend ist, ist es erforderlich, die sozioökonomischen Rahmendaten des Entscheidungsumfeldes der Individuen, die im ersten Teil der Arbeit dargestellt wurden, ebenfalls zu erheben. Damit wird zudem die Grundlage geschaffen, um eventuelle Kriterien für eine Marktsegmentierung herzuleiten.

c) Präferenzmodelle

Die bislang am häufigsten zur Anwendung gelangten Präferenzmodelle sind das Teilwertmodell, das Vektormodell und das Idealpunktmodell.[2] Das Teilwertmodell ist die allgemeinste Formulierung des Zusammenhangs zwischen den Ausprägungen einer Eigenschaft einer Alternative und ihrem Nutzen. Es ordnet jeder Ausprägung einen Präferenzwert (Teilnutzen)[3] zu, ohne einen funktionalen Zusammenhang zwischen unterschiedlichen Ausprägungen einer Verkehrssystemeigenschaft und ihren zugehörigen Teilnutzen zu unterstellen. Die Summe dieser Teilnutzen ergibt den Gesamtnutzen (Nutzenwert) einer Alternative. Die Merkmalsausprägungen müssen demzufolge lediglich Nominalskalenniveau aufweisen. Damit können qualitative Merkmalsausprägungen in dem Modell berücksichtigt werden. Der Nutzen U_{ia}, den ein Individuum i aus einer Alternative a zieht, ergibt sich als Summe der Teilnutzen ß:[4]

(20) $U_{ia} = ß_i' X_{ia}$,

mit X_{ia} = Vektor der Binärvariablen der Eigenschaftsausprägungen der Alternative a für Individuum i,

und $ß_i'$ = Vektor der Teilnutzenwerte des Individuums i, die den Eigenschaften der Alternative a zugeordnet sind.

---

[1] Die Möglichkeiten derartiger computergestützter interaktiver Interviews nehmen mit den jüngst auf den Markt kommenden speziellen EDV-Anwendungen zu. Vgl. hierzu z.B. *Green/Krieger* (1991), S. 29; *Bradley* (1988), S. 131ff.

[2] Vgl. *Green/Srinivasan* (1990), S. 4.

[3] Die Begriffe Präferenzwert und Teilnutzen werden im folgenden synonym verwendet. Unter dem Begriff Teilnutzen soll der einer Merkmalsausprägung zugeordnete Teil des Gesamtnutzens einer Alternative verstanden werden.

[4] Das Skalenniveau des Nutzens ist abhängig von der Methode der Präferenzmessung. Wird eine Methode der Rangordnung verwendet, so handelt es sich um ordinalskalierte Präferenzdaten. Im Fall der Punktbewertung werden intervallskalierte Daten erhoben. Vgl. hierzu den Abschnitt zu Methoden der Präferenzmessung III.B.2.d)d_4).

Das Vektormodell hingegen unterstellt einen linearen Zusammenhang zwischen den Teilnutzen der Eigenschaftsausprägungen einer Alternative.[1] Der Vektor X_{ia} aus (20) enthält nun anstatt binärer Variablen stetige Variablen. Vektormodelle verlangen demzufolge mindestens intervallskalierte Merkmalsausprägungen. Die Eigenschaften der Verkehrssysteme Fahrtzeit, Preise und Gehwegentfernungen weisen dieses Skalenniveau auf. Mit der Festlegung des linearen Funktionstyps wird ein stets gleichbleibender Grenznutzen einer Ausprägungseinheit eines Merkmals unterstellt. Lineare Funktionstypen stellen meist eine gute Annäherung auch an nichtlineare Zusammenhänge dar.[2] Diese Annahme trifft insbesondere dann zu, wenn bei der Festlegung der Variationsbreite der Merkmalsausprägungen die Akzeptanzschwellen von Individuen beachtet werden. Damit werden die möglichen Extrembereiche nichtlinearer Zusammenhänge vermieden.[3]

Das Idealpunktmodell unterstellt eine ideale Merkmalsausprägung, der es den höchsten Teilnutzen zuordnet. Es unterstellt damit einen nichtlinearen Funktionszusammenhang zwischen dem Teilnutzen eines Merkmals und seinen Ausprägungen. Ein solcher Sachverhalt läßt sich zwar z.B. für die Konsistenz von Materialien problemadäquat einsetzen. In der Verkehrsmittelwahlforschung erscheint es allerdings wenig sinnvoll, optimale Merkmalsausprägungen zu unterstellen. So kann z.B. für eine Beschleunigung des Verkehrsmittels ein stets positiver Grenznutzen unterstellt werden.

In vielen Fällen weisen Verkehrsmittelalternativen sowohl metrisch skalierte Merkmale, wie z.B. Preise und Zeiten, als auch nominal- und ordinalskalierte Eigenschaften auf, z.B. im Falle der Komforteigenschaften. Derartige Merkmalskombinationen lassen sich in Form kombinierter Präferenzmodelle behandeln. Der Vektor X_{ia} aus (17) enthält dann sowohl binäre als auch stetige Variablen. Vielfach werden aber reine Teilwertmodelle berechnet und im Anschluß abschnittsweise linear interpretiert.[4] Damit werden weitaus komplexere Zusammenhänge unterstellt als mit einer linearen Nutzenfunktion. Die Auswahl der Merkmalsausprägungen definiert dann die Funktionsabschnitte. Sie stellt damit einen wichtigen individuell unterschiedlichen Modellinput dar.

Für die Auswahl eines für den Untersuchungszweck geeigneten Präferenzmodells lassen sich mehrere Kriterien angeben. Erstens gibt das Skalenniveau der Merkmalsausprägungen Aufschluß darüber, welches Modell grundsätzlich zur Anwendung gelangen kann. Zum zweiten werden statistische Kenngrößen zur Modellauswahl vorgeschlagen. Diese Kenngrößen stehen in engem Zusammenhang mit der verwendeten Schätzmethode. Wird z.B. eine linear additive Nutzenfunktion der Präferenzanalyse zugrundegelegt und mit Hilfe der multiplen Regressionsanalyse in ihren Parametern bestimmt, dient das multiple Bestimmtheitsmaß als Gütekriterium der Schätzung. Methoden, die den Vergleich von Bestimmtheitsmaßen anstreben, stehen jedoch vor

---

[1] Der Teilnutzen ergibt sich hier aus dem Grenznutzen einer Einheit der Merkmalsausprägung multipliziert mit der Merkmalsausprägung.

[2] Vgl. *Simon/Kucher* (1988), S. 174.

[3] Zugleich kann aber diese Linearisierung nichtlinearer Zusammenhänge den Definitionsbereich für die Simulationsstudien einengen.

[4] Vgl. *Backhaus/Ewers u.a.* (1992).

dem Problem, daß sich diese systematisch mit der Wahl des Präferenzmodells ändern können. Die Formulierung des allgemeinen Teilwertmodells schätzt normalerweise mehr Parameter (für jede Merkmalsausprägung einen) als die restriktiveren Modelle, die auf funktionalen Zusammenhängen beruhen. Kennziffern der modellinternen Validität bilden deshalb einen möglicherweise nur ungenügenden Vergleichsmaßstab für eine Modellauswahl.[1] Drittens können die unterschiedlichen Präferenzfunktionen auf ihre Eignung zur korrekten Prognose individueller Entscheidungen hin verglichen werden.

Gleichung (17) unterstellt die im allgemeinen angenommene Unabhängigkeit zwischen den Merkmalen der Verkehrsmittelalternativen. Interaktionen werden als vernachlässigbar gering angenommen. Die Einbeziehung von Interaktionseffekten zwischen zwei Variablen ist zwar grundsätzlich möglich. Sie kann aber dann problematisch werden, wenn sie zu einer Erhöhung der Zahl zu schätzender Parameter führt. Im Fall komplexer Merkmalskombinationen kann also der Versuch einer realistischeren Abbildung der Präferenzstrukturen durch die steigende Modellkomplexität und eine damit verbundene erhöhte Schätzungenauigkeit der Parameter kompensiert werden. So verweist *Green*[2] auf empirische Evidenz dafür, daß Modelle, die Interaktionsterme einführen, auch zu geringerer Prognosegenauigkeit der Entscheidungen führen können.

Aus diesen Ausführungen wird deutlich, daß die Auswahl eines Präferenzmodells untersuchungsspezifisch erfolgen muß.

d) *Datenerhebung*

d_1) Stichprobenplan

Um individuelle Nutzenfunktionen schätzen zu können, wird jedes für die Untersuchung ausgewählte Individuum einem Quasiexperiment unterzogen. Innerhalb des Versuchsaufbaus werden mit Hilfe der abgegebenen Bewertungen von Verkehrsmittelalternativen individuelle Präferenzdaten gesammelt. Die Anzahl der Beobachtungen stellt eine Stichprobe der individuellen Präferenzen dar. Der notwendige Stichprobenumfang leitet sich aus der Sicherheitsvorgabe für ein Konfidenzintervall der Parameter ab. Die Güte der Schätzung der Präferenzfunktion (Nutzenfunktion) nimmt tendenziell mit der Stichprobengröße zu. Zugleich nimmt allerdings auch die Qualität der Bewertungen ab, wenn der Proband durch die Zahl der vorgelegten Alternativen (Stimuli) überfordert wird. Die Fehlerquote kann durch eine zunehmende Inkonsistenz der Beurteilungen steigen.[3] Um die optimale Zahl der Stimuli zu ermitteln, ist also zwischen dem Zuwachs der Schätzgenauigkeit durch weitere Stimuli und dem damit verbundenen möglichen Anstieg des Schätzfehlers abzuwägen. Die damit erreichbare Schätzgenauigkeit der Parameter der Nutzenfunktionen bestimmt die Zuverlässigkeit der Simulatio-

---

1 Vgl. *Green/Srinivasan* (1990), S. 4f.
2 Vgl. *Green/Srinivasan* (1990), S. 5f.
3 Vgl. *Malhotra* (1982), S. 204.

nen der Maßnahmewirkungen auf die Verkehrsmittelwahl, die ein Hauptziel der Conjoint-Analyse darstellen.

Um Aussagen über die Grundgesamtheit der Individuen treffen zu können, ist diese aus den Zielsetzungen der Analyse zunächst näher zu bestimmen. Häufig können auf Basis statistischer Sekundärquellen, z.b. aus Volkszählungsdaten und anderen Statistiken, erste Erkenntnisse über die für die Untersuchung relevante Population gewonnen werden. Wird eine Nachfrageuntersuchung im Verkehrssektor von vornherein auf ein gut abgrenzbares Marktsegment ausgerichtet, in dem nur wenige (potentielle) Nachfrager auftreten können, z.b. im Erzverkehr der Montanindustrie zwischen Rotterdam und Duisburg[1], bietet sich die Durchführung einer Vollerhebung an. Im Berufspendlerverkehr hingegen erreicht die Grundgesamtheit eine Größenordnung, die eine Erhebung auf Stichprobenbasis erfordert.

Aus der Analyse bisheriger Untersuchungen zum Modal Split können keine Strukturkriterien für die Grundgesamtheit abgeleitet werden. Die statistischen Zusammenhänge wurden bislang zumeist direkt zwischen der Verkehrsmittelwahl und sozioökonomischen Variablen hergestellt. Der Sensibilität der Nachfrager bezüglich der Verkehrsmitteleigenschaften wurde allenfalls in sehr allgemeiner Form Aufmerksamkeit geschenkt. Ein wichtiges Ziel der Conjoint-Analyse ist es deshalb, Auswertungen hinsichtlich der Sensibilität der Population bezüglich unterschiedlicher Verkehrsmitteleigenschaften bereitstellen zu können. Sind also keine Strukturkriterien der Grundgesamtheit vorgegeben, so bietet sich die zufällige Auswahl der Individuen an. Hierzu existiert eine Vielzahl möglicher Verfahren, z.B. das Lotterieprinzip oder die systematische Auswahl jedes x-ten Pendlers, sofern zwischen der Auswahlsystematik und Merkmalen der Stichprobe keine Korrelation erwartet werden kann.[2]

Bei der Bildung von Marktsegmenten über die Sensitivität der Nachfrager bezüglich der Eigenschaften der Verkehrsmittelalternativen kann nach den Regeln der Kombinatorik bereits bei wenigen Merkmalen eine Vielzahl möglicher Cluster entstehen. Um eine größere Zahl von Clustern bezüglich sozioökonomischer Merkmale der jeweiligen Mitglieder mit hinreichender Genauigkeit differenzieren zu können, ist die Stichprobe möglichst groß zu wählen. Mit zunehmender Stichprobengröße werden die Streuungen um die gruppenbildenden Parameter, sofern es sie denn gibt, innerhalb der Cluster tendenziell geringer ausfallen.

Die Methode der Conjoint-Analyse ist im Vergleich zu den verhaltensorientierten Modellen bezüglich der Datengewinnung sehr günstig einzuschätzen, da mit ihrer Hilfe Daten einfacher generiert werden können. Da aber individuelle Nutzenfunktionen geschätzt werden, benötigt die Conjoint-Analyse für repräsentative Analysen der Grundgesamtheit insgesamt mehr Daten, um derart detaillierte Analysen zu ermöglichen. Die gängigste Methode der Datenerhebung ist nach Angaben von *Wittink/*

---

[1] Vgl. *Seidenfus* (1985), S. 18ff.

[2] Da die Grundgesamtheit der Berufspendler schwer erfaßbar ist, können Unternehmens- und Behördenlisten zur Zufallsauswahl herangezogen werden. Zu Methoden der Stichprobenauswahl vgl. *Weis/Steinmetz* (1991), S. 39ff.

Cattin[1] das relativ kostenintensive Einzelinterview (64% der Nennungen der befragten Unternehmen). Die Stichprobengröße variiert bezüglich der befragten Marktforschungsunternehmen in einem beträchtlichen Ausmaß. Die Mediangröße schwankt je nach Unternehmen zwischen 100 und 1.000, liegt aber für die Mehrzahl der Befragten zwischen 300 und 550. Die befragten Marktforschungsunternehmen gaben neben dem Untersuchungszweck die Erhebungskosten als wichtigen, die Stichprobengröße beschränkenden Faktor an.[2]

d_2) Festlegung der Verkehrsmittelwahlalternativen/Stimuli

Die Konstruktion der von den Probanden zu bewertenden Verkehrsmittelalternativen (Stimuli) basiert im wesentlichen auf zwei unterschiedlichen Verfahren, dem trade off-Verfahren (two-factors-at-a-time) und der Konzeptbewertung (full profile). Im ersten Fall werden jeweils zwei Faktoren gegeneinander abgewogen. Weisen z.B. zwei Faktoren jeweils drei Ausprägungen auf, so sind neun Merkmalskombinationen zu bewerten. Sind insgesamt sechs Faktoren zu je drei Ausprägungen zu beurteilen, so werden dem Probanden insgesamt 15 Tabellen mit jeweils neun Zellen zur Bewertung vorgelegt. So einfach die einzelne Abwägungsaufgabe für den Probanden sein mag, so komplex erweist sich die Bewältigung der Bewertungen insgesamt. Bei den Probanden können Ermüdungserscheinungen auftreten, die dazu führen können, daß sie die Zellen in einer bestimmten Reihenfolge abarbeiten und eine Abwägung der Kombinationen systematisch unterbleibt. Ein weiteres Argument gegen diese Methode liegt darin begründet, daß die Probanden kaum in der Lage sind, die Abwägungen unabhängig von den übrigen Faktoren der Alternativen durchzuführen. Variiert man z.B. die Merkmale Komfort und Geschwindigkeit, so werden viele Befragte letztendlich doch die Preisvariable indirekt bei der Bewertung einer Verbesserung des Komforts oder einer Erhöhung der Geschwindigkeit berücksichtigen. Sind diese Merkmale mit realen Entscheidungssituationen des Probanden hoch korreliert, ist mit Verzerrungen der Bewertungen zu rechnen.[3] Diese Schwierigkeiten in der Anwendung haben dazu geführt, daß die trade off-Methode praktisch immer weniger zur Anwendung kommt.[4]

Die full profile-Methode verlangt vom Befragten eine simultane Beurteilung von Kombinationen aller relevanten Merkmale, die jeweils eine Wahlalternative darstellen können. Abb. 6 zeigt zwei Beispiele derartiger Stimuli. Damit ist die Bewertungsaufgabe als solche komplexer als diejenige des trade off-Verfahrens. Sie entspricht aber

---

[1] Vgl. *Cattin/Wittink* (1989), S. 92.

[2] Wählt man den Stichprobenumfang derart, daß sich die größte positive Differenz zwischen dem erwarteten Wert der Stichprobeninformation und den geschätzten Stichprobenkosten ergibt, so entspricht diese Vorgehensweise dem Bayes-Ansatze zur Bestimmung des Stichprobenumfangs. Vgl. *Green/Tull* (1982), S. 216f. Sind die Kosten einer Vergrößerung des Stichprobenumfangs in der Praxis abschätzbar, so ist ihr zusätzlicher Informationsgehalt im Fall komplexer mulitvariater Untersuchungen allenfalls vage zu ermitteln.

[3] Zu einer ausführlichen Kritik der Methode vgl. *Green/Srinivasan* (1978), S. 107f.

[4] Vgl. *Cattin/Wittink* (1989), S. 92.

zugleich eher der realen Wahlsituation. Der Proband kann selbst keine systematischen Verzerrungen in der Kombination der Merkmale vornehmen, da diese vorgegeben ist. Es zeigt sich jedoch, daß Befragte bei mehr als sechs Merkmalen Gefahr laufen, die Bewertungsaufgabe zu vereinfachen, da sie nicht alle Informationen adäquat verarbeiten können. Weniger wichtige Faktoren werden im Fall des information overload praktisch nicht mehr berücksichtigt.

Abb. 6: Beispiele für full profile-Stimuli

Verkehrsmittel:	Auto	Verkehrsmittel:	Bus/Bahn
Gehweg:	500 m	Gehweg:	1.000 m
(Parkplatz-Arbeit)		(Haltestelle-Arbeit)	
Fahrzeit:	25 Min.	Fahrzeit:	20 Min.
Komfort:	hoch	Komfort:	hoch
Kosten:	8 DM	Kosten:	6 DM

Quelle: Eigene Erstellung.

Aus den Voruntersuchungen des Verkehrsumfeldes sind sowohl die verhaltensrelevanten Merkmale der Verkehrsmittel bekannt als auch, zumindest näherungsweise, die gerade noch akzeptablen Ausprägungen dieser Merkmale. In einem weiteren Schritt sind die möglichen Abstufungen der Merkmalsausprägungen festzulegen. Diese können durch die Wahrnehmungsfähigkeiten der Befragten in zweierlei Hinsicht begrenzt sein.

Zum ersten muß bei der Erstellung der Stimuli berücksichtigt werden, ob zur Bestimmung des Wahlverhaltens objektiv meßbare Daten herangezogen werden (z.B. reine Fahrzeiten der öffentlichen Verkehrsmittel für einen Weg) oder ob subjektiv wahrgenommene Angaben der Befragten in die Nutzenberechnung eingehen (z.B. Weg zur Haltestelle, Wartezeit und Fahrzeit). Ist letzteres der Fall, so ist davon auszugehen, daß bestimmte Wahrnehmungsverzerrungen in die Analyse mit eingehen. So werden Wartezeiten tendenziell nicht genau angegeben, sondern eher in Intervallen von z.B. 5 Min. Die Abstufungen der Fahrzeiten der (hypothetischen) Verkehrsmittel sollten in diesem Fall nicht unter derartige Wahrnehmungsintervalle sinken.

Zum zweiten ist in der Analyse der Pretests herauszufinden, wieviele Abstufungen die Befragten insgesamt für ein Merkmal unterscheiden können. Die Wahrnehmungsfähigkeit kann sich von Merkmal zu Merkmal deutlich unterscheiden. So sind die Befragten z.B. gewohnt, im Alltag Preise zu vergleichen. Dementsprechend können sie Ausprägungen dieses Merkmals gut unterscheiden. Fahrtzeiten hingegen werden möglicherweise von manchen Befragten nur in wenigen Abstufungen unterschieden, z.B. Zeitbedarf in fließendem Verkehr, zähflüssigem Verkehr und bei Staubedingungen. Die Zahl der unterscheidbaren Merkmalsausprägungen hängt u.a. damit zusammen, inwieweit die Befragten gewohnt sind, Entscheidungen auf der Basis derartiger Überlegungen zu treffen.

Ein wichtiger Vorteil der Conjoint-Analyse liegt darin, dem Befragten nicht nur reale Profile der Alternativen zur Bewertung vorzustellen, sondern auch hypothetische. Im Gegensatz zu den in der Realität gegebenen Wahlalternativen, die in ihren Merkmalen meist hochkorreliert sind, kann der Untersuchende die Eigenschaftenprofile der Alternativen vollständig kontrollieren. Es lassen sich also orthogonale Faktorenpläne erstellen, die eine Schätzung der Haupteffekte ermöglichen. Wird von einem derartigen orthogonalen faktoriellen Design abgewichen, so sinkt die statistische Genauigkeit, mit der die Parameter der Nutzenfunktion geschätzt werden können. Entstehen aber in einem orthogonalen faktoriellen Design Eigenschaftsprofile, die den Befragten derart unrealistisch vorkommen, daß sie eine Bewertung nur verzerrt vornehmen werden, ist zwischen diesem Verlust an Genauigkeit und dem durch die Interkorrelation der Eigenschaften bedingten Verlust abzuwägen. Die Bildung von "Superattributen"[1] ist eine andere Möglichkeit, mit der in der Realität auftretenden hohen Interkorrelation zwischen bestimmten Merkmalen umzugehen. Superattribute vereinigen die miteinander in enger Beziehung stehenden Merkmale der Verkehrsmittelalternativen. Damit kann die orthogonale Struktur des Faktorplans aufrechterhalten werden.

Gemäß den Angaben der Untersuchung von *Cattin/Wittink*[2] liegt der Median der in die Untersuchungen einbezogenen Merkmale bei den meisten Unternehmen zwischen sechs und sieben Merkmalen.[3] Damit ergibt sich selbst bei nur drei Ausprägungen je Merkmal bereits ein faktorielles Design mit $3^6=729$ Stimuli; eine für den Befragten nicht zu bewältigende Bewertungsaufgabe. *Green*[4] geht davon aus, daß Befragte mit mehr als 30 Stimuli überfordert werden. Bei praktisch jeder Untersuchung ergibt sich damit die Notwendigkeit, auf ein reduziertes Design (fractional factorial design) zurückzugreifen. *Carmone/Green/Jain* untersuchten die Auswirkungen der Reduzierung der Zahl der Stimuli von 243 (full factorial design) auf 54, 27 bzw. 18 Stimuli. Im Ergebnis stellen die Autoren fest, "that orthogonal arrays of only 18 combinations do almost as well in part worths recovery as the set of 243 combinations from which the array was drawn. Furthermore, this result holds true both in the presence of error and under model misspecification conditions."[5]

Eine Reduktion der Zahl der Stimuli sollte vorgenommen werden, ohne die orthogonale Eigenschaft des Designs zu verletzen. Symmetrische orthogonale Faktorenpläne lassen sich für $(s^n-1)/(s-1)$ Faktoren und s^n Eigenschaftsprofile konstruieren, mit jeweils s Ausprägungen eines Faktors, mit $s=p^m$; sei p eine Primzahl und m∈N. Der-

---

[1] Vgl. *Green/Srinivasan* (1990), S. 6.

[2] Vgl. *Cattin/Wittink* (1982), S. 47.

[3] Diese relativ geringe Zahl hängt u.a. mit der zunehmenden Verwendung der full profile-Methode zusammen, wie aus den nachfolgenden Ausführungen ersichtlich wird.

[4] Vgl. *Green/Srinivasan* (1978), S. 109.

[5] *Carmone/Green/Jain* (1978), S. 302.

artige Faktorenpläne stehen in großer Zahl zur Verfügung.[1] Wie oben erläutert, ist es jedoch häufig wünschenswert, asymmetrische Faktorenpläne zu erstellen, um die Anzahl der jeweiligen Merkmalsausprägungen den Bewertungsfähigkeiten der Probanden anpassen zu können. Zu diesem Zweck können die symmetrischen faktoriellen Pläne abgewandelt werden, ohne daß sie ihre orthogonale Eigenschaft verlieren. *Addelman*[2] leitet aus dem Prinzip proportionaler Häufigkeiten der Merkmalsausprägungen Kriterien zur Abänderung symmetrischer faktorieller Pläne her. Eine Möglichkeit, einen symmetrischen Plan zu modifizieren ist die, jeweils eine Merkmalsausprägung eines Faktors in eine bereits vorhandene zu überführen. Der Faktor verliert damit eine Ausprägung und eine bisherige Ausprägung geht mit einer im Vergleich zu den verbleibenden Ausprägungen doppelten Häufigkeit in den Plan ein. Mit derartigen Verfahren lassen sich die Pläne weitgehend an die Erfordernisse der Untersuchung anpassen. Die Zahl der Stimuli läßt sich auf deutlich unter 30 senken.

d₃) Präsentation der Alternativen

Im wesentlichen lassen sich drei Arten der Präsentation der Stimuli unterscheiden: verbale Kurzbeschreibungen, ausführliche Darlegungen und Piktogramme. Die verbalen Kurzbeschreibungen[3] sind die am häufigsten verwendeten Darlegungsformen.[4] Mit ihrer Hilfe lassen sich Merkmale prägnant beschreiben. So können auch qualitative Merkmalsausprägungen auf den Punkt gebracht werden, was einen andernfalls großen Interpretationsspielraum durch die Befragten begrenzen hilft.

Werden aber mit Hilfe der Stimuli radikal geänderte bzw. neue Produkte zur Bewertung gestellt, so empfiehlt sich eine ausführlichere Darlegung der Eigenschaften. Die ausführliche verbale Beschreibung hat wiederum den Vorteil, dem Befragten präzise Informationen zur Verfügung zu stellen. Werden etwa Produktabbildungen zur Wahl gestellt, können deutliche Wahrnehmungsverzerrungen bei unterschiedlichen Probanden auftreten. Möglicherweise ist eine dem Experiment vorangehende ausführliche Präsentation der neuartigen Alternative empfehlenswert.[5]

Untersuchungen weisen darauf hin, daß sich rein verbale Stimuli und mit Piktogrammen kombinierte verbale Stimuli in ihren Ergebnissen nicht signifikant unterscheiden. Die Befragten werden allerdings durch die letztere Form der Präsentation in die Lage versetzt, Abwägungsprozesse und Entscheidungen schneller zu vollziehen. Eine derartige Präsentationsform kann damit zur Vermeidung von Ermüdungserscheinungen bei einer größeren Zahl der Stimuli beitragen. Möglicherweise geht auch von der Anordnung der Merkmalsausprägungen auf den Stimuluskarten eine Wirkung auf

---

1 Vgl. z.B. *Plackett-Burman*-Pläne und *Addelman*-Pläne in: *SPSS Inc.* (Hrsg., 1991), S. 188ff.

2 Vgl. *Addelman* (1962), S. 22ff.

3 Vgl. hierzu die Beispiele der Stimuli im vorigen Abschnitt.

4 Vgl. *Cattin/Wittink* (1982), S. 48.

5 Vgl. *Green/Srinivasan* (1990), S. 8.

die Bewertung aus. Bislang gibt es aber kaum wissenschaftliche Evidenz für derartige verzerrende Zusammenhänge durch die Präsentation der Alternativen: "(...) presentation is more in the realm of art than of science."[1]

d_4) Methoden der Präferenzmessung

Die Verwendung der Profilmethode zur Konstruktion der Stimuli erlaubt im Gegensatz zu den Trade off-Matrizen die Messung der Präferenzen der Verkehrsteilnehmer mit Hilfe dreier unterschiedlicher Methoden. Den Befragten wird die Aufgabe gestellt, die Stimuli entweder in eine Rangordnung aufsteigender Präferenz zu bringen, die Stimuli auf einer Punkteskala zu bewerten oder aus verschiedenen Alternativensets jeweils einen Stimulus auszuwählen. Mit den Methoden der Präferenzmessung eng verbunden sind die Schätzmethoden für die Nutzenfunktionen.

Die Bildung von Rangreihen ist für die Befragten die am leichtesten zu bewältigende Aufgabe. Der Vergleich der Alternativen erfolgt entweder über die Angabe der Präferenzeinschätzung eines Stimuli im Vergleich zu bereits bekannten anderen. Oder der Proband wird vor die Frage gestellt, im Vergleich zu welchen Alternativen er die in Rede stehende gerade noch wählt bzw. im Vergleich zu welchen anderen Stimuli er die besagte Alternative gerade nicht mehr wählt. Über die Abwägungen der Alternativen gegeneinander werden von den Probanden ordinalskalierte Bewertungsdaten erhoben. Ein Vorteil dieser Methode liegt also darin, daß keine einschränkenden kardinalen Nutzenannahmen getroffen werden müssen. Dennoch weist diese Methode der Präferenzmessung Probleme bei der Schätzung einer die Rangordnung repräsentierenden Nutzenfunktion auf.

Die statistischen Eigenschaften von Rangdaten, die in Abhängigkeit von Alternativen mit mehreren Attributen ermittelt werden, sind bislang nicht formal axiomatisiert.[2] Die Eigenschaften der Parameter der zu schätzenden Nutzenfunktionen sind deshalb unbekannt. Das bislang am häufigsten verwendete Verfahren zur Schätzung der individuellen Nutzenfunktionen auf Basis von Rangdaten ist die monotone Varianzanalyse, MONANOVA.[3] Das Verfahren paßt die geschätzten Werte der Nutzenfunktion unter einer Monotoniebedingung iterativ an die von den jeweiligen Probanden erhobenen Rangreihen an. Damit sind die statistischen Eigenschaften der Parameter der Nutzenfunktion verzerrt. Statistische Tests der Parameter oder verschiedener Funktionstypen sind mit Hilfe derartiger Verfahren nicht möglich. Zudem wird implizit unterstellt, daß die Probanden in ihrer Präferenzordnung vollkommen konsistent sind. Fehler in der Einschätzung der Präferenz einer Alternative treten demnach nicht auf.

Eine andere Möglichkeit, Präferenzangaben der Probanden zu erhalten, ist die Punktbewertung der Alternativen. Die Probanden werden vor die Aufgabe gestellt, die Stimuli auf einer Punktskala zu bewerten. Die Bewertungsaufgabe wird damit um eine

---

[1] *Bradley* (1988), S. 130.
[2] Vgl. *Louviere* (1988), S. 95f.
[3] Vgl. *Backhaus u.a.* (1990), S. 357ff.; *Kruskal* (1964b), S. 115-128; *Kruskal* (1964a), S. 1-27.

Dimension erweitert. Die Angaben enthalten nicht nur eine Präferenzordnung der Alternativen, sondern geben zudem Aufschluß über individuell vergleichbare Nutzendifferenzen zwischen unterschiedlichen Stimuli. Die Informationen über die Präferenzordnung sind intervallskaliert. Sie entsprechen damit kardinalen Nutzenvorstellungen.[1]

Im Fall der Punktbewertungsverfahren wird unterstellt, daß die Bewertungsangaben der Befragten fehlerhaft sein können. Dies bedeutet, daß der Proband bei einer erneuten Befragung möglicherweise eine leicht geänderte Bewertung der Alternativen vornimmt, die wiederum zu einer neuen Präferenzordnung führen kann. Dies impliziert, daß die Präferenzordnungen der Probanden nicht ihren Angaben gemäß zwingend konsistent sein muß. Die Monotoniebedingung des Schätzalgorithmus der monotonen Varianzanalyse wird damit aufgegeben. Damit können übliche multivariate Verfahren, wie z.B. die Varianzanalyse und die Regressionsanalyse, zur Schätzung der Nutzenfunktion herangezogen werden. Auf diese Weise lassen sich Verfahren zur Schätzung einer kardinalen Nutzenfunktion anwenden, welche die intervallskalierten Informationen der Punktbewertungen verwenden und zugleich eine Fehleranalyse der Modellspezifikation erlauben. Im Rahmen einer Fehleranalyse können im Gegensatz zur monotonen Varianzanalyse die in die Analyse einbezogenen Variablen und die unterstellte Form der Nutzenfunktion statistischen Tests unterzogen werden.

War die monotone Varianzanalyse, verbunden mit einer Präferenzmessung über die Bildung von Rangreihen, bislang das am weitesten verbreitete Analyseverfahren, so ist mittlerweile die Punktbewertung und damit einhergehend die multivariate metrische Varianzanalyse mit ihren weitreichenden statistischen Möglichkeiten das am häufigsten verwendete Schätzverfahren für die Parameter der Nutzenfunktionen.[2] Sowohl den Verfahren der Rangreihung als auch denen der Punktbewertung haftet der Nachteil an, daß sie keine Wahldaten erheben. Verkehrsmittelwahlmodelle, die derartige Verfahren zur Bestimmung von Nutzenfunktionen verwenden, müssen für die Simulation der eigentlichen Entscheidung auf Verhaltensregeln zurückgreifen, die nicht auf Basis der erhobenen Daten beruhen.[3] Derartige Entscheidungsregeln nehmen an, daß die Alternative mit dem höchsten geschätzten Punktwert gewählt wird (max utility). Die Wahlwahrscheinlichkeit beträgt eins. Der *Bradley-Terry-Luce*-Koeffizient gibt über das Verhältnis des geschätzten Punktwertes einer Alternative a zu der Summe der geschätzten Punktwerte potentieller Wahlalternativen die Wahlwahrscheinlichkeit für die Alternative a an. Des weiteren finden Logit-Regeln Anwendung, die ebenfalls die Wahlwahrscheinlichkeiten für die Alternativen angeben. Dabei wird allerdings (willkürlich)

---

[1] Vgl. *Bossert/Stehling* (1990), S. 59ff.

[2] Vgl. *Cattin/Wittink* (1989), S. 92f.

[3] Grundsätzlich besteht auch die Möglichkeit, Rangdaten bzw. Punktbewertungen in Wahldaten zu übersetzen. Eine Rangreihe kann z.B. unter bestimmten Annahmen in 2^n Einzelentscheidungen zwischen jeweils zwei Alternativen übersetzt werden. Methodisch ist diese Vorgehensweise aber insofern widersprüchlich, als auf der einen Seite dem Probanden ein völlig konsistentes Wahlverhalten zwischen den fiktiven Alternativen unterstellt wird, auf der anderen Seite ein probabilistisches Wahlverhalten bei der Schätzung der Nutzenfunktion mit Hilfe z.B. eines Logit-Modells vorausgesetzt werden muß. Zu Möglichkeiten der "Explosion der Rangdaten" vgl. *Chapman/Staelin* (1982), S. 288-301.

unterstellt, daß die geschätzten Punktwerte für die Alternativen die statistischen Eigenschaften der Schätzwerte des Logit-modells aufweisen.[1]

Diese Modellinkonsistenz vermeiden Ansätze, die Präferenzdaten mit Hilfe von Wahlsituationen erheben. Den Probanden wird also die Aufgabe gestellt, aus kleinen Sets vorgegebener Alternativen jeweils ein Verkehrsmittel auszuwählen. Damit werden Daten über Wahlentscheidungen erhoben, die im Grundsatz den Beobachtungswerten der verhaltensorientierten Modelle angepaßt sind. Dementsprechend können die individuellen Nutzenfunktionen mit denselben Algorithmen ermittelt werden.

Auch diese Methode der Datenerhebung weist allerdings Probleme auf. Der Proband hat eine große Zahl von Wahlentscheidungen zu treffen, damit seine Präferenzstrukturen von einem Modell sinnvoll nachgebildet werden können. Der Vorteil der Simulation von Wahlsituationen wird also durch die unrealistische Vorgehensweise erkauft, daß der Befragte eine Vielzahl von Verkehrsmittelwahlentscheidungen in Folge durchführen muß. Damit können bei den Probanden Ermüdungserscheinungen auftreten, die zu vereinfachenden Wahlstrategien führen können und damit das unterstellte Nutzenmodell verzerren.

d_5) Methoden der Durchführung

Die mit Abstand am häufigsten angewandte Methode der Datenerhebung ist das persönliche Interview,[2] obwohl diese Art der Erhebung vergleichsweise kostenintensiv ist. Das Interview weist gegenüber der kostengünstigen schriftlichen Befragung einige Vorteile auf. Der wichtigste Vorteil ist die Kontrollmöglichkeit der Bewertungsaufgabe, welche die Probanden zu bewältigen haben. Da diese bereits bei wenigen Merkmalen ein komplexes Problem darstellt, kann der Interviewer den Befragten in einer Weise betreuen, daß typische Fehlerquellen bei der Ermittlung der Präferenzen weitgehend ausgeschlossen werden. Zunächst kann der Interviewer bei der Erhebung der Ist-Situation des Verkehrsteilnehmers bereits die Begriffe der (hypothetischen) Merkmalsausprägungen der Stimuli verwenden und damit das Verständnis des Befragten für die Bewertungsaufgabe wesentlich erhöhen. Mißverständnissen kann auf diese Weise bereits im Vorfeld des Experiments entgegengewirkt werden. Des weiteren kann der Interviewer durch die Gesprächsführung das Interesse des Befragten an der gestellten Aufgabe steigern. Damit lassen sich Ermüdungserscheinungen, die zu einer willkürlichen Bewertung oder zu verzerrten Abwägungsprozessen führen können, vermeiden. Die Genauigkeit der Datenerhebung wird dadurch gegenüber der schriftlichen Befragung verbessert. Der Interviewer kann zudem direkt auf Akzeptanzprobleme reagieren, die der Befragte gegenüber der hypothetischen Wahlsituation äußert. Eine ablehnende Haltung gegenüber der spielerischen und damit vermeintlich nicht ernstzunehmenden Verkehrsmittelwahlsituation würde den individuellen Datensatz vollständig in Frage stellen. Es ist deshalb davon auszugehen, daß die über persönliche Interviews erho-

---

[1] Vgl. *Louviere* (1988), S. 96ff.; *Green/Srinivasan* (1990), S. 14.
[2] Vgl. *Cattin/Wittink* (1989), S. 92.

benen Datensätze nicht nur schneller, sondern auch im allgemeinen vollständig und in einer höheren Qualität vorliegen als bei einer schriftlichen Befragung.

Eine relativ neue Methode stellt die kombinierte telephone-mail-telephone Methode dar.[1] Die Probanden werden über die Telefonnummern zufällig ausgewählt und zunächst um Teilnahme an der Erhebung gebeten. Im Fall der Zusage erhalten sie per Post die wichtigsten Materialien zugesandt, die zur Durchführung des Interviews erforderlich sind, insbesondere den Fragebogen und die Stimuli. Während eines folgenden Telefongesprächs liegen dem Probanden die hypothetischen Alternativen für die Bewertungsaufgabe vor. Im Gegensatz zu einer rein schriftlichen Befragung kann die Bewertung mit fast den gleichen Eingriffsmöglichkeiten und Hilfsmitteln durchgeführt werden wie im Fall des persönlichen Interviews. Der Nachteil des reinen Telefoninterviews, daß sich der Befragte die Bewertungsaufgabe ohne Hilfsmittel praktisch nicht adäquat vorstellen kann, wird durch die Zusendung der notwendigen Materialien geheilt. Der Vorteil dieser kombinierten Methode liegt darin, daß die Durchführung der Interviews räumlich sehr ungebunden erfolgen kann. Im Falle einer flächendeckenden Untersuchung können damit die Erhebungskosten im Vergleich zum persönlichen Interview deutlich sinken.

e) Validitätsprüfung

e_1) Interne Validität

Überlegungen zur internen Validität[2] eines Experiments befassen sich mit der Überprüfung der Qualität der modellhaften Abbildung der unterstellten Wirkungszusammenhänge. Sie befassen sich im wesentlichen mit der Qualität der Datenerhebung und der Ermittlung statistischer Kenngrößen zur Beurteilung der Abbildungsgenauigkeit der empirisch erhobenen Daten durch das Modell.

Einen wichtigen Aspekt stellt die Stabilität der geschätzten Parameter der Nutzenfunktionen mit Hilfe der Conjoint-Analyse dar. Je sensibler ein Modell auf Veränderungen des Experiments reagiert, desto detailliertere Untersuchungen können auf der einen Seite durchgeführt werden. Auf der anderen Seite aber können bereits kleine, vom Beobachter nicht kontrollierbare Änderungen der Rahmenbedingungen des Experiments zu deutlichen Verzerrungen der Ergebnisse führen.

In zeitlicher Hinsicht kann die Stabilität der Parameter gefährdet sein, wenn die Probanden in der Bewertung der Stimuli schwanken. Die Fähigkeit der Befragten, ihre Bewertung konsistent erneut vorzunehmen, kann über ein zweites Interview getestet werden. Mehrere Untersuchungen[3] weisen darauf hin, daß die Conjoint-Analyse in dieser Hinsicht ein robustes Verfahren ist.

---

[1] Vgl. *Green/Srinivasan* (1990), S. 6.

[2] Vgl. *Schaefer* (1987), S. 189ff.

[3] Vgl. *McCullough/Best* (1979), S. 26-31.

In struktureller Hinsicht kann die Stabilität der Parameter gefährdet sein, wenn die Zahl der Merkmale der Stimuli größer wird. *Malhorta*[1] zeigt in einem Experiment, daß die mittleren Standardfehler im Fall eines Designs mit zehn Merkmalen signifikant über denen eines Designs mit fünf Merkmalen liegen. Im Fall der zehn Merkmale können die Standardfehler mit Hilfe einer Erhöhung der Zahl der Stimuli von 15 auf 20 signifikant gesenkt werden, wohingegen eine weitere Erhöhung auf 25 Stimuli keine weitere Verbesserung der Stabilität der Parameter mit sich bringt.[2] Dies wird auf einen signifikant erhöhten information overload der Probanden zurückgeführt. Interessanterweise kann für das kleine Design mit fünf Merkmalen keine signifikante Verbesserung der Stabilität mit wachsender Zahl der Stimuli festgestellt werden. Die Conjoint-Analyse erweist sich in diesem Fall als sehr robustes Verfahren. Die strukturelle Stabilität der Parameter sollte in pretests sichergestellt werden.

Von der Schätzmethode ist ebenfalls ein Einfluß auf die Parameter denkbar. *Jain u.a.*[3] zeigen aber am Beispiel von fünf gängigen, aber unterschiedlichen Schätzmethoden[4], daß von ihnen keine signifikanten Unterschiede in den Modellergebnissen ausgehen. *Wittink/Cattin* kommen zu dem Ergebnis, daß im Fall kompensatorischer Modelle die Varianzanalyse sehr gute Ergebnisse erzielt und selbst im Fall der Erhebung von Rangdaten günstiger abschneidet als MONANOVA.[5] Im folgenden wird deshalb die Anwendung ökonometrischer Schätzmethoden, vor allem die multiple Varianzanalyse bzw. Regressionsanalyse unterstellt.

Eine weitere Quelle der Instabilität der Parameterschätzung stellt die Art der Datenerhebung dar. Ist die Bildung einer Rangordnung für viele Probanden eine vergleichsweise einfache Aufgabe, so stehen möglicherweise viele der Befragten im Falle der Punktbewertungsaufgabe vor einer schwierig zu lösenden Aufgabe. Letztere verlangt eine differenzierte Bewertung der Stimuli und sollte dementsprechend zu einer Akzentuierung der Parameterschätzung führen, nicht aber zu einer grundsätzlichen Änderung. Ein mögliches Testverfahren ist deshalb die Bildung von Korrelationskoeffizienten zwischen den je Individuum geschätzten Parametern der Nutzenfunktionen. Gegen ein derartiges Verfahren werden zwei Einwände erhoben.[6]

Erstens: Ist die Variationsbreite der Parameter der Nutzenfunktion eines Individuums groß, so führt dies zu einer Erhöhung des Korrelationskoeffizienten, also zu einer systematischen Verbesserung des gewählten Stabilitätsmaßstabes. Dies ist aber solange als sinnvoll anzusehen, wie die Variationsbreite nicht durch vereinfachende Strategien

---

[1] Vgl. *Malhorta* (1982), S. 199-207.

[2] *Carmone/Green/Jain* analysieren den Effekt der Zahl der Stimuli und kommen ebenfalls zu dem Ergebnis, daß sich mit der Erhöhung der Zahl der Stimuli keine deutlichen Verbesserungen der Ergebnisse erzielen lassen. Vgl. *Carmone/Green/Jain* (1978), S. 300ff.

[3] Vgl. *Jain u.a.* (1979), S. 318ff.

[4] Monotone Regressionsmethoden (MONANOVA und JOHNSON), mathematische Programmierung (LINMAP), ökonometrische Methoden (OLS, ordinary least squares) und stochastische Methoden (LOGIT).

[5] Vgl. *Cattin/Wittink* (1981), S. 104f.

[6] Vgl. *Green/Srinivasan* (1990), S. 12.

der Probanden zustandekommt. Werden die Stimuli zunächst nach einem Kriterium geordnet, so führt dieses Verhalten zu einem hohen Teilnutzen für diesen Faktor und zugleich zu einer geringen Bedeutung der anderen Merkmale, mithin zu einer großen Variation der Teilnutzen. Zusätzlich zu dem Korrelationskoeffizienten sollte daher überprüft werden, ob die Probanden einheitlich einem Faktor, z.B. dem Preis, einen einseitig hohen Teilnutzen zukommen lassen. In dem Fall würde eine hohe Variabilität der Parameter der Nutzenfunktion eines Individuums möglicherweise durch vereinfachende Bewertungsstrategien des Probanden entstehen.

Zweitens: Die Bildung von Korrelationskoeffizienten auf der Basis der Parameter der Nutzenfunktionen führt zu einer Bildung nur weniger Wertepaare, so daß diese Kennziffer selbst nicht unbedingt zuverlässig sein muß. Diesem Problem wird meist durch die Angabe durchschnittlicher Koeffizienten begegnet.

Werden Erhebungen zur Prüfung der Stabilität der Parameter durchgeführt, so können diese zusätzlichen Daten zu einer Kreuzvalidierung[1] verwendet werden. D.h. die Bewertungen eines unabhängigen zweiten Experiments werden mit Hilfe der im ersten ermittelten Nutzenfunktionen geschätzt und umgekehrt. Da häufig Kostengründe gegen eine zweite Erhebung sprechen, um die erste mit einem möglichst großen Stichprobenumfang durchführen zu können, kann die Kreuzvalidierung auch mit Hilfe von zusätzlichen Stimuli durchgeführt werden. Die Befragten bewerten diese Alternativen ebenfalls und ohne Wissen um deren Funktion. Die Schätzung der Nutzenfunktion wird allerdings ohne die zusätzlichen Stimuli durchgeführt. Die mit Hilfe dieses Verfahrens mögliche Validierung des Experiments kann jedoch Nachteile mit sich bringen. Zum einen steigt die Anforderung, die mit der Bewertungsaufgabe an die Probanden gestellt wird und damit die Gefahr des information overload. Zum zweiten werden im Fall komplexer Merkmalskombinationen der zu bewertenden Alternativen ohnehin tendenziell mehr Stimuli benötigt, um eine stabile Schätzung der Nutzenfunktion durchführen zu können. Damit erscheint es sinnvoll, alle Stimuli zur Schätzung der Nutzenfunktion heranzuziehen.

Als Kriterium für die relative Bedeutung I eines diskreten Merkmals x mit der Ausprägung j für ein Individuum i wird im allg. folgendes Kriterium verwendet:

(18) $I_{ix} = \underset{j}{Max}\{\beta_{xj}\} - \underset{j}{Min}\{\beta_{xj}\}$ für alle x.

Damit entspricht I der maximalen Spannweite zwischen dem höchsten und niedrigsten Teilnutzenwert eines Merkmals x. Im Fall eines stetigen Merkmals x kann die Spannweite über die im Design maximale und minimale Merkmalsausprägung definiert werden. Damit ergibt sich I als:

(19) $I_{ix} = \beta_x x_{max} - \beta_x x_{min} = \beta_x (x_{max} - x_{min})$ für alle x.

---

[1] Vgl. *Stelzl* (1984), S. 237.

Eine Normierung des Importance-Kriteriums erfolgt dann durch Division der einzelnen Importance-Werte I_{ix} durch die Summe der Importance-Werte eines Individuums. Die relativen Werte I_{ixn} ergeben sich dann für N Merkmale:

$$(20) \quad I_{ixn} = \frac{I_{ix}}{\sum\limits_{x=1}^{N} I_{ix}} .$$

Das Importance-Kriterium weist jedoch mehrere Schwächen auf. Zum ersten können extreme Grenzen der Merkmalsausprägungen im diskreten Modell zu einer deutlichen Veränderung der zugehörigen Teilnutzenwerte beitragen. Im linearen Modell fallen diese Veränderungen weniger deutlich aus. Umgekehrt kann eine geringe Änderung der Grenzen des Designs im linearen Modell zu einer Änderung des Importance-Wertes führen, die im diskreten Modell (0/1-Variable) möglicherweise aufgrund einer ungeänderten Rangfolge der Stimuli keine Auswirkungen hat.

Im Fall individuell angepaßter Designs können Verzerrungen der Importance-Werte dann auftreten, wenn die Ausprägungen eines Merkmals individuell abgestimmt sind, z.B. als entfernungsbezogene Fahrtzeitwerte, aber die Intervallgrenzen zur Simulation realistischer Veränderungen innerhalb des Verkehrssystems für alle in gleicher Weise gesetzt werden, also unabhängig von der Entfernung. So führen z.B. die Maßnahmen zur Beschleunigung von Bussen im Stadtverkehr für alle Berufspendler zu gleichen absoluten Änderungen in der Fahrtzeit des ÖPNV, mithin zu relativ unterschiedlichen Zeiten. Die Importance-Werte bleiben nur unter relativ gleichen Änderungen unverzerrt.

Ein weiteres Problem verzerrter Importance-Werte liegt in der für den Fall der Rangbewertung empirisch begründeten Vermutung, daß die Zahl der Merkmalsausprägungen in einem Conjoint-Design eine Auswirkung auf den Importance-Wert hat.[1] Eine theoretische Erklärung ist nach Kenntnis des Verf. bislang nicht erfolgt. Begründungen für dieses Phänomen werden in Wahrnehmungsverzerrungen der Probanden gesucht. Unter anderem wird argumentiert, mit zunehmender Zahl der Merkmalsausprägungen werde die Aufmerksamkeit der Befragten verstärkt auf ein Merkmal gerichtet. Die Folge wäre eine stärkere präferenzbildende Wirkung dieses Merkmals. Im Fall asymmetrischer faktorieller Pläne ist deshalb auf diese mögliche Fehlerquelle zu achten.

Eine wichtige Kenngröße der Prüfung der internen Validität ist der Korrelationskoeffizient nach Pearson, der zwischen den Beobachtungswerten (Rang- oder Punktwerten) und den Schätzwerten des Modells bestimmt wird. Gemäß den Angaben der Untersuchung von *Cattin/Wittink*[2] weist eine Conjoint-Analyse etwa 16 Stimuli auf, bei etwa acht Merkmalen mit jeweils drei Ausprägungen. Ein derartiges fiktives Modell ließe dem Schätzverfahren keinen Freiheitsgrad. Bei keinem oder nur wenigen Freiheitsgraden aber ist der "Erklärungswert" eines Modells zwangsläufig hoch und damit

---

[1] Vgl. *Cattin/Wittink* (1982), S. 51; *Green/Srinivasan* (1990), S. 7.
[2] Vgl. *Cattin/Wittink* (1989), S. 94.

letztendlich ohne Aussage. Um die Probanden nicht zu überfordern, ist es sinnvoll, die Zahl der Stimuli möglichst klein zu halten. Deshalb scheint es angebracht, im Fall stetiger Merkmale auf lineare Präferenzmodelle zurückzugreifen. Damit kann die Zahl der zu schätzenden Parameter deutlich gesenkt werden.

Neben diesen statistischen Kennziffern sind Plausibilitätskontrollen der Modellparameter sinnvoll. So sind die Vorzeichen der Parameter hinsichtlich ihrer ökonomischen Aussage zu überprüfen. Gemäß dem unterstellten Nutzenmodell ist z.B. davon auszugehen, daß der Grenznutzen einer Fahrtzeitverkürzung positiv ist. Sind die Parameter der geschätzten Nutzenfunktionen ökonomisch nicht sinnvoll interpretierbar, können sie daraufhin überprüft werden, ob sie tatsächlich signifikant von Null verschieden sind.

Schließlich können die Rang- und Punktbewertungsdaten der Probanden daraufhin überprüft werden, ob möglicherweise nichtkompensierende, die Bewertungsaufgabe vereinfachende Strategien angewendet wurden. Werden in Verkehrsmittelwahlmodellen Superattributvariable (z.B. eine Verkehrsmittelvariable zur Vermeidung hoher Interkorrelationen zwischen Merkmalen) eingeführt, so könnten die Probanden aufgrund bestehender Vorurteile versucht sein, weitere Variablen wie die Fahrtzeit nur innerhalb einer Ausprägung der Verkehrsmittelvariable zu variieren. Derartige Gruppierungen der Stimuli können über eine Analyse der Teilnutzenwerte und des Importance-Kriteriums näherungsweise erkannt werden.

e_2) Externe Validität

Überlegungen zur externen Validität betreffen die Übertragbarkeit der Ergebnisse der Untersuchung. Da die Conjoint-Analyse mit hypothetischen Wahlalternativen arbeitet, kann die externe Validität im Sinne der Qualität der Prognose realer Entscheidungen interpretiert werden.[1] Für die Probanden werden bereits im Rahmen der Analyse der Zielgruppen und ihres Verkehrsumfeldes die realen Verkehrsmittelwahlalternativen hinsichtlich ihrer Eigenschaften strukturiert und schließlich in der Befragung empirisch erhoben, einschließlich der tatsächlich von den Befragten genutzten Verkehrsmittelalternative. Mit Hilfe der individuellen Nutzenfunktionen, die auf Basis der hypothetischen Stimuli ermittelt werden, können Präferenzwerte für die jeweiligen realen Alternativen ermittelt werden. Werden für alle Probanden auf diese Weise die Präferenzordnungen realer Wahlalternativen simuliert, lassen sich die Abweichungen zu den real vollzogenen Entscheidungen feststellen. Es ergibt sich eine Häufigkeitsverteilung, die angibt, wie oft die Alternative, für die vom Modell die höchste Präferenz ermittelt wird, tatsächlich gewählt wird, wie oft die Alternative mit der zweithöchsten Bewertung der realen Entscheidung entspricht u.s.w. Diese Häufigkeitsverteilung kann mit Hilfe des *Kolmogorov-Smirnov*-Anpassungstests gegen eine Gleichverteilung getestet werden.

---

[1] Vgl. *Green/Srinivasan* (1978), S. 115; vgl. aber auch *Schaefer* (1987), S. 193ff.

Weitere Ansätze, die externe Validität des Modells näher zu bestimmen, können mit Hilfe sogenannter "naiver" Modelle[1] vorgenommen werden. Diese Modelle beruhen nicht auf empirisch erhobenen Daten, sondern treffen spezielle Annahmen bezüglich der Parameter der individuellen Nutzenfunktionen. So können z.B. im Fall des Vektormodells Einheitsgewichte anstelle der Parameter der Nutzenfunktionen gesetzt werden. Zu diesem Zweck sind allerdings die Merkmalsausprägungen der Attribute zu standardisieren. Mit diesem Modell werden wiederum Präferenzwerte für reale Alternativen berechnet und geordnet. Die so ermittelte Häufigkeitsverteilung der Ränge, die jeweils den real vollzogenen Entscheidungen zugeordnet werden, kann gegen die oben erwähnte Verteilung getestet werden. Eine weitere Möglichkeit zur Konstruktion eines naiven Modells liegt in der Reduzierung der Nutzenfunktion auf das Merkmal mit dem höchsten Wert des Importance-Kriteriums.

Im Gegensatz zu den naiven Modellen werden bei Anwendung von Monte Carlo Studien neue Daten erzeugt: Zufallsdaten. Damit kann schließlich die von den Probanden angegebene Präferenzordnung gegen eine zufällig ermittelte Ordnung getestet werden. Auf Basis der zufälligen Präferenzdaten werden die Parameter der individuellen Nutzenfunktionen erneut bestimmt. Mit Hilfe dieser Funktionen können wiederum die realen Alternativen in Präferenzordnungen gebracht werden. Mit der aus dem Vergleich der realen Entscheidungen mit dem jeweils zugehörigen Rang der Präferenzordnung ermittelten Häufigkeitsverteilung kann die oben ermittelte Verteilung gegen Zufallsdaten getestet werden.

f) Marktsegmentierung

Eine wesentliche Zielvorstellung[2], die mit einer Marktsegmentierung verfolgt wird, ist die Bildung von Nachfragergruppen, um Märkte differenziert bedienen zu können. Im Nahverkehr erfolgt eine Marktsegmentierung meist a priori. Die Nachfrager werden mit Hilfe der im Kapitel II der Arbeit dargelegten allgemein ermittelten Determinanten der Verkehrsmittelwahl in Gruppen eingeteilt.[3] Damit ist die Zahl der Gruppen, ihre relative Größe und ihre charakteristische Beschreibung im voraus bekannt. Die Kriterien der Clusterung, z.B. Alter, Geschlecht, Haushaltsgröße, Pkw-Verfügbarkeit oder Einkommen sind aber nur bedingt geeignet, spezifische Maßnahmen zur Beeinflussung des Verkehrsmittelwahlverhaltens im Berufsverkehr gezielt zu entwickeln.

Um Maßnahmen zur Beeinflussung des Verkehrsmittelwahlverhaltens problemadäquat entwickeln zu können, sind die Marktsegmente bezüglich der präferenzbildenden Merkmale der Verkehrssysteme, die es zu verändern gilt, zu ermitteln. Im Rahmen

---

[1] Vgl. *Green/Srinivasan* (1978), S. 115.

[2] Eine weitere Zielsetzung ist die Verringerung der Varianz der geschätzten Parameter der Nutzenfunktionen durch eine Schätzung gemeinsamer Nutzenfunktionen für jeweils eine Population. Im allgemeinen ist aber davon auszugehen, daß die Individualanalyse genauere Ergebnisse ermöglicht als die Schätzung einer Nutzenfunktion für jeweils ein Marktsegment. Vgl. *Green/Srinivasan* (1990), S. 8; *Hagerty* (1985), S. 168-184.

[3] Vgl. *Kutter* (1972), S. 24ff. u. 28ff.

einer Conjoint-Analyse wird mit Hilfe der Schätzung der Nutzenfunktionen die präferenzbildende Wirkung der Eigenschaften der Verkehrsmittelalternativen individuell ermittelt. Eine Aggregation der Individuen mit ähnlichen Präferenzstrukturen kann nun ex post erfolgen.[1] Die Qualität der Gruppierung steigt in dem Maße, wie es gelingt, Marktsegmente zu bilden, deren Präferenzstrukturen sich gruppenintern als weitgehend homogen, zwischen den Gruppen hingegen als möglichst heterogen erweisen. Die Bildung derartiger Cluster gibt zunächst über ihre Zahl und relative Größe Aufschluß darüber, welche Veränderungen von Eigenschaften der Verkehrssysteme auf bestimmte Gruppen besonders präferenzbildend wirken werden und welche weniger bzw. überhaupt nicht.

Da in der Conjoint-Analyse das Teilwertmodell eine weite Verbreitung gefunden hat, werden im allgemeinen die Parameter der Nutzenfunktionen zur Bildung von Gruppen mit ähnlichen Präferenzstrukturen herangezogen. Im Falle des Vektormodells für stetige Merkmale ist dies nicht möglich. Eine Messung der Ähnlichkeit der Präferenzstrukturen kann aber über die Variationsbreite der Merkmalsausprägungen und damit über die maximale Differenz der Teilnutzen erfolgen. Eine Gewichtung über die individuell unterschiedliche Summe dieser Spannweiten ergibt das Importance-Kriterium als Proximitätsmaß zwischen Individuen.[2] Ein im Rahmen der Clusteranalyse vielfach verwendetes Distanzmaß ist die Minkowski-Metrik:[3]

(21) $\quad d_{ij} = (\sum_{k} | x_{ik} - x_{jk} |^r)^{1/r} \qquad$ für alle i,j,

mit: $\quad d_{ij}$ = Distanz zwischen den Individuen i und j,
x_{ik}, x_{jk} = Wert(e) (je nach Präferenzmodell Teilnutzenwerte, Variationsbreite oder Wert des Importance-Kriteriums) der Variablen k bei Individuum i bzw. j,
$r \geq 1$: Minkowski-Konstante.

Für r = 1 wird die Ähnlichkeit zweier Objekte dergestalt ermittelt, daß die absoluten Differenzwerte der beiden Individuen addiert werden. In diesem Fall entspricht die Minkowski-Metrik der City-Block-Distanz, welche die Distanz zwischen zwei Probanden als Summe der absoluten Unterschiede der einbezogenen Variablen ermittelt und damit gleichgewichtet in die Analyse einbezieht. Mit wachsender Minkowski-Konstante erhalten diejenigen Merkmale ein stärkeres Gewicht, bei denen die größeren Differenzen auftreten. Für r = 2 entspricht sie der Euklidischen Distanz zwischen den Präferenzen der beiden Individuen. Im Grenzfall ergibt sich für r → ∞ die Tschebyscheff-Metrik, die als Distanz das Maximum der absoluten Differenzen festlegt.[4]

Bei all diesen Ähnlichkeitsmaßstäben werden Präferenzstrukturen interpersonell verglichen. Wird eine Rangordnung der Stimuli als Methode zur Präferenzmessung verwendet, so sind die dann ermittelten Teilnutzenwerte nur insofern vergleichbar, als

---

[1] Vgl. *Green/Krieger* (1991), S. 22.
[2] Vgl. *Thomas* (1983), S. 331ff.; *Green/Krieger* (1991), S. 25.
[3] Vgl. *Backhaus u.a.* (1990), S. 126.
[4] Vgl. *Steinhausen/Langer* (1977), S. 61f.

angenommen wird, daß die über das Schätzverfahren ermittelte repräsentierende Nutzenfunktion[1] für alle in gleicher Weise ermittelt wird. Dies bedeutet, daß die Vergleichbarkeit über eine Normierung der Abstände der Rangordnung der Stimuli auf Intervallskalenniveau erfolgt. Damit wird unterstellt, daß die erhobenen Bewertungsdaten intervallskaliert sind.[2] Transformationen der Daten sind also nurmehr als stetig differenzierbare monotone Funktionen zulässig. Ähnlich verhält es sich für Punktbewertungsdaten. Werden diese Daten für alle Probanden auf Basis einer einheitlichen Bewertungsskala vorgenommen, ist die Normierung der Abstände zwischen den Stimuli nicht erforderlich.

Um die Zuverlässigkeit der erhobenen Daten zu erhöhen, ist es allerdings in vielen Fällen sinnvoll, die fiktiven Entscheidungssituationen der realen Welt des Probanden so weit anzunähern, daß dieser überhaupt in die Lage versetzt wird, eine Präferenzordnung näherungsweise unverzerrt anzugeben. In der empirischen Untersuchung dieser Arbeit wird z.B. das Untersuchungsdesign während des Interviews an die reale Entscheidungssituation entfernungsabhängig angepaßt. Die Variationsbreite der geänderten Merkmalsausprägungen wird aber für alle Probanden in gleicher Weise vorgenommen, da z.B. eine Parkraumbepreisung die Kosten entfernungsunabhängig beeinflußt. Die ermittelten Parameter der Nutzenfunktionen sind im Fall des Teilwertmodells dann nur zwischen Probanden innerhalb gleicher Entfernungsstufen vergleichbar. Im Fall des Vektormodells kann das Importance-Kriterium als Ähnlichkeitsmaß Verwendung finden, da dieses für gleichbleibende absolute Variationsbreiten der Merkmalsausprägungen transformationsinvariant ist. Je detaillierter die fiktive Entscheidungssituation im Rahmen einer interaktiven Interviewführung an die reale Wahlsituation herangeführt wird, desto geringer werden allerdings die Möglichkeiten interpersoneller Vergleichbarkeit der Nutzenfunktionen.

Um dennoch eine Clusterung von Individuen mit ähnlichen Präferenzstrukturen durchführen zu können, sind diese mit Hilfe individueller Entscheidungssimulationen in vergleichbarer Weise zu ermitteln. Ausgehend von dem individuellen Präferenzwert der real tatsächlich gewählten Alternative können die einzelnen Merkmale so weit variiert werden, bis der Proband auf die nächstbeste real existierende Alternative, gleichgültig welche, ausweicht. Bezüglich des Merkmals Preis entspricht diese Vorgehensweise der Ermittlung der Zahlungsbereitschaft, bezüglich weiterer Merkmale, wie z.B. der Fahrtzeit, einem entsprechenden Äquivalent. Im Fall diskreter Merkmale kann allerdings die Situation auftreten, daß eine Variation nicht ausreicht, um einen Wechsel des Verkehrsmittels herbeizuführen. Eine derartige Vorgehensweise führt also tendenziell zu einem weniger differenzierten Ergebnis, als es auf Basis einer Analyse der Parameter der Nutzenfunktionen im Fall deren interpersoneller Vergleichbarkeit möglich wäre.

---

[1] Vgl. *Bossert/Stehling* (1990), S. 50.

[2] Diese Normierung entspricht insofern der Nutzentheorie, als die Gossenschen Gesetze stetige, zweimal differenzierbare Funktionen erfordern. Damit werden in der ordinalen Nutzentheorie ebenfalls intervallskalierte Daten für die Nutzenwerte angenommen.

Die Clusteranalyse bietet mehrere methodisch unterschiedliche Verfahren, um trennscharfe Gruppen zu bilden. Dies bedeutet, sie ordnet ein Individuum jeweils genau einem Cluster zu, was für die Entwicklung gezielter Maßnahmen eine wünschenswerte Eigenschaft ist. Grundsätzlich lassen sich hierarchische und partitionierende Vorgehensweisen unterscheiden.[1]

Hierarchisch agglomerative Verfahren[2] interpretieren in einer Ausgangslösung jedes Individuum als Cluster und fassen diese schrittweise zu größeren Clustern zusammen. Bei jedem Fusionsschritt werden die beiden Cluster mit der geringsten Distanz zueinander zu einem neuen Cluster zusammengefaßt. Mit der Bildung immer größerer Gruppierungen steigt die Heterogenität innerhalb der Cluster weiter an. Der Agglomerationsprozeß sollte dann abgebrochen werden, wenn die clusterinterne Heterogenität der Mitglieder deutlich ansteigt (Elbow-Kriterium) bzw. umgekehrt die clusterinterne Homogenität deutlich abnimmt.

Die Anzahl und Größe zu bildender Gruppierungen kann allerdings von dem verwendeten Heterogenitätsmaß abhängen, d.h. dem Maß, das die Distanz zwischen den Clustern mißt. So neigt z.B. das Single-Linkage-Verfahren[3] (Nearest Neighbour) zur Bildung kleiner Ausreißergruppen (kontrahierendes Verfahren), während das Complete-Linkage-Verfahren[4] (Furthest Neighbour) tendenziell gleich große Cluster bildet (dilatierendes Verfahren). Das Average-Linkage-Verfahren[5] stellt ein konservatives Verfahren zwischen den beiden genannten Extremfällen dar. Um derartige methodische Einflüsse auf die Clusterung kontrollieren zu können, ist es sinnvoll, unterschiedliche Distanzmaße und Heterogenitätsmaße zu kombinieren. Auf diese Weise können verfahrensunabhängige Ähnlichkeitsstrukturen sichtbar gemacht werden. Im folgenden werden deshalb diejenigen Agglomerationsverfahren, die auf ein bestimmtes Distanzmaß zurückgreifen, nicht weiter berücksichtigt. Dies gilt z.B. für das Median- und das Centroid-Verfahren, die eine Verwendung quadrierter euklidischer Distanzen voraussetzen. Das Verfahren von *Ward* findet hier ebenfalls keine Anwendung, da es ledig-

---

[1] Vgl. *Bleymüller/Bergs/Lamers* (1983), S. 134ff.; *Backhaus u.a.* (1990), S. 133.

[2] Hierarchisch divisive Verfahren gehen umgekehrt von einer Ein-Cluster-Lösung aus und teilen diese schrittweise in mehrere Cluster auf. Diese Verfahren sind jedoch weniger verbreitet als die agglomerativen Verfahren. Vgl. *Steinhausen/Langer* (1977), S. 98f.

[3] Das Single-Linkage-Verfahren bemißt die Distanz zweier Cluster anhand der beiden Elemente, die zueinander die geringste Distanz aufweisen. Es werden die beiden Cluster zusammengefaßt, welche die geringste Distanz zweier benachbarter Elemente aufweisen.

[4] Das Complete-Linkage-Verfahren bemißt die Distanz zweier Cluster als den Abstand der beiden am weitesten voneinander entfernten Elemente. Es werden die beiden Cluster zusammengefaßt, welche die geringste Distanz ihrer am weitesten auseinanderliegenden Elemente aufweisen.

[5] Das (Weighted-)Average-Linkage-Verfahren stellte einen Kompromiß zwischen den beiden erstgenannten Agglomerationskriterien dar. Es verwendet nicht nur die kürzeste bzw. längste Distanz zweier Elemente als Clusterdistanz, sondern bestimmt diese auf Basis sämtlicher Elementdistanzen als deren gewichtetes bzw. ungewichtetes arithmetisches Mittel. Es werden wieder die beiden Cluster zusammengefaßt, welche die geringste Clusterdistanz aufweisen.

lich für quadrierte euklidische Distanzen als Minimierung des Varianzkriteriums interpretiert werden kann.[1]

Hierarchische Verfahren weisen den Nachteil auf, daß sie einmal gebildete Cluster nicht mehr verändern können. Deshalb werden sie oft als Ausgangslösung für partitionierende Verfahren[2] verwendet. Diese Gruppierungsalgorithmen gehen von einer vorgegebenen Gruppenkonstellation aus und nehmen solange Austauschprozesse zwischen Mitgliedern der Cluster vor, bis eine Verbesserung der Zielvorschrift (Homogenitäts- bzw. Heterogenitätsmaß) nicht mehr möglich ist.[3] Die Zahl der Cluster wird dabei nicht verändert.

Die derart gebildeten Cluster können hinsichtlich der präferenzbildenden Merkmale, welche die Gruppenmitglieder gemeinsam aufweisen, charakterisiert werden. Als Interpretationshilfen können die Gruppen-Centroide, minimale / maximale Merkmalsausprägungen oder die Variationsbreite der Merkmalsausprägungen verwendet werden. Es können sich z.B. preissensible und zeitsensible Gruppen oder Cluster, deren Mitglieder beide Eigenschaften gleich gewichten, bilden.

Die Kenntnis derartig charakterisierter Gruppen allein reicht aber noch nicht aus, um Maßnahmen zur Beeinflussung des Verkehrsmittelwahlverhaltens gezielt am Markt plazieren zu können. Sind die Mitglieder der Cluster nicht hinsichtlich weiterer Variablen näher bekannt, können sie nur im Rahmen einer Selbstselektion auf mögliche Angebotsveränderungen reagieren. Angebote können dann zwar gruppenspezifisch entwickelt, aber lediglich unspezifiziert am Gesamtmarkt positioniert werden. Die gebildeten Cluster deshalb möglichst hinsichtlich weiterer Merkmale ihrer Mitglieder zu beschreiben, die sie von Mitgliedern anderer Cluster unterscheiden.

Mit Hilfe der Diskriminanzanalyse[4] können die Gruppen daraufhin überprüft werden, ob sich ihre Mitglieder durch weitere Merkmale voneinander unterscheiden. Das unterstellte Nutzenmodell gibt keine theoretischen Hinweise auf mögliche Zusammenhänge zwischen Präferenzen und sozioökonomischen Merkmalen der Individuen. Insofern bietet es sich an, eine explorierende stufenweise Diskriminanzanalyse durchzuführen. Bei dieser Vorgehensweise werden die verschiedenen Variablen, die im Kapitel II dieser Arbeit erörtert wurden, in die Analyse einbezogen bzw. wieder herausgenommen, wenn sie nicht als trennendes Merkmal zwischen den Individuen unterschiedlicher Cluster ermittelt werden. Die Berechnung der Diskriminanzfunktionen sollte mit Hilfe eines Kriteriums erfolgen, das zumindest einige wenige Cluster gut trennen kann und möglichst die Aufnahme kollinearer unabhängiger Variabler verhindert, da durch

---

[1] Eine Darstellung der genannten Verfahren und ihrer Eigenschaften findet sich bei *Steinhusen/Langer* (1977), S. 75ff.

[2] Vgl. *Bleymüller/Bergs/Lamers* (1983), S. 166ff.

[3] Im allgemeinen kann nicht garantiert werden, daß tatsächlich ein generelles Optimum des Zielkriteriums gefunden wird. Tauscht der Clusteralgorithmus z.B. jeweils ein Mitglied zwischen zwei Gruppen aus, so könnte z.B. der gleichzeitige Austausch von zwei oder mehr Mitgliedern zwischen den Clustern zu einer weiteren Verbesserung des Optimalitätskriteriums führen. Je nach Austauschvorschrift des Gruppierungsalgorithmus wird also lediglich ein mehr oder weniger gutes Suboptimum gewährleistet.

[4] Vgl. *Backhaus u.a.* (1990), S. 162ff.

redundante Informationen die analytischen Möglichkeiten des Algorithmus nicht sinnvoll genutzt werden.[1] Die stufenweise Diskriminanzanalyse weist jedoch den Nachteil auf, daß die Signifikanztests praktisch entwertet sind. Es läßt sich zeigen, daß es unter etwa 30 mit Zufallszahlen besetzten Variablen stets einige gibt, denen im schrittweisen Verfahren eine signifikante Trennung in beliebige, willkürliche Cluster zugeschrieben wird.[2] Die Nullhypothese der Trennung der Gruppen kann also statistisch nicht sinnvoll getestet werden. Trennende Variable, die auf diese Weise ermittelt werden, sind hinsichtlich ihrer ökonomischen Plausibilität zu überprüfen.

Mit Hilfe der Marktsegmentierung lassen sich also nicht grundsätzlich gezielte Strategien für die Beeinflussung des Verkehrsmittelwahlverhaltens entwickeln. Die über die Cluster gebildete Klassifizierung der Nachfrager hinsichtlich ihrer Präferenzstrukturen bildet allerdings in jedem Fall eine differenzierte Grundlage für die im Rahmen der Conjoint-Analyse angestrebte Marktsimulation der Wirkung verkehrsmittelwahlverhaltensbeeinflussender Maßnahmen.

g) Simulationsstudien

Die Simulation von Verkehrsmittelwahlentscheidungen bietet die Möglichkeit der empirischen Analyse der Wirkungen verhaltensbeeinflussender Maßnahmen auf den Modal Split. Die Conjoint-Analyse stellt damit einen methodischen Ansatzpunkt zur Prüfung der Hypothese, ob Maßnahmen zur Attraktivitätssteigerung des ÖPNV geeignet sind, nennenswerte Veränderungen des Modal Split herbeizuführen. Darüber hinaus kann die Hypothese überprüft werden, ob durch eine Attraktivitätsminderung des motorisierten Individualverkehrs eine Zunahme der Nachfrage nach Verkehrsleistungen der Unternehmen des ÖPNV nach sich ziehen wird, oder ob sich die Verkehrsteilnehmer alternativ z.B. zur Bildung von Mitfahrgemeinschaften entschließen werden.

Methodisch wirft die Marktanteilssimulation allerdings zwei Probleme auf. Erstens ist bei der Entscheidungssimulation zu berücksichtigen, daß die Conjoint-Analyse zu den einstellungsorientierten Verfahren zählt. Demzufolge können zwar Veränderungen der Präferenzordnungen simuliert werden, nicht aber Entscheidungen. Auch die Messung der Präferenzen im Sinne einer "Wahlabsicht" kann diesen Mangel nicht heilen. Zur Überprüfung der externen Validität wurde die Übereinstimmung der mit Hilfe der individuellen Nutzenfunktionen geschätzten höchsten Präferenz für die von den jeweiligen Probanden angegebenen realen Wahlalternativen mit der real gewählten Alternative verglichen und gegen ein Zufallsmodell auf seine Signifikanz hin überprüft. Bei diesem Validitätstest kommt der Wahl einer Entscheidungsregel keine beeinflussende Bedeutung zu. Der Alternative mit der höchsten Präferenz wird auch von probabilistischen Entscheidungsregeln, wie z.B. der Logit-Regel oder dem BTL-Koeffizienten, die höchste Auswahlwahrscheinlichkeit zugewiesen. Im Fall der Bestimmung der Markt-

---

[1] Zu den Eigenschaften unterschiedlicher Kriterien vgl. *Schubö u.a.* (1991), S. 310f.

[2] Vgl. *Schubö u.a.* (1991), S. 307.

anteile nimmt die Wahl der Entscheidungsregel deutlichen Einfluß auf die Simulationsergebnisse, vor allem dann, wenn die Präferenzen für ein oder mehrere Alternativen ähnlich hoch sind oder sich durch die verkehrspolitischen Maßnahmen einander annähern. Die first choice-Regel entspricht zwar der ökonomischen Theorie, ist aber modelltheoretisch nicht schlüssig. "(...) it is logically inconsistent that stochastic models are used to derive estimates of part-worth utility parameters (for example, linear regression models) but deterministic rules are used to apply the parameters to predict choice."[1] Es ist durchaus plausibel anzunehmen, daß die Auswahlwahrscheinlichkeit einer Alternative nicht 100% ist, wenn eine weitere Alternative eine fast gleich hohe Präferenz aufweist. Die Wahl einer Entscheidungsregel ist also heuristisch. Sie kann aufgrund ökonomischer Plausibilitätsüberlegungen und einer guten Annäherung der Simulation der derzeit realen Wahlsituationen an den in der Stichprobe ermittelten Modal Split erfolgen.

Ein weiteres Problem stellen die Rahmenbedingungen der realen Entscheidungssituationen dar, die innerhalb des Nutzenmodells keine Berücksichtigung finden. Sie finden keinen Eingang in das Experiment der Conjoint-Analyse, können sich aber sehr wohl verhaltensbeeinflussend auswirken, insbesondere dann, wenn für bestimmte Wahlalternativen aus der individuellen Entscheidungssituation heraus nicht-kompensatorische Entscheidungsregeln verwendet werden. Eine Möglichkeit, diese Bedingungen in die Simulation des Modal Split zu integrieren, besteht darin, während des Interviews derartige verhaltensbeeinflussende Variable zu erheben. So kann z.B. die kategorische Ablehnung einer theoretisch denkbaren Verkehrsmittelalternative in das Modell einbezogen werden, indem ihr ein Nutzenwert von Null zugewiesen wird.

Um die oben genannten Thesen empirisch überprüfen zu können, sind die Auswirkungen der jeweiligen Maßnahmen auf die Eigenschaften der Nahverkehrssysteme zu erheben. Die Probanden sind danach zu befragen, in welcher realen Entscheidungssituation sie sich befinden. Eine Bewirtschaftung öffentlichen Parkraums kann nur dann zu einer Änderung der Präferenzen führen, wenn die Probanden überhaupt öffentliche Parkplätze nutzen und nicht über unternehmenseigene Stellflächen verfügen können. Die Wirkung eines Beschleunigungsprogramms kann nur dann zu einer Änderung der Präferenzen führen, wenn ein Individuum eine Zeitverzögerung dieses Verkehrssystems präferenzbildend wahrgenommen hat. Die wahrgenommenen Eigenschaften der Verkehrssysteme bestimmen letztlich die Entscheidungsgrundlage der Individuen. Deshalb sind die Daten der individuellen Entscheidungssituationen auf mögliche Wahrnehmungsverzerrungen hin zu prüfen. So macht eine Preissenkung der öffentlichen Verkehrssysteme wenig Sinn, wenn die Zielgruppe dieser Maßnahme die Preise ohnehin verzerrt wahrnimmt, also der volle Preisvorteil nicht präferenzbildend wirken kann. Die Realitätsnähe der Simulation kann verbessert werden, wenn zu Beginn der empirischen Analyse die Angaben der Befragten hinsichtlich systematischer Verzerrungen überprüft werden. Der Feststellung derartiger Wahrnehmungsprobleme sind aber insoweit Grenzen gesetzt, als eine empirische Erhebung realer Daten oft nicht möglich ist. So lassen sich die Fahrpreise im ÖPNV relativ leicht überprüfen, die angegebenen

---

1 *Louviere* (1988), S. 97.

Fahrtkosten des Pkw dagegen weniger. Allerdings können Wahrnehmungsunterschiede zwischen den unterschiedlichen Nutzergruppen (Nutzer, gelegentliche Nutzer, Nichtnutzer) der Verkehrssysteme analysiert werden.

h) Kritik an der Conjoint-Analyse

Die Conjoint-Analyse erlaubt dem Untersuchenden über die Festlegung der Merkmale der Stimuli und deren Ausprägungen eine weitreichende Kontrolle der Bewertungsaufgabe, welche die Befragten zu bewältigen haben. Obwohl die Untersuchungsschritte methodisch aufeinander abgestimmt werden müssen, ist sie damit ein sehr flexibles Instrument zur Messung und Analyse individueller Präferenzen.

Die größte Unsicherheit für die Validität der Untersuchung hängt von der Fähigkeit der Probanden ab, die Bewertungsaufgabe zuverlässig zu bewältigen. Eine Überforderung der Befragten kann durch eine Überladung der Stimuli mit zu vielen unterschiedlichen Merkmalen der Verkehrsmittelalternativen entstehen. Eine zu große Zahl der Merkmalsausprägungen kann ebenfalls zu einer Verzerrung der angegebenen Präferenzordnung führen. Und schließlich kann die Zahl der zu bewertenden Stimuli selbst eine Größenordnung erreichen, die zwar eine gute statistische Schätzung der Nutzenfunktionen erlaubt, aber eine sinnvolle Bewertung durch die Probanden in Frage stellt.

Eine Komplexitätsreduzierung kann zwar durch eine Vereinfachung der charakterisierenden Beschreibung der Verkehrsmittelwahlalternativen erfolgen. Dann besteht aber wiederum die Gefahr der Überschätzung der Abstraktionsfähigkeit der Befragten. Eine Verbesserung der Modellbildung kann im Fall komplexer Strukturen realer Zusammenhänge am ehesten durch eine an die individuelle Entscheidungssituation angepaßte Definition der fiktiven Wahlalternativen des Experiments erfolgen.

Je individueller das Untersuchungsdesign ausgestaltet wird, desto weniger können die ermittelten Parameter der individuellen Nutzenfunktionen interpersonell verglichen werden, um Gruppierungen von Individuen mit ähnlichen Präferenzordnungen zu bilden. Der Simulation von Änderungen der Präferenzordnung bezüglich veränderter realer Verkehrssystemeigenschaften kommt damit besondere Bedeutung zu.

Die Möglichkeit, individuelle Präferenzmodelle entwickeln zu können, wird durch die Aufhebung der Annahme der bekundeten Präferenz möglich. Der Vorteil, auf diese Weise mehrere Beobachtungen für jedes Individuum erheben zu können, wird durch den Nachteil erkauft, daß "echte" Entscheidungen bezüglich der Wahl der Verkehrsmittelalternativen nicht in die Datengrundlage eingehen. Werden die realen Wahlalternativen eines Individuums mit Hilfe der auf fiktiver Datenbasis ermittelten Nutzenfunktion bewertet und als Präferenzordnung abgebildet, so können keine Aussagen über das tatsächliche Entscheidungsverhalten gemacht werden. Die zugrundeliegenden Entscheidungsregeln sind nicht modellhaft abgebildet, sondern lediglich mit Hilfe realer individueller Entscheidungen und realer Marktanteile hinsichtlich ihrer ökonomischen Plausibilität überprüfbar.

Bei der Anwendung der Conjoint-Analyse ist des weiteren zu berücksichtigen, daß die Analyseergebnisse statischen Charakter haben. Sie stellt eine Momentaufnahme des

Entscheidungssystems der Individuen dar und eignen sich damit für kurzfristige Analysen, wie sie im Rahmen dieser Arbeit durchgeführt werden sollen. Die Entwicklung derartiger Ansätze soll deshalb nicht die langfristigen Analysen, wie sie mit Hilfe der aggregierten Verkehrsnachfragemodelle angestrebt werden, ersetzen. Allerdings kann sie dazu beitragen, die Annahmen der in den Langfristmodellen integrierten Verkehrsmittelwahlmodelle kritisch zu hinterfragen.

IV. EMPIRISCHE ANALYSE DES BERUFSVERKEHRS DER STADT MÜNSTER

A. RAHMENBEDINGUNGEN

1. Verkehrsentwicklung der Stadt

Die Stadt Münster ist ein solitäres Oberzentrum und weist ein weites Pendlereinzugsgebiet auf. Dieses erstreckt sich über weite Teile des Landes Nordrhein-Westfalen und reicht nördlich in das Land Niedersachsen hinein. Die Anzahl der Berufspendler[1], die auf ihrem Weg zur Arbeit die Stadtgrenze überschreiten (Einpendler), ist seit den 50er Jahren stetig gewachsen (vgl. Tab. 5).

Der Anteil der Einpendler an den Beschäftigten der Stadt ist von 21,5% im Jahr 1950 auf über 30% im Jahr 1970 gestiegen. Die Zahl der Auspendler ist zwar ebenfalls deutlich gestiegen; der Pendlersaldo spricht allerdings für eine deutliche Pendelattraktivität der Stadt. Die Angaben für das Jahr 1970 sind bezüglich der kommunalen Gebietsreform korrigiert ausgewiesen, um einen Vergleich mit den Volkszählungsdaten des Jahres 1987 zu ermöglichen. Demzufolge steigt die Zahl der Pendler weiter an. Die Zahl der Pendler hat sich dabei innerhalb dieses Zeitraumes mehr als verdoppelt.[2]

Zwischen den Berufseinpendlern, die ihren Wohnsitz außerhalb Münsters haben, und den Binnenpendlern, die ihren Wohnsitz innerhalb der Stadtgrenzen haben, wurden in der Volkszählung von 1987 deutliche Unterschiede in der Verkehrsmittelwahl festgestellt.

---

[1] Im Rahmen der Volkszählung von 1987 werden Pendler als Erwerbstätige und Schüler definiert, deren Arbeits- bzw. Ausbildungsstätte nicht auf dem Wohngrundstück liegt. In der vorliegenden Arbeit werden Pendler, die ihren Weg zur Arbeit innerhalb der Stadtgrenzen zurücklegen, als Binnenpendler bezeichnet, und Pendler, die auf dem Berufsweg die Stadtgrenze überschreiten, als Einpendler definiert. Letztere bilden ein Abgrenzungskriterium für die Grundgesamtheit der hier durchgeführten Erhebung. In der amtlichen Statistik werden unter dem Begriff Berufseinpendler auch diejenigen Pendler zusammengefaßt, die zwischen Stadtteilen ihren Weg zurücklegen, hier also zu den Binnenpendlern zählen. Auf diese Begriffsunschärfe wird mit dem Begriff der innerstädtischen Berufseinpendler gegebenenfalls explizit hingewiesen.

[2] Rein rechnerisch entspricht die Zunahme der Zahl der Berufspendler zwischen den Jahren 1970 und 1987 der Arbeitsplatzzunahme. *Puderbach* (1992), S. 19.

Tab. 5: **Erwerbstätige, Pendler und Beschäftigte 1950-1987**

	1950	1961	1970[2]	1970[2]	1987
Erwerbstätige	48.217	76.528	77.099	98.436	102.520
- Auspendler	776	2.911	4.145	2.408	8.582
+ Einpendler	13.023	22.947	32.235	19.346	48.137
= Beschäftigte[1]	60.464	96.564	105.189	115.374	143.617
Einpendler/ Beschäftigte	21,5%	23,8%	30,6%	16,8%	33,5%

[1] Summe entspricht nicht dem rechnerischen Wert, da Pendler mit unbestimmtem Ziel nicht berücksichtigt sind. [2] Die Daten für das Jahr 1970 sind in der ersten Spalte für die Gemeindegrenzen vor der Gebietsreform und in der zweiten Spalte für die Grenzen nach der Reform ausgewiesen.

Quelle: *Puderbach* (1992), S. 19.

Tab. 6: **Berufseinpendler nach überwiegend benutzten Verkehrsmitteln am 27.5.1987**

überwiegend benutztes Verkehrsmittel	von außerhalb Münsters		Berufseinpendler innerstädtisch		zusammen	
	Anzahl	%	Anzahl	%	Anzahl	%
zu Fuß	17	0,0	4.466	6,4	4.483	3,8
Fahrrad	197	0,4	17.388	25,0	17.585	14,9
Pkw	39.180	81,4	38.866	55,8	78.046	66,3
Eisenbahn	6.190	12,9	377	0,5	6.567	5,6
Bus	2.301	4,8	7.584	10,9	9.885	8,4
Sonstige	252	0,5	961	1,4	1.213	1,0
Insgesamt	48.137	100,0	69.642	100,0	117.779	100,0

Quelle: *Holtz/Puderbach* (1991), S. 26.

Der Anteil des motorisierten Individualverkehrs ist bei den Einpendlern von außerhalb der Stadt mit 81,4% um 25,6 Prozentpunkte größer als bei den Binnenpendlern. Dagegen tendiert der nichtmotorisierte Individualverkehr gegen Null, macht aber im Fall der Binnenpendler fast ein Drittel des Modal Split aus. Bei den öffentlichen Verkehrsmitteln nutzen die Einpendler deutlich häufiger die Eisenbahn als die Binnenpendler, die häufiger auf den Bus als Nahverkehrsmittel zurückgreifen. Insgesamt stellen die Pendler von außerhalb der Stadt mit 48.137 einen Anteil von etwa 41% des Berufspendleraufkommens.[1]

Im Gesamtverkehrsplan 1986 (GVP) wurden für den Prognosezeitraum 1990/95 im Berufsverkehr 35.000 Einpendler zugrunde gelegt. Nach den Volkszählungsdaten sind diese Daten bereits 1987 um zwischen 30 und 40% überschritten.[2] Etwa die Hälfte der 40.000 Berufspendler, die mit dem Pkw in die Stadt einfahren, hat ihren Arbeitsplatz innerhalb des II. Tangentenrings, d.h. im Zentrum der Stadt; davon nutzen etwa 14.600 den Pkw, die übrigen die öffentlichen Verkehrsmittel. Die Einpendler tragen zu den insgesamt morgens in die Innenstadt einfahrenden 23.000 Pkw mit etwa 12.000 Fahrzeugen zu gut 50% des Verkehrsaufkommens bei.[3]

2. Immissionsentwicklung

Seit Ende der 80er Jahre werden die Luftschadstoffe Stickstoffdioxid (NO_2), Stickstoffmonoxid (NO), Schwefeldioxid (SO_2) und Kohlenmonoxid (CO) in Münster kontinuierlich erfaßt. Der Kfz-Verkehr emittiert aufgrund der Verbrennungsprozesse in den Motoren bestimmte Stoffe im wesentlichen nur indirekt, z.B. NO und CO. Diese Gasverbindungen sind allerdings nicht stabil und wandeln sich binnen kurzer Zeit zu NO_2 bzw. CO_2. Die Umwandlung der Stickoxide ist im Zusammenhang mit Kohlenwasserstoffen als Vorstufe u.a. von Ozon von Bedeutung. Tab. 7 zeigt die für die menschliche Gesundheit relevanten Grenzwerte der TA Luft, die rechtlich verbindlich

Tab. 7: Immissionswerte der Stadt Münster im Vergleich mit den derzeit gültigen Grenzwerten

Meßkomponente	TA-Luft (Jahresmittelwert)	Münster (Jahresmittelwert 01.4.- 31.3.)			
		1988	1989	1990	1991
Schwefeldioxid	140	29,0	22,8	21,3	18,6
Stickstoffdioxid	80	46,0	50,0	47,0	46,5
Stickstoffmonoxid		26,0	24,8	22,3	18,7
Kohlenmonoxid	10.000	550,0	381,5	623,0	472,5

Quelle: *Der Oberstadtdirektor der Stadt Münster* (Hrsg., 1991), S. 5.

---

[1] Vgl. *Holtz/Puderbach* (1991), S. 26.

[2] Vgl. *Der Oberstadtdirektor der Stadt Münster* (Hrsg., 1991b), Teil A, S. 17.

[3] Vgl. *Der Oberstadtdirektor der Stadt Münster* (Hrsg., 1991b), Teil A, S. 25. Diese Zahlen der Pendler, die mit dem Pkw fahren, basieren auf der jeweiligen Beschäftigtenzahl der statistischen Bezirke der Stadt Münster. Sie sind gegenüber den Angaben zu den Zahlen der Berufseinpendler der Auswertung der Volkszählungsdaten von *Holtz/Puderbach* höher ausgewiesen. Vgl. *Holtz/Puderbach* (1991), S. 23.

sind. Die gemessenen Jahresmittelwerte sind mit denen anderer Großstädte vergleichbar.[1]

Zwar liegen die Meßwerte deutlich unter den Grenzwerten, die restriktiveren Grenzwerte für Kurzzeitbelastungen durch NO_2 werden allerdings von mehreren Messungen überschritten. Grenzwertüberschreitungen wurden für die Monate Februar und März 1991 im Bereich der NO_2-Konzentrationen festgestellt. Die Immissionswerte dieses Gases befinden sich allerdings auf kontinuierlich hohem Niveau. "Bei etwa konstanten Emissionen von Stickstoffoxiden, jedoch schlechten Luftaustauschbedingungen, steigen die Immissionswerte schnell an, und nicht selten erreichen die Werte 70 bis 80% des MIK-Wertes für 24 Stunden, der 100 g/m^3 beträgt."[2]

Die neben den Stickstoffoxiden ebenfalls oft hohe kurzfristige Belastung mit Schwefeldioxid verringert sich aufgrund der Luftreinhaltemaßnahmen im Industrie- und Kraftwerkssektor.[3] Der Kfz-Verkehr mit Dieselfahrzeugen weist noch technische Potentiale zur Verringerung des Schadstoffausstoßes auf, z.B. durch die Einführung schwefelarmen Dieselkraftstoffes oder durch Abgasreinigung.

Neben der Belastung der Infrastruktur der Stadt Münster durch den stetig zunehmenden Berufspendlerverkehr kann also auch im Bereich der Nutzung von Umweltressourcen davon ausgegangen werden, daß Knappheitsprobleme im Verkehrssektor auftreten.

3. Verkehrspolitische Zielvorstellungen

a) Verkehrskonzept zum Gesamtverkehrsplan 1986

Mit dem Verkehrskonzept zum Generalverkehrsplan[4] (GVP) wurden generelle verkehrsplanerische und verkehrspolitische Zielvorstellungen des Generalverkehrsplanes 1986 konkretisiert. Die formulierten Oberziele bewegen sich in dem in Kapitel IIA aufgezeigten Spannungsfeld ökonomischer, ökologischer und städtebaulicher Überlegungen. Abb. 7 zeigt die sieben Oberziele im Überblick.

Für diese Untersuchung sind die Ziele von besonderem Interesse, die auf eine Attraktivitätssteigerung des ÖPNV auf der einen Seite und auf eine Beschränkung des MIV auf der anderen Seite gerichtet sind. Unter anderem wird im ÖPNV-Förderprogramm explizit auf die "Begrenzung des individuellen Kfz-Verkehrs im Interesse der Wohnqualität"[5] hingewiesen.

---

[1] Vgl. *Der Oberstadtdirektor der Stadt Münster* (Hrsg., 1991a), S. 2f., 15.

[2] *Der Oberstadtdirektor der Stadt Münster* (Hrsg., 1991a), S. 3.

[3] Zur Entwicklung der Schwefeldioxidemissionen und ihrer Vermeidung vgl. *Der Oberstadtdirektor der Stadt Münster* (Hrsg., 1989), S. 134ff.

[4] Vgl. *Der Oberstadtdirektor der Stadt Münster* (Hrsg., 1986a). Die Begriffe Gesamtverkehrsplan und Generalverkehrsplan werden im folgenden synonym verwandt.

[5] *Der Oberstadtdirektor der Stadt Münster* (Hrsg., 1991a), Heft 1, Anlage 2, S. 52.

Abb. 7: Oberziele des Verkehrskonzeptes zum GVP '86

> Grundsatz:
> Die Möglichkeit der individuellen freien Verkehrsmittelwahl bleibt weitgehend gewährleistet.
>
> 1. Sicherung der Erreichbarkeit der Stadt Münster als Oberzentrum
>
> 2. Erhaltung und Verbesserung des Wohnwertes in der Stadt, insbesondere in den innenstadtnahen Wohnquartieren (Entlastung vom gebietsfremden Verkehr, Bündelung auf Hauptverkehrsstraßen)
>
> 3. Begrenzung des individuellen Kfz-Verkehrs im Interesse der Wohnqualität
>
> 4. Förderung des öffentlichen Personennahverkehrs (vorrangig im Berufsverkehr)
>
> 5. Förderung des Fußgänger- und Radverkehrs (vorrangig im Berufsverkehr)
>
> 6. Bessere Nutzung des vorhandenen Verkehrs- und Parkraumes, Beseitigung von Engpässen und Schließen von Netzlücken
>
> 7. Verbesserung der Verkehrssicherheit in Wohngebieten und auf Verkehrsstraßen

Quelle: *Der Oberstadtdirektor der Stadt Münster* (Hrsg., 1991b), Heft 1, Anlage 2 zur Ratsvorlage 350/91, S. 52f.

Als zu verfolgende Teilziele werden weiter die Minderung des Parksuchverkehrs, die Parkraumbewirtschaftung und die Verkehrsberuhigung genannt. Neben diesen für den MIV restriktiven Zielen wird die Förderung des öffentlichen Nahverkehrs vornehmlich im Berufsverkehr angestrebt. Die genannten Teilziele stehen im wesentlichen mit der Beschleunigung des ÖPNV, der Fahrplanoptimierung und der Einrichtung von P&R-Anlagen in Verbindung. Ein drittes hier relevantes Oberziel ist die "bessere Nutzung des vorhandenen Verkehrs- und Parkraumes, Beseitigung von Engpässen und Schließen von Netzlücken"[1].

Diese allgemeinen Ziele stehen in Zusammenhang mit einem Infrastrukturplan (GVP-Netz 1986)[2], dessen Zielsetzung im wesentlichen durch Aspekte der langfristi-

---

[1] *Der Oberstadtdirektor der Stadt Münster* (Hrsg., 1991a), Heft 1, Anlage 2, S. 52.
[2] Vgl. *Der Oberstadtdirektor der Stadt Münster* (Hrsg., 1986c), S. 46.

gen Sicherung der Stadtentwicklung gekennzeichnet ist. Für die hier analysierte kurzfristige Verkehrsmittelwahl ist allerdings das Maßnahmenprogramm zum GVP 86 von besonderem Interesse.

b) Maßnahmenprogramm zum GVP 86

Die Verwaltung der Stadt entwickelte mit dem Maßnahmenprogramm zum GVP 86[1] Vorschläge zur Erreichung der oben genannten Ziele mit einem kurz- bis mittelfristigen Planungshorizont 1990-1995. Im Bereich des MIV der Einpendler im Berufsverkehr beruhen die Vorschläge im wesentlichen auf drei Strategien.

Zum ersten sind eine Vielzahl baulicher Maßnahmen vorgesehen. Diese betreffen zum einen die Beseitigung von Engpässen wichtiger Stadtstraßen, zum anderen den Aus- und Neubau von Entlastungsstraßen. Besondere Bedeutung kommt dabei dem Ausbau und der Verlängerung der Umgehungsstraße zu. Mit der flächenhaften Verkehrsberuhigung werden allerdings die Belastungen auf die Hauptverkehrsstraßen konzentriert. Insgesamt wird aber von den Ausbaumaßnahmen zumindest kurzfristig eine Verstetigung des Verkehrs erwartet.

Als zweite Strategie nimmt die Parkraumbewirtschaftung zur Beeinflussung des Verkehrsmittelwahlverhaltens im Berufsverkehr eine zentrale Rolle ein. Die Möglichkeiten des gebührenfreien Dauerparkens sollen vollständig abgeschafft werden. Alle öffentlichen Parkplätze in der Innenstadt sollen bewirtschaftet werden. Der Erfolg einer derartigen Strategie hängt allerdings davon ab, inwiefern die Berufspendler tatsächlich öffentlichen Parkraum nutzen. Als dritte wichtige Maßnahme ist ein mittelfristig einzurichtendes Parkleitsystem vorgesehen. Eine Verminderung des Parksuchverkehrs soll eine Verstetigung des morgendlichen Berufsverkehrs bewirken.

Zum dritten wurde für den ÖPNV eine Vielzahl von Maßnahmen entwickelt, die allerdings durch das ÖPNV-Förderprogramm Münster 1991 als Teil des ÖPNV-Rahmenkonzeptes Münster/Münsterland ersetzt wurden.

c) ÖPNV-Förderprogramm 1991

Der 1991 vorgelegte Entwurf der Verwaltung der Stadt Münster für ein städtisches ÖPNV-Förderprogramm Münster 1991 löst das ÖPNV-Maßnahmenprogramm im GVP 86 ab.[2] Es stellt die Maßnahmenbündel in Zusammenhang mit den unterschiedlichen ÖPNV-Maßnahmenprogrammen und -konzepten der Stadt und des Münsterlandes. Abb. 8 zeigt das ÖPNV-Rahmenkonzept im Überblick.

---

1 Vgl. *Der Oberstadtdirektor der Stadt Münster* (Hrsg., 1986b).
2 Vgl. *Der Oberstadtdirektor der Stadt Münster* (Hrsg., 1991c), S. 2.

Abb. 8: Einordnung des städtischen ÖPNV-Förderprogramms Münster 1991 zu den übrigen Maßnahmenprogrammen des ÖPNV im Stadtverkehr Münster und im Regionalverkehr

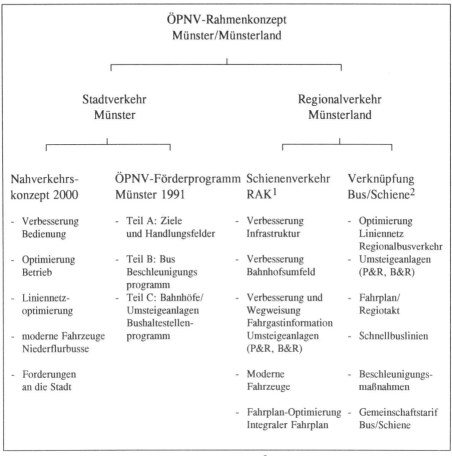

[1] Maßnahmenprogramme Regionalarbeitskreise (RAK); [2] 5 Sachstandsberichte AK Kooperation Bus/Schiene.

Quelle: *Der Oberstadtdirektor der Stadt Münster* (Hrsg., 1991b), Teil A, S. 8.

Kernelemente aller Maßnahmenprogramme sind Maßnahmen zur Beschleunigung des ÖPNV, sowohl im Stadtverkehr (Busspuren, Bevorrechtigungen an Lichtsignalanlagen) als auch im Regionalverkehr mit Hilfe von Schnellbussen auf den Hauptverkehrsachsen.[1]

---

[1] Vgl. *Der Oberstadtdirektor der Stadt Münster* (Hrsg., 1991a), Teil B, S. 6f.

Ebenfalls tragende Bedeutung kommt der Umgestaltung von Haltestellen zu P&R-Stationen zu. Zu diesem Zweck werden Neu- und Umbaumaßnahmen von Stellflächen an Vorortbahnhöfen und am Stadtrand vorgesehen.[1]

B. FESTLEGUNG DES UNTERSUCHUNGSDESIGNS

1. Verkehrsinfrastruktur

Die Stadt Münster ist überregional in Nord-Süd-Richtung durch die Autobahn A1 angebunden. In Ost-West-Richtung hingegen bestehen keine direkten Anbindungen an das Autobahnnetz, sondern lediglich Tangentialverbindungen des Münsterlandes, die A2 und die A30. Im Schienenverkehr ist Münster über die IC-Strecken nach Osnabrück und Dortmund angebunden. Daneben laufen mehrere Nahverkehrsverbindungen radial auf die Stadt zu: Coesfeld, Burgsteinfurt, Rheine, Warendorf und Hamm.[2] Damit können die Berufspendler im Grundsatz alle vier Verkehrsmittelalternativen, die bislang diskutiert wurden, nutzen.[3]

Die Berufspendler benötigen zur Bewältigung des Weges vom Wohnort außerhalb der Stadt zum Arbeitsplatz sehr unterschiedliche Fahrtzeiten. Tab. 8 zeigt die Verteilung für den Stichtag der Volkszählung 1987. Über 80% der Einpendler benötigen demzufolge zwischen einer Viertelstunde und einer vollen Stunde, um eine Wegstrecke zum Arbeitsplatz zurückzulegen. Unter 15 Min. werden praktisch keine Wege mehr zurückgelegt. Der Anteil der Pendler der jeweiligen Reisezeitintervalle schwankt sehr deutlich mit der geographischen Ausrichtung des Verkehrskorridors. Die gesamt angegebene Verteilung entspricht in etwa den Verteilungen der Pendler aus den Richtungen Nord und West/Nordwest. Der Einzugsbereich Nordost/Ost weist deutlich kürzere Reisezeiten auf. Aus Richtung Südost/Süd benötigen praktisch alle Pendler mehr als eine halbe Stunde für den Weg zur Arbeit. Der Pendleranteil aus dieser Richtung ist allerdings mit 4,63% des Aufkommens gering.[4]

Unter räumlichen Gesichtspunkten fließen die stärksten Berufseinpendlerströme mit zwischen 2.000 und 4.000 Einpendlern an einem Tag aus den direkt angrenzenden Gemeinden Greven, Telgte, Senden, Nottuln und Havixbeck in die Stadt Münster (s. Abb. 9). Die nächst aufkommensstärksten Pendlerströme nehmen ihren Ursprung von den entfernter gelegenen Gemeinden Steinfurt, Rheine, Drensteinfurt, Dülmen und

---

[1] Vgl. *Der Oberstadtdirektor der Stadt Münster* (Hrsg., 1991a), Teil C, S. 12, 18.

[2] *Der Minister für Stadtentwicklung, Wohnen und Verkehr des Landes Nordrhein-Westfalen* (Hrsg., 1990).

[3] Das Fahrrad wird hier nicht als Alternative in die Untersuchung mit einbezogen. Es kann bezüglich seiner Merkmalsausprägungen praktisch nicht variiert werden. Der Preis ist z.B. stets gleich Null DM, die Fahrtzeit kann nur sehr bedingt beeinflußt werden, der Gehweg vom Fahrradständer zur Arbeit ist fast immer sehr kurz. Das Fahrrad kann innerhalb eines orthogonalen Designs, wie es hier vorgesehen ist, nicht sinnvoll untersucht werden.

[4] *Puderbach* (1992), S. 21.

Tab. 8: Berufseinpendler nach Verkehrskorridoren und nach Zeitaufwand für den Weg zur Arbeitsstelle

Zeitaufwand von ... bis unter ... Min.	Nord absolut	Nord %	Nordost/Ost[1] absolut	Nordost/Ost[1] %	Südost/Süd[2] absolut	Südost/Süd[2] %	West/Nordwest absolut	West/Nordwest %	Insgesamt[3] absolut	Insgesamt[3] %
bis unter 15	149	0,9	303	2,8	-	-	-	-	452	0,9
16 " " 30	4.034	23,6	4.387	40,4	-	-	5.526	34,9	13.957	29,0
30 " " 45	6.731	39,3	4.362	40,2	401	18,0	4.922	31,1	16.482	34,2
45 " " 60	4.156	24,3	1.165	10,7	1.016	45,6	2.882	18,2	9.720	20,2
60 und mehr	2.057	12,0	635	5,9	813	36,5	2.482	15,7	7.526	15,6
Insgesamt	17.127	100,0	10.852	100,0	2.230	100,0	15.812	100,0	48.137	100,0

[1] Einschl. Niedersachsen und Bremen; [2] einschl. Rheinland-Pfalz; [3] einschl. nicht korrekt ausgewiesener Gemeinden.

Quelle: *Puderbach* (1992), S. 21.

Emsdetten mit zwischen 1.500 und 2.000. Die überwiegende Mehrheit wohnt innerhalb eines Radius von 50 km um die Stadt.[1]

Abb. 9: Stärkste Berufseinpendlerströme in die Stadt Münster

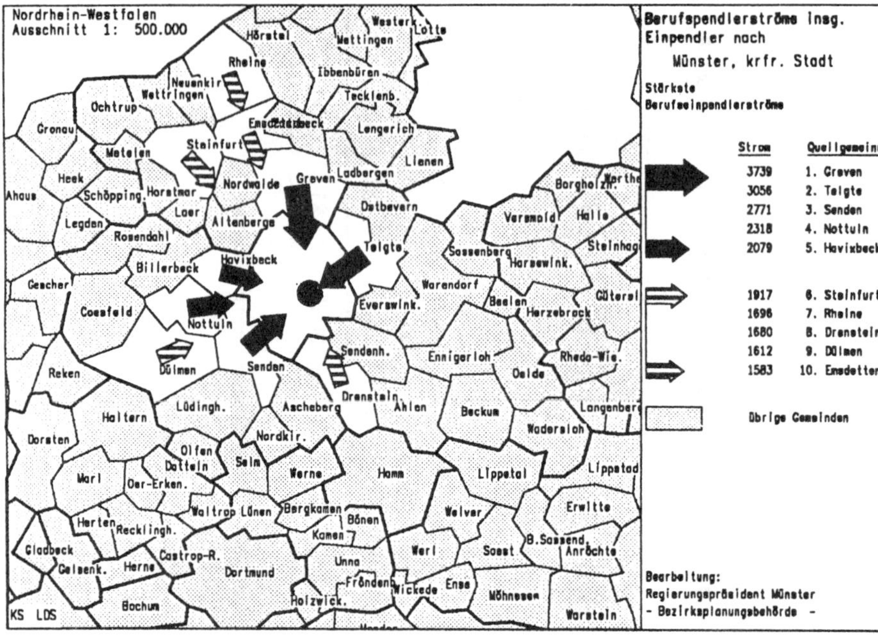

Quelle: *Regierungspräsident Münster* (Hrsg., o.J.), Blatt 23.

Die stärksten Zuwachsraten der gesamten Einpendler zwischen 1970 und 1987 weisen die Fernpendler auf, z.B. aus Osnabrück mit 1.702% (Anstieg der Pendlerzahl von 46 auf 829), Arnsberg mit 1.091% (35 auf 417) oder Essen mit 578% (101 auf 685). Diese Ziffern dürfen allerdings nicht darüber hinwegtäuschen, daß die weitaus geringeren Zuwachsraten traditioneller Wohnorte der Pendler zu immer noch absolut wesentlich höheren Verkehrsaufkommen führen; z.B. weist Greven einen Zuwachs von 2.212 Fahrten auf, was einer Steigerungsrate von 91% entspricht; für Telgte entsprechen die 79% Pendlerzuwachs 1.680 zusätzlichen Fahrten.[2]

---

[1] Vgl. *Regierungspräsident Münster* (Hrsg., 1992), Blatt 23f.
[2] Vgl. *Der Oberstadtdirektor der Stadt Münster* (Hrsg., 1991a), Teil A, Anhang A1, Tab. A 1-3.

2. Merkmale der alternativen Verkehrsmittel

Die Merkmale Preis, Fahrtzeit und Gehwegentfernung von der Haltestelle bzw. dem Parkplatz zur Arbeit bestimmen die objektiv meßbare Grundstruktur einer jeden Verkehrsmittelalternative im Berufspendlerverkehr. Abb. 10 zeigt die Zusammenhänge schematisch für die Stadt Münster als solitärem Oberzentrum. Die Arbeitsplätze A sind also im Gegensatz zu einer polyzentrischen Raumstruktur, z.B. der des Ruhrgebietes, auf ein Zielgebiet konzentriert. Die Abbildung stellt die Wahlalternativen für Pendler des Wohnortes W_1 dar, die jeweils eines der vier Verkehrsmittel Pkw, Fahrgemeinschaft, P&R oder ÖPNV wählen.

Abb. 10: Schematisierte Grundstruktur der Merkmale der Verkehrsmittelwahlalternativen

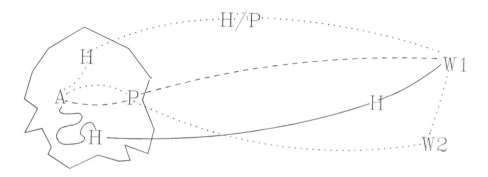

H = Haltestelle; P = Parkplatz; W_i = Wohnort des Individuums i; A = Arbeitsplätze der Individuen.

Quelle: Eigene Erstellung.

Das Merkmal Preis umfaßt jeweils alle mit der Fahrt anfallenden Kosten. Die Fahrtzeit ergibt sich als Differenz zwischen der Abfahrtszeit vom Wohnort W_1 und der Ankunftszeit am Parkplatz bzw. an der Ausstiegshaltestelle innerhalb des markierten Stadtgebietes. Sie beinhaltet alle Unterbrechungen der Fahrt, beispielsweise Verkehrsstauungen oder Umsteigevorgänge. Der Gehweg vom Parkplatz bzw. der Ausstiegshaltestelle zum Arbeitsplatz ist nicht in der Fahrtzeit enthalten.

Neben den objektiven Merkmalen sollen im folgenden die subjektiven ebenfalls berücksichtigt werden. Hierzu zählen zunächst die Komforteigenschaften der Verkehrssysteme. Da sich die Verkehrsteilnehmer unter Komfort die unterschiedlichsten Eigenschaften der einzelnen Verkehrssysteme vorstellen können, ist diese Variable am günstigsten mit Hilfe einer Bewertungsskala zu erfassen. Damit läßt sich der Komfort der Verkehrsmittel als eine Eigenschaft ausdrücken. Die so begrenzte Zahl der notwendigen Variablen trägt zur Komplexitätsreduzierung des Untersuchungsdesigns bei und erleichtert damit den Probanden die Bewertungsaufgabe.

Des weiteren bietet es sich an, eine Verkehrsmittelvariable einzuführen. Eine derartige Variable verletzt zunächst scheinbar die Grundannahmen des Nutzenmodells, wonach die Eigenschaften der Verkehrsmittel allein für die Konsumentscheidungen der Individuen relevant sind. Die Einführung einer derartigen "Mülleimervariable" ermöglicht allerdings eine Plausibilitätskontrolle des oben genannten Nutzenansatzes. Sie dient als Superattribut, das spezifische Eigenschaften der Verkehrsmittel zusammenfaßt. Hierunter fallen vor allem subjektive Vorurteile der Probanden gegenüber einzelnen Verkehrsmitteln. Können für die Ausprägungen dieser diskreten Variable keine nennenswerten Teilnutzen ermittelt werden, so scheinen die anderen Variablen geeignet, die nutzenstiftenden Eigenschaften der Verkehrssysteme hinreichend zu charakterisieren. Andernfalls lassen sich allerdings keine konkreten Aussagen aus den Teilnutzen der Verkehrsmittelvariable ableiten.

3. Ausprägungen

Um die Bewertungsaufgabe des Conjoint-Designs auf die Bewertungsfähigkeiten der Probanden abstimmen zu können, wurde eine Testbefragung bei 30 Personen durchgeführt. Die Probanden erörterten während des Interviews mit Hilfe eines standardisierten Fragebogens zunächst ihre aktuelle Verkehrsmittelwahlsituation. Damit sollte ihre Aufmerksamkeit für die Merkmalsausprägungen der abstrakten Bewertungsaufgabe der Conjoint-Analyse geschult werden. Dieser Aufbau des Interviews wurde gewählt, da sich bei isolierten Bewertungsübungen gezeigt hatte, daß die Aufgabe zu abstrakt war, um ohne vorherige Überlegungen problemlos bewältigt werden zu können.

Die Differenzierung der Merkmalsausprägungen erfolgte in absoluten Werten. Es wurden realitätsnahe Ausprägungen vorab erhoben und entfernungsabhängig differenziert (Preise und Zeiten). Die Variationsbreite der Fahrpreise der Stimuli orientierte sich zum einen am Fahrpreis eines öffentlichen Verkehrsmittels in DM/Tag (Monatskartenpreis/20 Arbeitstage) und den variablen Kosten eines Pkw zuzüglich Parkgebühren in einer Variationsbreite von Null DM bis 5 DM/Tag (Monatskarte), was dem derzeitigen Parkpreisniveau in der Stadt Münster[1] entspricht. Die Fahrzeiten wurden ebenfalls entfernungsabhängig hergeleitet und orientierten sich an den obigen Daten der Volkszählung und an den potentiellen Auswirkungen der Maßnahmenprogramme (z.B. Parkpreise und Beschleunigungsmaßnahmen bzw. Stauzeiten). Der Gehweg von der Haltestelle zur Arbeit bzw. vom Parkplatz zur Arbeit wurde zwischen 0 m und 1.000 m (vom Bahnhof bis zur Innenstadt) differenziert. Die Variationsbreite der Merkmale ist also entfernungsunabhängig, d.h. für alle gleich.

Insgesamt wurden 16 Stimuli von jedem Probanden zunächst in eine Rangfolge der Vorziehenswürdigkeit gebracht und dann mit Punkten bewertet. Es stellte sich heraus, daß alle Probanden in der Lage waren, das Preismerkmal in mehr als drei Abstufungen

---

[1] Vgl. z.B. *Westfälische Bauindustrie GmbH* (Hrsg., 1991).

zu differenzieren, was darauf zurückzuführen sein dürfte, daß es die Probanden gewohnt sind, Preisentscheidungen zu treffen. Im Gegensatz dazu führten bei den Merkmalen Fahrtzeit und Gehweg mehr als drei Ausprägungen bei mehreren Probanden zu einer ablehnenden Haltung, da sie sich überfordert fühlten.

Das Komfortmerkmal konnte praktisch nur in zwei Abstufungen (gut, mäßig) sinnvoll bewertet werden. Vier Bewertungsstufen (sehr gut, gut, mäßig, schlecht) überforderte die meisten Probanden in den Voruntersuchungen (pretests). Es zeigte sich zudem, daß die Vorstellungen über die Komforteigenschaften der Verkehrssysteme zwischen den Befragten sehr weit auseinandergingen.

Die Verkehrsmittelvariable hingegen führte in keinem Fall zu einer Dominanz dieses Merkmals über andere Merkmale. Allerdings konnte in einigen Fällen beobachtet werden, daß von den vier unterschiedlichen Verkehrssystemen (MIV, ÖPNV, MFG, P&R) eines eine systematische Unterbewertung aufwies (meist MFG oder P&R).

4. Merkmalsprofile

Die Merkmalsausprägungen wurden damit für die Untersuchung für 9 Entfernungsstufen (Klassen: 10-15 km, 15-20 km, ..., > 50 km) festgelegt. Das Untersuchungsdesign stellt sich z.B. im Fall einer 25 km-Distanz wie folgt dar:

1. Preis (Hin- und Rückweg): 5, 7, 8, 10 DM
2. Fahrtzeit (ein Weg): 25, 35, 50 Min.
3. Gehweg (ein Weg): 0, 500, 1.000 m
4. Komfort: gut   mäßig
5. Verkehrsmittel: Auto   Fahrgemeinschaft
   Bus/Bahn   Park & Ride

Bei der hier verwendeten Profilmethode können diese Merkmale orthogonal zu insgesamt 4*3*3*2*4=282 Stimuli kombiniert werden. Ein fraktioniertes faktorielles Design mit 16 Stimuli kann gemäß folgendem orthogonalen Plan für asymmetrische Designs unter Verwendung der Proportionalitätenregel[1] zusammengestellt werden (vgl. Tab. 9).

Die weiteren acht faktoriellen Designs unterscheiden sich gemäß den Entfernungsstufen in der absoluten Höhe der Preise und der Fahrtzeiten. Die Variationsbreiten und die Strukturen der Designs sind identisch. Mit diesen Plänen ist das Kernelement der Untersuchung festgelegt.

---

[1] Vgl. *Addelman* (1962, S. 21ff.; s. Abschnitt III.B.2.d)d_2).

Tab. 9: Fraktionierter faktorieller Plan des Untersuchungsdesigns

Nr.	Preis	Fahrtzeit	Gehweg	Komfort	Verkehrsmittel
1	10	35	500	gut	Auto
2	5	50	1.000	mäßig	Auto
3	8	25	500	mäßig	Auto
4	7	35	0	gut	Auto
5	8	50	500	gut	Bus/Bahn
6	7	35	1.000	mäßig	Bus/Bahn
7	10	35	500	mäßig	Bus/Bahn
8	5	25	0	gut	Bus/Bahn
9	5	35	500	gut	Fahrgemeinschaft
10	10	50	0	mäßig	Fahrgemeinschaft
11	7	25	500	mäßig	Fahrgemeinschaft
12	8	35	1.000	gut	Fahrgemeinschaft
13	7	50	500	gut	Park & Ride
14	8	35	0	mäßig	Park & Ride
15	5	35	500	mäßig	Park & Ride
16	10	25	1.000	gut	Park & Ride

Quelle: Eigene Erstellung.

C. WAHL DES PRÄFERENZMODELLS

Die Komplexität der Problemstellung führt dazu, daß selbst bei der vergleichsweise einfachen Formulierung des faktoriellen Designs die Zahl der Freiheitsgrade im Teilwertmodell schnell gering wird.[1] In dem hier der Analyse zugrundegelegten Plan wäre sie Null. Ein Schätzmodell kann mithin keine sinnvollen Ergebnisse auf der Basis dieses Präferenzmodells berechnen. Die metrisch skalierten Merkmale Preise, Fahrtzeit und Gehweg können allerdings im Schätzmodell als solche behandelt werden, d.h. mit Hilfe eines linearen Modells abgebildet werden. Die Zahl der Freiheitsgrade erhöht sich in einem derartigen gemischten Modell auf vier.

Damit wird eine linear additive Nutzenfunktion zugrundegelegt, die mit Hilfe der multiplen Regressionsanalyse geschätzt wird. Die Verwendung komplexerer Schätzfunktionen (nichtlineare Funktionen oder Interaktionsterme) bringt den Nachteil mit sich, daß die Zahl der Freiheitsgrade erneut sinkt, daß also die Schätzgenauigkeit leidet. Wollte man die Realität unter Beibehaltung der Schätzgenauigkeit genauer abbilden, so wären neue Stimuli zu generieren, was wiederum die Datenqualität ver-

---

[1] Vgl. Abschnitt III.B.2.d)d_4).

mindern würde.[1] Im folgenden wird deshalb für metrische Merkmale ein gleichbleibender (positiver) Grenznutzen unterstellt.

D. ERHEBUNG DER DATEN

1. Stichprobenplan und Auswahl der Probanden

Die Grundgesamtheit N der Untersuchung umfaßt die ca. 20.000 Berufseinpendler der Innenstadt Münster. Das Areal umfaßt die Altstadt (statistischer Bezirk 11-15) und das Gebiet innerhalb der sogenannten II. Tangente (stat. Bezirke 21-29). Weiteres Kriterium für die Definition der Grundgesamtheit ist, daß die Probanden auch bei deutlichen Veränderungen ihrer Entscheidungssituation das Fahrrad, das aufgrund der mangelnden Variationsbreite seiner Merkmalsausprägungen im Rahmen dieser Untersuchung ausgegrenzt wird, nicht als Verkehrsmittelalternative ansehen. Da fast alle Berufspendler täglich mehr als 10 km auf dem Weg zur Arbeit zurücklegen, stellt dieses Auswahlkriterium aber keine wesentliche Einschränkung der Untersuchung dar.

Aufgrund der großen Zahl der Pendler kann die Untersuchung nur auf Stichprobenbasis erfolgen. Für Parameterschätzungen für die Grundgesamtheit, wie beispielsweise von Anteilswerten, kann der notwendige Stichprobenumfang für ein Signifikanzniveau $\alpha=0,05$, einem Standardfehler von 0,1 und einem konservativen Anteilsschätzwert von 0,5 mit 96 ermittelt werden. Der Stichprobenumfang hat eine Größenordnung zu erreichen, die es des weiteren erlaubt, eine Marktsegmentierung vorzunehmen. Die Segmente können beispielsweise aus Gruppen gebildet werden, für die genau ein Merkmal der Verkehrssysteme präferenzbestimmend ist, im Fall des Verkehrsmittels genau eine Ausprägung. Es ergeben sich dann acht Gruppen. Der Stichprobenumfang sollte deshalb möglichst groß gewählt sein, damit der Zentrale Grenzwertsatz für jede Zelle wirksam werden kann. Er wird hier mit 300 vollständig auswertbaren Interviews festgesetzt und letztendlich durch die Kosten der Erhebung determiniert.

Als Grundlage des Auswahlverfahrens dienten eine Liste der öffentlichen Einrichtungen in der Stadt Münster und eine Unternehmensliste der IHK.[2] Die Einrichtungen und Unternehmen wurden nach dem Zufallsprinzip ausgewählt. Die Teilnahmebereitschaft war sehr hoch (ca. 75%), obwohl bereits im Jahr 1990 eine Befragung zum Berufspendlerverkehr durchgeführt worden war[3] und etwa zeitgleich Befragungen zum Job-Ticket von den Stadtwerken durchgeführt wurden. In jedem Unternehmen bzw. jeder Einrichtung wurden aus Praktikabilitätsgesichtspunkten zwischen 2 und 6 Pro-

---

[1] Vgl. Abschnitt III.B.2.d)d$_5$).

[2] *Stadt Münster Wirtschaftsförderung* (Hrsg., 1992); *IHK Münster* (Hrsg., 1992). Letztere Liste von Unternehmen der Stadt Münster enthält lediglich Unternehmen mit mehr als 50 Angestellten, so daß kleinere Betriebe willkürlich in die Untersuchung einbezogen werden mußten.

[3] Vgl. *Der Oberstadtdirektor der Stadt Münster* (Hrsg., 1992).

banden ausgewählt. Dieses Verfahren wurde fortgesetzt, bis im Rahmen von 305 Interviews 300 vollständig auswertbare Datensätze erstellt werden konnten.[1]

2. Standardisierung der Interviews

Die lokale Begrenzung des Untersuchungsraumes erlaubt die Durchführung der Datenerhebung in Form persönlicher Interviews am Arbeitsplatz. Um die Ausfallzeiten der Probanden möglichst niedrig zu halten und damit den Anreiz zur Teilnahme zu erhöhen, basieren die Interviews auf einem Fragebogen, der im Anhang der Arbeit abgedruckt ist. Zu Beginn des Interviews werden einige Basisdaten der Verkehrsmittelwahl erhoben: der Wohnort, der Arbeitsort, die Entfernung, die bestimmt, welches Design vom Probanden bewertet werden soll, die Wahl des überwiegend genutzten Verkehrsmittels (Auto, Bus, Bahn, Park&Ride, Mitfahrgemeinschaft, sonstige) sowie eines alternativ gewählten Verkehrsmittels. Des weiteren werden Gründe für die jeweilige Wahl des Verkehrsmittels in freier Form erfragt. Daran anschließend folgen Angaben zu den im Abschnitt II.B.2. erörterten sozioökonomischen Determinanten der Verkehrsmittelwahl.

Um das Quasi-Experiment der Conjoint-Analyse vorzubereiten, wird der Proband dann aufgefordert, möglichst für alle vier Verkehrsmittelalternativen die real erfahrenen Daten anzugeben bzw. für die nicht genutzten Alternativen Schätzungen der Systemmerkmale vorzunehmen. Der Proband wird durch die Beschreibungsaufgabe zum einen auf die vergleichsweise abstrakten Alternativen vorbereitet. Zum zweiten können mit Hilfe dieser Daten für die real existierende Entscheidungssituation mit Hilfe der individuellen Nutzenfunktion die Nutzenwerte der Alternativen bestimmt werden. Zum dritten werden aber darüber hinausgehend die Beeinflussungspotentiale der Verkehrssysteme ermittelt. Zu diesem Zweck werden, basierend auf den Erörterungen zu den Zeitstrukturen der Verkehrsmittel im Abschnitt II.B.3.b), insbesondere die subjektiv wahrgenommenen Verlustzeiten im Stadtverkehr erfragt. Sie bilden einen wesentlichen Teil der Grundlage für die Simulationsstudien dieser Arbeit.

Kann ein Kandidat eine von ihm nicht genutzte Alternative nicht näher beschreiben, läßt sich für diese Alternative kein Nutzenwert ermitteln. Um vollständig auswertbare Datensätze zu erhalten, wird von den Probanden zum einen erwartet, mindestens zwei real existierende Alternativen bezüglich ihrer Merkmale zu beschreiben. Für die nicht angegebenen Alternativen werden des weiteren die Gründe erfragt, warum die Angabe der Daten nicht erfolgt. Zum einen können Alternativen grundsätzlich abgelehnt werden. Die Gründe für eine kategorische Ablehnung können Aufschluß über Rahmenbedingungen des individuellen Entscheidungsfeldes geben, die dazu führen, daß nichtkompensatorische Entscheidungsregeln von dem betreffenden Probanden in der Realität verwendet werden. Zum zweiten sind manche Alternativen dem Probanden so unbekannt, daß eine annähernd sinnvolle Einschätzung nicht erfolgen kann. So könnte z.B.

---

[1] Ein Datensatz ist dann vollständig, wenn mindestens eine Rangordnung der Stimuli durch den Probanden abgegeben wird und Angaben zu mindestens einer real existierenden Verkehrsmittelalternative vorliegen.

die Fahrgemeinschaft grundsätzlich von einem Probanden akzeptiert werden; sind ihm aber keine potentiellen Mitfahrer bekannt, kann er auch keine Aussagen zu Umwegfahrten oder zusätzlichen Wartezeiten aufgrund unterschiedlicher Arbeitszeiten machen. Grundsätzlich aber kann dem Probanden die Anwendung kompensatorischer Entscheidungsregeln weiter unterstellt werden.

Nach der Beschreibung der Verkehrsmittelalternativen werden zusätzlich noch Daten zur Bewertung des Komforts und der Gründe, die zu dieser Bewertung führen, erhoben. Da das Komfortmerkmal nur als dichotomes Merkmal in das Untersuchungsdesign eingeht, soll hiermit eine Grundlage für weitere Analysen des Komforts der Verkehrsmittel geschaffen werden.

Im Anschluß daran wird dem Probanden das seiner Wegentfernung entsprechende Design zur Bewertung vorgelegt. Zunächst soll er die ihm vorgelegten Stimuli hinsichtlich ihrer Vorziehenswürdigkeit in eine Rangfolge bringen. Die Stimuli werden ihm vom Interviewer einzeln vorgelegt, um zu vermeiden, daß der Befragte vereinfachende Abwägungsregeln verwendet. Es wird mit einer Abwägung zwischen zwei Stimuli begonnen, welche dem in der Realität überwiegend genutzten Verkehrsmittel möglichst nahe kommen. Darauf aufbauend wird der Abwägungsprozeß für jede Karte erneut vollzogen. Geht man von der Gültigkeit des Axioms der Unabhängigkeit irrelevanter Alternativen aus, so kann diese Vorgehensweise, die zu unterschiedlichen Reihenfolgen der Vorlage der Stimuli führt, nicht zu Verzerrungen in den Rangfolgen führen. Nach Beendigung der Abwägung wird dem Probanden eine Bewertungsaufgabe gestellt. Er soll, beginnend mit einer Punktzahl von 100 Punkten, die Abstände zu der jeweils nächstbesten Alternative evaluieren. Die Skala ist dabei nach unten offen, um zu vermeiden, daß der Proband verzerrte Angaben macht, um eine vorgegebene untere Intervallgrenze zu erreichen.

Zum Abschluß des etwa eine halbe Stunde dauernden Interviews ist es dem Probanden freigestellt, Angaben zu seinem Einkommen bzw. dem Haushaltseinkommen zu machen.

E. BESCHREIBUNG DER STICHPROBE

1. Verkehrsmittelwahl

Die aktuelle Wahl des Verkehrsmittels der Berufseinpendler in die Stadt Münster führt zu dem in Tab. 10 angeführten Modal Split für 1992. Zum Vergleich sind die in der Volkszählung 1987 ausgewerteten Ergebnisse für Münster aufgeführt. Die Vergleichbarkeit der Daten wird dadurch leicht eingeschränkt, daß in der Volkszählung der Modal Split über eine andere Kategorisierung des überwiegend benutzten Verkehrsmittels verwendet wird. Für die Berufseinpendler nach Münster (gesamt) werden der Fußweganteil (0,0%), der Fahrradanteil (0,4%) und eine Kategorie Sonstige (0,5%) ermittelt. Der MIV wird allerdings nicht nach Pkw-Einzelfahrern und Fahrgemeinschaften unterschieden, ebensowenig wird eine Kategorie P&R explizit ermittelt.[1] Zwischen den Erhebungen liegt zudem ein Zeitraum von fünf Jahren, was die Vergleichbarkeit auf der einen Seite begrenzt. Auf der anderen Seite gibt es aber keine gravierenden Gründe anzunehmen, daß sich die Strukturen in diesem Zeitraum grundlegend geändert hätten.

Tab. 10: Verkehrsmittelwahl der Berufseinpendler (in Prozent)

überwiegend genutztes Verkehrsmittel	1992 Alt- stadt	1992 II. Tan- gente	1992 Innen- stadt	1987[1] Alt- stadt	1987[1] II. Tan- gente	1987[1] Innen stadt
MIV	62,9	73,0	70,3	64,4	75,1	71,5
Pkw	44,4	47,9	47,0	64,4	75,1	71,5
Mitfahrgemeinschaft	18,5	25,1	23,3	-	-	-
ÖPNV	37,0	26,9	29,6	34,9	24,1	27,8
Bus	14,8	4,1	7,0	10,0	5,3	6,9
Bahn	21,0	20,1	20,3	24,9	18,8	20,9
Park&Ride	1,2	2,7	2,3	-	-	-

[1] Die Volkszählungsdaten sind in der angegebenen Quelle ohne die Anteile Fußweg, Fahrrad und Sonstige ausgewiesen. Sie addieren sich deshalb nicht zu 100%.

Quelle: Eigene Erhebung und *Holtz/Puderbach* (1991), S. 27.

Die Verkehrsmittelanteile des MIV und des ÖPNV weisen für den gesamten Innenstadtbereich in beiden Erhebungen ein Verhältnis von etwa 71:29 auf. In einer etwas differenzierteren Untersuchungsebene kann für beide Erhebungen eine gleichgerichtete deutliche Veränderung der Anteilsverhältnisse beobachtet werden. Der ÖPNV weist im Erhebungsgebiet zwischen Altstadt und II. Tangente praktisch nur zwei Drittel der Prozentpunkte seines Altstadtanteils auf. Die Verkehrsmittel Bus und Bahn weisen allerdings gravierende Anteilsunterschiede auf. Erstens ist der Anteil der Bahn in beiden Gebieten deutlich höher als derjenige des Busses. Zweitens nimmt der Anteil des Busses außerhalb des Altstadtgebietes sehr viel deutlicher ab als derjenige der Bahn.[2] Bemerkenswert erscheint des weiteren, daß der Anteil der Mitfahrer den des ÖPNV übersteigt und im Ringgebiet deutlich höher ausgeprägt ist als im Altstadtgebiet.

---

[1] Vgl. *Holtz/Puderbach* (1991), S. 26.

[2] Mit dieser Schichtung soll lediglich plausibel geprüft werden, ob wesentliche räumliche Zusammenhänge des Modal Split in der Stichprobe näherungsweise abgebildet werden. Wollte man eine differenzierte Analyse auf Basis der statistischen Bezirke der Stadt vornehmen, so wäre der Stichprobenumfang sehr viel größer zu wählen als dies hier möglich ist.

Die Gründe, die für die Wahl des Verkehrsmittels angegeben werden, sind vielfältig. Um mögliche Unterschiede der Verkehrsteilnehmer näher beleuchten zu können, wurde den Probanden nur die Angabe von maximal zwei Gründen gestattet. Lediglich ein Drittel der Pkw-Einzelfahrer machte von der Möglichkeit, zwei Gründe angeben zu können, überhaupt Gebrauch; etwa die Hälfte der übrigen Verkehrsteilnehmergruppen gab eine monokausale Entscheidungsbegründung.[1] Es ist also anzunehmen, daß die Begrenzung der Nennungen weniger zu einer Aussageeinschränkung als vielmehr zu einer Pointierung der Begründungen führt. Tab. 11 zeigt die prozentualen Anteile der Nennungen insgesamt und aus der Sicht der jeweiligen Verkehrsteilnehmer. Die Begründungskategorien werden für alle Verkehrsteilnehmer in gleicher Weise verwendet. Die angegebenen Gründe sind mithin entweder als positives oder negatives Wahlkriterium zu interpretieren.

Tab. 11: **Gründe für Wahl des überwiegend genutzten Verkehrsmittels (in Prozent der Nennungen)**

Grund für die Wahl	Pkw	MFG	Bus	Bahn	P&R	Gesamt
1 Kosten	8,25	51,92	19,35	13,83	50,00	21,98
2 Zeit/Geschwindigkeit	14,43	6,73	3,23	23,40	21,43	13,96
3 Flexibilität/Unabhängigkeit	21,13	3,85	-	-	-	16,30
4 Parkproblem	0,52	-	12,90	8,51	14,29	3,43
5 Umwelt	0,52	9,62	12,90	5,32	7,14	4,81
6 keine/ungen. Alternative	19,59	4,81	16,13	6,38	-	12,36
7 Bequemlichkeit	12,89	8,65	3,23	18,09	7,14	12,13
8 Komfort	1,03	-	-	4,26	-	1,37
9 Bedienungsfrequenz ÖPNV	4,64	1,92	3,23	1,06	-	2,97
10 Direktverbindung	-	1,92	19,35	7,45	-	3,43
11 berufliche Gründe	15,46	0,96	-	-	-	7,09
12 Streß	-	4,81	3,23	11,70	-	3,89
13 Koordinierung/Abstimmung	0,52	2,88	-	-	-	0,92
19 sonst	1,03	1,92	6,45	-	-	1,37
	100,00	100,00	100,00	100,00	100,00	100,00

Quelle: Eigene Erhebung.

---

[1] Aus diesem Ergebnis wird auch die Notwendigkeit ersichtlich, die Probanden auf das Conjoint Experiment systematisch vorzubereiten und die Komplexität der Bewertungsaufgabe auf einem Niveau zu halten, das überhaupt noch bewältigt werden kann.

Die von den Pkw-Einzelfahrern am häufigsten genannten Gründe sind Flexibilität/Unabhängigkeit, mangelnde Alternativen und Zeit/Geschwindigkeit. Auch die Wahlkriterien berufliche Gründe und Bequemlichkeit rangieren noch deutlich vor den Kosten dieser Alternative im Vergleich zu anderen Verkehrsmitteln. Im Gegensatz zu den Einzelfahrern gaben die Teilnehmer einer Mitfahrgemeinschaft zu über 50% die Kosten als wichtigsten Grund für die gemeinsame Fahrt zur Arbeit an. Das am zweithäufigsten genannte Kriterium dieser Gruppe ist mit deutlichem Abstand die Reduzierung der Umweltbelastung.

Busnutzer nennen folgende fünf Wahlargumente am häufigsten: Kosten, Direktverbindung, keine bzw. ungenügende Alternative, Parkproblem und Umweltentlastung. Auffallend ist die neben den Kosten deutlich häufigste Nennung der Direktverbindung, die damit für viele ein echtes Qualitätsmerkmal des Busses zu sein scheint. Im Gegensatz dazu lassen die Gründe Parkproblem und keine Alternative eher darauf schließen, daß viele der Busfahrer zur Gruppe der sogenannten captive riders zu zählen sind, den Bus also notgedrungen wählen. Bei den Bahnfahrern treten die Kosten wieder in den Hintergrund. Häufigste Nennungen sind hier die Zeit/Geschwindigkeit und die Bequemlichkeit des Verkehrsmittels. Neben diesen Qualitätsmerkmalen werden aber auch das Parkproblem und der Streß des Individualverkehrs als Gründe für die Bahn genannt. Die Nennungen der Nutzer der P&R-Anlagen konzentrieren sich auf die Kosten, die Zeit/Geschwindigkeit und das Parkproblem. Die Vorteile des P&R-Systems werden also in den Nachteilen des Individualverkehrs gesehen und entsprechen der Intention der P&R-Anlagen.

Tab. 12: Wahl des zweitrangig genutzten Verkehrsmittels (in Prozent)

Zweitrangig gewähltes Verkehrsmittel	Erstrangig gewähltes Verkehrsmittel					
	Pkw	MFG	Bus	Bahn	P&R	Gesamt
Pkw	-	44,3	42,9	59,0	42,9	26,3
MFG	12,8	-	-	3,3	-	6,7
Bus	17,7	12,9	-	1,6	-	11,7
Bahn	18,4	11,4	9,5	-	14,3	12,3
P&R	-	-	-	-	-	-
Sonst	1,4	-	-	-	-	0,6
Keines	49,6	31,4	47,6	36,1	42,9	42,3
	100,0	100,0	100,0	100,0	100,0	100,0

Quelle: Eigene Erhebung.

Etwa 42% der 300 Befragten geben an, daß sie das genannte Verkehrsmittel praktisch ausschließlich nutzen. In 54% der Fälle wird eine überwiegende Nutzung des erstangegebenen Verkehrsmittels genannt, und nur 12 Probanden (4%) nutzen zwei Verkehrsmittel in etwa gleich häufig. Tab. 12 zeigt den Modal Split des zweitrangigen Verkehrsmittels in Abhängigkeit der jeweiligen Verkehrsteilnehmergruppen.

Pkw-Fahrer weichen etwa gleich häufig auf die öffentlichen Verkehrsmittel Bahn und Bus aus und weniger stark auf Fahrgemeinschaften. Alle anderen Verkehrsteilnehmer hingegen weichen vornehmlich auf den Pkw als zweite Verkehrsmittelalternative aus. Die Gründe, die zur Wahl des zweiten Verkehrsmittels führen, sind in Tab. 13 aufgeführt.

Tab. 13: **Gründe für Wahl des zweitrangig genutzten Verkehrsmittels (in Prozent der Nennungen)**

Grund für die Wahl	Pkw	MFG	Bus	Bahn	P&R	Gesamt
Wetterverhältnisse	12,86	1,75	-	-	-	5,49
Erstes Verkehrsmittel nicht verfügbar	47,14	61,40	25,00	17,95	-	42,86
Besondere Anlässe	15,71	14,04	66,67	79,49	75,00	33,52
Kosten	18,57	14,04	-	-	25,00	12,09
Sonst	5,71	8,77	8,33	2,56	-	6,04
	100,00	100,00	100,00	100,00	100,00	100,00

Quelle: Eigene Erhebung.

Die Wahl des zweitrangigen Verkehrsmittels scheint überwiegend monokausal zu erfolgen. Nur 17 von 165 Probanden, die eine Nutzung eines zweiten Verkehrsmittels angeben, nennen noch einen zweiten Grund für dessen Wahl. Zwischen den Verkehrsteilnehmern lassen sich zwei unterschiedliche Hauptgründe feststellen. Pkw-Fahrer und Mitglieder von Fahrgemeinschaften weichen dann auf ein anderes Verkehrsmittel aus, wenn dasjenige ihrer Wahl nicht verfügbar ist. Nutzer öffentlicher Verkehrsmittel hingegen nehmen ein anderes Verkehrsmittel in Anspruch, wenn besondere Anlässe, z.B. behördliche Erledigungen oder Einkäufe, ihre Aktivitätenkette ausweiten. Insgesamt läßt sich aber festhalten, daß sich die Berufspendler im wesentlichen auf die Nutzung eines Verkehrsmittels festlegen.

2. Soziökonomische Merkmale

Im Gegensatz zu den experimentell erhobenen Bewertungsdaten der Conjoint-Analyse sind die soziökonomischen Merkmale der Probanden Beobachtungsdaten, die nicht kontrolliert erhoben wurden. Im folgenden Abschnitt werden diese Daten kurz[1] über ihre Mittelwerte und ihre Variationsbreite beschrieben. Eine genügend große Variationsbreite der Daten ist Voraussetzung für die weiteren Analyseschritte, speziell die Diskriminanzanalyse zur Unterscheidung eigenschaftssensibler Gruppen hinsichtlich ihrer soziökonomischen Merkmale.

a) Merkmale der Fahrt

Die überwiegende Mehrheit der Berufspendler (ca. 77%) beginnt ihre Arbeit zwischen 7.00 und 8.00 Uhr und beendet sie zwischen 15.30 und 17.00. Etwa 60% können ihre Fahrtzeiten im Rahmen der Gleitzeit variieren. Die durchschnittliche zurückzulegende Entfernung beträgt 28,9 km bei einer Standardabweichung von 15,1 km, einer minimalen Wegelänge von 6 km und einer maximalen Wegelänge von 90 km. Der Anteil der Wege, der 50 km übersteigt, beträgt 7,3%.

Bezüglich der Wegekettenbildung lassen sich nur wenige Aussagen machen. Etwa ein Drittel der Befragten gibt an, regelmäßig Besorgungen zu erledigen, aber fast die Hälfte tut dies selten. Erstere sind es gewohnt, diese Besorgungen überwiegend während der Arbeitspausen zu machen, wohingegen die Mehrheit in der letzteren Gruppe ihre zusätzlichen Aktivitäten erst nach Arbeitsende verrichtet. Es lassen sich keine signifikanten Zusammenhänge zur Verkehrsmittelwahl ermitteln.

Man kann also davon ausgehen, daß die Berufspendler morgens innerhalb einer relativ kurzen Phase zu ihrem Arbeitsplatz gelangen. Der Feierabendverkehr erstreckt sich hingegen über einen längeren Zeitraum.

b) Nachfragermerkmale

Das durchschnittliche Alter der Probanden beträgt 37,5 Jahre. Die Häufigkeitsverteilung der Altersangaben nimmt zwischen 19 und 63 Jahren leicht ab. Etwa 43% der Befragten sind weiblich.

Etwa 18% der Befragten haben einen Hauptschulabschluß, 26% die Mittlere Reife, 14% Abitur, 21% einen Fachschulabschluß und 22% einen Hochschulabschluß. Zwei Drittel sind Angestellte, ein Viertel Beamte; Lehrlinge, Studenten, Arbeiter und Selbständige weisen kaum nennenswerte Anteile auf. Etwa die Hälfte der Befragten arbeitet in Verwaltungsbereichen, etwa 17% im Dienstleistungsbereich; die Bereiche Banken und Versicherungen weisen jeweils etwa 9% Beschäftigtenanteile auf, Handel und Wis-

---

[1] Eine ausführliche Analyse dieser Daten soll an dieser Stelle nicht erfolgen, da gerade die Hypothese geprüft werden soll, daß sich die Berufspendler aufgrund der Merkmale der Verkehrssysteme für ein Verkehrsmittel entscheiden und nicht aufgrund soziökonomischer Determinanten

senschaft jeweils etwa 6%. Die Bereiche Handwerk und Industrie sind mit nur geringen Anteilen (2% bzw. 0,3%) in der Stichprobe vertreten. Die Betriebsgrößen reichen von 2 bis 2.500 Mitarbeitern; ihre durchschnittliche Größe beträgt 283 Mitarbeiter.

c) Haushaltsmerkmale

Die durchschnittliche Haushaltsgröße in der Stichprobe beträgt etwa 3 Personen. Etwa 11% der Befragten leben in Ein-Personen-Haushalten, die Zwei-Personen-Haushalte weisen mit etwa 31% den größten Anteil auf. In zwei Drittel der Haushalte leben zwei Erwachsene und in etwa 58% leben keine Kinder.

Insgesamt waren 94,3% der Befragten bereit, Angaben über ihr monatliches Einkommen zu machen. Das Nettoeinkommen[1] wird in Intervallen von 500 DM/Monat abgefragt. Des weiteren wird zwischen dem Einkommen des Befragten und dem Haushaltseinkommen unterschieden. Das Spektrum der Einzeleinkommen reicht von unter 500 DM bis zu über 10.000 DM. Etwa 79% der Befragten gaben ein Einkommen zwischen 1.500 DM und 4.500 DM an. Die am häufigsten angegebene Einkommenskategorie ist 2.000-2.500 DM. Für das Haushaltseinkommen werden deutlich höhere Werte angegeben. Das Spektrum reicht von über 1.000 DM bis über 10.000 DM. Etwa 71% der Befragten geben ein Einkommen zwischen 3.000 DM und 7.000 DM an. Die am häufigsten genannte Einkommenskategorie ist 4.500-5.000 DM.

Etwa 51% der Haushalte besitzen einen Pkw, etwa 36% deren zwei. 97% der Befragten sind Inhaber eines Führerscheins. Des weiteren geben 84% an, über einen Pkw für die Fahrt zur Arbeit verfügen zu können. Zwischen der Zahl der Erwachsenen in einem Haushalt, dem Haushaltseinkommen und der Zahl der Pkw lassen sich signifikant positive Korrelationskoeffizienten feststellen. Des weiteren läßt sich ein statistisch signifikanter Zusammenhang zwischen der angegebenen Fixkostenbelastung und den Einkommensangaben der Befragten ermitteln. Diese variiert den Angaben zufolge zwischen (unrealistischen) 500 DM/Jahr[2] und 10.000 DM/Jahr und beträgt im Durchschnitt 2.488 DM/Jahr. Damit läßt sich die Hilfshypothese stützen, daß die Haushalte die Fixkostenbelastung durch den Pkw bewußt beeinflussen. Im Falle von Einkommensverringerungen ist mit Konsumverzicht also eher in Form der Anschaffung eines kleineren, weniger haltungskostenintensiven Fahrzeugs zu rechnen als mit der Abschaffung des Pkw.

---

[1] Das Nettoeinkommen wird hier definiert als Bruttoeinkommen abzüglich der Steuern und der gesetzlich vorgeschriebenen Sozialabgaben. Alle Einkommensangaben sind als Angaben zum Nettoeinkommen zu verstehen.

[2] Einige Befragte haben die Frage nach den Kosten der Pkw-Haltung auf ihre tatsächlichen Nettoausgaben bezogen, d.h. Zahlungen anderer Haushaltsmitglieder nicht mit einbezogen. So geben z.B. 11 Befragte Fahrzeughaltungskosten von 0 DM/Jahr an.

3. Wahrnehmung der Verkehrssysteme

In diesem Abschnitt werden die Angaben der Befragten zu ihrer Entscheidungssituation näher analysiert. Es sollen in einem ersten Schritt Informationen über Randbedingungen der Entscheidungen gewonnen werden, die nicht kompensierbar sind. In einem zweiten Schritt werden die Angaben auf signifikante Wahrnehmungsunterschiede zwischen den unterschiedlichen Verkehrsmittelnutzern geprüft.

a) Wahrnehmung der individuellen Verkehrsmittelalternativen

Mit Hilfe der Bewertung der Stimuli wird für jeden Probanden eine individuelle Nutzenfunktion ermittelt. Mit deren Hilfe werden für die realen Daten der individuellen Entscheidungssituation Nutzenwerte ermittelt. Aufgrund der sehr unterschiedlichen Wahlsituationen können hierfür keine durchschnittlichen Daten herangezogen werden. Vielmehr ist jede einzelne reale Situation zu überprüfen. Eine derart detaillierte Erfassung der entscheidungsrelevanten Daten ist nur über die Erfragung der vom Probanden wahrgenommenen Verkehrsmittelalternativen möglich.

Grundsätzlich stehen allen Befragten die bislang diskutierten Alternativen zur Wahl. Im Zuge der Abfrage der Wahlsituation können aber auch individuelle Rahmenbedingungen eingeführt werden, die zu nichtkompensatorischen Entscheidungsregeln führen. Den Befragten wurde deshalb die Möglichkeit gegeben, Verkehrsmittelalternativen kategorisch abzulehnen. Dies bedeutet, daß sie diese Alternative auch bei sehr deutlichen Verschlechterungen anderer Alternativen nicht ernsthaft in Erwägung ziehen würden. Unter diesem Aspekt sehen etwa 57% der Befragten vier Alternativen (Pkw, MFG, ÖPNV, P&R) als entscheidungsrelevant an, 32% ziehen 3 Alternativen ernsthaft in Erwägung, 10% sehen nur 2 Alternativen für sich in Frage kommen und 0,7% der Befragten scheinen vollständig auf eine Alternative festgelegt zu sein.

Die Pkw-Einzelfahrt wird von 6% der Befragten kategorisch abgelehnt, da ihnen auf absehbare Zeit kein Pkw zur Verfügung stehen wird. Für den ÖPNV wird ebenfalls eine Hauptbegründung für dessen Ablehnung angeführt: die praktisch völlig fehlende Verbindung nach Münster. Allerdings wird diese Alternative von nur 2% der Befragten mit eben dieser Begründung vollständig abgelehnt, d.h. fast alle Probanden ziehen den ÖPNV durchaus in ihr Entscheidungskalkül mit ein. Die Wahlalternativen Fahrgemeinschaft und Park & Ride werden hingegen häufiger und mit differenzierteren Gründen abgelehnt. 11,3% der Befragten lehnen die Bildung einer Fahrgemeinschaft kategorisch ab. Davon 8,3% mit der Begründung, daß durch die Abstimmung mit den Mitfahrern ihre eigene Flexibilität, die aus beruflichen Gründen als notwendig erachtet wird, in nicht zumutbarer Weise eingeschränkt wird. 1,7% der Befragten lehnen die Fahrgemeinschaft aufgrund schlechter Erfahrungen, die sie mit der gemeinsamen Fahrt zur Arbeit bereits gemacht haben, ab. Die Wahrnehmung eines Park & Ride-Angebotes scheint für eine noch deutlich größere Zahl der Befragten unerheblich zu sein. Fast 30% lehnen P&R-Angebote vollständig ab. Als Hauptbegründung wird von 9% der Befragten die zu kurze Entfernung zwischen Wohnung und Arbeitsplatz genannt; es lohne sich nicht umzusteigen, der Zeitverlust sei in jedem Fall zu groß. Eine weitere häufig genannte Begründung (6,3%) ist die Ablehnung jedweden Umsteigevorgangs. Diese Ablehnungsgründe sind von den Betreibern der P&R-Anlagen nicht behebbar. Es ist also davon auszugehen, daß die Zahl potentieller Nutzer von P&R-Anlagen deutlich geringer ist als die potentieller ÖPNV-Nutzer.

Die Zahl der durch die Befragten bewerteten Alternativen sinkt weiter, wenn diejenigen Alternativen ebenfalls nicht in die Entscheidung einbezogen werden, über die praktisch überhaupt keine Kenntnisse vorliegen. Bezieht man diese Unkenntnis als Rahmenbedingung für die Entscheidung mit ein, so sinkt die Zahl der entscheidungsrelevanten realen Alternativen. Lediglich 32% der Befragten geben ein Alternativenfeld bestehend aus vier Wahlmöglichkeiten an. Die größte Gruppe (40,7%) sieht sich drei vorstellbaren Alternativen gegenüber. Etwa 23% stehen vor einem bipolaren Entscheidungsproblem und 4% der Befragten geben an, praktisch nicht wählen zu können.

Die Angaben der Befragten lassen sich des weiteren dahingehend differenzieren, ob die Angaben auf Basis realer Erfahrungen gemacht wurden, oder ob die Daten auf Schätzungen beruhen, die keiner erfahrungsmäßigen Absicherung unterliegen. Tab. 14 zeigt die absolute und relative Größenordnung der jeweiligen Angaben.

Die Pkw-Alternative kennt die überwiegende Mehrheit aus eigener Erfahrung. Das ÖPNV-Angebot ist knapp der Hälfte der Befragten aufgrund eigener Nutzung bekannt. Kennen die Mitfahrgelegenheit noch etwa ein Drittel der Probanden, so liegen für die

Tab. 14: Angaben der Befragten zu ihrer realen Entscheidungssituation

	Pkw abs.	Pkw %	MFG abs.	MFG %	ÖPNV abs.	ÖPNV %	P&R abs.	P&R %
real	219	73,0	96	32,0	150	50,0	10	3,3
geschätzt	61	20,4	98	32,7	139	46,3	129	43,0
kategorisch abgelehnt	18	6,0	36	12,0	9	3,0	99	33,0
weiß nicht	2	0,7	70	23,3	2	0,7	62	20,7
gesamt	300	100,0	300	100,0	300	100,0	300	100,0

Quelle: Eigene Erhebung.

Alternative P&R praktisch keine Erfahrungswerte vor. Fast alle Angaben basieren auf fiktiven Vorstellungen der Probanden. Aufgrund der unterschiedlichen Erfahrungen der Probanden mit den Verkehrsmittelalternativen ist es notwendig, die angegebenen Wahrnehmungen der Systemeigenschaften der Verkehrsmittel auf mögliche Unterschiede und Verzerrungen hin zu überprüfen.

b) Nutzerspezifische Wahrnehmung der Eigenschaften

b_1) Methodischer Ansatz

Wie im vorigen Abschnitt ausgeführt, enthält jeder Datensatz, je nachdem, welche Entscheidungsrandbedingungen von den Probanden angegeben werden, bis zu vier Merkmalskombinationen realer Verkehrsmittelalternativen. Dazu gehören zum einen die Angaben zu den Merkmalsausprägungen der tatsächlich gewählten Verkehrsmittelalternative. Des weiteren können Angaben zu den Eigenschaften einer weiteren, selten gewählten Alternative oder einer Alternative, die früher für den Weg zur Arbeit gewählt wurde, erfolgen. Eine weitere Möglichkeit ist, daß die Probanden für eine Verkehrsmittelalternative, die sie bislang nicht genutzt haben, Schätzungen angeben. Alle diese Angaben werden benötigt, um mit Hilfe der individuellen Präferenzfunktion für jeden Probanden eine Rangfolge seiner realen Verkehrsmittelalternativen zu bestimmen.

Voraussetzung für diese Vorgehensweise ist, daß die Befragten in der Lage sind, korrekte Angaben zu den Eigenschaften der Verkehrssysteme zu machen. Die Analysen der folgenden Abschnitte dienen dazu, die Angaben der Probanden auf Wahrnehmungsverzerrungen zu überprüfen. Es sollen insbesondere die folgenden zwei Fragestellungen überprüft werden. Zum ersten: Machen Befragte, die neben dem für den Weg zur Arbeit gewählten Verkehrsmittel reale Erfahrungen mit anderen Alternativen gemacht haben, für letztere systematisch ungünstigere Angaben, um ihre Verkehrsmittelwahl zu rechtfertigen und damit kognitive Dissonanzen zu vermeiden? Zum zweiten: Kann man davon ausgehen, daß Befragte die Merkmalsausprägungen einer Verkehrsmittelalternative ohne realen Erfahrungshintergrund korrekt einschätzen können?

Um mögliche Wahrnehmungsverzerrungen untersuchen zu können, werden die Befragten der Stichprobe zunächst in drei Gruppen aufgeteilt. Die Gruppe 1 umfaßt die tatsächlichen Nutzer eines Verkehrsmittels; die Gruppe 2 die Nichtnutzer mit realem Erfahrungshintergrund, d.h. diejenigen Verkehrsteilnehmer, die eine Alternative allenfalls gelegentlich nutzen oder früher einmal genutzt haben; die Gruppe 3 die Nichtnutzer, die ohne realen Erfahrungshintergrund geschätzte Angaben machen. Im folgenden werden die Angaben dieser Gruppen verkehrsmittelspezifisch untersucht. Systematische Verzerrungen der von den Befragten gemachten Angaben zeigen sich durch unterschiedliche Mittelwerte der Angaben der drei Gruppen. Im Fall der Unkenntnis der Alternativen sind größere Schwankungsbreiten der Werte, die von den Befragten angegeben werden, zu erwarten. Es werden deshalb Streuungsparmater und Mittelwerte der drei Populationen auf statistische Gleichheit getestet.[1]

Als Testverfahren[2] für die Hypothese der Gleichheit der Varianzen der Gruppen findet der F-Test Anwendung. Dieser Test ist ein Zweistichprobentest für den Quo-

---

[1] Ein Vergleich der subjektiven Wahrnehmung mit objektiven Größen ist im Rahmen dieser Arbeit aufgrund der Komplexität der Untersuchung für nur wenige Größen möglich, insbesondere für die Angaben zu Fahrpreisen und Zeiten der öffentlichen Verkehrsmittel.

[2] Zu den Testverfahren vgl. *Bleymüller/Gehlert/Gülicher* (1979), S. 82f., S. 109ff.; *Schubö u.a.* (1991), S. 600ff.

tienten zweier Varianzen und gehorcht einer F-Verteilung mit $v_1 = n_1-1$ bzw. $v_2 = n_2-1$ Freiheitsgraden (mit n_i = Stichprobenumfang der Stichprobe i). Für die unabhängigen Stichproben wird angenommen, daß sie bezüglich des zu untersuchenden Merkmals normalverteilt sind. Die in den Tabellen der folgenden Abschnitte ausgewiesenen Ergebnisse sind wie folgt zu interpretieren: Der empirische Wert der Prüfgröße F ergibt sich als Quotient der Stichprobenvarianzen. Als kritischer Wert für die Ablehnung der Nullhypothese wird ein Signifikanzniveau $\alpha = 0,05$ vorgegeben. Ist das in der Tabelle ausgewiesene empirische Signifikanzniveau größer oder gleich 0,05, kann die Nullhypothese statistisch nicht abgelehnt werden.

Als Testverfahren für die Hypothese der Gleichheit der Mittelwerte der Gruppen wird ein t-Test verwendet. Hier werden in den meisten Fällen Zweistichprobentests durchgeführt. Die empirischen Werte der Prüfgröße sind jeweils in Zusammenhang mit den Ergebnissen des zugehörigen F-Tests ausgewiesen, da ihre Ermittlung von der Varianzhomogenität der Stichproben abhängig ist. Als kritischer Wert für die Ablehnung der Nullhypothese wird wiederum ein Signifikanzniveau $\alpha = 0,05$ vorgegeben. Ist das in der Tabelle ausgewiesene empirische Signifikanzniveau größer oder gleich 0,05, kann die Nullhypothese statistisch nicht abgelehnt werden.

Teilweise werden auch paarweise t-Tests angewandt, um gruppenspezifische Angaben für unterschiedliche Verkehrsmittel zu überprüfen, z.B. Stauzeitangaben in Km/Std. für Pkw-Fahrer und Fahrgemeinschaften. Mit Hilfe dieser Tests soll geprüft werden, ob die Probanden einer Gruppe für unterschiedliche Verkehrsmittel konsistente Angaben machen, wenn plausibel angenommen werden kann, daß zwischen den Alternativen keine wesentlich unterschiedlichen Merkmalsausprägungen bestehen.

Neben diesen statistischen Hypothesenprüfungen werden die Daten auf Wahrnehmungsschwellen bei Zeitangaben und Entfernungen geprüft. Damit soll überprüft werden, ob die Merkmalsausprägungen der faktoriellen Pläne des Bewertungsexperiments ausreichend groß gewählt sind.

b_2) Aktuelle und potentielle Pkw-Nutzer

Ein direkter Vergleich der Kosten einer Pkw-Fahrt ist wegen der unterschiedlichen zurückzulegenden Entfernungen nicht möglich. Um die Kostenangaben der Befragten miteinander vergleichen zu können, ist es notwendig, auf die Entfernung bezogene Variablen zu bilden. Die Entfernungsangaben schwanken in den drei Gruppen, deren Mitglieder Angaben zur Alternative des Pkw gemacht haben, zwischen etwa 10 km bis hin zu 80 km, wobei die überwiegende Mehrheit der Befragten eine Entfernung unter 50 km angibt. Die Angaben zu den durchschnittlichen Kosten/km (ohne Parkgebühren) schwanken zwischen geringen Pfennigbeträgen bis hin zu 0,80 DM/km. Ein Teil dieser Schwankungen kann mit der Art der Ermittlung[1] der Fahrtkosten erklärt werden, welche die Befragten anwenden. Die Mehrheit der Befragten scheint eine Vorstellung über die Höhe der Fahrtkosten zu haben. Die Differenzierung der Angaben beschränkt sich

---

[1] Vgl. hierzu auch *Heggie* (1976), S. 24f.

allerdings bei etwa 88% der Befragten (177 von 202), die Fahrtkosten unter 10 DM angaben, auf Abstufungen von 0,50 DM. Darüber hinausgehende Beträge werden fast ausschließlich in DM-Abstufungen angegeben. Ein kleiner Teil der Befragten hingegen hatte Vorstellungen über die Höhe der monatlichen Kosten, die dann auf eine Fahrt heruntergerechnet wurden.[1] Ein ebenfalls geringer Teil berechnete die Kosten mit Hilfe allgemeiner Standardsätze; diese Gruppe erwog häufiger als andere die Einbeziehung der Abschreibungen für den Pkw. Ein ebenfalls kleiner Anteil hatte keine eigene Vorstellung über die Fahrtkosten, sondern verwendete allgemein übliche Sätze, wie z.B. die steuerlich absetzbare km-Pauschale. Die beiden letzteren Verfahren führen zu deutlich höheren Kostensätzen als das erste. Des weiteren können Mißverständnisse oder besondere Umstände zu Extremwerten in den Kostenangaben führen. So gaben z.B. einige Probanden Fahrtkosten von (nahe) Null an (1,1%), da sie die Kosten nicht selbst zu tragen haben, sondern der Ehepartner, andere wiederum gaben durchschnittliche km-Kosten an, die mit 0,80 DM/km entweder nur durch besondere Bedingungen zu begründen sind, die in dieser Untersuchung nicht weiter erhoben wurden, oder aber als nicht realistische Angaben anzusehen sind. Da diese "Ausreißer" die nachfolgenden Untersuchungsergebnisse in ihrer Aussage nicht wesentlich beeinflussen,[2] wird auf eine Ausschließung dieser Werte verzichtet.

Tab. 15 beschreibt die drei Gruppen hinsichtlich der durchschnittlichen Kostenangaben/km, der zugehörigen Standardabweichungen und der Standardfehler.

Tab. 15: Durchschnittliche Fahrtkostenangaben/km aktueller und potentieller Pkw-Nutzer

Gruppe[1]	Fallzahl[2]	Mittelwert DM/km	Standard-abweichung	Standard-fehler
Gruppe 1	141	0,1593	0,116	0,010
Gruppe 2	78	0,1449	0,099	0,011
Gruppe 3	61	0,1540	0,083	0,011

[1] Gruppe 1: Pkw-Nutzer; Gruppe 2: Nichtnutzer mit realem Erfahrungshintergrund, Gruppe 3: Nichtnutzer mit geschätzten Angaben. [2] Die verbleibenden 20 Befragten lehnten die Pkw-Alternative entweder kategorisch ab, oder sie sahen sich völlig außerstande, Vorstellungen zu dieser Alternative zu äußern.

Quelle: Eigene Erhebung.

Für die Varianzen können lediglich für die Gruppen 1 und 3 signifikante Unterschiede mit Hilfe eines F-Tests festgestellt werden. Tab. 16 zeigt die Ergebnisse des

---

[1] Diese Angaben wurden dann häufig wieder auf 50-Pfennig-Größen gerundet.

[2] Die gleichen Testverfahren wurden auf von den Ausreißern korrigierte Stichproben angewendet, ohne daß sich Änderungen in den Signifikanzaussagen der Tests ergaben.

anschließenden t-Tests mit der Hypothese der Gleichheit der Mittelwerte. Für den Vergleich der Gruppen 2 und 3 wird dabei eine separate Varianzschätzung vorgenommen.[1]
Für alle drei Mittelwertvergleiche kann die Nullhypothese, daß die Mittelwertdifferenz in der Grundgesamtheit Null sei, nicht verworfen werden. Demzufolge ist davon auszugehen, daß zwischen den drei Gruppen keine systematischen Verzerrungen in den Angaben vorliegen. Aus den Ergebnissen des F-Tests kann allerdings entnommen werden, daß die Varianz der dritten Gruppe signifikant größer ist als diejenige der ersten Gruppe. Es erscheint durchaus plausibel, daß die Streuung der Angaben um den Mittelwert in der Gruppe, die keinen realen Erfahrungshintergrund in seine Angaben einbringen kann, größer ist als bei den Pkw-Fahrern.

Tab. 16: t-Tests auf Gleichheit der Mittelwerte der Fahrtkostenangaben/km aktueller und potentieller Pkw-Nutzer

Vergleich	F-Wert	Signifikanzniveau (2-seitig)	t-Wert	Signifikanzniveau (2-seitig)
Gruppen 1 und 2	1,38	0,123	0,92	0,358
Gruppen 1 und 3	1,96	0,004	0,37	0,715
Gruppen 2 und 3	1,43	0,154	-0,58	0,566

Signifikanzniveau: $\alpha = 0,05$.

Quelle: Eigene Erhebung.

Die zweite relevante Kostenkategorie ist die Parkgebühr. Etwa 83% der Pkw-Fahrer geben an, über einen firmeneigenen Parkplatz verfügen zu können. Dieser Anteil ist signifikant größer als die Anteile bei den beiden anderen Gruppen mit 67% bzw. 59%.[2] Erstaunlicherweise geben allerdings 91%, 87% bzw. 84% der Befragten der Gruppen an, keine Parkgebühr bezahlen zu müssen, wenn sie sich für die Pkw-Alternative entscheiden. Diese Anteilsangaben sind für alle Gruppen signifikant gleich.[3] Die Befragten der Gruppen 2 und 3 gehen also tendenziell davon aus, kostenfrei in der

---

[1] Zur Bestimmung der Werte der F-Verteilung und der Student-Verteilung wurde das t-Test-Modul des Programmpakets SPSS PC+ Version 4 verwendet. Vgl. zu den statistischen Angaben auch *SPSS Inc.* (Hrsg., 1991), S. 265f.

[2] Diese Angaben basieren auf Zweistichprobentests für die Differenz zweier Anteilswerte aus unabhängigen Stichproben. Der kritische Wert bei einem unterstellten Signifikanzniveau von $\alpha = 0,05$ der Standardnormalverteilung ist bei zweiseitiger Fragestellung $|z_c| = 1,96$. Die Werte der Prüfgrößen sind: $z_{12} = 2,6285$; $z_{13} = 3,6474$; $z_{23} = 2,9086$. D.h. für keine der Gruppen kann die Nullhypothese der Gleichheit der Anteilswerte aufrechterhalten werden.

[3] Der kritische Wert der Standardnormalverteilung ist für ein Signifikanzniveau $|z_c| = 1,96$. Die empirischen ermittelten Wert der Prüfgröße sind: $z_{12} = 0,0145$; $z_{13} = 0,1479$; $z_{23} = 0,6001$.

Stadt parken zu können, obwohl nur etwa die Hälfte von ihnen darauf bauen kann, über einen unternehmenseigenen Parkplatz verfügen zu können. Die Angaben über die Gebührenhöhe reichen bei denjenigen, die unternehmenseigene Parkplätze nutzen, bis zu 4 DM/Tag (0,7% der Befragten der Gruppe 1), bei den Gruppen 2 und 3 jeweils bis zu 10 bzw. 7 DM/Tag. Derartig hohe Parkgebühren übersteigen die aktuellen Gebühren der Parkhäuser in der Innenstadt, wenn man die Nutzung von Monatskarten unterstellt (bis 6 DM/Werktag).[1] Derartig hohe Parkgebühren werden jedoch nur von sehr wenigen Befragten genannt (1,4%).

Eine weitere Einflußgröße auf die Fahrtkosten des Pkw sind Fahrtkostenzuschüsse, die von den Unternehmen gewährt werden. Jeweils etwa 85% der Befragten der drei Gruppen geben allerdings an, keine Fahrtkostenzuschüsse zu erhalten.[2] Die Angaben der Zuschußhöhe reichen bis hin zu 10 DM/Fahrt. Tab. 17 gibt einen Überblick über die Art der Bemessungsgrundlage der Zuschußempfänger.

Tab. 17: Bemessungsgrundlage der Zuschußzahlungen aktueller und potentieller Pkw-Nutzer

Bemessungsgrundlage	Gruppe 1 absolut	%	Gruppe 2 absolut	%	Gruppe 3 absolut	%
km-abhängig	7	5,0	1	1,3	3	4,9
an ÖPNV-Kosten orientiert	6	4,3	4	5,1	2	3,3
Eigenbeteiligung	6	4,3	5	6,4	3	4,9
50% der Fahrtkosten	1	0,7	-	-	-	-
sonst	-	-	1	1,3	-	-
	20	14,3	11	14,1	8	13,1

Quelle: Eigene Erhebung.

Die Bemessungsgrundlagen für die Zuschußzahlungen basieren im wesentlichen auf entfernungsbezogenen Indikatoren und sind gleichmäßig über die Gruppen verteilt. Aus der Entfernungsbezogenheit der Zuschußzahlungen ist die große Spannweite der Zuschußzahlungen erklärbar.

Die Zeitangaben sind ebenso wie die Kosten zunächst auf bestimmte Wahrnehmungsschwellen hin zu überprüfen. Die reine Fahrtzeit, die als eine zügige, ohne Verzögerungen erfolgende Fahrt abgefragt wird, schwankt den Angaben zufolge zwischen

---

[1] Angaben der Parkhausbetreiber der Stadt Münster.

[2] Die Anteilswerte sind signifikant gleich. Der kritische Wert der Standardnormalverteilung ist für ein Signifikanzniveau $|z_c| = 1,96$. Die empirischen ermittelten Wert der Prüfgröße sind: $z_{12} = -0,1465$; $z_{13} = -0,0084$; $z_{23} = 0,1167$.

10 und 70 Min.[1] bei einem Mittelwert von gut 30 Min. 266 von 280 Betroffenen (95%) geben die reine Fahrtzeit als ein Vielfaches von 5 Min. an. Die durchschnittliche Stauzeit (Verzögerungszeiten durch dichten Verkehr) wird mit knapp 7 Min. angegeben. Nur etwa 3% der Befragten stehen länger als 30 Min. im Stau. Aber 61% geben an, keinen merklichen Fahrtverzögerungen zu unterliegen. Die verbleibenden 26% der vom Stau Betroffenen machen zu 87% Zeitangaben in 5-Min.-Schritten. Die gleiche Wahrnehmungsschwelle für die Zeitwerte kann für die Angaben zur Parkplatzsuchzeit festgestellt werden. Etwa 86% geben hier Zeitwerte in 5-Min.-Schritten an. Die durchschnittliche Parksuchzeit beträgt etwa 2,5 Min. 79% der Befragten geben eine Suchzeit von Null an, lediglich 2% eine Suchzeit von mehr als 15 Min.

Im folgenden werden die Mittelwerte der entfernungsbezogenen Zeitangaben der drei Gruppen auf signifikante Unterschiede hin überprüft. Tab. 18 beschreibt die drei Gruppen hinsichtlich des Stichprobenumfangs, der durchschnittlichen Zeitangaben, der zugehörigen Standardabweichungen und der Standardfehler.

Tab. 18: Durchschnittliche Fahrtzeitangaben/km aktueller und potentieller Pkw-Nutzer

Gruppe	Fallzahl	Mittelwert Min./km	Standardabweichung	Standardfehler
Gruppe 1	141	1,22	0,462	0,039
Gruppe 2	78	1,11	0,337	0,038
Gruppe 3	61	1,19	0,354	0,045

Quelle: Eigene Erhebung.

Tab. 19: t-Tests auf Gleichheit der Mittelwerte der Zeitangaben/km aktueller und potentieller Pkw-Nutzer

Vergleich	F-Wert	Signifikanzniveau (2-seitig)	t-Wert	Signifikanzniveau (2-seitig)
Gruppen 1 und 2	1,88	0,003	2,26	0,025
Gruppen 1 und 3	1,70	0,021	0,48	0,635
Gruppen 2 und 3	1,10	0,688	-1,16	0,110

Signifikanzniveau: $\alpha = 0,05$.

Quelle: Eigene Erhebung.

---

[1] Praktisch alle Befragten benötigen nicht mehr als eine Stunde für die reine Fahrtzeit.

Die Varianzen der Zeitangaben schwanken signifikant zwischen den aktuellen Pkw-Fahrern und den beiden Gruppen potentieller Pkw-Fahrer, nicht hingegen zwischen den beiden letztgenannten Gruppen. Dies kann auf die tägliche Erfahrung der Pkw-Nutzer zurückgeführt werden. Überraschend ist die statistische Gleichheit der Mittelwerte der Angaben zwischen Pkw-Fahrern und Nichtfahrern mit realem Erfahrungshintergrund. Erklärbar wäre eine durchschnittlich höhere Zeitangabe der beiden Nichtnutzergruppen. Denn dies entspräche tendenziell ihrer Entscheidung, den Pkw nicht zu nutzen. Erklärbar wäre eine höhere Zeitangabe auch im Sinne einer nachträglichen Betonung der Entscheidung durch eine Überbewertung der Zeit. Da ein derartiges Verhalten empirisch nicht aufzuzeigen ist, können derartige Verzerrungen an dieser Stelle ausgeschlossen werden.[1]

Die Tabellen 20 und 21 zeigen die Mittelwerte der Stauzeitangaben sowie die Testergebnisse bezüglich möglicher Varianzunterschiede und Differenzen der Mittelwerte zwischen den drei Gruppen. Die Auswertung erfolgt zudem in detaillierter Form für die Stauzeitangaben für den Hin- und den Rückweg.

Tab. 20: Durchschnittliche Stauzeitangaben aktueller und potentieller Pkw-Nutzer für den Hin- und Rückweg

Gruppe	Fallzahl	Mittelwert Min.	Standard-abweichung	Standard-fehler
Hinweg				
Gruppe 1	141	4,35	7,899	0,665
Gruppe 2	78	4,19	6,900	0,781
Gruppe 3	61	4,38	7,506	0,961
Rückweg				
Gruppe 1	141	1,26	4,120	0,347
Gruppe 2	78	2,62	6,137	0,695
Gruppe 3	61	4,66	8,089	1,036

Quelle: Eigene Erhebung.

---

[1] Vgl. hierzu auch *Heggie* (1976), S. 24f.

Tab. 21: t-Tests auf Gleichheit der Mittelwerte der Stauzeitangaben aktueller und potentieller Pkw-Nutzer

Vergleich	F-Wert	Signifikanzniveau (2-seitig)	t-Wert	Signifikanzniveau (2-seitig)
		Hinweg		
Gruppen 1 und 2	1,31	0,191	0,15	0,884
Gruppen 1 und 3	1,11	0,664	-0,02	0,980
Gruppen 2 und 3	1,18	0,484	-0,15	0,880
		Rückweg		
Gruppen 1 und 2	2,22	0,000	-1,75	0,083
Gruppen 1 und 3	3,85	0,000	-3,11	0,003
Gruppen 2 und 3	1,74	0,023	-1,64	0,105

Signifikanzniveau: $\alpha = 0,05$.

Quelle: Eigene Erhebung.

Den Testergebnissen ist zu entnehmen, daß die Varianzen der Stauzeitangaben für den Hinweg keinen signifikanten Unterschied aufweisen und die Mittelwerte der Stauzeitangaben praktisch gleich hoch sind. Auf dem Rückweg hingegen unterscheiden sich die Varianzen der Angaben der Mitglieder der drei Gruppen allerdings signifikant voneinander.

Die Tabellen 22 und 23 zeigen die Mittelwerte aktueller und potentieller Pkw-Nutzer für deren Angaben der Parkplatzsuchzeiten und die Testergebnisse für mögliche Differenzen zwischen den Gruppenvarianzen und Mittelwerten.

Tab. 22: Durchschnittliche Parksuchzeitangaben aktueller und potentieller Pkw-Nutzer

Gruppe	Fallzahl	Mittelwert Min.	Standardabweichung	Standardfehler
Gruppe 1	141	0,75	2,290	0,193
Gruppe 2	78	2,33	4,788	0,542
Gruppe 3	61	5,80	11,954	1,531

Quelle: Eigene Erhebung.

Tab. 23: t-Tests auf Gleichheit der Mittelwerte der Parksuchzeitangaben aktueller und potentieller Pkw-Nutzer

Vergleich	F-Wert	Signifikanzniveau (2-seitig)	t-Wert	Signifikanzniveau (2-seitig)
Gruppen 1 und 2	4,37	0,000	-2,75	0,007
Gruppen 1 und 3	27,24	0,000	-3,27	0,002
Gruppen 2 und 3	6,23	0,000	-2,14	0,036

Signifikanzniveau: $\alpha = 0,05$.

Quelle: Eigene Erhebung.

Zwischen den drei Gruppen können signifikant unterschiedliche Varianzen festgestellt werden. Des weiteren sind die Mittelwerte aller drei Gruppen voneinander unterschiedlich. Die mittlere Parksuchzeit der Gruppe 1 tendiert gegen Null, was aufgrund der hohen Verfügbarkeit unternehmenseigener Parkplätze plausibel erscheint. Höhere Parksuchzeiten sind für die Nicht-Pkw-Fahrer ebenfalls stimmig, da diese nur zu deutlich geringeren Anteilen über unternehmenseigene Parkplätze verfügen können. Die Tests erlauben zudem die plausible Annahme, daß die Parksuchzeit mit sinkendem realen Erfahrungshorizont, d.h. in diesem Fall der Unkenntnis der Parksituation in der Stadt, zunimmt. Ob aus dieser leichten Verzerrung die Struktur der Entscheidungen wesentlich beeinflußt wird, wird im Rahmen der Validitätsprüfung des Modells untersucht.

Tab. 24: Durchschnittliche Gehwegentfernungsangaben aktueller und potentieller Pkw-Nutzer

Gruppe	Fallzahl	Mittelwert m	Standardabweichung	Standardfehler
Gruppe 1	141	160	454,669	38,290
Gruppe 2	78	238	448,354	50,766
Gruppe 3	61	344	458,308	58,680

Quelle: Eigene Erhebung.

Die Gehwegentfernung vom Parkplatz zum Arbeitsplatz wird mit durchschnittlich 222 m angegeben. Fast 70 % der Befragten nennen eine Entfernung von bis zu 100 m, was bei der hohen Verfügbarkeit unternehmenseigener Parkplätze plausibel erscheint; 97% geben eine Entfernung bis zu 1.000 m an. Von den Befragten, die Distanzen zwischen 100 m und 1.000 m (einschließlich) angeben, schätzten 79% die Entfernung in den Abstufungen 100 m, 200 m, 500 m und 1.000 m. Tab. 24 zeigt die gruppenspezifischen Parameter der Entfernungsangaben.

Tab. 25: t-Tests auf Gleichheit der Mittelwerte der Gehwegentfernungsangaben aktueller und potentieller Pkw-Nutzer

Vergleich	F-Wert	Signifikanzniveau (2-seitig)	t-Wert	Signifikanzniveau (2-seitig)
Gruppen 1 und 2	1,03	0,905	-1,22	0,225
Gruppen 1 und 3	1,02	0,919	-2,63	0,009
Gruppen 2 und 3	1,04	0,849	-1,37	0,172

Signifikanzniveau: $\alpha = 0,05$.

Quelle: Eigene Erhebung.

Bei gemeinsamer Varianzschätzung ist davon auszugehen, daß die durchschnittlichen Entfernungsangaben der Gruppe 1 signifikant größer sind als diejenigen der Gruppe 3.

Tab. 26: Komforteinschätzung des Pkw durch aktuelle und potentielle Pkw-Nutzer

Rang	Gesamt absolut	%	Gruppe 1 absolut	%	Gruppe 2 absolut	%	Gruppe 3 absolut	%
1 sehr gut	94	33,6	64	45,4	16	20,5	14	23,0
2 gut	148	52,9	72	51,1	44	52,5	32	52,5
3 mäßig	30	10,7	4	2,8	14	17,9	12	19,7
4 schlecht	8	2,9	1	0,7	4	5,1	3	4,9
	280	100,0	141	100,0	78	100,0	61	100,0
ϕ Bewertung	1,83		1,59		2,08		2,07	

Quelle: Eigene Erhebung.

Den Befragten wurde des weiteren die Möglichkeit gegeben, die Komforteigenschaften der Verkehrsmittel auf einer Rangskala zu bewerten. Tab. 26 zeigt die Einschätzung des Komforts des Pkw durch die Befragten insgesamt und nach Gruppen getrennt.

Tab. 27: t-Tests auf Gleichheit der durchschnittlichen Komforteinschätzungen aktueller und potentieller Pkw-Nutzer

Vergleich	F-Wert	Signifikanzniveau (2-seitig)	t-Wert	Signifikanzniveau (2-seitig)
Gruppen 1 und 2	1,72	0,006	-4,88	0,000
Gruppen 1 und 3	1,83	0,004	-4,22	0,000
Gruppen 2 und 3	1,06	0,793	0,09	0,932

Signifikanzniveau: $\alpha = 0,05$.
Quelle: Eigene Erhebung.

Tab. 27 weist die Varianzen der Bewertungen aller drei Gruppen als signifikant unterschiedlich aus. Die zugehörigen empirischen t-Werte lassen die statistisch gesicherte Annahme zu, daß die Bewertungen der Mitglieder der Gruppe 1 signifikant besser zugunsten des Pkw ausfallen als die Bewertungen der beiden Gruppen der Nichtnutzer.

Um die Gründe für die Bewertung näher analysieren zu können, wurde den Befragten die Möglichkeit gegeben, die drei wichtigsten komfortbestimmenden Eigenschaften zu benennen. Knapp 14% der Befragten verzichteten auf eine nähere Angabe von komfortbestimmenden Eigenschaften des Pkw, etwa 50% nannten einen Hauptgrund und 27% deren zwei. Lediglich knapp 10% der Befragten gab drei Gründe für die Komfortbewertung an. Angesichts dieses geringen Anteils ist davon auszugehen, daß die Begrenzung der Nennungen zu einer Pointierung der Begründungen führt, nicht zu einer Einschränkung. Die gebildeten Kategorien gelten für alle Verkehrssysteme in gleicher Weise; sie sind also je nach Verkehrssystem und Nutzergruppe entweder als positives oder negatives Bewertungskriterium zu interpretieren.[1] Tab. 28 zeigt die am häufigsten genannten Bewertungskriterien für die gesamte Stichprobe und nach den drei Gruppen differenziert.

---

[1] Liste der möglichen Bewertungskriterien:

Streß, Stau, Parkplatzsuche, Wetterschutz, Warten, Frequenz, Umsteigen, Sitzplatz/Gedränge, Klima, Umweg, Unterhaltung, Individualität, Radio, Lesen, Pünktlichkeit, Unabhängigkeit/ Flexibilität, Sicherheit, Erreichbarkeit/Anbindung, Bequemlichkeit, Sauberkeit, Mitnahmemöglichkeiten für Gepäck, Ausstattung allgemein.

Tab. 28: **Kriterien für die Komforteinschätzungen aktueller und potentieller Pkw-Nutzer (häufigste Nennungen[1])**

Bewertungs-Kriterium	Gesamt absolut	%	Gruppe 1 absolut	%	Gruppe 2 absolut	%	Gruppe 3 absolut	%
Flexibilität/Unabhängigkeit	91	23,8	56	29,8	22	20,4	13	14,9
Stau	56	14,6	26	13,8	19	17,6	11	12,6
Streß	33	8,6	8	4,3	11	10,2	14	16,1
Parkplatzsuche	43	11,2	13	6,9	19	17,6	11	12,6
Radio	30	7,8	16	8,5	5	4,6	9	10,3
Nennungen	266	72,9	129	69,0	78	77,3	54	67,5

Signifikanzniveau: $\alpha = 0,05$.
[1] Auswahlkriterium: Für mindestens eine der drei Gruppen übersteigt der Anteil der Nennungen 10%.
Quelle: Eigene Erhebung.

Das von Pkw-Nutzern mit Abstand am häufigsten genannte Komfortkriterium ist die Flexibilität/Unabhängigkeit des Verkehrsmittels. Bei den Gruppen 2 und 3 wird dieses Kriterium zwar ebenfalls sehr häufig genannt, allerdings weisen diese Gruppen deutlich häufigere Nennungen der für den Pkw ungünstigen Komfortkriterien Streß, Stau und Parkplatzsuche auf.

b$_3$) Aktuelle und potentielle Mitglieder von Fahrgemeinschaften

Die Zahl der Mitfahrer in den real existierenden Fahrgemeinschaften der Stichprobe wird mit durchschnittlich 2,8 signifikant höher angegeben als die Zahl der Fahrgemeinschaften, die den Erfahrungshorizont der Gruppe 2 begründet. Die geschätzten Angaben der Gruppe 3 wurden für den Fall erfragt, daß die Befragten tatsächlich weitere Mitarbeiter kennen, mit denen sie sinnvollerweise eine Fahrgemeinschaft aufbauen könnten. Tab. 29 zeigt die Häufigkeitsverteilungen der Anzahl der Mitglieder der Fahrgemeinschaften, differenziert nach den drei Gruppierungen.

Die überwiegende Mehrheit der Befragten aller drei Gruppen (etwa 73%) gibt an, in einer Fahrgemeinschaft wechselseitig als Fahrer eingesetzt zu werden. Es läßt sich statistisch zeigen, daß die Kalkulation der Fahrtkosten in etwa den km-Kosten dividiert durch die Zahl der Mitglieder der Fahrgemeinschaft entspricht. Um diese These zu testen, werden die Kostenangaben für eine Fahrt mit der Fahrgemeinschaft auf die Entfernung unter Berücksichtigung der Umwegfahrten bezogen und mit der Anzahl der Mitglieder multipliziert. Die sich ergebenden km-Kosten jeder der drei Gruppen werden dann auf Gleichheit mit den je drei Pkw-Gruppen getestet. Es handelt sich also um km-Kostenangaben für jeweils zwei gleiche Stichproben, mithin um abhängige Stichproben. Teilweise sind die Besetzungen der paarweisen Gruppen zu gering, um gesicherte statistische Aussagen aus ihnen herleiten zu können. Für diejenigen Gruppen, die statistische Aussagen zulassen, kann die Nullhypothese angenommen werden, daß der erwartete Kalkulationsalgorithmus der zur Mitfahrerzahl proportionalen Kostenteilung angewendet wird (bis auf eine Ausnahme mit einer marginalen Abweichung). D.h. die Fahrtkosten werden unter Berücksichtigung des Umweges durch die Zahl der Fahrgemeinschaftsmitglieder geteilt.[1]

Tab. 29: Größenverteilung der Mitfahrgemeinschaften

Zahl der Mitglieder	Gruppe 1 absolut	%	Gruppe 2 absolut	%	Gruppe 3 absolut	%
2	33	47,1	22	84,6	93	94,9
3	21	30,0	3	11,5	3	3,1
4	15	21,4	1	3,8	2	2,0
5	1	1,4	-	-	-	-
	70	100,0	26	100,0	98	100,0

Quelle: Eigene Erstellung.

Etwa 84% der Mitglieder bestehender Fahrgemeinschaften geben an, über firmeneigene Parkplätze verfügen zu können. Dieser Anteil ist signifikant höher als derjenige der Gruppe 2 mit 65%, nicht aber als der Anteil der Gruppe 3 mit 74%. Im Gegensatz zu den Schätzwerten ohne realen Erfahrungshintergrund für die Pkw-Alternative geht also im Fall der Schätzangaben für die Alternative der Fahrgemeinschaft ein deutlich höherer Anteil von der Verfügbarkeit eines firmeneigenen Parkplatzes aus. Mit 91%, 96% bzw. 96% der Befragten der drei Gruppen geben auch im Fall der Bildung einer Fahrgemeinschaft deutlich größere Anteile an, keine Parkgebühren entrichten zu müssen, als dies aufgrund der Verfügbarkeit firmeneigener Parkplätze zu erwarten wäre.[2]

---

[1] Als Nullhypothese ergibt sich: Gleichheit der km-Kostenangaben. Die Angaben ergeben sich für den Pkw-Einzelfahrer aus den Fahrtkosten dividiert durch die Entfernung, für die Fahrgemeinschaft aus den Fahrtkosten für eine Person, multipliziert mit der Zahl der Personen, dividiert durch die Entfernung unter Berücksichtigung des Umweges. Ein Test ohne Berücksichtigung der Umwegangaben erbrachte deutlich weniger signifikante Ergebnisse.

[2] Die Anteilswerte der beiden ersten Gruppen sind auch hier signifikant unterschiedlich. Der kritische Wert der Standardnormalverteilung ist für ein Signifikanzniveau $|z_c| = 1{,}96$. Die empirisch ermittelten Werte der Prüfgröße sind: $z_{12} = 3{,}217$; $z_{13} = 1{,}345$; $z_{23} = 0{,}046$.

Etwa 90% der Befragten der drei Gruppen geben an, keine Fahrtkostenzuschüsse zu erhalten. Als Bemessungsgrundlage werden im wesentlichen dieselben entfernungsabhängigen Kriterien genannt wie beim Pkw.

Ein Vergleich der Fahrtzeitangaben für die Fahrgemeinschaft mit denen für die Pkw-Einzelfahrt ergibt, daß die Fragestellung von einigen Probanden mißverstanden worden ist. So geben 68 von ihnen (37%) gleiche Fahrtzeiten für die unterschiedlichen Alternativen an, davon allerdings 24 eine Umwegfahrtzeit von größer Null. Insofern wird für die Probanden, die eine unplausible Kombination von Fahrtzeiten für die Fahrgemeinschaft bzw. das Automobil und die Umwegzeiten angeben, eine Korrektur der reinen Fahrtzeit der Fahrgemeinschaft um eben die Umwegzeit vorgenommen.[1]

Tab. 30: **Durchschnittliche Angaben zum zusätzlichen Zeitaufwand der Fahrgemeinschaft gegenüber der Pkw-Einzelfahrt**

Gruppe	Fallzahl	Mittelwert Min.	Standardabweichung	Standardfehler
Umweg				
Gesamt	194	5,454	5,611	0,403
Gruppe 1	70	3,657	4,520	0,540
Gruppe 2	26	4,500	5,901	1,157
Gruppe 3	98	6,990	5,846	0,591
Warten/Hinweg				
Gesamt	194	1,057	2,308	0,166
Gruppe 1	70	0,957	2,003	0,239
Gruppe 2	26	1,154	2,572	0,504
Gruppe 3	98	1,102	2,456	0,248
Warten/Rückweg				
Gesamt	194	9,125	18,470	1,333
Gruppe 1	70	4,614	10,638	1,271
Gruppe 2	26	4,462	10,637	2,086
Gruppe 3	98	13,677	23,065	2,354
Zusätzlicher Zeitaufwand der Fahrgemeinschaft				
Gesamt	194	20,995	21,714	1,559
Gruppe 1	70	12,886	13,561	1,621
Gruppe 2	26	14,615	14,241	2,793
Gruppe 3	98	28,480	25,300	2,556

Quelle: Eigene Erhebung.

---

[1] Diese Korrektur erfolgt auch für 4 Befragte, die Umwegzeiten von größer Null angeben und eine zugleich geringere Fahrtzeit als mit dem Pkw.

Die Angaben zu den Umweg- und Wartezeiten werden überwiegend in 5 und 10-Min. Abstufungen gemacht. Etwa ein Drittel der Befragten gibt an, aufgrund der Bildung einer Fahrgemeinschaft keinen Umweg in Kauf nehmen zu müssen. Die durchschnittliche Umwegzeit wird mit 5,5 Min. angegeben. Bei den Wartezeiten auf dem Hinweg bzw. dem Rückweg geben 78% bzw 72% der Befragten an, daß die Abstimmung so gut erfolgt, daß keine Wartezeiten entstehen. Die Tab. 30 weist die durchschnittlichen Zeitangaben insgesamt und gruppenspezifisch aus.

Tab. 31: t-Tests auf Gleichheit der Mittelwerte der Angaben zum zusätzlichen Zeitaufwands der Fahrgemeinschaft gegenüber der Pkw-Einzelfahrt

Vergleich	F-Wert	Signifikanzniveau (2-seitig)	t-Wert	Signifikanzniveau (2-seitig)
Umweg				
Gruppen 1 und 2	1,70	0,086	-0,75	0,458
Gruppen 1 und 3	1,76	0,025	-4,16	0,000
Gruppen 2 und 3	1,02	0,903	-1,93	0,056
Warten/Hinweg				
Gruppen 1 und 2	1,65	0,107	-0,39	0,694
Gruppen 1 und 3	1,50	0,074	-0,41	0,685
Gruppen 2 und 3	1,10	0,722	0,09	0,925
Warten/Rückweg				
Gruppen 1 und 2	1,00	1,000	0,06	0,950
Gruppen 1 und 3	4,70	0,000	-3,39	0,001
Gruppen 2 und 3	4,70	0,000	-2,93	0,004
Zusätzlicher Zeitaufwand der Fahrgemeinschaft				
Gruppen 1 und 2	1,10	0,727	-0,55	0,585
Gruppen 1 und 3	3,48	0,000	-5,15	0,000
Gruppen 2 und 3	3,16	0,002	-3,66	0,000

Signifikanzniveau: $\alpha = 0,05$.

Quelle: Eigene Erhebung.

Im wesentlichen können für die Gruppen 1 und 2 etwa übereinstimmende Angaben festgestellt werden. Für die dritte Gruppe hingegen ergeben sich sowohl für die Angaben zur Umwegzeit als auch für die Angaben zu Wartezeiten auf dem Rückweg statistisch signifikante Abweichungen gegenüber den Angaben der anderen beiden Gruppen. Da die zweite Gruppe keine Abweichungen ihrer Angaben gegenüber der ersten

Gruppe aufweist, ist davon auszugehen, daß die Abweichungen der dritten Gruppe eher auf Unkenntnis der Gegebenheiten als auf eine bewußte Rechtfertigung der Nichtbeteiligung an Fahrgemeinschaften zurückzuführen ist.

Hinsichtlich der Angaben zu den Fahrtzeiten kann für alle drei Gruppen von signifikant gleichen Mittelwerten ausgegangen werden. Tab. 32 und Tab. 33 zeigen die empirischen Ergebnisse.

Tab. 32: Durchschnittliche Fahrtzeitangaben/km aktueller und potentieller Mitglieder von Fahrgemeinschaften

Gruppe	Fallzahl	Mittelwert Min./km	Standardabweichung	Standardfehler
Gruppe 1	70	1,20	0,355	0,042
Gruppe 2	26	1,35	0,731	0,143
Gruppe 3	98	1,46	0,689	0,070

Quelle: Eigene Erhebung.

Tab. 33: t-Tests auf Gleichheit der Mittelwerte der Fahrtzeitangaben/km aktueller und potentieller Mitglieder von Fahrgemeinschaften

Vergleich	F-Wert	Signifikanzniveau (2-seitig)	t-Wert	Signifikanzniveau (2-seitig)
Gruppen 1 und 2	4,25	0,000	-0,99	0,331
Gruppen 1 und 3	3,77	0,000	-3,17	0,002
Gruppen 2 und 3	1,13	0,658	-0,72	0,475

Signifikanzniveau: $\alpha = 0,05$.

Quelle: Eigene Erhebung.

Die Varianzen der Fahrtzeitangaben/km weichen zwischen der Gruppe der Verkehrsmittelnutzer und den beiden Nichtnutzergruppen signifikant voneinander ab. Allerdings kann nur zwischen den beiden Gruppen 1 und 3 ein statistisch signifikanter Unterschied zwischen den Mittelwerten der Fahrtzeitangaben festgestellt werden.

Tab. 34 weist die Ergebnisse des paarweisen t-Testes für die unterschiedlichen Gruppen der Verkehrsmittel Fahrgemeinschaft und Pkw aus. Auffallend ist die für alle statistisch sinnvoll auswertbaren Gruppen signifikante Ablehnung der Hypothese der

Gleichheit der Mittelwerte der Fahrtzeitangaben. Die durchschnittliche Fahrgeschwindigkeit der Fahrgemeinschaft wird mithin von allen Gruppen für signifikant höher eingeschätzt als für die Pkw-Einzelfahrt. Des weiteren ergeben sich für alle Gruppen hohe positive Korrelationskoeffizienten.

Tab. 34: Paarweiser t-Test der durchschnittlichen Fahrtzeitangaben/km für unterschiedliche Verkehrsmittel

		MFG	Gruppe 1	Gruppe 2	Gruppe 3
Pkw					
Gruppe 1	Fallzahl	-		22	56
	Mittelwertdifferenz	-		0,17	0,32
	Korrelationskoeffizient	-		0,961	0,911
	t-Wert	-		3,11	5,12
	Signifikanzniveau	-		0,005	0,000
Gruppe 2	Fallzahl	35	3		20
	Mittelwertdifferenz	0,07	0,04		0,19
	Korrelationskoeffizient	0,965	-		0,939
	t-Wert	3,58	-		6,18
	Signifikanzniveau	0,001	-		0,000
Gruppe 3	Fallzahl	34	1		13
	Mittelwertdifferenz	0,09	-		0,17
	Korrelationskoeffizient	0,892	-		0,963
	t-Wert	3,50	-		4,36
	Signifikanzniveau	0,001	-		0,001
fehlende paarweise Angaben		1	-		9
gesamt			70	26	98

Quelle: Eigene Erhebung.

Die folgenden Tabellen zeigen die Ergebnisse der Auswertung der Stauzeitangaben, differenziert nach Hin- und Rückweg, sowie im Vergleich zu den Angaben der Pkw-Einzelfahrt. Für den Rückweg ergibt sich ein etwa gleiches Ergebnis wie im Fall der Angaben zur Pkw-Einzelfahrt (Tab. 35 und 36). Für den Hinweg hingegen ergeben sich nicht gleiche Mittelwerte für die drei Gruppen, sondern ebenfalls steigende Werte der Stauzeit mit abnehmendem Erfahrungshintergrund. Allerdings ist lediglich der Unterschied zwischen Gruppe 1 und 3 als statistisch signifikant ausgewiesen. Tab. 37 zeigt, daß diese Abweichung im wesentlichen auf die Gruppe der Pkw-Fahrer zurückzuführen ist, die bislang keine realen Erfahrungen mit Fahrgemeinschaften gemacht haben. Für diese Gruppe wird als einzige ein statistisch signifikanter Unterschied zwischen den Stauzeitangaben der beiden unterschiedlichen Verkehrsmittel ausgewiesen.

Tab. 35: Durchschnittliche Stauzeitangaben aktueller und potentieller Mitglieder von Fahrgemeinschaften für den Hin- und Rückweg

Gruppe	Fallzahl	Mittelwert Min.	Standardabweichung	Standardfehler
Hinweg				
Gruppe 1	70	2,03	4,246	0,507
Gruppe 2	26	4,89	8,896	1,745
Gruppe 3	98	5,55	7,967	0,805
Rückweg				
Gruppe 1	70	1,57	3,740	0,447
Gruppe 2	26	2,50	4,950	0,971
Gruppe 3	98	3,76	7,644	0,772

Quelle: Eigene Erhebung.

Tab. 36: t-Tests auf Gleichheit der Mittelwerte der Stauzeitangaben aktueller und potentieller Mitglieder von Fahrgemeinschaften

Vergleich	F-Wert	Signifikanzniveau (2-seitig)	t-Wert	Signifikanzniveau (2-seitig)
Hinweg				
Gruppen 1 und 2	4,39	0,000	-1,57	0,127
Gruppen 1 und 3	3,52	0,000	-3,70	0,000
Gruppen 2 und 3	1,25	0,441	-0,37	0,712
Rückweg				
Gruppen 1 und 2	1,75	0,071	-0,99	0,326
Gruppen 1 und 3	4,18	0,000	-2,45	0,016
Gruppen 2 und 3	2,39	0,015	-1,01	0,316

Signifikanzniveau: $\alpha=0,05$.

Quelle: Eigene Erhebung.

Tab. 37: Paarweiser t-Test der durchschnittlichen Stauzeitangaben für unterschiedliche Verkehrsmittel auf dem Hinweg (Pkw)

	MFG	Gruppe 1	Gruppe 2	Gruppe 3
Gruppe 1	Fallzahl	-	22	56
	Mittelwertdifferenz	-	0,00	0,80
	Korrelationskoeffizient	-	0,974	0,798
	t-Wert	-	0,00	1,50
	Signifikanzniveau	-	1,000	0,140
Gruppe 2	Fallzahl	35	3	20
	Mittelwertdifferenz	-0,14	-	0,30
	Korrelationskoeffizient	0,902	-	0,990
	t-Wert	-0,44	-	1,00
	Signifikanzniveau	0,661	-	0,330
Gruppe 3	Fallzahl	34	1	13
	Mittelwertdifferenz	0,35	-	-0,38
	Korrelationskoeffizient	0,884	-	0,988
	t-Wert	1,00	-	-1,00
	Signifikanzniveau	0,325	-	0,337
fehlende paarweise Angaben		1	-	9
gesamt		70	26	98

Quelle: Eigene Erhebung.

Tab. 38: Paarweiser t-Test der durchschnittlichen Stauzeitangaben für unterschiedliche Verkehrsmittel auf dem Rückweg (Pkw)

	MFG	Gruppe 1	Gruppe 2	Gruppe 3
Gruppe 1	Fallzahl	-	22	56
	Mittelwertdifferenz	-	0,23	0,48
	Korrelationskoeffizient	-	0,977	0,814
	t-Wert	-	1,00	1,38
	Signifikanzniveau	-	0,329	0,173
Gruppe 2	Fallzahl	35	3	20
	Mittelwertdifferenz	0,29	-	0,30
	Korrelationskoeffizient	0,697	-	0,990
	t-Wert	0,63	-	1,00
	Signifikanzniveau	0,535	-	0,330
Gruppe 3	Fallzahl	34	1	13
	Mittelwertdifferenz	0,0000	-	-0,38
	Korrelationskoeffizient	1,000	-	0,989
	t-Wert	0,00	-	-1,00
	Signifikanzniveau	1,000	-	0,337
fehlende paarweise Angaben		1	-	9
gesamt		70	26	98

Quelle: Eigene Erhebung.

Für die Parksuchzeitangaben wird ein mit sinkendem Erfahrungshorizont steigender Zeitbedarf angegeben. Der Unterschied der Mittelwerte wird allerdings lediglich für die Gruppen 1 und 3 als statistisch signifikant ausgewiesen.

Tab. 39: Durchschnittliche Parksuchzeitangaben aktueller und potentieller Mitglieder von Fahrgemeinschaften

Gruppe	Fallzahl	Mittelwert Min.	Standardabweichung	Standardfehler
Gruppe 1	70	0,60	2,493	0,298
Gruppe 2	26	1,73	3,986	0,782
Gruppe 3	98	2,27	7,218	0,733

Quelle: Eigene Erhebung.

Tab. 40: t-Tests auf Gleichheit der Mittelwerte der Parksuchzeitangaben aktueller und potentieller Mitglieder von Fahrgemeinschaften

Vergleich	F-Wert	Signifikanzniveau (2-seitig)	t-Wert	Signifikanzniveau (2-seitig)
Gruppen 1 und 2	2,56	0,002	-1,35	0,186
Gruppen 1 und 3	8,38	0,000	-2,11	0,037
Gruppen 2 und 3	3,28	0,001	-0,50	0,618

Signifikanzniveau: $\alpha = 0,05$.

Quelle: Eigene Erhebung.

Die Gehwegentfernung vom gemeinsamen Parkplatz oder vom Absetzpunkt zum Arbeitsplatz wird mit durchschnittlich 236 m angegeben. Mit 46% ist der Anteil, der eine Entfernung unter 100 m angibt deutlich geringer als der Anteil bei den Pkw-Einzelfahrern. 98% geben eine Entfernung bis 1.000 m an. Von den Befragten, die Distanzen zwischen 100 m und 1.000 m angeben, schätzen 59% die Entfernung in den Abstufungen 100 m, 200 m, 500 m und 1.000 m. Tab. 41 zeigt die gruppenspezifischen Parameter der Entfernungsangaben.

Tab. 41: Durchschnittliche Gehwegentfernungsangaben aktueller und potentieller Mitglieder von Fahrgemeinschaften

Gruppe	Fallzahl	Mittelwert m	Standard-abweichung	Standard-fehler
Gruppe 1	70	189	230,367	27,534
Gruppe 2	26	277	475,733	93,299
Gruppe 3	98	260	356,248	35,986

Quelle: Eigene Erhebung.

Tab. 42: t-Tests auf Gleichheit der Mittelwerte der Gehwegentfernungsangaben aktueller und potentieller Mitglieder von Fahrgemeinschaften

Vergleich	F-Wert	Signifikanzniveau (2-seitig)	t-Wert	Signifikanzniveau (2-seitig)
Gruppen 1 und 2	4,26	0,000	-0,91	0,372
Gruppen 1 und 3	2,39	0,000	-1,56	0,121
Gruppen 2 und 3	1,78	0,048	0,18	0,862

Signifikanzniveau: $\alpha=0,05$.
Quelle: Eigene Erhebung.

Die Varianzen der Entfernungsangaben sind zwischen den Gruppen signifikant unterschiedlich. Bezüglich der Mittelwerte kann allerdings die Hypothese der Gleichheit statistisch auf einem Signifikanzniveau von $\alpha=0,05$ nicht abgelehnt werden.

Beim vergleichenden t-Test für die jeweiligen Angaben einer Gruppe bezüglich der Gehwegentfernung des Pkw-Einzelfahrers und der Fahrgemeinschaft ergibt sich für die Gruppen eine statistisch signifikante Gleicheit der Mittelwerte. Für die Gruppen mit keiner oder einer sehr geringen Besetzung werden keine statistischen Kennziffern berechnet. Auffallend ist wiederum die Gruppe der Pkw-Fahrer, die bislang keine Erfahrung mit der Bildung einer Fahrgemeinschaft hat sammeln können. Bei einem Signifikanzniveau von $\alpha=0,10$ weist diese Gruppe als einzige eine statistisch gesicherte Differenz der Einschätzungen auf. Allerdings ist die Mittelwertdifferenz als relativ gering anzusehen.

Tab. 43: Paarweiser t-Test der durchschnittlichen Gehwegentfernungsangaben für unterschiedliche Verkehrsmittel (Pkw)

	MFG	Gruppe 1	Gruppe 2	Gruppe 3
Gruppe 1	Fallzahl	-	22	56
	Mittelwertdifferenz	-	137,18	24,87
	Korrelationskoeffizient	-	0,306	0,748
	t-Wert	-	1,33	1,86
	Signifikanzniveau	-	0,199	0,069
Gruppe 2	Fallzahl	35	3	20
	Mittelwertdifferenz	-7,57	-	76,36
	Korrelationskoeffizient	0,826	-	0,767
	t-Wert	-0,19	-	1,39
	Signifikanzniveau	0,847	-	0,180
Gruppe 3	Fallzahl	34	-	13
	Mittelwertdifferenz	-13,97	-	-102,88
	Korrelationskoeffizient	0,662	-	0,306
	t-Wert	-0,35	-	-0,49
	Signifikanzniveau	0,732	-	0,630
fehlende paarweise Angaben		1	-	9
gesamt		70	26	98

Quelle: Eigene Erhebung.

Tab. 44: Komforteinschätzung des Pkw durch aktuelle und potentielle Mitglieder von Fahrgemeinschaften

Rang	Gesamt		Gruppe 1		Gruppe 2		Gruppe 3	
	absolut	%	absolut	%	absolut	%	absolut	%
1 sehr gut	43	22,2	31	44,3	4	15,4	8	8,2
2 gut	100	51,5	36	51,4	16	61,5	48	49,0
3 mäßig	38	19,6	2	2,9	5	19,2	31	31,6
4 schlecht	13	6,7	1	1,4	1	3,8	11	11,2
	194	100,0	70	100,0	26	100,0	98	100,0
ϕ Bewertung		2,1		1,6		2,1		2,5

Quelle: Eigene Erhebung.

Die gruppenspezifischen Parameter der Komforteinschätzung der Fahrgemeinschaft sind in Tab. 44 abgebildet. Gemäß den Verteilungsparametern, die in Tab. 45 aufgezeigt werden, kann von einer signifikant sinkenden Komforteinschätzung mit abnehmendem Erfahrungshintergrund ausgegangen werden. Eine deutliche Differenz der Varianzen der Bewertungsangaben ist allerdings lediglich für die Gruppen 1 und 3 feststellbar.

Tab. 45: t-Tests auf Gleichheit der durchschnittlichen Komforteinschätzungen aktueller und potentieller Mitglieder von Fahrgemeinschaften

Vergleich	F-Wert	Signifikanzniveau (2-seitig)	t-Wert	Signifikanzniveau (2-seitig)
Gruppen 1 und 2	1,31	0,373	-3,38	0,001
Gruppen 1 und 3	1,67	0,026	-7,69	0,000
Gruppen 2 und 3	1,27	0,504	-1,99	0,049

Signifikanzniveau: $\alpha = 0,05$.

Quelle: Eigene Erhebung.

Tab. 46: Kriterien für die Komforteinschätzungen aktueller und potentieller Mitglieder von Fahrgemeinschaften (häufigste Nennungen[1])

Bewertungs-Kriterium	Gesamt absolut	%	Gruppe 1 absolut	%	Gruppe 2 absolut	%	Gruppe 3 absolut	%
Flexibilität/ Unabhängigkeit	46	22,9	12	16,2	3	13,0	31	29,8
Warten	29	14,4	8	10,8	4	17,4	17	16,3
Umweg	22	10,9	6	8,1	3	13,0	13	12,5
Unterhaltung	20	10,0	12	16,2	5	21,7	3	2,9
Nennungen	201	100,0	74	100,0	23	100,0	104	100,0

Signifikanzniveau: $\alpha = 0,05$.
[1] Auswahlkriterium: Für mindestens eine der drei Gruppen übersteigt der Anteil der Nennungen 10%.

Quelle: Eigene Erhebung.

Um die Gründe für die Bewertung näher analysieren zu können, wurde den Befragten die Möglichkeit gegeben, die drei wichtigsten komfortbestimmenden Eigenschaften zu benennen. Gut 30% der Befragen verzichteten auf eine nähere Angabe von komfortbestimmenden Eigenschaften des Pkw, etwa 41% nannten einen Hauptgrund, 22% deren zwei. Lediglich knapp 6% der Befragten gaben tatsächlich drei Gründe für die Komfortbewertung an. Angesichts dieses geringen Anteils ist davon auszugehen, daß die Begrenzung der Nennungen zu einer Pointierung der Begründungen führt, nicht zu einer Einschränkung. Tab. 46 zeigt die am häufigsten genannten Bewertungskriterien für die gesamte Stichprobe und nach den drei Gruppen differenziert.

Mit Abstand am häufigsten wird von den Mitgliedern aller drei Gruppen die Flexibilität bzw. Unabhängigkeit als Komfortkriterium genannt. Für viele Befragte, die einen realen Erfahrungshintergrund aufweisen, ist die Unterhaltung ein Komfortkriterium, nicht hingegen für Mitglieder der Gruppe 3.

b_4) Aktuelle und potentielle Nutzer öffentlicher Verkehrsmittel

Die von 289 Befragten durchschnittlich angegebenen Kosten einer Hin- und Rückfahrt belaufen sich auf 9,50 DM/Tag[1]. Etwa 81% der Befragten erhalten keinen Fahrtkostenzuschuß. Die restlichen 19% erhalten im Durchschnitt 4,87 DM/Tag. Die häufigsten Formen der Bemessungsgrundlage sind die Entfernung in km, der Preis der Fahrt mit dem öffentlichen Verkehrsmittel und die Eigenbeteiligung.

Tab. 47: **Mittelwert, Modus und Median der Entfernungsangaben von Bus- und Bahnfahrern unterschiedlicher Nutzergruppen (in km)**

Gruppe	Bahn			Bus		
	Mittelwert	Modus	Median	Mittelwert	Modus	Median
Gruppe 1	33,5	20,0	30,0	19,8	20,0	20,0
Gruppe 2	32,4	45,0	29,0	17,6	12,0	17,5
Gruppe 3	33,5	20,0	30,0	25,2	25,0	25,0

Quelle: Eigene Erhebung.

Für alle Befragten sind die tatsächlichen Kosten unter Anwendung der regionalen Fahrpläne und Tarife zu Kontrollzwecken ebenfalls ausgewertet.[2] Die tatsächlichen durchschnittlichen Kosten belaufen sich auf der Basis von Monatskarten im Durchschnitt auf 5,90 DM/Tag. Um diese deutliche Abweichung zu den Angaben der Befrag-

---

[1] Der Bezug auf die Zeiteinheit Tag wird äquivalent mit einer Hin- und Rückfahrt verwendet.

[2] Vgl. *Stadtwerke Münster GmbH* (Hrsg., 1991); *Verkehrsgemeinschaft Münsterland* (Hrsg., 1991); *Verkehrsgemeinschaft Ruhr-Lippe* (Hrsg., 1992); *Verkehrsgemeinschaften Münsterland und Ruhr-Lippe, VGM/VRL* (Hrsg., 1991); *Verkehrsverbund Rhein-Ruhr* (Hrsg., 1991); *Deutsche Bundesbahn* (1991a); *Deutsche Bundesbahn* (1991b).

ten weiter untersuchen zu können, werden im folgenden die drei Nutzerkategorien gemäß dem Erfahrungshorizont ihrer Mitglieder gebildet und zusätzlich nach den Verkehrsmitteln Bus und Bahn differenziert. Die folgenden Tabellen weisen die gruppenspezifischen Parameter der zurückzulegenden Entfernungen zwischen Wohnort und Arbeitsplatz aus.

Tab. 48: t-Tests auf Gleichheit der Mittelwerte der Gehwegentfernung aktueller und potentieller Bahn- und Busnutzer

Vergleich	F-Wert	Signifikanzniveau (2-seitig)	t-Wert	Signifikanzniveau (2-seitig)
		Bahn		
Gruppen 1 und 2	1,17	0,619	0,34	0,733
Gruppen 1 und 3	1,01	0,961	-0,01	0,993
Gruppen 2 und 3	1,19	0,586	-0,35	0,726
		Bus		
Gruppen 1 und 2	1,96	0,094	0,85	0,398
Gruppen 1 und 3	1,22	0,650	-1,77	0,081
Gruppen 2 und 3	2,38	0,009	-3,78	0,000

Signifikanzniveau: $\alpha = 0,05$.

Quelle: Eigene Erhebung.

Die Mittelwerte der Entfernungen sind für die Bahnnutzer als statistisch gleich anzusehen, wohingegen die Busfahrer signifikante Unterschiede zwischen den beiden Gruppen mit realem Erfahrungshorizont und der Gruppe 3 aufweisen. Diese deutlichen Unterschiede in den Entfernungsangaben können dazu führen, daß die Tarife, die im Busverkehr auf einer zonalen Einteilung beruhen, zwischen den Gruppen nicht auf einer km-Basis verglichen werden können.

Neben den Entfernungen können die von den Befragten unterstellten Fahrkartenarten zu einer wesentlichen Verzerrung der Angaben führen. Tab. 49 gibt eine Übersicht über die unterschiedlichen Kartenarten. Die Tabelle zeigt, daß sowohl die Bahnfahrer als auch die Busfahrer zu etwa 95% Monats- bzw. Jahreskarteninhaber sind. Die Angaben der Gruppen 2 weisen demgegenüber einen deutlich höheren Anteil an Einzelkarten auf. Damit ist eine höhere durchschnittliche Preisangabe für diese Gruppen plausibel. Für die Gruppen 3 wurde die Fahrkartenart nicht erhoben.

Tab. 49: Angaben der Fahrkartenart, differenziert nach Nutzergruppen und Verkehrsmittel

Kartenart	Bahn			Bus		
	Gruppe 1	Gruppe 2	Gruppe 3	Gruppe 1	Gruppe 2	Gruppe 3
Einzelkarte	2	20	-	-	13	-
Mehrfahrtenkarte	-	1	-	1	10	-
Monatskarte	28	14	1	12	7	1
Jahreskarte	31	-	-	7	2	-
Sonst	1	-	-	-	-	-
Keine Angabe	-	1	66	-	-	71
Gesamt	62	36	67	20	32	71

Quelle: Eigene Erhebung.

Tab. 50: Mittelwerte der Fahrpreisangaben/km und der tariflichen Monatskartenpreise für Bahn und Bus

Gruppe	Fallzahl	Mittelwert der Angaben DM/km	Mittelwert der Monatskarte DM/km
Bahn			
Gruppe 1	59	0,1127	0,1118
Gruppe 2	14	0,1378	0,1369
Gruppe 3	1	0,1288	0,1318
Bus			
Gruppe 1	19	0,1371	0,1377
Gruppe 2	9	0,1419	0,1388
Gruppe 3	1	0,1631	0,1631

Quelle: Eigene Erhebung.

Tab. 50 weist einen Vergleich der Kostenangaben der Befragten der Gruppen 1 und 2 mit den tatsächlichen Tarifen auf Zeitkartenbasis aus, um Hinweise auf mögliche Wahrnehmungsverzerrungen zu erhalten. Dieser Vergleich ist auf Basis der km-Kosten möglich. Er wird für die Zeitkartenangaben der Befragten durchgeführt, da diese mit Hilfe der Tarifinformationen für jeden Befragten verfügbar sind. Tab. 51 weist die Ergebnisse der paarweisen t-Test für die Nutzergruppen aus.

Tab. 51: Paarweiser t-Test der durchschnittlichen Fahrpreisangaben/km mit den tariflichen Monatskartenpreisen für Bahn und Bus

		Gruppe 1	Gruppe 2	Gruppe 3
Bahn	Fallzahl	59	14	1
	Mittelwertdifferenz	0,0009	0,0009	-
	Korrelationskoeffizient	0,904	0,918	-
	t-Wert	0,53	0,31	-
	Signifikanzniveau	0,597	0,761	-
Bus	Fallzahl	17	9	1
	Mittelwertdifferenz	-0,0005	0,0032	-
	Korrelationskoeffizient	0,950	0,949	-
	t-Wert	-0,19	0,50	-
	Signifikanzniveau	0,852	0,629	-

Quelle: Eigene Erhebung.

Die Ergebnisse des paarweisen t-Tests weisen die Wahrnehmung der Fahrpreise auf Monatskartenbasis nicht als signifikant unterschiedlich aus. Diese Aussage gilt sowohl für die Gruppe der tatsächlichen Nutzer von Bahn und Bus als auch für die Nichtnutzer mit realem Erfahrungshintergrund. Für die Gruppe 3 können aufgrund der mangelnden Angaben keine statistischen Analysen durchgeführt werden. Im Ergebnis erscheint es plausibel, daß die oben genannte Differenz der Fahrpreisangaben auf die Nennung von Preisen für Einzelfahrten zurückzuführen ist.

Die Zeitangaben erfolgen wie bereits für andere Verkehrssysteme im wesentlichen in Form von 5-Min.-Schritten. Die kurzen Gehwegentfernungen zur nächstgelegenen Haltestelle am Wohnort werden mit Minutenangaben von 1, 2 und 3 Min. differenziert. 75 % der Befragten erreichen eine Haltestelle innerhalb von 10 Min., 90 % erreichen eine Haltestelle innerhalb einer Viertelstunde. Der höhere Erschließungsgrad der Fläche durch den Bus schlägt sich in einem deutlich überdurchschnittlichen Fußweganteil zu den Haltestellen nieder. Die Bahnhöfe werden zu weit höheren Anteilen mit dem Fahrrad oder als Pkw-Mitfahrer erreicht. Der Zeitbedarf zur Erreichung einer Bushaltestelle ist für alle drei Gruppen im Durchschnitt geringer als derjenige zur Erreichung des nächsten Bahnhofes.

Tab. 52: Wahl des Verkehrsmittels zur Erreichung der Haltestelle

Verkehrs-mittel	Gesamt	Bahn			Bus		
		Gruppe 1	Gruppe 2	Gruppe 3	Gruppe 1	Gruppe 2	Gruppe 3
Fußweg	194	28	23	35	16	31	61
	(67,1)	(45,2)	(63,9)	(52,2)	(80,0)	(96,9)	(84,7)
Fahrrad	80	29	11	26	3	1	10
	(27,7)	(46,8)	(30,6)	(38,8)	(15,0)	(3,1)	(13,9)
Pkw-Mitf.	14	5	2	6	0	-	1
	(4,8)	(8,1)	(5,6)	(9,0)	(0,0)	(-)	(1,4)
Sonst	1	-	-	-	1	-	-
	(0,3)	(-)	(-)	(-)	(5,0)	(-)	(-)
Gesamt	289	62	36	66	18	32	71

Quelle: Eigene Erhebung.

Über 90% der Befragten erachten die öffentlichen Verkehrsmittel als pünktlich. Als Wartezeiten an den Haltestellen geben fast 87% der Befragten weniger als 5 Min. an. Für den Rückweg allerdings sinkt dieser Anteil auf unter 55%. Insgesamt geben 82,3% der Befragten eine Wartezeit von bis zu einer Viertelstunde an. Tab. 53 weist die Mittelwerte für die unterschiedlichen Nutzergruppen aus.

Tab. 53: Durchschnittliche Wartezeiten an Haltestellen, differenziert nach Nutzergruppen

	Bahn			Bus		
	Gruppe 1	Gruppe 2	Gruppe 3	Gruppe 1	Gruppe 2	Gruppe 3
Fallzahl	62	36	67	20	32	72
ϕ Wartezeit						
- Hinweg	3,85	5,14	4,45	3,10	4,84	4,24
- Rückweg	5,92	11,36	12,66	9,60	8,58	13,99

Quelle: Eigene Erhebung.

Tab. 54: t-Tests auf Gleichheit der Mittelwerte der Wartezeitangaben, differenziert nach Verkehrsmittel Fahrtrichtung und Nutzergruppen

Vergleich	F-Wert	Signifikanzniveau (2-seitig)	t-Wert	Signifikanzniveau (2-seitig)
		Hinweg		
		Bahn		
Gruppen 1 und 2	2,16	0,008	-1,85	0,069
Gruppen 1 und 3	1,74	0,030	-1,16	0,249
Gruppen 2 und 3	1,24	0,444	0,96	0,337
		Bus		
Gruppen 1 und 2	1,85	0,163	-2,64	0,011
Gruppen 1 und 3	1,92	0,111	-1,84	0,070
Gruppen 2 und 3	1,05	0,933	1,09	0,277
		Rückweg		
		Bahn		
Gruppen 1 und 2	1,89	0,030	-2,30	0,025
Gruppen 1 und 3	2,25	0,002	-3,34	0,001
Gruppen 2 und 3	1,19	0,578	-0,48	0,635
		Bus		
Gruppen 1 und 2	3,40	0,003	-0,32	0,752
Gruppen 1 und 3	1,84	0,135	-1,03	0,306
Gruppen 2 und 3	6,27	0,000	-2,21	0,030

Signifikanzniveau: $\alpha = 0,05$.
Quelle: Eigene Erhebung.

Die statistischen Kennziffern zeigen, daß die Mittelwerte der Wartezeitangaben auf dem Hinweg als nicht signifikant unterschiedlich angenommen werden können. Lediglich für die Gruppen 1 und 2 der Busnutzer trifft diese Annahme statistisch nicht zu. Für den Rückweg hingegen läßt sich eine signifikante Abgrenzung der Bahnnutzer von den Nichtnutzern erkennen. Für die aktuellen und potentiellen Busnutzer hingegen kann diese Differenzierung nicht festgestellt werden. Vielmehr erscheint der Mittelwert der Nichtnutzer ohne realen Erfahrungshintergrund signifikant erhöht. Insgesamt läßt sich also keine einheitliche Tendenz aus dem Vergleich der nutzergruppenspezifischen Angaben ermitteln.

Etwa 77% der Befragten geben an, im Fall der Nutzung öffentlicher Verkehrsmittel nicht umsteigen zu müssen. Von denjenigen, die umsteigen müssen, ist der Anteil der

Nichtnutzer ohne Erfahrungshintergrund deutlich erhöht. Als häufigste Umsteigeorte werden der Hauptbahnhof und Bahnhöfe außerhalb Münsters genannt. Tab. 55 weist die Mittelwerte der Umsteigezeitangaben für die unterschiedlichen Nutzergruppen aus. Die mit sinkendem Erfahrungshintergrund steigende Tendenz der Umsteigezeit läßt sich allerdings aufgrund der geringen Populationen der Nutzergruppen statistisch nicht sinnvoll überprüfen.

Tab. 55: Durchschnittliche Umsteigezeitangaben, differenziert nach Nutzergruppen

Gruppe	Bahn			Bus		
	Gruppe 1	Gruppe 2	Gruppe 3	Gruppe 1	Gruppe 2	Gruppe 3
Fallzahl	4	9	24	3	6	16
Mittelwert der Umsteigezeit	12,5	20,4	31,0	8,0	20,8	19,7

Quelle: Eigene Erhebung.

Tab. 56: Durchschnittliche Fahrtzeitangaben/km aktueller und potentieller Bahn- und Busnutzer

Gruppe	Bahn		Bus	
	Fallzahl	Mittelwert Min./km	Fallzahl	Mittelwert Min./km
Gruppe 1	62	0,75	20	1,86
Gruppe 2	36	1,04	32	2,25
Gruppe 3	67	1,20	72	2,16

Quelle: Eigene Erhebung.

Die durchschnittliche reine Fahrtzeit (ohne Zeit zur Haltestelle, ohne Warte- und Umsteigezeiten) beträgt etwa 37,5 Min. Diese gegenüber dem Pkw erhöhte Fahrtzeit kann unter anderem durch die deutlich höhere Spannweite der Fahrtzeiten entstehen. Aufgrund ungünstiger Strecken- bzw. Linienführungen liegen etwa 8 % der Fahrtzeitangaben für die öffentlichen Verkehrsmittel oberhalb der maximalen Fahrtzeit im Pkw (70 Min.). Tab. 56 weist die durchschnittlichen Zeitangaben/km für die drei Nutzergruppen, differenziert nach Bahn- und Bus-Nutzern aus.

Für die Zeitangaben des Busverkehrs kann statistisch angenommen werden, daß sich die durchschnittlichen Angaben der drei Nutzergruppen nicht signifikant unterscheiden (Tab. 57). Im Fall der Zeitangaben zum Schienenverkehr weisen die Angaben der Gruppe 1 allerdings wesentliche Unterschiede im Vergleich zu den beiden Gruppen mit geringerem Erfahrungshorizont auf. Bereits die Varianzen der Zeitangaben sind deutlich unterschiedlich. Diese Unterschiede sind allerdings nicht zwingend auf Wahrnehmungsunterschiede zwischen den Gruppen zurückzuführen. Auf den Schienenstrecken wird vielmehr fahrplanmäßig mit deutlich unterschiedlichen Geschwindigkeiten gefahren. Diese Geschwindigkeitsunterschiede treten vor allem auf den Hauptverkehrsstrecken zwischen Münster und den Städten Osnabrück, Dortmund und Hamm auf. IC-Züge und D-Züge benötigen auf diesen Strecken etwa eine halbe Minute für einen km, demgegenüber liegt der Zeitbedarf für Nahverkehrszüge bei etwa 0,8 Min./km und auf Nebenstrecken bei bis zu 1 Min./km.[1] Es ist deshalb davon auszugehen, daß die Gruppen 2 und 3 sich tatsächlich zeitlich ungünstigeren Verbindungen gegenübersehen und daß diese Wahlsituation das Verkehrsmittelwahlverhalten beeinflußt hat, daß diese unterschiedlichen Zeitangaben also nicht auf Wahrnehmungsunterschieden beruhen.

Tab. 57: t-Tests auf Gleichheit der Mittelwerte der Zeitangaben/km aktueller und potentieller Bahn- und Busnutzer

Vergleich	F-Wert	Signifikanzniveau (2-seitig)	t-Wert	Signifikanzniveau (2-seitig)
		Bahn		
Gruppen 1 und 2	3,92	0,000	-3,27	0,002
Gruppen 1 und 3	7,42	0,000	-4,96	0,000
Gruppen 2 und 3	1,89	0,042	-1,31	0,194
		Bus		
Gruppen 1 und 2	1,56	0,312	-1,81	0,076
Gruppen 1 und 3	1,69	0,197	-1,50	0,137
Gruppen 2 und 3	1,09	0,818	0,47	0,641

Signifikanzniveau: $\alpha=0,05$.

Quelle: Eigene Erhebung.

---

[1] Vgl. *Deutsche Bundesbahn* (1991a).

Tab. 58: **Durchschnittliche Stauzeitangaben aktueller und potentieller Busnutzer für den Hin- und Rückweg**

Gruppe	Fallzahl	Mittelwert Min.	Standard-abweichung	Standard-fehler
		Hinweg		
Gruppe 1	20	2,45	4,310	0,964
Gruppe 2	32	3,31	4,869	0,861
Gruppe 3	72	4,76	7,967	0,939
		Rückweg		
Gruppe 1	20	5,10	10,141	2,268
Gruppe 2	32	2,91	6,007	1,062
Gruppe 3	72	3,15	5,578	0,657

Quelle: Eigene Erhebung.

Tab. 59: **t-Tests auf Gleichheit der Mittelwerte der Stauzeitangaben/km aktueller und potentieller Busnutzer**

Vergleich	F-Wert	Signifikanzniveau (2-seitig)	t-Wert	Signifikanzniveau (2-seitig)
		Hinweg		
Gruppen 1 und 2	1,28	0,585	-0,65	0,519
Gruppen 1 und 3	3,42	0,004	-1,72	0,091
Gruppen 2 und 3	2,68	0,003	-1,14	0,257
		Rückweg		
Gruppen 1 und 2	2,85	0,009	0,88	0,389
Gruppen 1 und 3	3,30	0,000	0,82	0,418
Gruppen 2 und 3	1,16	0,597	0,20	0,839

Signifikanzniveau: $\alpha = 0,05$.

Quelle: Eigene Erhebung.

Etwa drei Viertel der Befragten geben an, bei der Nutzung öffentlicher Verkehrsmittel nicht im Stau stehen zu müssen. Die Angaben unterscheiden sich allerdings zwischen Bahn- und Busfahrern deutlich. Die Stauzeiten der aktuellen und potentiellen Bahnfahrer werden mit null Zeiteinheiten angegeben. Lediglich 6 Befragte der potentiellen Bahnfahrer geben an, daß sie außerhalb Münsters mit öffentlichen Verkehrsmitteln zum Bahnhof fahren müßten und kurzzeitig im "Stau" stünden. Die Tabellen 58 und 59 weisen deshalb lediglich die Stauzeitangaben für die aktuellen und potentiellen Busfahrer aus. Im Ergebnis kann kein signifikanter Unterschied zwischen den Mittelwerten der Stauzeitangaben auf dem Hin- oder Rückweg festgestellt werden.[1] Allerdings nehmen die Varianzen der Stauzeitangaben mit sinkendem Erfahrungshorizont deutlich zu.

Die Gehwegentfernungen von Haltestellen im Stadtgebiet zu den Arbeitsplätzen ist deutlich höher als die von Parkplätzen. Etwa 74 % der Befragten geben bis zu 1 km als Gehwegentfernung an. Im Durchschnitt sind es knapp 950 m, was durch die geringe Netzdichte des Schienenpersonennahverkehrs bedingt ist. Die durchschnittlichen Gehwegentfernungen aktueller und potentieller Bahnfahrer ist mit 1.119 m signifikant höher als diejenige der Busfahrer (722 m). Tab. 60 weist die nach Nutzergruppen weiter differenzierten Mittelwerte der Gehwegentfernungen aus. Aus der nachfolgenden Tab. 61 ist ersichtlich, daß sich zwischen den Nutzergruppen weder hinsichtlich der Varianzen der Angaben der Befragten noch hinsichtlich der Mittelwerte statistisch signifikante Unterschiede feststellen lassen.

Tab. 60: Durchschnittliche Gehwegentfernungsangaben aktueller und potentieller Bahn- und Busnutzer

Gruppe	Bahn		Bus	
	Fallzahl	Mittelwert m	Fallzahl	Mittelwert m
Gruppe 1	62	1.019	20	670
Gruppe 2	36	1.125	32	680
Gruppe 3	67	1.208	72	756

Quelle: Eigene Erhebung.

---

[1] Die Angaben dieser Gruppen wurden auch auf Abweichungen zu den Pkw-Stauzeitangaben getestet. Im Ergebnis können keine signifikanten Unterschiede festgestellt werden. D.h. die Befragten nehmen an, daß die öffentlichen Straßenverkehrsmittel im gleichen Stau stehen wie die Pkw.

Tab. 61: **t-Tests auf Gleichheit der Mittelwerte der Gehwegangaben aktueller und potentieller Pkw-Nutzer**

Vergleich	F-Wert	Signifikanzniveau (2-seitig)	t-Wert	Signifikanzniveau (2-seitig)
Bahn				
Gruppen 1 und 2	1,36	0,324	-0,66	0,509
Gruppen 1 und 3	1,25	0,381	-1,26	0,209
Gruppen 2 und 3	1,70	0,080	-0,49	0,626
Bus				
Gruppen 1 und 2	1,09	0,862	0,05	0,959
Gruppen 1 und 3	1,14	0,773	-0,50	0,618
Gruppen 2 und 3	1,05	0,909	-0,53	0,600

Signifikanzniveau: $\alpha = 0,05$.
Quelle: Eigene Erhebung.

Bei den folgenden Ausführungen zu den Komfortangaben der Befragten wird in der Darstellung der Ergebnisse zwischen Bahn- und Busnutzern nicht differenziert, da sich in keiner der Analysen signifikante Unterschiede der Ergebnisse ergaben. Tab. 62 weist die Einschätzung des Komforts der öffentlichen Verkehrsmittel durch die Befragten aus.

Tab. 62: **Komforteinschätzung des ÖPNV durch aktuelle und potentielle Bahn- und Busnutzer**

Rang	Gesamt absolut	%	Gruppe 1 absolut	%	Gruppe 2 absolut	%	Gruppe 3 absolut	%
1 sehr gut	15	5,2	10	12,2	1	1,5	4	2,9
2 gut	112	38,8	45	54,9	30	44,1	37	26,6
3 mäßig	123	42,6	26	31,7	25	36,8	72	51,8
4 schlecht	39	13,5	1	1,2	12	17,6	26	18,7
	289	100,0	82	100,0	68	100,0	139	100,0
ϕ Bewertung	2,64		2,22		2,71		2,86	

Quelle: Eigene Erhebung.

Tab. 63: **t-Tests auf Gleichheit der durchschnittlichen Komforteinschätzungen aktueller und potentieller Bahn- und Busnutzer**

Vergleich	F-Wert	Signifikanzniveau (2-seitig)	t-Wert	Signifikanzniveau (2-seitig)
Gruppen 1 und 2	1,35	0,202	-4,13	0,000
Gruppen 1 und 3	1,24	0,284	-6,45	0,000
Gruppen 2 und 3	1,08	0,691	-1,41	0,160

Signifikanzniveau: $\alpha = 0,05$.
Quelle: Eigene Erhebung.

Die Testergebnisse, die in Tab. 63 dargestellt sind, weisen darauf hin, daß sich die Varianzen der Angaben zwischen den drei Gruppierungen statistisch nicht signifikant voneinander unterscheiden. Allerdings unterscheidet sich die durchschnittliche Bewertung des Komforts durch Gruppe 1 deutlich von den beiden anderen Gruppen.

Um die Gründe für die Bewertung näher analysieren zu können, wurde den Befragten wieder die Möglichkeit gegeben, die drei wichtigsten komfortbestimmenden Eigenschaften der Verkehrsmittel anzugeben. Etwa 34 von 289 Befragten (11,8%) verzichteten auf eine Angabe von Gründen, 101 (34,9%) gaben einen und 95 (32,9%) zwei Gründe an. Noch 59 (20,4%) machten von der maximal möglichen Zahl der Nennungen Gebrauch. Tab. 64 weist die am häufigsten genannten Bewertungskriterien (mindestens in einer Gruppe mehr als 10% der Nennungen) aus.

Tab. 64: **Kriterien für die Komforteinschätzungen aktueller und potentieller Bahn- und Busnutzer (häufigste Nennungen[1])**

Bewertungs-Kriterium	Gesamt absolut	%	Gruppe 1 absolut	%	Gruppe 2 absolut	%	Gruppe 3 absolut	%
Sitzplatz/Gedränge	86	18,2	26	20,3	24	20,0	36	16,1
Warten	76	16,1	8	6,3	13	10,8	55	24,6
Frequenz	68	14,4	14	10,9	21	16,7	34	15,2
Pünktlichkeit	64	13,6	22	17,2	17	14,2	25	11,2
Umsteigen	45	9,5	7	5,5	12	10,0	26	11,6
Streß	34	7,2	20	15,6	7	5,8	7	3,1
Nennungen	373	79,0	97	75,8	93	77,5	183	81,8

Signifikanzniveau: $\alpha = 0,05$. [1] Auswahlkriterium: Für mindestens eine der drei Gruppen übersteigt der Anteil der Nennungen 10%.
Quelle: Eigene Erhebung.

Auffallend sind die sich mit der Gruppenzugehörigkeit deutlich ändernden Anteile der Nennungen. So kehren sich die Anteile der Merkmale Warten, Umsteigen und Streß (bei Nutzung alternativer Verkehrsmittel) für die Populationen der Gruppen 1 bis 3 praktisch um. Diese Anteilsentwicklung läßt weniger auf Wahrnehmungsverzerrungen der Probanden schließen als vielmehr auf eine Bedeutung der Erschließung und Anbindung durch die öffentlichen Verkehrsmittel und die Bereitschaft, sich auch unter widrigen Bedingungen für andere Verkehrsmittel zu entscheiden.

b_5) Aktuelle und potentielle Nutzer von P&R-Angeboten

Insgesamt machten 139 der Befragten Angaben zu Park & Ride-Alternativen. Die Besetzung der drei Gruppen fällt allerdings mit 7, 4 und 128 sehr unterschiedlich aus. Die Populationen der ersten beiden Gruppen sind sehr gering. Sie weisen Werte kleiner als 30 auf, womit die Voraussetzung für die Anwendung von Zweistichprobentests nicht mehr gegeben ist. Selbst unter der Normalverteilungsannahme für die Grundgesamtheiten sind die Konfidenzintervalle der Prüfgrößenverteilungen (z.B. die Studentverteilung oder die F-Verteilung) so groß, daß differenzierte statistische Aussagen nicht möglich erscheinen. Auf die in den bisherigen Unterabschnitten durchgeführten statistischen Tests wird deshalb an dieser Stelle verzichtet. Da die Angaben der drei Gruppen zum Individualverkehr und zum ÖPNV bereits auf ihre Wahrnehmungsunterschiede hin überprüft werden konnten, erfolgt statt dessen eine Beschreibung der Wahrnehmung der Park & Ride-Alternativen durch die Befragten.

Lediglich 32 von den 139 Befragten geben einen der Bahnhöfe außerhalb Münsters als Park & Ride-Möglichkeit an. Etwa 77% ziehen Busangebote, die ausgehend vom Stadtrand angeboten werden, in Erwägung. Etwa 83% der Befragten geben an, auf dem Hinweg nicht im Stau stehen zu müssen, und etwa die Hälfte der Befragten findet sofort einen Parkplatz. Die durchschnittliche Wartezeit auf das Anschlußverkehrsmittel liegt bei gut 8 Min. Etwa 59% der Befragten geben an, daß das öffentliche Verkehrsmittel nicht im Stau stehe.

Hervorzuheben ist die Überschätzung der Kosten des ÖPNV durch die Befragten. Gut drei Viertel könnten die sogenannte Münsterkarte nutzen (57 DM/Monat = 2,85 DM/Arbeitstag). Durchschnittlich fallen ÖPNV-Kosten von 4,15 DM/Arbeitstag an. Die Angaben der Befragten belaufen sich aber auf durchschnittlich 5,29 DM/Arbeitstag. Für die Differenz der Mittelwerte wurde ein paarweiser t-Test durchgeführt, der auf einen signifikanten Unterschied zwischen den beiden Parametern hinweist (empirischer Wert der Prüfgröße: $t = 5,65$).

Bei den Angaben zur Komfortbewertung schneidet die Park & Ride-Alternative im Vergleich mit den übrigen Verkehrsmitteln am ungünstigsten ab. Lediglich eine Bewertung fiel mit sehr gut aus, 28,1% der Befragten urteilten mit gut, 53,2% mit mäßig und 18,0% mit schlecht. Die am häufigsten genannten komfortbestimmenden Gründe sind das Umsteigen und Warten sowie die Parkplatzsuche.

b₆) Fazit

Im folgenden werden die wichtigsten Ergebnisse der Wahrnehmung der Verkehrssysteme durch ihre aktuellen und potentiellen Nutzer noch einmal zusammenfassend dargestellt.

Eine Vielzahl der Angaben ist objektiv zwar stetig meßbar, wird aber von den Probanden nicht in dieser Form wahrgenommen. Obwohl den Befragten keine Abstufungen der einzelnen Merkmalsausprägungen vorgegeben wurden, lassen sich in den meisten Fällen der Zeit- und Entfernungsangaben deutliche Wahrnehmungsschwellen feststellen. Zeitangaben erfolgen im wesentlichen in Form eines Vielfachen von 5 Min. Diese Form der Wahrnehmungsschwelle läßt sich grundsätzlich für Zeitangaben aller Verkehrsmittel feststellen. Gleiches läßt sich für die unterschiedlichen Zeitvariablen sagen, es sei denn, die Befragten drücken eine sehr kurze Zeitspanne aus, z.B. im Fall von Wartezeiten. In diesen Fällen werden zusätzlich Angaben von 1, 2 oder 3 Min. vorgenommen, um eine sehr kurze, aber von Null unterscheidbare Zeitspanne zu beschreiben. Für Entfernungsangaben lassen sich ähnliche Aussagen treffen. Im Falle kurzer, aber von Null zu unterscheidenden Wegelängen, wie sie z.B. im Fall der Entfernungen von unternehmenseigenen Parkplätzen zum Arbeitsplatz oft gegeben sind, werden differenzierte Angaben als Vielfaches von 10 Metern angegeben. Längere Distanzen weisen deutliche Häufungen bei den Werten 100 m, 200 m, 500 m und 1.000 m auf. Derartige Wahrnehmungsschwellen können die Untersuchungsergebnisse dann beeinflussen, wenn die Abstufungen der Merkmalsausprägungen, die im Untersuchungsdesign mit Hilfe der Stimuli vorgenommen werden, geringer sind als diese. Die Probanden wären dann offensichtlich nicht in der Lage, die Bewertungsaufgaben sinnvoll durchzuführen. Die Abstufungen des hier verwendeten Designs sind sowohl für die Zeitvariable als auch für die Entfernungsvariable hinreichend groß gewählt.

Die Analyse der Wahrnehmung dient insbesondere der Prüfung der Hypothese, ob Nichtnutzer von Verkehrsmitteln deren Merkmalsausprägungen systematisch anders einschätzen als tatsächliche Nutzer (Gruppe 1) dieser Verkehrsmittel. Die Nichtnutzer sind zudem in zwei Gruppen (Gruppe 2 und 3) unterteilt, die sich hinsichtlich realer Erfahrungen mit den Verkehrssystemen voneinander unterscheiden. Entfernungsbezogene Daten, Preise und Fahrtzeiten, sind zu diesem Zweck auf km-Basis umgerechnet worden.

Zunächst läßt sich festhalten, daß die Varianz der Angaben tendenziell mit sinkendem Erfahrungshintergrund der Probanden zunimmt. Dieser Sachverhalt läßt sich für eine Vielzahl sowohl der entfernungsabhängigen als auch der entfernungsunabhängigen Variablen statistisch signifikant feststellen. Die hieraus zu erwartenden Prognosefehler der Entscheidungsmodelle können allerdings dann als nicht gravierend angenommen werden, wenn die zunehmenden Streuungen der Angaben nicht mit einer systematisch verzerrenden Tendenz einhergehen.

Eine derartige systematische Komponente wird über Vergleiche der Mittelwerte der Häufigkeitsverteilungen der Angaben der drei Gruppen statistisch überprüft. In der überwiegenden Mehrheit der Merkmale der Verkehrssysteme können keine signifikanten systematischen Wahrnehmungsunterschiede zwischen den drei Gruppen festgestellt werden, allenfalls marginale Abweichungen.

Einige wenige deutliche Abweichungen sind in den meisten Fällen plausibel erklärbar und beruhen nicht auf verzerrten Wahrnehmungen. So sind die Mittelwerte der Häufigkeitsverteilungen der Gehwegentfernung von Parkplätzen der Pkw-Einzelfahrer zum Arbeitsplatz zwischen Gruppe 1 und Gruppe 3 signifikant unterschiedlich (184 m). Berücksichtigt man allerdings, daß nur ein Anteil von 59 % der Probanden der Gruppe 3 über unternehmenseigene Parkplätze verfügen kann, im Gegensatz zu etwa 83 % der Probanden der Gruppe 1, so sind die deutlich unterschiedlichen mittleren Entfernungsangaben verständlich. Auch die Fahrtzeitangaben für die Eisenbahn weisen signifikante Unterschiede zwischen den Nutzern und Nichtnutzern auf. Diese können allerdings durch die Verkehrsrelationen bedingt sein, da die Streckentypen der Bahn laut Fahrplan zu sehr unterschiedlichen Geschwindigkeiten führen.

Für den ÖPNV können bei den Fahrpreisen signifikante Unterschiede zwischen den Gruppen aktueller und potentieller Nutzer festgestellt werden. Diese liegen im wesentlichen darin begründet, daß die Nichtnutzer der Verkehrsmittel Bahn und Bus häufig den Preis von Einzelfahrscheinen für ihre Kalkulation heranziehen. Die Nutzer hingegen wenden zu über 90 % Zeitkartentarife an. Angesichts der Tatsache, daß die Mehrheit der Berufspendler im wesentlichen ein Verkehrsmittel regelmäßig nutzt, ist dieses Ergebnis von Bedeutung, da der Einfluß einer veränderten Kalkulationsbasis möglicherweise zu einer veränderten Wahlentscheidung führen kann. Eine veränderte Kalkulationsbasis wird im Abschnitt H dieser Arbeit simuliert.

Des weiteren lassen sich für die Gruppe 3 bei ihren Angaben zum Zeitbedarf im Vergleich zu Mitgliedern von Fahrgemeinschaften signifikant höhere Angaben feststellen. Dies gilt zum einen für die Wartezeiten auf dem Rückweg, die den größten Anteil des zusätzlichen Zeitbedarfs der Fahrgemeinschaft gegenüber der Pkw-Einzelfahrt ausmachen. Von Bedeutung ist zum zweiten, daß die Fahrtzeitangaben für einen km von den Nichtnutzern ohne Erfahrungshintergrund um fast 22 % länger eingeschätzt werden als es aus den Angaben der Mitglieder von Fahrgemeinschaften abzuleiten gewesen wäre. Diese systematisch höheren Angaben sind nur durch die mangelnde Erfahrung mit Fahrgemeinschaften erklärbar. Eine Aufklärung und Vermittlung von Fahrgemeinschaften kann zu einer Veränderung der Entscheidungssituation und damit des Verkehrsmittelwahlverhaltens führen.

Diese wenigen größeren systematischen Abweichungen der Wahrnehmung der Verkehrsmitteleigenschaften können also für die Gruppe der Befragten ohne reale Erfahrung mit dem jeweiligen Verkehrsmittel angenommen werden. Dieses Ergebnis ist von Bedeutung, da mit großer Wahrscheinlichkeit davon ausgegangen werden kann, daß die Mitglieder der Gruppe 2 keine systematische Abwertung des zwar bekannten, aber für den Berufsverkehr nicht gewählten Verkehrsmittels vornehmen, um auf diese Weise ihre reale Verkehrsmittelwahlentscheidung zu rechtfertigen. Insgesamt kann also davon ausgegangen werden, daß die meisten Probanden in der Lage sind, für die folgenden Untersuchungen hinreichend genaue Angaben zu ihrer Entscheidungssituation zu machen.

F. VALIDITÄT DER ERGEBNISSE

1. Interne Validität

a) Korrelationskoeffizienten

Für die interne Validität der hier verwendeten Modelle der Conjoint-Analyse geben die Korrelationskoeffizienten auf der einen Seite Hinweise auf die Güte der Erklärung. Sowohl für den Korrelationskoeffizienten r nach *Pearson* als auch für *Kendalls* tau (Rangreihenkorrelationskoeffizient) gilt, daß ein im Intervall von 0 und 1 hoher Koeffizient einen hohen Erklärungsgehalt des Modells anzeigt. Auf der anderen Seite muß allerdings festgehalten werden, daß der Aussagekraft der Koeffizienten dadurch Grenzen gesetzt sind, daß bei 16 Stimuli immerhin 5 erklärende Variablen zur Verfügung stehen. Die Modelle erreichen damit zwar nicht zwangsläufig hohe Korrelationskoeffizienten, sie allein aber reichen für eine Beurteilung der Güte der Modelle nicht aus. Im folgenden wird deshalb zur Beurteilung der Modellvalidität zum Vergleich ein Zufallsmodell herangezogen. Zu diesem Zweck werden für die dreihundert Fälle gleichverteilte Zufallsdaten als Bewertungen für die Stimuli herangezogen, auf deren Basis die Koeffizienten der Präferenzmodelle erneut berechnet werden. Das Zufallsmodell ermöglicht also Vergleichswerte, die auf einer völlig willkürlichen Bewertung der Stimuli beruhen und damit eine aufschlußreichere Beurteilung der Kenngrößen der Modellvalidität ermöglichen.

Tab. 65: Häufigkeitsverteilungen der Korrelationskoeffizienten nach *Pearson* und *Kendalls* tau

| | Rangfolgemodell | | | | Punktbewertungsmodell | | | |
| | r | | tau | | r | | tau | |
Wertebereich	abs.	%	abs.	%	abs.	%	abs.	%
0,95 < r/t ≤ 1,00	144	48,00	12	4,00	139	46,49	8	2,68
0,90 < r/t ≤ 0,95	104	34,67	44	14,67	105	35,18	38	12,71
0,85 < r/t ≤ 0,90	31	10,33	66	22,00	36	12,04	54	18,06
0,80 < r/t ≤ 0,85	9	3,00	63	21,00	10	3,34	60	20,07
0,75 < r/t ≤ 0,80	6	2,00	57	19,00	4	1,34	57	19,06
0,70 < r/t ≤ 0,75	5	1,67	28	9,33	4	1,34	40	13,38
0,65 < r/t ≤ 0,70	0	0,00	12	4,00	1	0,33	18	6,02
0,60 < r/t ≤ 0,65	1	0,33	10	3,33	0	0,00	9	3,01
r/t ≤ 0,60	0	0,00	8	2,67	0	0,00	9	3,01
Gesamt	300	100,00	300	100,00	299	100,00	299	100,00
Mittelwert r/t	0,93		0,82		0,93		0,80	

Quelle: Eigene Berechnungen.

Tab. 65 gibt eine Übersicht über die Häufigkeitsverteilungen der Koeffizienten der individuellen Schätzansätze. Die Aufstellung ist zudem für die Rangfolge- und die Punktbewertungsmodelle getrennt ausgewiesen.

Im Fall der Rangfolgemodelle werden in 93% der Fälle die Korrelationskoeffizienten nach *Pearson* mit Werten über 0,85 bestimmt. Der jeweils zugehörige Rangreihenkorrelationskoeffizient errechnet sich mehrheitlich mit niedrigeren Werten. Für einen Anteil von 86% der Fälle ergibt er sich im Wertebereich zwischen 0,70 und 0,95. Für die Punktbewertungsmodelle ergeben sich keine wesentlichen Änderungen der Koeffizienten. In knapp 94% der Fälle ergeben sich die Koeffizienten nach *Pearson* mit Werten über 0,85. *Kendall*s tau ergibt sich in fast 70% der Fälle zu Werten zwischen 0,70 und 0,95. In lediglich etwa 3% der Fälle sinken die Werte der Rangreihenkorrelationskoeffizienten unter den Wert 0,60. Dies gilt sowohl für die Modelle, die auf Rangdaten beruhen, als auch für diejenigen, die auf Punktbewertungen basieren. Insgesamt läßt sich also festhalten, daß die Korrelationskoeffizienten in der Tendenz erwartungsgemäß hohe Werte aufweisen.

Der durchschnittliche Korrelationskoeffizient nach *Pearson* ergibt sich für das Zufallsmodell zu 0,71 und ist damit deutlich geringer als diejenigen der Rangfolge- und Punktbewertungsmodelle mit jeweils 0,93. Der durchschnittliche Rangreihenkorrelationskoeffizient nach *Kendall* liegt mit 0,50 ebenfalls unter den Werten dieser Modelle, die sich zu 0,82 bzw. 0,80 ermitteln.

b) Importance-Kriterium

Das Importance-Kriterium kann Anhaltspunkte für die Bewertungsstrukturen der Probanden geben, die durch die Schätzmodelle abgebildet werden. Das Kriterium gibt den prozentualen Anteil der Spannweite auf der Bewertungsskala an, die durch Variation der Ausprägungen des zugehörigen Merkmals entsteht. Im allgemeinen wird eine Variation der Merkmale über den gesamten Merkmalsraum unterstellt, der durch das der Untersuchung zugrunde liegende faktorielle Design angenommen wird. Im folgenden wird allerdings das Importance-Kriterium für die Verkehrsmittelvariable auf zwei unterschiedliche Weisen bestimmt. Neben der gerade erläuterten Methode wird das Kriterium zudem für die Differenz zwischen dem höchsten und dem zweithöchsten Teilnutzenwert bestimmt. Diese Vorgehensweise erscheint dem Verf. insofern sinnvoll, als manche Probanden eine, teilweise sogar zwei Verkehrsmittel grundsätzlich ablehnen. Die zugehörigen Stimuli werden von diesen Probanden im allgemeinen unkompensiert bewertet. Dies bedeutet, daß die weiteren Merkmale wie Preis, Zeit usw. teilweise lediglich innerhalb der jeweiligen Ausprägungen der Verkehrsmittelvariable bewertet werden. Der Verkehrsmittelvariable wird deshalb durch die übliche Ermittlung des Wertes des Importance-Kriteriums leicht ein zu großer Erklärungsanteil der entscheidungsrelevanten Spannweite auf der Bewertungsskala zugeordnet. Tab. 66 weist die statistischen Ergebnisse sowohl getrennt nach Rang- und Punktbewertungsmodell als auch nach beiden oben genannten Ermittlungsverfahren aus.

Tab. 66: Statistische Angaben zum Importance-Kriterium für Rang- und Punktbewertungsmodelle

Variable	Rangmodell				Punktbewertungsmodell			
	Mittelwert	Standard-abweichung	Variations-koeffizient	Spannweite	Mittelwert	Standard-abweichung	Variations-koeffizient	Spannweite
übliche Ermittlungsmethode: $I_{ixn} = (\text{Max}_j\{\beta_{xj}\} - \text{Min}_j\{\beta_{xj}\}) / \Sigma\, I_{ix}$								
Verkehrsmittel	28,505	20,191	0,708	81,020	28,061	21,383	0,762	94,928
Komfort	6,616	6,979	1,055	48,057	6,497	6,788	1,045	56,263
Gehweg	18,041	12,965	0,719	60,408	18,097	13,584	0,751	71,527
Zeit	25,802	15,690	0,608	69,223	26,726	17,155	0,642	72,775
Preis	21,037	15,358	0,730	74,597	20,619	15,430	0,748	76,225
alternative Ermittlungsmethode								
Verkehrsmittel	3,545	4,328	1,221	20,185	14,380	16,988	1,181	93,798
Komfort	9,513	10,005	1,052	61,769	8,133	8,331	1,024	67,791
Gehweg	24,948	17,124	0,686	75,000	21,856	15,610	0,714	73,817
Zeit	33,876	18,009	0,532	83,112	31,041	18,000	0,580	76,662
Preis	28,118	18,555	0,660	83,612	24,590	17,333	0,705	79,795

Quelle: Eigene Erhebung und Berechnungen.

Zwischen den Werten der Rang- und der Punktbewertungsmodelle lassen sich keine deutlichen Unterschiede erkennen. Allerdings unterscheiden sich die Werte deutlich zwischen der üblichen Ermittlungsmethode und der hier zusätzlich verwendeten. Der mittlere Anteilswert der Spannweite auf der Bewertungsskala beträgt für die Verkehrsmittelvariable 28,5% bzw. 28,1%. Bestimmt man allerdings die Spannweite mit Hilfe der Differenz zwischen dem maximalen Teilnutzenwert und dem zweithöchsten Wert, so sinkt der Anteil auf durchschnittlich 3,5% für das Rangmodell und 14,4% für das Punktbewertungsmodell. Da die Werte des Importance-Kriteriums für die übrigen Variablen weiter mit Hilfe der üblichen Methode ermittelt werden, steigen ihre Werte alle an.

Auffällig ist des weiteren, daß für die Komfortvariable durchweg ein deutlich niedrigerer durchschnittlicher Wert ermittelt wird, für die Zeitvariable hingegen der höchste Wert. Die Variationskoeffizienten bewegen sich zwischen 0,55 und 0,75. Eine Ausnahme stellt wieder die Komfortvariable dar. Ihr Variationskoeffizient liegt mit allen Werten stets über 1.

Für alle Variablen ergeben sich hohe Spannweiten der Werte der Importance-Kriterien. Da die minimalen Werte mit einer Ausnahme alle gleich Null sind, entspricht der Wert der Spannweite der Importance-Kriterien zugleich dem maximalen Wert, der unter den Probanden ermittelt werden kann. Diese maximalen Werte sind durchweg deutlich höher als die ermittelten Mittelwerte. Daraus läßt sich zunächst die Schlußfolgerung ziehen, daß im Rahmen der den Probanden vorgegebenen faktoriellen Pläne keine einheitlichen Präferenzstrukturen hinsichtlich der einzelnen Merkmale vorliegen.

Vielmehr ist davon auszugehen, daß es mehrere Gruppen gibt, die sich durch ihre ausgeprägten Präferenzen für ein bestimmtes Merkmal oder eine bestimmte Merkmalskombination unterscheiden. Damit kann die aus den Vorstudien aufgestellte These gestützt werden, daß die aus den faktoriellen Plänen entwickelten Stimuli geeignet sind, den Probanden einen geeigneten Rahmen zu geben, ihren Präferenzen Ausdruck zu verleihen. Eine Gruppenbildung wird allerdings erst unter Berücksichtigung der Daten der realen Entscheidungssituationen ermittelt, da diese den Spielraum des faktoriellen Designs in unterschiedlichem Maße ausschöpfen.

c) Reversals

Unter dem Begriff Reversal werden im folgenden diejenigen Koeffizienten der Modelle verstanden, deren Vorzeichen nicht zu einer erwartungsgemäßen Teilnutzenbildung bei einer Änderung von Merkmalsausprägungen führen. Für nominalskalierte Merkmale, z.B. die Verkehrsmittelvariable, können keine Erwartungswerte abgeleitet werden. Für die übrigen Variablen ist aber von einer Steigerung des Teilnutzens auszugehen, wenn der Komfort verbessert, der Gehweg zur Arbeit verkürzt, die Fahrtzeit vermindert oder der Preis gesenkt wird. Die Komfortkoeffizienten sollten demzufolge ein positives, die anderen ein negatives Vorzeichen erwarten lassen. Tab. 67 zeigt, daß für zwei Drittel aller Befragten keine Reversals auftreten. Bei 81 Probanden treten ein Reversal, bei 16 Befragten zwei auf. Für lediglich einen Probanden werden drei Reversals ausgewiesen. Im Gegensatz dazu ergeben sich für das Zufallsmodell im Durchschnitt 1,7 Reversals für jeden Fall. Lediglich für 15 Fälle werden alle 4 Koeffizienten mit ökonomisch sinnvoll interpretierbaren Vorzeichen bestimmt.

Tab. 67: Anzahl der Reversals je Proband

Reversals	Rangfolgemodell	Punktbewertungsmodell	Zufallsmodell
0	198	192	15
1	85	85	82
2	16	21	121
3	1	1	61
4	0	0	21

Quelle: Eigene Erhebung.

Zwar kann für die überwiegende Mehrheit der Befragten von einer ökonomisch sinnvollen Interpretierbarkeit der Ergebnisse ausgegangen werden, für ein Drittel der Probanden ist aber im folgenden die Frage zu prüfen, inwieweit die Ergebnisse sinnvoll weiterverarbeitet werden können. Die Interpretierbarkeit der Ergebnisse erscheint dann sinnvoll, wenn die Annahme gerechtfertigt ist, daß die Reversals nicht durch einen bewußten Bewertungsprozeß zustandekommen, sondern vielmehr aufgrund ihrer marginalen Bedeutung für die Befragten nicht sonderlich berücksichtigt wurden. Um diese These zu überprüfen, soll erneut das Importance-Kriterium Verwendung finden.

Im folgenden werden, getrennt nach Rangfolge- und Punktbewertungsmodell und mit Ausnahme der Verkehrsmittelvariable, für jedes Merkmal nach Maßgabe der Reversals zwei Gruppen gebildet. Die Tabellen 68 und 69 zeigen, daß die durchschnittlichen Werte des Importance-Kriteriums für die Gruppen mit Reversals signifikant niedriger ausfallen als für die komplementären Gruppen. Auch die Spannweiten der Werte des Importance-Kriteriums sind durchweg deutlich geringer.

Tab. 68: Durchschnittliche Werte des Importance-Kriteriums bei Vorliegen von Reversals

Variable	Fallzahl	Mittelwert	Standard-abweichung	Variations-koeffizient	Spannweite
\multicolumn{6}{c}{Rangfolgemodell}					
Komfort	239	7,151	7,598	1,063	48,057
Reversals	61	4,518	2,857	0,632	14,778
Gehweg	280	18,900	12,981	0,687	60,408
Reversals	20	6,012	2,723	0,453	11,534
Fahrtzeit	286	26,854	15,283	0,569	69,223
Reversals	14	4,299	4,365	1,015	16,626
Preis	275	22,512	15,174	0,674	74,597
Reversals	25	4,805	3,209	0,668	11,191
\multicolumn{6}{c}{Punktbewertungsmodell}					
Komfort	231	7,135	7,372	1,033	56,263
Reversals	68	4,329	3,493	0,807	18,402
Gehweg	277	19,162	13,533	0,706	71,527
Reversals	22	4,691	2,880	0,614	10,356
Fahrtzeit	287	27,690	16,809	0,607	72,775
Reversals	12	3,676	4,762	1,295	17,410
Preis	271	22,311	15,204	0,681	75,610
Reversals	28	4,236	2,997	0,707	10,428

Quelle: Eigene Erhebung.

Tab. 69: t-Tests auf Gleichheit der Mittelwerte der Importance-Kriterien

Variable	F-Wert	Signifikanzniveau (2-seitig)	t-Wert	Signifikanzniveau (2-seitig)
\multicolumn{5}{c}{Rangfolgemodell}				
Komfort	7,07	0,000	4,30	0,000
Gehweg	22,72	0,000	13,07	0,000
Fahrtzeit	12,26	0,000	15,28	0,000
Preis	22,37	0,000	15,84	0,000
\multicolumn{5}{c}{Punktbewertungsmodell}				
Komfort	4,45	0,000	4,36	0,000
Gehweg	22,08	0,000	14,20	0,000
Fahrtzeit	12,46	0,000	14,17	0,000
Preis	25,74	0,000	16,68	0,000

Signifikanzniveau: $\alpha = 0,05$.
Quelle: Eigene Erhebung.

Aus Tab. 69 ist des weiteren ersichtlich, daß Reversals in 61 bzw. 68 Fällen für die Komfortvariable auftreten. Diese Häufigkeiten weisen einen deutlichen Abstand zu den Reversals der anderen Merkmale auf.

Insgesamt läßt sich festhalten, daß Reversals darauf hindeuten, daß der dem Koeffizienten entsprechenden Variable keine besondere Aufmerksamkeit bei der Bewertung gewidmet wurde. Der im Zweifel für diese Koeffizienten anzusetzende Wert wäre konsequenterweise Null. Das heißt, daß eine Änderung der Merkmalsausprägung des Verkehrssystems keine Änderung des Teilnutzens und damit der Präferenz des Befragten herbeiführen kann.

Mit diesem Ergebnis kann zudem der These entgegengetreten werden, die Probanden seien mit der Bewertungsaufgabe überfordert gewesen. Die Tatsache, daß etwa zwei Drittel der Befragten keine Reversals aufweisen, weist darauf hin, daß die Bewertungsaufgabe für die überwiegende Mehrheit problemlos zu lösen ist und dies auch für die Merkmale, die einen lediglich geringen Importance-Wert aufweisen. Treten überhaupt Reversals auf, so in der überwiegenden Mehrheit für maximal ein Merkmal, welchem zudem lediglich ein geringer Importance-Wert zukommt.

2. Externe Validität

Die Präferenzen sind für jeden Probanden auf Basis seiner Bewertungen fiktiver Stimuli bestimmt worden. Die im vorangegangenen Abschnitt ermittelten Kennziffern der internen Modellvalidität beschreiben die Qualität der Abbildung der experimentell ermittelten Präferenzäußerungen durch lineare individuelle Modelle. Im Rahmen der Analyse der externen Validität soll im folgenden überprüft werden, inwieweit diese Individualmodelle, die mit Hilfe der im Quasi-Experiment gewonnenen Präferenzdaten kalibriert wurden, auf reale Entscheidungssituationen übertragbar sind.

Zu diesem Zweck werden die realen Verkehrsmittelpräferenzen der Probanden mit Hilfe der Modelle simuliert. Zunächst werden die Teilnutzen der realen Merkmalsausprägungen für jede Verkehrsmittelalternative bestimmt, sofern die Probanden entsprechende Angaben während des Interviews gemacht haben. Für jede mögliche Verkehrsmittelalternative wird dann der Präferenzwert durch Addition der Teilnutzen bestimmt. Tab. 70 gibt die Häufigkeitsverteilungen der Plazierung wieder, welche die unterschiedlichen Modelle für die von den Probanden real gewählte Verkehrsmittelalternative vornehmen.

Das Zufallsmodell weist der real gewählten Alternative auch unter Berücksichtigung der realen Daten der Entscheidungssituation eine gleichverteilte Plazierung zu. Da die Zufallsdaten auf Basis einer Gleichverteilung generiert wurden, ist diese Verteilung zu erwarten gewesen. Die Prüfgröße des Chi-Quadrat-Anpassungstests mit 1,416 führt zur Annahme der Nullhypothese der Gleichheit der beiden Verteilungen. Die Häufigkeitsverteilungen der Rangfolge- und der Punktbewertungsmodelle sind hingegen signifikant nicht gleichverteilt.

Tab. 70: **Häufigkeitsverteilung der Plazierung des real gewählten Verkehrsmittels durch das Modell**

Plazierung	Rangfolge-modell	Punktbewertungs-modell	Zufalls-modell	Gleichverteilung unter Nebenbedingungen[1]	
1	218	201	123	119,25	(118,75)
2	67	82	102	98,25	(97,75)
3	8	8	52	60,25	(60,25)
4	7	8	23	22,25	(22,25)
Gesamt	300	299	300	300	(299)
Chi-Quadrat	147,478	113,945	1,416		
Signifikanzwert	0,000	0,000	0,702		

Signifikanzniveau: $\alpha = 0,05$. [1] Die Gleichverteilung ergibt für die Plazierungen 1-4 insgesamt unterschiedliche Häufigkeiten, da den Entscheidungsmodellen exogene Randbedingungen durch die kategorische Ablehnung und die Unkenntnis bestimmter Alternativen zugrundeliegen. Es gibt mithin Gruppen, die unter weniger als vier Alternativen wählen können.

Quelle: Eigene Erhebung.

Weder das Rangfolge- noch das Punktbewertungsmodell nehmen deutliche Fehleinschätzungen der real gewählten Verkehrsmittel vor. In 95% der Fälle wird für die real gewählte Verkehrsmittelalternative zumindest der zweithöchste Präferenzwert ermittelt. Es erscheint allerdings bemerkenswert, daß die "Trefferquote" des Rangfolgemodells mit 72% diejenige des Punktbewertungsmodells mit 67% übersteigt. Die Verteilung der richtigen Schätzung der real gewählten Alternative für das Punktbewertungsmodell fällt nicht signifikant günstiger aus, obwohl den Probanden mit diesem Modell die Möglichkeit zu einer stärkeren Differenzierung der Bewertung der Stimuli gegeben wurde. Für diesen Sachverhalt sind zwei Gründe denkbar.

Zum ersten ist die Punktbewertungsaufgabe der Alternativen schwieriger zu bewältigen als die Bildung einer Rangfolge. Lediglich ein Befragter verweigerte die Bewertung. Ein geringer Anteil entledigte sich des Problems durch eine Bewertung der Stimuli in gleichen Abstufungen, was letztendlich nichts anderes bedeutet als die Bildung einer Rangfolge. Der überwiegende Teil der Probanden aber stellte sich - zumindest scheinbar - der Bewertungsaufgabe. Es ist denkbar, daß viele Befragte die Bewertung willkürlich vorgenommen haben, was den Anteil der Zufallselemente der erhobenen Daten erhöht. Diese Annahme wird durch die Kennziffern der internen Validität unterstützt. Sowohl die Verteilungen der Korrelationskoeffizienten als auch die Verteilung der Reversals des Punktbewertungsmodells liegen zwischen den Häufigkeitsverteilungen der Kennziffern des Rangfolgemodells und des Zufallsdatenmodells. Die Abweichungen der Häufigkeitsverteilungen zwischen Rangfolge- und Punktbewertungsmodell sind allerdings nicht signifikant unterschiedlich.

Eine zweite Ursache für die vergleichsweise ungünstigen Ergebnisse der Validitätstests für das Punktbewertungsmodell kann darin bestehen, daß das unterstellte lineare Präferenzmodell für die differenzierte Bewertung nicht adäquat ist. Möglicherweise wäre ein nichtlinearer Ansatz in seiner Struktur besser geeignet, Präferenzen abzubilden. Grundsätzlich können nichtlineare Modelle theoretisch hergeleitet und getestet werden. Allerdings sind derartigen Analysen enge Grenzen gesetzt. Zum ersten sinkt in nichtlinearen Präferenzmodellen die Zahl der Freiheitsgrade. Bleibt die Anzahl der Stimuli unverändert, so sinkt damit die Schätzgenauigkeit, mit der die Koeffizienten des Modells bestimmt werden können. Wird die Zahl der Stimuli erhöht, sinkt wiederum die Zuverlässigkeit der Daten, da die Probanden mit zunehmender Zahl der Stimuli schnell überfordert werden. In dieser Arbeit wurde die Zahl der Stimuli möglichst gering gehalten, um Effekte des information overload zu vermeiden. Auf Tests nichtlinearer Präferenzmodelle wird deshalb an dieser Stelle verzichtet.

Angesichts der im theoretischen Teil dieser Arbeit erörterten Vorteile der linearen Modelle und der guten Schätzergebnisse des Rangfolgemodells werden die folgenden Präferenzanalysen mit Hilfe dieses Modells erfolgen. Aufgrund der genannten Unsicherheiten mit dem Punktbewertungsmodell wird auf dessen weitere Verwendung verzichtet.

Die Simulation des Modal Split ist ein weiteres Kriterium für die externe Validität des unterstellten Präferenzmodells. Um den Modal Split mit Hilfe der Realdaten ermitteln zu können, muß aus der oben ermittelten Präferenzreihenfolge der realen Alternativen zusätzlich die Entscheidung für ein Verkehrsmittel simuliert werden. Im folgenden wird die first choice-Entscheidungsregel unterstellt. Es wird also angenommen, daß sich die Probanden für dasjenige Verkehrsmittel entscheiden, dem sie die höchste Präferenz beimessen. Andere Entscheidungsregeln wie die Logit-Entscheidungsregel und der Bradley-Terry-Luce-Koeffizient bestimmen aus den Präferenzwerten für jede Verkehrsmittelalternative eine Wahlwahrscheinlichkeit. Im theoretischen Teil dieser Arbeit wurde bereits ausgeführt, daß lediglich die erste Entscheidungsregel mit der hier verwendeten Methode der Präferenzanalyse vereinbar ist.[1] Tab. 71 weist den Modal Split der Stichprobe und die vom Modell geschätzten Werte aus. Die Nullhypothese der Übereinstimmung der beiden Verteilungen wird mit Hilfe eines Chi-Quadrat-Anpassungstests statistisch getestet. Bei einem Signifikanzniveau von $\alpha = 0,01$ kann diese Nullhypothese nicht abgelehnt werden.

---

[1] Die Logit-Entscheidungsregel führt zu ähnlichen, geringfügig günstigeren Modal Split-Vergleichswerten wie die first choice-Regel, der BTL-Koeffizient hingegen liefert völlig unterschiedliche Werte. Eine Verwendung der Logit-Entscheidungsregel aufgrund der etwas besseren statistischen Kennziffer entspräche allerdings einer Aufwägung theoretischer Bedenken gegen diese Entscheidungsregel (vgl. Abschnitt III.B.2.g)) durch einen geringfügig besseren statistischen Fit der realen Verkehrsmittelanteile und erscheint dem Verf. nicht gerechtfertigt.

Tab. 71: **Vergleich der realen Modal Split-Werte der Stichprobe und der Verkehrsmittelanteile der Entscheidungssimulation**

	PKW	MFG	ÖPNV	P&R
Stichprobe:	47,0	23,3	27,4	2,3
Rangfolgemodell:	49,0	28,3	20,3	2,3
Chi-Quadrat	10,121			
Signifikanzwert	0,018			

Signifikanzniveau: $\alpha=0,01$.

Quelle: Eigene Erhebung und Berechnungen.

Sowohl der Vergleich der individuellen Präferenzordnungen als auch derjenige des vom Entscheidungsmodell geschätzten Modal Split mit den realen Verkehrsmittelwahlentscheidungen liefern Hinweise auf die externe Validität der mit Hilfe des Bewertungsexperiments ermittelten Nutzenfunktionen für reale Entscheidungssituationen. Beide Indikatoren beziehen sich allerdings auf den Status Quo der Verkehrsmittelwahl. Ein wesentliches Merkmal der Conjoint-Analyse besteht allerdings darin, Veränderungen der Eigenschaften der Verkehrssysteme und ihre Wirkungen auf die Verkehrsmittelwahl zu simulieren. Wenngleich für bislang nicht existierende Verkehrsmittelalternativen keine Validitätskriterien angegeben werden können, so bietet sich die Preiselastizität der Nachfrage für Leistungen der öffentlichen Verkehrsmittel als Indikator für die Güte der Preissimulation des Modells für den ÖPNV an. Im ersten Teil der Arbeit ist bereits auf die Vielzahl der Untersuchungen zur Preiselastizität des ÖPNV hingewiesen worden. In einer dort zitierten Untersuchung des Transport and Road Research Laboratory wird die Preiselastizität für den Berufsverkehr innerhalb eines Intervalls von etwa -0,10 bis -0,40 angegeben. Tendenziell wird davon ausgegangen, daß die Nachfrage kurzfristig vergleichsweise unelastisch auf Preisänderungen reagiert.[1] Im letzten Abschnitt dieser Arbeit werden unter anderem Preisstrategien für den ÖPNV simuliert. Mit einer Preiselastizität von etwa -0,36 liegen die mit Hilfe des hier entwickelten Modells erzielten Ergebnisse tendenziell in dem unelastischen Bereich, der empirisch in einer Vielzahl von Untersuchungen bislang festgestellt worden ist.

Neben der Preiselastizität der Nachfrage kann die Zeitelastizität als Indikator für die externe Validität der Simulationen des Modells herangezogen werden. In einer Studie des norwegischen ÖPNV ergibt sich diese mit -2,8 zu einem deutlich über der Preiselastizität liegenden Wert (-0,28). Die hohe Zeitelastizität ist aber zum Teil auf zusätzliche Fahrten zurückzuführen.[2] Die in dieser Arbeit durchgeführten Simulationsrech-

---
[1] Für die Stadt Münster liegen leider keine näheren Angaben zur Preiselastizität der Nachfrage des Berufseinpendlerverkehrs vor.
[2] Vgl. *Gwilliam* (1991), S. 67; *Transport and Road Research Laboratory (TRRL)* (Hrsg., 1980).

nungen führen für den ÖPNV zu einer Zeitelastizität von -0,99. Auch sie ergibt sich damit zu einem deutlich über der Preiselastizität liegenden Wert. Des weiteren ist davon auszugehen, daß die Zahl der berufsbedingten Fahrten der Einpendler konstant bleibt. Somit ist eine geringere Zeitelastizität plausibel erklärbar. Sowohl die mit Hilfe der Simulationsrechnungen ermittelte Preiselastizität als auch die Zeitelastizität unterstützen die Annahme, daß die Ergebnisse der im letzten Abschnitt der Arbeit durchgeführten Wirkungsanalyse von Maßnahmen zur Beeinflussung des Verkehrsmittelwahlverhaltens von der Stichprobe auf die Grundgesamtheit übertragen werden können.[1]

G. MARKTSEGMENTIERUNG

1. Segmentierungsansatz

Hauptziel einer Marktsegmentierung ist die zielgruppenspezifische Leistungserstellung bzw. Maßnahmengestaltung. Um Maßnahmenprogramme zur Beeinflussung des Verkehrsmittelwahlverhaltens effizient gestalten zu können, empfiehlt es sich zunächst, die Nachfrager nach Verkehrsleistungen in Gruppen zu segmentieren, die bezüglich der Wertschätzung der Verkehrssystemeigenschaften idealtypischerweise intern homogen, aber extern heterogen sind. Die Analyse der sozioökonomischen Eigenschaften der Mitglieder einzelner Gruppen erlaubt dann die systematische Suche nach Ansatzpunkten für einen zielgruppengerichteten Maßnahmeneinsatz.

Die Marktsegmentierung erfolgt in dieser Studie in einem zweistufigen Ansatz. Im ersten Schritt werden die Probanden hinsichtlich ihrer Eigenschaftssensitivität anhand der individuell geschätzten Präferenzmodelle analysiert. Mit Hilfe der Experimentaldaten kann die Hypothese überprüft werden, ob die Probanden grundsätzlich anhand ihrer Präferenzen in homogene Gruppen eingeteilt werden können. Auf der einen Seite sind eine Vielzahl von Gruppierungen denkbar, die spezifische, auf eine oder mehrere Verkehrssystemeigenschaften ausgerichtete Präferenzstrukturen aufweisen. Auf der anderen Seite steht eine monolithische Gruppe, deren Mitglieder homogene Präferenzstrukturen aufweisen oder bezüglich der Verkehrssystemeigenschaften indifferent sind. Die Kenntnis möglicher Gruppierungen unterschiedlicher Präferenzstrukturen ist aber noch nicht hinreichend für die Entwicklung einer differenzierten Zielgruppenanalyse.

Entscheidend für die Gestaltung von Maßnahmen zur Beeinflussung des Verkehrsmittelwahlverhaltens sind letztendlich die realen Entscheidungssituationen, in denen sich die Verkehrsteilnehmer befinden. Im Unterschied zum Konsumgüterbereich wählen die Probanden in der Realität zwischen individuell sehr unterschiedlichen Produkten. Erscheint beispielsweise ein Proband im Rahmen des hier durchgeführten *Experiments* preisunsensibel, so kann er dennoch in der *Realität* vor einer Entscheidungssituation stehen, die ihn bezüglich seiner Verkehrsmittelwahl nahezu indifferent macht.

---

[1] Preis- und Zeitelastizitäten für den Berufseinpendlerverkehr der Stadt Münster stehen leider nicht zur Verfügung.

Schon bei einer geringen Preisänderung entschiede er sich dann für die bislang nicht gewählte Verkehrsmittelalternative, was ihn preissensibel erscheinen läßt. In der Realdatenanalyse wird deshalb die Hypothese geprüft, ob die aus dem Experiment ableitbaren Gruppierungen in der Realität bestätigt werden können.

Nur wenn sich größere homogene Gruppierungen auf Realdatenbasis ermitteln lassen, erscheint es sinnvoll, weitere Analyseschritte zur Beschreibung der Marktsegmente durchzuführen. Ziel ist es dann, die Marktsegmente hinsichtlich ihrer sozioökonomischen Merkmale weitergehend zu untersuchen, um Ansatzpunkte für eine gruppenspezifische Differenzierung der Maßnahmen zu entwickeln. Des weiteren bilden die mit Hilfe der Realdatenanalyse ermittelten Ergebnisse eine Ausgangsbasis für die Simulationen von Maßnahmewirkungen, die im nachfolgenden Abschnitt vorgenommen werden.

2. Experimentaldatenanalyse

Um trennscharfe Gruppierungen der Stichprobe vornehmen zu können, bietet sich methodisch die Clusteranalyse an. Mit Hilfe dieses Verfahrens kann jeder Proband aufgrund seiner Präferenzstrukturen genau einer Gruppe zugewiesen werden. Eine Analyse der Individuen hinsichtlich ihrer Präferenzen für Verkehrssystemeigenschaften setzt die interpersonelle Vergleichbarkeit der Nutzenfunktionen voraus, die mit Hilfe des Conjoint-Experiments geschätzt werden.

Im Rahmen dieser Arbeit wird das Rangdatenmodell zur Schätzung der Nutzenfunktionen der Probanden verwendet. Bei Verwendung metrischer Analyseverfahren, z.B. der multiplen Varianzanalyse, setzt dies die Normierung der Abstände zwischen den Rangdaten voraus. Unter diesem Aspekt kann von einer Vergleichbarkeit der Parameter der Schätzfunktionen ausgegangen werden. Diese wird jedoch dadurch eingeschränkt, daß die Probanden während des Interviews in Abhängigkeit der Entfernung des Wohnortes zum Arbeitsplatz jeweils ein individuell angepaßtes Design zur Bewertung erhalten. Ein direkter Vergleich der Parameter ist damit lediglich zwischen Probanden gleicher Entfernungsstufen möglich. Da es sich um insgesamt neun Gruppen handelt, werden die Fallzahlen sehr gering. Eine Clusteranalyse kann dann nicht mehr sinnvoll durchgeführt werden.

Eine Möglichkeit, die Experimentaldaten interpersonell zu vergleichen, wurde durch die in allen fraktionierten Plänen der Conjoint-Analyse absolut gleiche Variationsbreite der Merkmalsausprägungen geschaffen. Unabhängig von der Entfernungsstufe kann also für jeden Probanden ermittelt werden, welche Rangänderung eine Verkehrsmittelalternative erfährt, wenn ein Merkmal über die gesamte im Experiment vorgesehene Variationsbreite verändert wird. Wird diese Änderung individuell mit derjenigen der anderen Merkmale verglichen, ergibt sich das Importance-Kriterium. Mit Hilfe des Importance-Kriteriums können deshalb die Präferenzstrukturen der Probanden näherungsweise verglichen werden. Eine weitergehende Standardisierung der Daten ist nicht erforderlich, da die Summe der individuellen Importance-Werte für jedes Individuum 100% ergibt. Im folgenden werden die im Abschnitt IV.E.b) ermittelten Importance-

Werte der Clusteranalyse zugrundegelegt. Für die Verkehrsmittelvariable findet die dort angegebene alternative Ermittlungsmethode Anwendung.

Im Rahmen der Clusteranalyse können keine exakten Kriterien für die anzuwendenden Verfahren zur Bestimmung der Objektdistanzen und zur Bestimmung der clusterinternen Homogenität bzw. der clusterexternen Heterogenität angegeben werden. Die Wahl des Distanzmaßes nimmt Einfluß auf die Stärke, mit der Unterschiede in Präferenzstrukturen gewichtet werden. Die City-Block-Distanz gewichtet alle Differenzen, die zwei Individuen bezüglich der einzelnen Merkmale aufweisen, in gleicher Weise. Die quadrierte euklidische Distanz betont die größeren Differenzen, und die *Tschebbyscheff*-Metrik berücksichtigt ausschließlich die größte Differenz zwischen den Präferenzen der beiden Individuen. Im folgenden werden alle drei Distanzmaße bei der Ermittlung der Clusterlösungen berücksichtigt, um mögliche systematische Einflüsse der Methode der Distanzmessung auf die Clusterergebnisse erkennen zu können.

Darauf aufbauend werden im folgenden hierarchische agglomerative Gruppierungsalgorithmen angewendet. Die Wahl des Heterogenitätskriteriums nimmt allerdings ebenfalls Einfluß auf die Clusterbildung. So neigt das Single-Linkage-Verfahren zur Bildung von kleineren Ausreißergruppen, das Complete-Linkage-Verfahren hingegen zu einer gleichmäßigen Verteilung der Probanden auf die Gruppen. Zwischen diesen beiden Extremen liegt das Average-Linkage-Verfahren.[1] Um mögliche systematische Einflüsse der Heterogenitätskriterien sichtbar zu machen, werden diese drei Kriterien jeweils in Verbindung mit den oben genannten Distanzmaßen verwendet. Insgesamt werden also Gruppierungen gemäß neun unterschiedlicher Verfahren bestimmt, um sowohl verfahrensabhängige als auch verfahrensunabhängige Strukturen der Clusterbildung aufzeigen zu können.

Mathematische Beurteilungskriterien zur Beurteilung von Clusteranalysen sind aufgrund des approximativen Charakters der erreichbaren Lösungen vielfach nicht möglich.[2] Meist werden heuristische Verfahren verwendet, um die optimale Zahl der Cluster festzulegen, ihre Größe zu bestimmen und die spezifischen Eigenschaften ihrer Mitglieder zu beschreiben.

Zur Festlegung der Zahl der zu bildenden Cluster können im wesentlichen zwei Verfahren verwendet werden. Zum ersten ist es vielfach sinnvoll, anwendungsbezogen eine theoretisch denkbare Untergrenze der Clusterzahl festzulegen. Für die hier durchgeführte Analyse erscheint es sinnvoll anzunehmen, daß es für jede der in die Clusteranalyse eingehenden Variable einen Cluster geben wird, d.h. jeweils eine Gruppe der "Preissensiblen", der "Fahrtzeitsensiblen", der "Gehwegaversiven", der "Komfortbewußten" und der "Verkehrsträgerorientierten". Tendenziell ist eher mit einer größeren Zahl von Clustern zu rechnen, also mit zusätzlichen Gruppen, die bezüglich mehrerer Verkehrsmitteleigenschaften sensibel reagieren. Zum zweiten kann die Zunahme der Heterogenität bei den Agglomerationsschritten als Kriterium für den Abbruch der Verringerung der Zahl der Gruppen herangezogen werden. Ziel der Clusteranalyse ist die Bildung von Clustern, die bezüglich der zu untersuchenden Variablen gruppenintern

---

[1] Vgl. Abschnitt III.B.2.f).

[2] Vgl. *Steinhausen/Langer* (1977), S. 169.

Abb. 11: Heterogenitätskriterium in Abhängigkeit von der Zahl der gebildeten Cluster (Experimentaldatenanalyse)

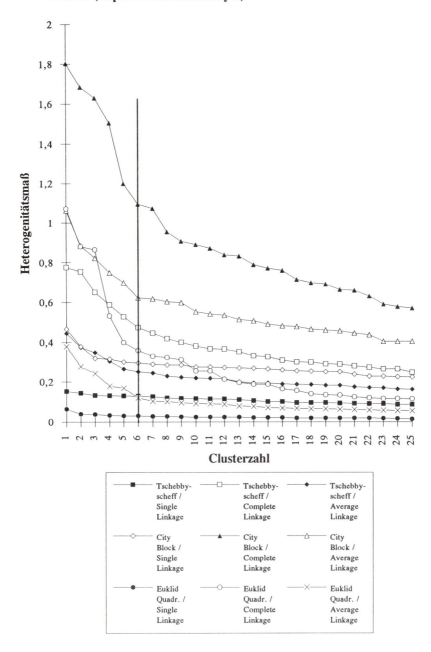

Quelle: Eigene Erhebung und Berechnung.

möglichst homogen, zwischen den Gruppen allerdings möglichst heterogen sind. Ein plötzlicher Anstieg des Heterogenitätskriteriums deutet also an, daß zwei Gruppen zusammengefaßt werden, die zu einer wesentlichen Verringerung der gruppeninternen Homogenität und damit zu einer Abnahme der gruppenexternen Heterogenität führt. Das sogenannte Elbow-Kriterium entspricht damit einer visuellen Beurteilung des Verlaufs dieses Kriteriums. Abb. 11 zeigt die Heterogenitätswerte in Abhängigkeit der Zahl der gebildeten Cluster. Mehrere Heterogenitätsmaße legen eine Zahl von 6 Clustern nahe, anstelle der oben vorgeschlagenen minimalen Zahl von 5 Gruppen.

Neben der Frage der Zahl der zu bildenden Cluster ist die Größe der Gruppen festzulegen. In Tab. 72 sind die Größenstrukturen der Cluster für alle neun Heterogenitätsmaße jeweils für eine 5-, 6- und 7-Clusterlösung angegeben. Es läßt sich deutlich erkennen, daß das Single-Linkage-Verfahren unabhängig von der Wahl des Distanzmaßes zur Kettenbildung neigt, d.h. neben einem großen monolithischen Cluster mehrere Außenseiterlösungen generiert. Diese Clusterlösungen werden im folgenden nicht weiter berücksichtigt.

Die beiden anderen Agglomerationsverfahren weisen eine kleine, aufgrund eines hohen durchschnittlichen Importance-Wertes für die Komfortvariable als komfortsensibel zu interpretierende Gruppe auf,[1] die verfahrensunabhängig jeweils dieselben Mitglieder enthält.[2] Allerdings neigt auch das Average-Linkage-Verfahren dazu, diese kleine Gruppe im Fall der 6- und 7-Clusterlösung in zwei Randgruppen aufzuspalten. Lediglich das Complete-Linkage-Verfahren bildet erwartungsgemäß keine Außenseitergruppierungen. Beide Verfahren bilden zudem in Kombination mit quadrierten euklidischen Distanzen eine aus jeweils denselben Mitgliedern bestehende, aufgrund mehrerer etwa gleich hoher durchschnittlicher Importance-Werte für die Variablen Komfort, Gehweg und Fahrtzeit sowie geringer durchschnittlicher Importance-Werte für die Variablen Preis und Verkehrsmittel als qualitätssensibel zu beschreibende Gruppe.

Die Importance-Werte für die 6-Clusterlösung bei Verwendung quadrierter euklidischer Distanzen und des Complete-Linkage-Verfahrens sind in Tab. 73 ausgewiesen. Als Interpretationshilfe dienen neben hohen durchschnittlichen Importance-Werten vor allem die minimalen Werte des Importance-Kriteriums. Die jeweils eine Gruppe charakterisierenden Werte sind durch Fettdruck hervorgehoben. Demnach werden in dieser Clusterlösung jeweils eine komfort-, gehweg-, zeit- und preissensible Gruppe ausgewiesen. Neben diesen Clustern werden zudem zwei qualitätsbewußte Gruppen erkennbar, von denen eine Gruppe allgemein auf Preis-Leistungsverhältnisse achtet, wohingegen die kleinere Gruppe preisunabhängig qualitätsbewußt erscheint. Auffällig ist des weiteren, daß keine verkehrsmittelfixierte Gruppe erkennbar ist. Unter experimentellen Bedingungen zeigen praktisch alle Probanden Flexibilität bei der Verkehrsmittelpräferenz.[3]

---

[1] Die Importance-Werte werden hier aus Gründen der Übersichtlichkeit nicht alle ausgewiesen. Weiter unten erfolgt allerdings eine vollständige Beschreibung der Werte des Importance-Kriteriums für eine 6-Clusterlösung.

[2] Die folgenden Größenangaben sind in Tab. 72 jeweils durch Fettdruck hervorgehoben.

[3] Auch bei anderen Clusterlösungen kann keine verkehrsmittelfixierte Gruppe ermittelt werden.

Tab. 72: Größenverteilungen der Clusterlösungen für Präferenzstrukturen bei unterschiedlichen Distanzmaßen und Gruppierungsalgorithmen unter Verwendung des Importance-Kriteriums

Distanzmaß	Tschebbyscheff			City-Block			Quadrierte Euklidische Distanz		
Clusterverfahren	Clusterzahl			Clusterzahl			Clusterzahl		
	5	6	7	5	6	7	5	6	7
Single Linkage	279	279	279	284	283	282	282	281	280
	6	3	3	1	1	1	3	3	3
	1	1	1	1	1	1	1	1	1
	1	1	1	1	1	1	1	1	1
	1	1	1	1	1	1	1	1	1
		3	2			1			1
			1						
Complete Linkage	16	16	11	65	65	65	69	**12**	**12**
	140	65	65	63	63	42	64	57	57
	44	44	44	54	54	54	66	**64**	**64**
	39	39	39	99	41	41	82	**66**	29
	49	75	75	7	58	21	7	**82**	**82**
		49	49		7	58		7	37
			5			7			7
Average Linkage (Between Groups)	**12**	**12**	**12**	**12**	**12**	**12**	**12**	**12**	**12**
	93	93	38	155	155	103	113	113	113
	83	83	55	59	59	59	64	64	64
	93	93	83	55	55	52	92	92	50
	7	3	93	7	**5**	55	7	7	42
		4	93		**2**	**5**		**6**	**6**
			3			**2**			**1**
			4						

Quelle: Eigene Erhebung und Berechnungen.

Tab. 73: Beschreibung der Cluster einer 6-Clusterlösung mit Hilfe ihrer Gruppengröße sowie Mittelwerte, Minima und Maxima der Werte des Importance-Kriteriums

Merkmale	Fallzahl N	Importance-Kriterium		
		Mittelwert	Minimum	Maximum
Verkehrsmittel	12	4,85	0,33	18,19
Komfort	12	**32,29**	**28,31**	**49,69**
Gehweg	12	20,53	8,87	34,21
Zeit	12	33,15	14,14	51,57
Preis	12	9,18	0,00	24,24
Verkehrsmittel	57	2,68	0,00	17,67
Komfort	57	6,60	0,00	18,69
Gehweg	57	**28,26**	**14,62**	**45,38**
Zeit	57	**37,84**	**22,78**	**51,53**
Preis	57	**24,62**	**5,76**	**39,72**
Verkehrsmittel	64	3,99	0,00	16,79
Komfort	64	8,31	0,00	28,34
Gehweg	64	**49,43**	**27,09**	**73,88**
Zeit	64	20,22	4,17	46,27
Preis	64	18,05	0,54	37,61
Verkehrsmittel	66	3,08	0,00	18,00
Komfort	66	7,45	0,00	23,46
Gehweg	66	14,17	0,00	44,49
Zeit	66	20,85	1,41	41,90
Preis	66	**54,45**	**35,77**	**77,48**
Verkehrsmittel	82	3,19	0,00	20,03
Komfort	82	7,74	0,00	19,11
Gehweg	82	14,20	0,00	37,16
Zeit	82	**54,34**	**35,91**	**77,82**
Preis	82	20,53	0,57	41,25
Verkehrsmittel	7	4,03	0,69	20,19
Komfort	7	**48,82**	**38,32**	**61,77**
Gehweg	7	12,61	4,82	24,97
Zeit	7	10,26	4,18	22,23
Preis	7	24,29	0,00	47,57

Quelle: Eigene Erhebung und Berechnungen.

Tab. 74: t-Tests für eine 6-Clusterlösung nach Importance-Werten

Merkmale	Signifikanzniveaus für Clusterpaare				
	1-2	1-3	1-4	1-5	1-6
Verkehrsmittel	0,088	0,527	0,182	0,179	0,777
Komfort	0,000	0,000	0,000	0,000	0,000
Gehweg	0,002	0,000	0,044	0,020	0,089
Zeit	0,186	0,000	0,001	0,000	0,000
Preis	0,000	0,012	0,000	0,001	0,017
		2-3	2-4	2-5	2-6
Verkehrsmittel		0,069	0,569	0,430	0,637
Komfort		0,116	0,436	0,177	0,000
Gehweg		0,000	0,000	0,000	0,000
Zeit		0,000	0,000	0,000	0,000
Preis		0,001	0,000	0,019	0,958
			3-4	3-5	3-6
Verkehrsmittel			0,204	0,224	0,987
Komfort			0,481	0,572	0,000
Gehweg			0,000	0,000	0,000
Zeit			0,744	0,000	0,017
Preis			0,000	0,192	0,187
				4-5	4-6
Verkehrsmittel				0,863	0,738
Komfort				0,776	0,000
Gehweg				0,987	0,686
Zeit				0,000	0,017
Preis				0,000	0,000
					5-6
Verkehrsmittel					0,766
Komfort					0,000
Gehweg					0,632
Zeit					0,000
Preis					0,422

Distanzmaß: Quadrierte Euklidische Distanzen; Agglomerationsverfahren: Complete Linkage; Signifikanzniveau: $\alpha = 0,05$.

Quelle: Eigene Erhebung und Berechnungen.

Diese Interpretation der Cluster wird durch die in Tab. 74 dargestellten Ergebnisse von t-Tests auf Gleichheit der durchschnittlichen Importance-Werte der jeweiligen Cluster unterstrichen. Die Zahlenangaben entsprechen den Niveaus, bis zu denen die Nullhypothese der Gleichheit der durchschnittlichen Importance-Werte der Cluster nicht statistisch signifikant abgelehnt werden kann. Es zeigt sich, daß die charakterisierenden Merkmale zwischen den Clustern für ein Signifikanzniveau von $\alpha = 0{,}05$ nicht als gleich angenommen werden können. Lediglich für die Werte, denen keine beschreibende Funktion zukommt, insbesondere für die Werte der Verkehrsmittelvariable, kann die Nullhypothese der Gleichheit in allen Paarvergleichen angenommen werden.

Eine weitere mathematische Möglichkeit, die Qualität der gefundenen Clusterlösung zu prüfen, besteht in der Ermittlung von Diskriminianzfunktionen auf Basis der in die Clusteranalyse eingegangenen Variablen. Die Qualität unterschiedlicher Clusterlösungen kann über den Prozentsatz der mit Hilfe der Trennfunktion korrekt vorgenommenen Klassifikationen der Probanden erfolgen. Die Anwendung der kanonischen Diskriminanzanalyse setzt allerdings voraus, daß die Werte des Importance-Kriteriums einer Variablen nicht linear abhängig von den Werten anderer Variablen sind. Je größer die Kollinearität einer Variablen mit anderen ausfällt, desto geringer ist ihr Anteil an der durch die anderen Variablen nicht erklärten Varianz innerhalb der Gruppen. Die Diskriminanzfunktion kann dann nicht oder nur fehlerhaft bestimmt werden.[1] In der hier durchgeführten Analyse zeigt sich, daß die Importance-Werte der Preisvariablen von den anderen Variablen näherungsweise linear abhängig sind. Insofern ist eine sinnvolle Überprüfung der Clusterlösungen mit Hilfe der Diskriminanzanalyse in diesem Fall nicht möglich.

Werden zusätzliche Cluster generiert, bleiben die beiden qualitätsbewußten Gruppierungen stabil. Die eindeutig charakterisierbaren Cluster hingegen teilen sich jeweils in eine bezüglich einer Verkehrssystemeigenschaft sensible Gruppe und eine Gruppe, deren Mitglieder sich als bezüglich zweier Merkmale sensibel beschreiben läßt. Insofern erscheint die 6-Clusterlösung sowohl nach dem Elbow-Kriterium als auch aufgrund ihrer inhaltlichen Interpretierbarkeit sinnvoll. Bevor die Gruppen aber hinsichtlich ihrer sozioökonomischen Merkmale untersucht werden, soll im folgenden Abschnitt überprüft werden, ob sich derartige Gruppen auch unter Beachtung der realen Entscheidungssituationen ermitteln lassen.

3. Realdatenanalyse

In der Konsumtheorie wird vielfach angenommen, daß jedem Nachfrager am Markt ein homogenes Set an Gütern angeboten wird, aus dem eine Auswahl getroffen werden kann. Diese Situation wird im Experiment der Conjoint-Analyse mit Hilfe des faktoriellen Designs abgebildet. Die Alternativen des Konsumenten werden in abstrakter Form als Merkmalskombinationen beschrieben und bewertet. Bei Verkehrsdienstleistungen handelt es sich in der Realität allerdings um Wahlalternativen, deren Merk-

---

[1] Vgl. *Schubö u.a.* (1991), S. 311.

malsausprägungen individuell sehr unterschiedlich sein können. Je nach Wohnungs- und Arbeitsort fallen die Anbindungen des Systems öffentlicher Verkehrsmittel unterschiedlich aus; die Kosten der Pkw-Alternative sind eng mit den Rahmenbedingungen verknüpft, die durch Unternehmen gesetzt werden, so z.B. die Bereitstellung von Parkraum zum Nulltarif und die Zuschußzahlungen zu den Fahrtkosten. Damit stellt sich die Frage, ob die im Experiment zu findenden Gruppierungen überhaupt relevant sind. Differenzierte Maßnahmenprogramme müssen letztendlich an den realen Gegebenheiten ansetzen. Es ist also zu überprüfen, ob sich die experimentell gefundenen Cluster in der Realität wiederfinden lassen.

Wenn Maßnahmen an realen Verkehrsmärkten ansetzen sollen, so erscheint es sinnvoll, einen Verkehrsteilnehmer dann als veränderungssensibel zu bezeichnen, wenn er seine Wahlentscheidung als Reaktion auf die Veränderungen tatsächlich ändert bzw. zwischen seiner bisher gewählten Alternative und einer zweitbesten Lösung indifferent wird. Im Fall der linear veränderlichen Systemmerkmale der Verkehrsmittel (Preis, Zeit und Gehweg) wird die Eigenschaftssensibilität eines Probanden nun also in folgender Weise ermittelt: Zunächst werden die Angaben der realen Entscheidungssituation des Probanden in die mit Hilfe des Experiments ermittelte Präferenzfunktion eingesetzt und so für jede reale Alternative ein Präferenzwert bestimmt. Damit ergibt sich eine Reihenfolge der Wahlalternativen. Unter der Annahme, daß der Proband die Alternative mit dem höchsten Präferenzwert wählt, kann mit Hilfe der Präferenzfunktion ermittelt werden, wie weit der Preis für die höchstpräferierte Alternative steigen muß, bis der Nutzenwert auf das Niveau der zweitbesten Alternative gesunken ist. Je schneller diese Nutzenindifferenz herbeigeführt werden kann, desto eher ist der Proband als preissensibel einzustufen. Die Sensibilität wird deshalb als reziproker Wert des Preises abgebildet, der zu einer Präferenzindifferenz führt. Die gleiche Vorgehensweise kann für die Fahrtzeit und den Gehweg erfolgen. Auf diese Weise wird für jeden Probanden ein Präferenzprofil ermittelt. Da es sich nun nicht mehr um Nutzengrößen handelt, können die Profile der Individuen miteinander verglichen werden. Um methodische Artefakte auszuschließen, die auf den Einheiten der Variablen beruhen[1] (z.B. Fahrtzeit in Minuten oder Stunden, Gehweg in Metern oder Kilometern), werden standardisierte Werte gebildet. In der folgenden Analyse werden z-transformierte Daten verwendet.

Für die diskreten Merkmale ist diese Vorgehensweise nicht ohne weiteres übertragbar. Werden, wie im Fall der Komfortvariable geschehen, lediglich zwei Merkmalsausprägungen zur Bewertung in das Experiment einbezogen, so entspräche die obige Vorgehensweise einer linearen Approximation der Änderung der Präferenz zwischen diesen beiden Punkten. Da die Ausprägungen des Komfortmerkmals eine Qualitätsabstufung darstellen, also eine Rangordnung, wäre diese Methode grundsätzlich zulässig. Alternativ läßt sich ermitteln, welche Probanden ihre Entscheidung aufgrund einer Verschlechterung des Komfortmerkmals um die im Experiment vorgesehene Abstufung ändern. Damit erhielte man eine Binärvariable. Alle Probanden wären dann in eine komfortsensible bzw. nichtkomfortsensible Gruppe eingeteilt. Im Rahmen der hier durchgeführten Analyse hat sich gezeigt, daß damit ein methodisches Artefakt ent

---

[1] Vgl. *Steinhausen/Langer* (1977), S. 70f.

Abb. 12: Heterogenitätskriterium in Abhängigkeit von der Zahl der gebildeten Cluster (Realdatenanalyse)

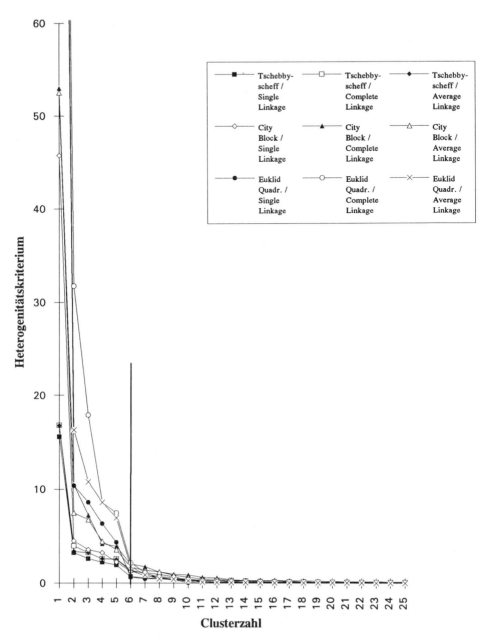

Quelle: Eigene Erhebung und Berechnung.

steht. Alle Individuen unterscheiden sich hinsichtlich der linear variierbaren Variablen bis hin zu marginal kleinen Differenzen; bezüglich der Komfortvariable kann ihre Präferenzstruktur allerdings nur zwei Zustände annehmen. Alle neun Verfahren zur Clusterbildung[1] bilden deshalb eine etwa 10 % der Probanden umfassende komfortsensible Gruppe. Da diese Gruppe aber auf der Bildung der Binärvariable beruht, findet diese Vorgehensweise keine Anwendung.

Die Verkehrsmittelvariable wird für die Bildung der Präferenzenprofile nicht explizit berücksichtigt. Sofern eine verkehrsmittelfixierte Gruppe existiert, bildet sie sich auf Basis derjenigen Probanden heraus, die sich bezüglich aller Änderungen der Verkehrssystemeigenschaften als unsensibel erweisen.

Zur Bestimmung der Zahl der zu bildenden Cluster wird wie bei der Experimentaldatenanalyse eine Untergrenze von fünf Gruppen festgelegt. Aufgrund der dort erzielten Ergebnisse ist zu erwarten, daß sich für jedes Merkmal eine qualitätssensible Gruppe finden läßt, möglicherweise auch eine verkehrsträgerorientierte Gruppe. Abb. 12 zeigt wiederum die Ergebnisse der Clusteranalyse für die im vorangegangenen Abschnitt erläuterten neun Analyseverfahren. Obwohl die einzelnen Verfahren tendenziell zu unterschiedlichen Lösungen neigen, ist mit praktisch allen Methoden bei einer 6-Clusterlösung ein deutlicher Anstieg des Heterogenitätskriteriums festzustellen.

Die Analyse der Größen der durch die Verfahren gebildeten Cluster zeigt jedoch, daß alle Verfahren Außenseiterlösungen generieren. Überraschend ist vor allem die Tatsache, daß auch das Complete-Linkage-Verfahren lediglich einen monolithischen Cluster bildet und jeder weitere Cluster in den meisten Fällen aus lediglich einem Probanden besteht. Dieses Untersuchungsergebnis kann durch die fein differenzierten realen Entscheidungssituationen, in denen sich die Probanden befinden, erklärt werden. Sei z.B. ein Proband aufgrund seiner Bewertungen der standardisierten Verkehrsmittelalternativen im Experiment als preisunsensibel einzustufen; die reale Entscheidungssituation, in der sich der Proband befindet, kann dazu führen, daß die beiden günstigsten Verkehrsmittel aufgrund ihrer Eigenschaften eine annähernd gleiche Präferenz erhalten. Der anscheinend preisunsensible Verkehrsteilnehmer wird aber bereits bei einer marginalen Preisänderung das Verkehrsmittel im Berufsverkehr zu wechseln bereit sein. Die Ergebnisse der Clusteranalyse mit Hilfe der Realdaten lassen sich nur so erklären, daß die realen Entscheidungssituationen der Probanden so differenziert ausfallen, daß keine Gruppen gebildet werden können, die auf Änderungen bestimmter Verkehrssystemeigenschaften besonders empfindlich reagieren. Es erscheint vielmehr sinnvoll, davon auszugehen, daß die Nachfragereaktion in einer fein differenzierten Abstufung auf Veränderungen *jeder* der Eigenschaften der Verkehrssysteme erfolgt.

4. Fazit

Die in den vorangegangenen Abschnitten erfolgten Clusteranalysen ergeben auf den beiden Stufen der Marktsegmentierung deutlich unterschiedliche Ergebnisse. Im Rah-

---

[1] Vgl. Abschnitt IV.G.2.

men der Experimentaldatenanalyse kann auf Basis der Werte des Importance-Kriteriums eine 6-Clusterlösung generiert werden, die sich sinnvoll interpretieren läßt. Es ergeben sich dabei für die Verkehrssystemeigenschaften Komfort, Gehweg, Fahrtzeit und Preis je eine Gruppe, deren Mitglieder den Änderungen dieses Merkmals eine hohe Bedeutung zukommen lassen. Zwei weitere Gruppen legen auf mehrere Qualitätsmerkmale etwa gleich starkes Gewicht. Bei einer dieser beiden Gruppen kommt der Preisvariablen praktisch keine Bedeutung zu. Überraschend an diesen Ergebnissen ist, daß für die Verkehrsmittelvariable kein eigener Cluster gebildet werden kann. Im Rahmen des Experiments erweist sich also keine Gruppe der Probanden als verkehrsmittelfixiert.

In der Realdatenanalyse ergibt sich allerdings ein völlig anderes Bild. Die Präferenzstrukturen jedes Individuums werden nun auf Basis der in der Realität vorgefundenen Entscheidungsstiuationen und den daraus resultierenden Präferenzdifferenzen zwischen der höchstbewerteten Alternative und der nächstbesten abgeleitet. Alle der neun hier zur Anwendung gelangenden Algorithmen der Clusteranalyse generieren Clusterlösungen, die jeweils aus einem großen monolithischen Cluster und kleineren Außenseitergruppierungen bestehen. Diese Außenseitergruppen bestehen zumeist aus nur einem Probanden. Die Hypothese, daß die im Experiment gefundenen Gruppen homogener Präferenzstrukturen auch in den aus realen Entscheidungssituationen abgeleiteten Präferenzen zu finden seien, kann damit nicht bestätigt werden.

Aus diesem empirischen Ergebnis lassen sich die nachstehenden Folgerungen ableiten: Zum ersten können aus experimentellen Beobachtungen nicht unbedingt allgemeine Erkenntnisse über Marktsegmente auf Basis der Präferenzstrukturen von Verkehrsteilnehmern gewonnen werden. Dies bedeutet aber zum zweiten wiederum nicht, daß es keine Gruppen gibt, die bezüglich ihrer Präferenzen homogen sind. Es handelt sich dann aber stets um kleinere Cluster. Die hier mittels einer Stichprobe untersuchte Grundgesamtheit umfaßt eine gesamte Verkehrsregion. Die Berufspendler befinden sich angesichts der unterschiedlichen Erschließung des Raumes durch die Verkehrssysteme in sehr fein differenzierten Entscheidungssituationen. Die Kombination der individuellen Präferenzstrukturen mit den jeweils zugehörigen Sets von Verkehrsmittelwahlalternativen führt zu einer solchen Komplexität der Strukturen, daß ein spezifischer Untersuchungsansatz z.B. auf Basis eines einzelnen Verkehrskorridors erforderlich wird, um die kleineren Gruppen gezielt analysieren zu können.

Das Untersuchungsziel dieser Arbeit ist allerdings die Überprüfung der Hypothese, ob eine generelle Steigerung der Attraktivität des ÖPNV eine Verlagerung vom motorisierten Individualverkehr auf öffentliche Verkehrsmittel bewirken kann. Als Pendant soll des weiteren überprüft werden, welche Wirkungen von einer allgemeinen Attraktivitätsminderung des MIV, z.B. durch die Einführung von Straßenbenutzungsgebühren im Stadtgebiet, ausgehen können. Einzelne verkehrskorridorspezifische Veränderungen, wie sie z.B. durch Schnellbusse vorgenommen werden können, sind nicht Gegenstand der Untersuchungen. Der Ansatz der Marktsegmentierung wird deshalb hier nicht weiter verfolgt, aber keineswegs für weitergehende Untersuchungen verworfen.

H. SIMULATION VON MASSNAHMEWIRKUNGEN

Die Untersuchungsergebnisse der Marktsegmentierung erlauben nur eine Simulation von Maßnahmewirkungen auf den Modal Split des gesamten Berufseinpendlerverkehrs der Stadt Münster. In diesem letzten Abschnitt der Arbeit werden die kurzfristig zu erwartenden Wirkungen der im Kap. II. vorgestellten Maßnahmen zur Beeinflussung des Verkehrsmittelwahlverhaltens analysiert.

Die Struktur des Abschnitts ergibt sich aus den beiden zentralen Hypothesen der Arbeit. Zum ersten werden attraktivitätssteigernde Maßnahmen für den ÖPNV und ihre Wirkungen auf den Modal Split bestimmt. Leitfragen sind die Richtungen des Umsteigeverhaltens der Probanden und, ergänzend dazu, das Ausmaß, in dem eine Einflußnahme auf das Verkehrsmittelwahlverhalten möglich ist. Zum zweiten wird die Wirkungsrichtung des Umsteigeverhaltens in Folge einer Verminderung der Attraktivität des Pkw untersucht. Dahinter verbirgt sich letztendlich die Frage, ob eine bipolare Problemstellung der Verkehrsmittelwahl, MIV versus ÖPNV, die eigentliche Problemstellung der Wirkungsanalyse möglicherweise in unzulässiger Weise verkürzt.

Bevor die Simulationsergebnisse für einzelne Maßnahmen und Maßnahmenbündel vorgestellt und diskutiert werden, werden im folgenden Unterabschnitt die Variationsbereiche untersucht, die von dem hier entwickelten Modell für die einzelnen Merkmale der Verkehrssysteme unterstützt werden.

1. Variationsbereiche der Systemeigenschaften

Zeichnen sich die im Rahmen eines Experiments abzuwägenden Alternativen durch diskrete Merkmalsausprägungen aus, dann besteht grundsätzlich die Möglichkeit, ein Untersuchungsdesign zu entwickeln, das mit der Merkmalsstruktur der realen Entscheidungssituation übereinstimmt. Das Modell ermöglicht dann Simulationsstudien für das gesamte denkbare Produkt- bzw. Leistungsspektrum der Realität. Der Simulation können allerdings Grenzen gesetzt sein, wenn das Modell nur einen Teil des Spektrums unterschiedlicher Merkmalsausprägungen abzudecken vermag. Dies ist dann der Fall, wenn die Anzahl der Merkmalsausprägungen sehr groß wird oder es sich um stetige Merkmale, wie etwa die Zeit, handelt.

Im Fall der Merkmale von Nahverkehrssystemen steht praktisch jeder Berufspendler vor einer individuellen Entscheidungssituation mit spezifischen Merkmalsausprägungen. Die zur Wahl stehenden Alternativen weisen zudem sowohl diskrete Merkmale mit einer Vielzahl von Ausprägungen als auch stetige Merkmale auf. Ausgehend von dieser Wahlsituation wirken sich Änderungen der Verkehrssysteme ebenfalls individuell unterschiedlich aus. Wie im modelltheoretischen Teil der Arbeit erörtert, ist es aus methodischen Gründen notwendig, der Untersuchung ein bezüglich der Merkmale Fahrpreis, Fahrtzeit und Gehweg lineares Nutzenmodell zugrundezulegen, da die Vielfalt der Merkmalsausprägungen andernfalls nicht beherrschbar wäre. Um das Experiment möglichst nahe an die reale Entscheidungssituation der Probanden heranführen zu können, werden die Merkmale Preis und Fahrtzeit zudem entfernungsabhängig differenziert. Die Fahrpreise werden auf individuell unterschiedlichem Niveau innerhalb eines 5 DM-Intervalls variiert, die Fahrtzeit wird auf den zu bewertenden Stimuli auf einem entfernungsabhängigen Niveau innerhalb eines 25 Min.-Intervalls verändert. Da sich die Gehwegentfernung auf den Weg bezieht, der nach Beendigung der motorisierten Fahrt vom Verkehrsmittel bis zum Arbeitsplatz zurückzulegen ist, genügt hier eine für alle Probanden absolut gleichbleibende Variation bis zu einem Kilometer.

Bei den diskreten Merkmalen Verkehrsmittel und Komfort liegen die Angaben der Probanden zu ihrer realen Entscheidungssituation notwendigerweise stets im vorgegebenen Bereich. Bei den linearen Variablen hingegen können sie trotz der entfernungsmäßigen Differenzierung des Untersuchungsdesigns zu den Intervallgrenzen tendieren oder diese auch überschreiten. Da es sich um ein lineares Modell handelt ist ein Verlassen der Intervallgrenzen methodisch grundsätzlich möglich. Allerdings wird damit der durch das Bewertungsexperiment gestützte Bereich verlassen, was die Fehlerwahrscheinlichkeit der Simulation erhöht. Die Analyse der Lage der Realdaten bezüglich der Intervallgrenzen gibt Auskunft darüber, welche Variationsbereiche der Verkehrssystemeigenschaften durch das Modell unterstützt werden. Als Indikator für die Variationsbereiche der Simulationsrechnungen dienen im folgenden die Mittelwerte der Angaben der Probanden über die Verkehrssystemeigenschaften ihrer realen Entscheidungssituation.

Um die relative Lage der Kostenangaben zu den Intervallgrenzen des Fahrpreises für die Probanden zu ermitteln, wird von den angegebenen Kosten die entfernungsmäßig zugehörige Untergrenze des Preisintervalls subtrahiert. Tab. 75 gibt die verkehrsmittelspezifischen Mittelwerte der relativen Lage der Kostenangaben zur Intervalluntergrenze an sowie die Standardfehler der Parameterschätzungen. Die Kostenangaben werden durch die Zuschußzahlungen der Unternehmen teilweise deutlich beeinflußt. Die Tabelle weist deshalb Kostenangaben ohne und mit Berücksichtigung dieser Zuschußzahlungen aus. Für die Simulationsrechnungen werden die letztgenannten Angaben verwendet.

Tab. 75: Relative Lage der Mittelwerte der Kostenangaben in DM zur Preisuntergrenze des Untersuchungsdesigns

Verkehrsmittel	Kosten gesamt	Standardfehler	Kosten bezuschußt	Standardfehler
PKW	2,68	0,29	2,09	0,30
MFG	-1,58	0,20	-2,10	0,23
ÖPNV	4,01	0,26	3,08	0,27
P&R	5,21	0,42	4,54	0,38

Intervallgröße: 5 DM.

Quelle: Eigene Erhebung

Die Kostenangaben für den Pkw liegen im Durchschnitt etwa in der Mitte des Fahrpreisintervalls. Unter Berücksichtigung der Zuschußzahlungen sinkt der Mittelwert in die untere Hälfte des Intervalls. Da für den MIV im wesentlichen Preiserhöhungen simuliert werden sollen, vergrößert sich damit der durchschnittliche Variationsbereich, der durch das Experiment gestützt wird.

Die Angaben für die Fahrgemeinschaft liegen etwas unterhalb der Preisuntergrenze des Experiments. Für die unteren Entfernungsstufen liegen die Mittelwerte der Angaben noch innerhalb des Intervalls. Die Angaben fallen tendenziell umso weiter unter die Intervallgrenze, je mehr Mitglieder die Fahrgemeinschaften bilden und je höher die Kostenangaben für die Einzelfahrt ausfallen, da die Intervalle für die Entfernungsstufen absolut gleich bleiben. Da die Zuschußzahlungen im allgemeinen für alle Mitglieder der Fahrgemeinschaft anfallen, sinkt der Mittelwert noch einmal ab. Diese Unterschreitung der Intervallgrenze ist aber insofern unproblematisch, als auch für die Fahrgemeinschaften im Zuge von Maßnahmen der Parkraumbewirtschaftung und der Straßenbenutzungsgebühren tendenziell steigende Kosten simuliert werden. Damit bewegen sich die Rechnungen wiederum innerhalb des von dem Bewertungsexperiment gestützten Preisintervalls.

Die Kostenangaben für den ÖPNV liegen in der oberen Hälfte des Preisintervalls. Damit eröffnet sich ein größerer Spielraum für die Simulation von Preissenkungen als für Preissteigerungen. Für den Park & Ride-Verkehr eröffnet sich praktisch das gesamte Preisintervall als Variationsbereich für Preissenkungen, wie sie im Zuge der Attraktivitätssteigerung des ÖPNV, bis hin zum Nulltarif im Stadtverkehr, simuliert werden sollen.

Tab. 76: Relative Lage der Mittelwerte der Fahrtzeitangaben in Min. zur Zeituntergrenze des Untersuchungsdesigns

Verkehrsmittel	reine Fahrtzeit	Standardfehler	gesamte Fahrtzeit	Standardfehler
PKW	2,53	0,44	7,03	0,62
MFG	6,73	0,65	22,63	1,30
ÖPNV	9,97	1,14	31,46	1,47
P&R	15,60	1,13	23,55	1,30

Intervallgröße: 25 Min.

Quelle: Eigene Erhebung

Um die relative Lage der Zeitangaben zu den Intervallgrenzen der Fahrtzeiten für die Probanden zu ermitteln, wird von den angegebenen Fahrtzeiten die entfernungsmäßig zugehörige Untergrenze des Zeitintervalls subtrahiert. Tab. 76 gibt die verkehrsmittelspezifischen Mittelwerte der relativen Lage der Zeitangaben zur Intervalluntergrenze an sowie die Standardfehler der Parameterschätzungen. Die Zeitangaben werden sowohl als reine Fahrtzeit als auch als gesamte Fahrtzeit einschließlich der Staus und anderer Wartezeiten ausgewiesen. Ausgangspunkte der Simulationsrechnungen bilden die letztgenannten Angaben. Die Lage der Mittelwerte der reinen Fahrtzeit weisen aber bereits auf Grenzen hin, bis zu der eine Beschleunigung von Verkehrsmitteln möglich sein wird.

Die reine Fahrtzeit mit dem Pkw, definiert als eine Direktfahrt ohne nennenswerte Unterbrechungen, liegt im Durchschnitt bei der im entfernungsabhängigen Untersuchungsdesign festgelegten Untergrenze der Fahrtzeit. Auch mit Berücksichtigung der Stauzeitangaben erhöht sich die Fahrtzeit lediglich auf etwa 7 Min. Damit ergibt sich ein deutlicher Spielraum für eine Simulation zusätzlicher Stauzeiten für den Pkw. Für die Fahrgemeinschaften werden von den Probanden als reine Fahrtzeit nur unwesentlich längere Angaben gemacht, die auf kürzere Umwegfahrten und Wartezeiten zurückzuführen sind. Die gesamte durchschnittliche Fahrtzeit ergibt sich aber unter Berücksichtigung von Stauzeiten und von Wartezeiten, die durch die ungünstige Abstimmung von Arbeitszeiten entstehen, am oberen Ende des Zeitintervalls. Damit eröffnet sich ein deutlicher Variationsbereich für eine Verkürzung der Zeiten der Fahrgemeinschaften.

Für den ÖPNV ergibt sich die höchste durchschnittliche Gesamtfahrtzeit. Sie liegt tendenziell oberhalb des Zeitintervalls, was allerdings insofern unproblematisch ist, als die Simulationsrechnungen für beschleunigende Maßnahmen durchgeführt werden sollen. Auffällig ist die im Vergleich zu den anderen Verkehrssystemen höhere Differenz zwischen reiner Fahrtzeit und gesamter Fahrtzeit. Dieser Unterschied entsteht nicht nur durch Stauzeiten, sondern vor allem auch durch Warte- und Umsteigezeiten. Es ist demnach nicht damit zu rechnen, daß Beschleunigungsmaßnahmen diesen vollen Variationsbereich ausschöpfen können. Die Differenz zwischen gesamter und reiner Fahrtzeit wird für die P&R-Alternative im Durchschnitt geringer angegeben. Beide Werte liegen in der oberen Hälfte des Zeitintervalls und ermöglichen damit Spielraum für die Simulation beschleunigender Maßnahmen.

Die durchschnittlichen Gehwegangaben liegen für alle Verkehrsmittelalternativen innerhalb des vorgegebenen Intervalls. Für den ÖPNV werden die höchsten Entfernungen angegeben, was im wesentlichen auf die Lage des Hauptbahnhofs zurückgeführt werden kann. Der Simulationsspielraum wird allerdings durch andere Faktoren deutlich begrenzt. So ist eine Verlegung von Haltestellen im ÖPNV, die zu einer Verkürzung von Gehwegen führt, in vielen Fällen nicht möglich. Die Simulation von Gehwegentfernungen ist praktisch auf die Individualverkehrsmittel beschränkt. Sie wird im folgenden aber keine Rolle spielen, da sich in der Untersuchung herausgestellt hat, daß über 90% der Pkw-Einzelfahrer des Einpendlerverkehrs einen unternehmenseigenen Parkplatz zur Verfügung gestellt bekommen. Da die Parkraumkapazitäten bereits vorhanden sind und offensichtlich nicht für den Kundenverkehr der Unternehmen benötigt werden, werden die Unternehmen für eine spürbare Parkraumbepreisung nur schwerlich zu gewinnen sein. Für den trade off zwischen Gehweg und Parkgebühren entfällt damit die praktische Relevanz.

Tab. 77: **Mittelwerte der Gehwegangaben in Meter**

Verkehrsmittel	Gehweg	Standardfehler
PKW	222	27,36
MFG	236	24,18
ÖPNV	949	46,00
P&R	624	49,92

Intervallgröße: 1.000 m.

Quelle: Eigene Erhebung

Die Variablenwerte der individuellen Entscheidungssituationen können zwar außerhalb der im Experiment vorgegebenen Variationsbereiche der Variablen liegen. Insgesamt weist die relative Lage der Variablenmittelwerte zu den Intervallgrenzen aber darauf hin, daß die realen Entscheidungssituationen als Ausgangspunkt für die vorgesehenen Simulationsrechnungen von dem hier verwendeten Bewertungsexperiment gestützt werden können.

Es werden damit zugleich die Grenzen der Simulationsmöglichkeiten des Modells sichtbar. Zum einen ergeben sich technisch und organisatorisch bedingte Simulationsgrenzen. So ist beispielsweise nicht zu erwarten, daß eine Beschleunigung des ÖPNV dessen reine Fahrtzeit, die Zwischenstops zum Ein- und Ausstieg der Fahrgäste notwendigerweise vorsieht, unter die störungsfreie Fahrtdauer des Pkw senken kann. Die Mittelwerte für diese Zeitvariablen liegen alle innerhalb des hier verwendeten Bereichs der Zeitvariation. Zum zweiten ist festzuhalten, daß mit Hilfe des Modells keine Extremrechnungen vorgenommen werden können, wie etwa eine regionale Einführung eines Nulltarifs für den ÖPNV oder eine Vervielfachung der Fahrtkosten des Pkw. Im folgenden werden die Differenzen der relativen Lage der Variablenmittelwerte zu den Intervallgrenzen des Bewertungsexperiments als Indikator für den Simulationsbereich verwendet.

2. Attraktivitätssteigerung des ÖPNV

a) Tarifliche Maßnahmen

a_1) Preiselastizität der Nachfrage

Elastizitäten geben die relative Reaktion einer ökonomischen Variablen auf die relative Änderung einer anderen Variablen an. Die Preiselastizität des ÖPNV ist für diese

Arbeit insofern eine wichtige Größe, als sie in vielen empirischen Untersuchungen[1] einen wichtigen Untersuchungsgegenstand darstellt. Sie ist also nicht nur ein Parameter der Wirkungsanalyse, sondern stellt zugleich eine Kennziffer der externen Validität des hier entwickelten Modells dar.

Eine prozentuale Preisänderung des ÖPNV betrifft stets auch die Verkehrsmittelalternative P&R. Die Preisänderung bezieht sich allerdings nur auf einen Teil der Fahrtkosten, die sich aus den Komponenten Fahrtkosten Pkw, Parkgebühren und Fahrpreis ÖPNV zusammensetzt. Sie fällt also geringer aus. Grundsätzlich ist es also denkbar, daß eine Preissenkung im ÖPNV zu einer Senkung des Modal Split des P&R führt. Das Vorzeichen der Preiselastizität der Nachfrage nach P&R-Leistungen kann aufgrund möglicher gleichgerichteter Änderungen der Parameter positiv sein.

Der *Triffin*sche Koeffizient (Kreuzpreiselastizität) wird als das Verhältnis der relativen Änderung der Nachfrage nach einem Gut (einer Leistung) und der sie bewirkenden relativen Änderung des Preises eines anderen Gutes (einer anderen Leistung) definiert. Ist diese indirekte Preiselastizität positiv, handelt es sich um substitutive Leistungen, anderenfalls handelt es sich um komplementäre Leistungen. Im Fall der Verkehrsmittelalternativen im Berufspendlerverkehr kann letzterer Fall ausgeschlossen werden. Allerdings sind Substitutionslücken denkbar; diese führen zu einem *Triffin*schen Koeffizienten von Null. Je stärker sich Preisänderungen auf den Modal Split auswirken, desto größer ist der Wert der Kreuzpreiselastizität.

Tab. 78: Änderung des Modal Split in Abhängigkeit der Preise der öffentlichen Verkehrsmittel

Preisänderung ÖPNV in %	Modal Split in %			
	PKW	MFG	ÖPNV	P&R
+20	50,00	29,00	19,33	1,67
+10	50,00	29,00	19,33	1,67
0	49,00	28,33	20,33	2,33
-10	48,33	28,00	21,33	2,33
-20	47,67	27,67	22,00	2,67
-30	47,67	27,67	22,33	2,33

Quelle: Eigene Erhebung und Berechnungen.

Der Variationsbereich der Preisänderungen des ÖPNV umfaßt Preissteigerungen von bis zu 20% und Preissenkungen von bis zu 30%. Diese Änderungsraten entsprechen absoluten Werten von durchschnittlich +1,72 DM bzw. -2,58 DM. Die Kostengrößen

---

[1] Vgl. Abschnitt II.B.3.a)a_1).

der Simulation liegen damit innerhalb des Variationsbereiches, der durch das Experiment gestützt wird. Für die P&R-Alternative ergeben sich bei diesen Änderungsraten der Fahrpreise des ÖPNV absolute Preisänderungen im Bereich von durchschnittlich +1,06 DM bis -1,59 DM. Die Preissenkungen liegen damit im modellgestützten Bereich, die Steigerungen führen zu einer Überschreitung der Obergrenze um 0,60 DM. Diese Überschreitung ist allerdings ohne weitere Bedeutung, da für die Fahrpreise der öffentlichen Verkehrsmittel Preissenkungen im Vordergrund des Interesses der Untersuchung stehen. Die Preisänderungen führen zu dem in Tab. 78 angegebenen Modal Split.

In empirischen Studien wird die Elastizität im allgemeinen als Bogenelastizität ermittelt, so z.B. im Rahmen von Vorher-Nachher-Untersuchungen, die vielfach im Zuge von Preissteigerungen im ÖPNV vorgenommen werden. Die Ermittlung der Bogenelastizität führt bei den hier vorliegenden Simulationsrechnungen allerdings zu dem Problem der Wahl eines geeigneten Preisintervalls. Je nach Größe der relativen Preisänderung (Inkrement: ein Prozentpunkt) schwanken die ermittelten Elastizitätswerte innerhalb eines Intervalls von 0 bis -1,09. Da es kein sinnvolles Kriterium zur Bestimmung des Preisintervalls gibt, wird die Änderung des Modal Split hier näherungsweise als Punktelastizität bestimmt. Zu diesem Zweck wird ein funktionaler Zusammenhang zwischen den prozentualen Preisänderungen von jeweils einem Prozentpunkt und den zugehörigen Verkehrsmittelanteilen unterstellt. Auf Basis von 51 Wertepaaren (Preisänderungen von +20% bis -30%) wird eine lineare Funktion mit Hilfe des Kleinste Quadrate-Kriteriums geschätzt. Für diese Funktion ergibt sich ein Bestimmtheitsmaß von 0,96. Als Punktelastizität ergibt sich ein Wert von -0,345. Dieser Wert weist auf eine unelastische Reaktion der Nachfrage des ÖPNV auf Preisänderungen hin und bestätigt Ergebnisse anderer, verhaltensorientierter Studien, die auf Beobachtungsdaten real getroffener Verkehrsmittelwahlentscheidungen beruhen.[1]

Mit Hilfe desselben Verfahrens wird die Preiselastizität der Nachfrage nach Verkehrsleistungen des Park & Ride-Systems ermittelt. Allerdings wird die lineare Nachfragefunktion auf Basis von 41 Wertepaaren geschätzt (+20% bis -20%), da für weitergehende Preissenkungen mit einer stagnierenden bzw. sinkenden Nachfrage gerechnet werden muß. Das Bestimmtheitsmaß des linearen Funktionsabschnittes des Modal Split in Abhängigkeit der Preisänderung beläuft sich auf 0,917. Der Wert der Punktelastizität ergibt sich zu -1,341 und weist damit auf eine leicht preiselastische Nachfrage hin.

Die Kreuzpreiselastizitäten ergeben sich für den Pkw zu 0,113 und für die Fahrgemeinschaften zu 0,117.[2] Die Substitutionsbeziehungen zwischen diesen und den öffentlichen Verkehrsträgern erscheinen damit eher gering. Insgesamt deuten die Simulationsrechnungen darauf hin, daß Berufspendler auf Preisänderungen des ÖPNV tendenziell unelastisch reagieren.

---

[1] Vgl. Abschnitt II.B.3.a)a_1).

[2] Die Bestimmtheitsmaße der linearen Modal Split-Funktionen belaufen sich in für den Pkw auf 0,926 bzw. für die Fahrgemeinschaft auf 0,924.

a₂) Job-Ticket

Die Einführung von Job-Tickets entspricht im Grundsatz der eines Mengenrabatts in Abhängigkeit der Unternehmensgröße. In der Stadt Münster ist vorgesehen, den Fahrpreis für die öffentlichen Verkehrsmittel um 30% zu senken, wenn 30% der Belegschaft eines Unternehmens eine Zeitkarte für die Nutzung des ÖPNV erwerben.
Mit Hilfe des hier entwickelten Verkehrsmittelwahlmodells kann die Frage, ob die Einführung eines solchen Tickets erfolgreich durchgeführt werden kann, nicht generell geprüft werden. Zum ersten können Nachfrageänderungen in Abhängigkeit des Fahrpreises nicht auf Unternehmensbasis bestimmt werden, sondern lediglich für die Gesamtheit der Einpendler in den Innenstadtbereich Münsters. Zum zweiten stellen die Einpendler lediglich etwa 40% des gesamten Berufsverkehrs. Die Beteiligung der Gruppe der Binnenpendler müßte ebenfalls in die Analyse eingehen, um die Absatzmöglichkeiten für Job-Tickets einschätzen zu können.
Die hier durchgeführten Simulationsrechnungen des Modal Splits der öffentlichen Verkehrsmittel in Abhängigkeit einer prozentualen Preisänderung erlauben also lediglich Hinweise darauf, ob die Gruppe der Berufseinpendler ein wesentliches Potential für die Nachfrage nach Job-Tickets stellen kann. Aus den Ergebnissen, die in Tab. 78 wiedergegeben sind, ist zu entnehmen, daß der Anteil der öffentlichen Verkehrsmittel im Berufsverkehr auch bei einer 30%igen Preissenkung deutlich unter einem Drittel bleibt.[1] Dieses Ergebnis schließt nicht aus, daß die Einführung eines Job-Tickets in einzelnen Unternehmen vor allem unter Beteiligung der Einpendler erfolgreich durchgeführt werden kann. Angesichts der geringen generellen Anteilsgewinne des ÖPNV im Zuge der simulierten Preissenkungen erscheint aber die Annahme gerechtfertigt, daß diese Gruppe nicht das eigentliche Potential ist, auf dessen Basis eine weitgehende Verbreitung von Job-Tickets erreicht werden kann.

a₃) Nulltarif im Stadtverkehr

Von einer Einführung eines Nulltarifes im Stadtgebiet Münster wird im Berufspendlerverkehr lediglich die Park & Ride-Alternative direkt in ihrer Attraktivität beeinflußt. Für potentielle Nutzer der Bundesbahn ergibt sich lediglich dann eine Änderung des Angebotes, wenn sie mit dem Zug in die Stadt einfahren und am Hauptbahnhof auf einen Stadtbus umsteigen. Überlandbusse wären von dieser tariflichen Maßnahme nicht betroffen.
Um eine derartige Maßnahme mit Hilfe des hier entwickelten Modells simulieren zu können, sind die aktuellen und potentiellen Nutzer der Park & Ride-Alternaltive danach zu differenzieren, ob sie am Stadtrand auf Stadtbusse umsteigen oder ob sie mit ande-

---

[1] In den Untersuchungen zur externen Validität des Modells zeigte sich, daß der Anteil des ÖPNV in der status quo-Analyse leicht unterschätzt wird, die Preiselastizität hingegen in einer plausiblen Größenordnung bestimmt werden kann. Da der mit Hilfe der Simulationsrechnungen ermittelte Modal Split sehr deutlich unter einem Drittel der Einpendler bleibt, ergäbe auch eine Korrektur des ÖPNV-Anteils nicht die für die Einführung eines Job-Tickets notwendige Nachfrage.

ren öffentlichen Verkehrsmitteln in die Stadt einfahren. Für die letztgenannte Gruppe bleiben die Kosten unverändert. Für die erste Gruppe werden die Kosten um den Anteil der öffentlichen Verkehrsmittel unter Berücksichtigung der bisher geltenden Zuschußregelungen reduziert. Im Durchschnitt ergibt sich dann eine Preissenkung für den P&R-Verkehr von 1,24 DM. Da die P&R-Kostenangaben an der oberen Intervallgrenze des Variationsbereichs des Bewertungsexperiments liegen, kann für eine derartige Preissimulation angenommen werden, daß sie in den vom Bewertungsmodell gestützten Simulationsbereich fällt. Des weiteren werden die Kosten der aktuellen und potentiellen Bahnfahrer um den Anteil der Kosten der Stadtbusse reduziert, der ihnen im Falle des Umstiegs entstünde. Die zu erwartenden Änderungen der Fahrtkosten für diese Pendler sind mit durchschnittlich wenigen Pfennigen als marginal anzunehmen.

Im Fall des Nulltarifs für öffentliche Verkehrsmittel im Stadtverkehr steigt der Anteil für die P&R-Alternative von 2,3% auf 3% an. Umsteiger sind ausnahmslos Pkw-Einzelfahrer. Auch ein Ausbau der Stellflächen an geeigneten Umsteigepunkten, der zu einer Senkung der Parksuchzeiten führt, und deren gebührenfreie Bereitstellung erhöhen den Anteil der Umsteiger nicht wesentlich. Mit einer derartigen Strategie steigt der P&R-Anteil auf lediglich 3,3% der Berufspendler. Insgesamt scheint ein Nulltarif für öffentliche Verkehrsmittel im Stadtgebiet Münster für die Verkehrsmittelwahl der die Stadtgrenzen überschreitenden Berufseinpendler ohne größere Bedeutung zu sein.

a_4) Erhöhung der Preistransparenz

In der Untersuchung der Wahrnehmung der Verkehrssysteme durch die Probanden hat sich herausgestellt, daß eine Anzahl der Nichtnutzer öffentlicher Verkehrsmittel dem Entscheidungskalkül der Verkehrsmittelwahl Einzelfahrpreise zugrundelegt. Die von den Befragten angegebenen Gründe der Verkehrsmittelwahl weisen des weiteren darauf hin, daß Berufspendler in der Regel stets ein Verkehrsmittel nutzen und auf eine Alternative nur in seltenen Fällen zurückgreifen. Wie sich bei den ÖPNV-Nutzern gezeigt hat, erwerben diese in der überwiegenden Mehrheit Monats- und Jahreskarten. Bezogen auf eine Fahrt sind diese Fahrscheine deutlich preisgünstiger als Einzelfahrscheine. Deshalb soll an dieser Stelle untersucht werden, wie sich eine Aufklärungsaktion über die Zeitkartenpreise im ÖPNV auf das Verkehrsmittelwahlverhalten der Befragten auswirken könnte.

Um eine veränderte Wahrnehmung der Fahrpreise des ÖPNV simulieren zu können, werden im folgenden die Fahrpreise für die Nichtnutzer als Monatskartenpreise kalkuliert. Diese sind bereits bei der Datenerfassung mit Hilfe der Tarifwerke und Preistafeln der öffentlichen Verkehrssysteme erfaßt worden. Unter Berücksichtigung der Regelungen für eine Bezuschussung der Fahrtkosten durch die Unternehmen beträgt die resultierende durchschnittliche Absenkung der Fahrtkosten für den ÖPNV 2,36 DM. Ausgehend von den durchschnittlichen Fahrtkostenangaben der Probanden liegen die abgesenkten Kosten damit noch innerhalb des durch das Bewertungsmodell gestützten Preisintervalls.

Der auf diese Weise neu bestimmte Modal Split verändert sich nur sehr geringfügig. Der Anteil des ÖPNV steigt von 20,33% auf 20,67%, derjenige der Pkw-Einzelfahrer sinkt dementsprechend von 49% auf 48,67%. Damit kann nicht gesagt werden, eine großangelegte Werbekampagne hätte keinen Einfluß auf die Entscheidungsgrundlage der Berufspendler. Sie allein scheint aber nicht auszureichen, nennenswerte Veränderungen der Verkehrsmittelanteile herbeizuführen.

b) Beschleunigungsmaßnahmen

b_1) Zeitelastizität der Nachfrage

Die Zeitelastizität der Nachfrage nach Leistungen des ÖPNV ergibt sich als Quotient einer relativen Änderung der Nachfrage und einer relativen Änderung der sie bewirkenden Änderung der Fahrtzeit. Zwar gibt es über die Zeitelastizitäten öffentlicher Verkehrsmittel weniger empirisch fundierte Erkenntnisse als über die Preiselastizität, dennoch stellt auch diese Elastizität nicht nur einen Parameter der Wirkungsanalyse, sondern auch eine Kennziffer für die externe Validität des Modells dar.

Tab. 79: Änderung des Modal Split in Abhängigkeit einer Beschleunigung der öffentlichen Verkehrsmittel

Fahrtzeitänderung ÖPNV in %	Modal Split in %			
	PKW	MFG	ÖPNV	P&R
0	49,00	28,33	20,33	2,33
-5	48,33	28,00	21,67	2,00
-10	48,00	27,33	22,33	2,33
-15	46,67	27,33	23,00	3,00
-20	46,00	27,33	24,00	2,67[1]
-25	44,00	26,67	26,33	3,00
-30	43,67	26,67	26,33	3,33

[1] Ein Rückgang des Modal Splits bei einer weiteren Beschleunigung des Verkehrsmittels kann dadurch verursacht werden, daß sich die Fahrtzeiten für die Alternativen auf individuell unterschiedlichen Ausgangsniveaus befinden. Hat z.B. für einen Pkw-Nutzer der ÖPNV eine längere Fahrtzeit als die P&R-Alternative und zugleich eine insgesamt ungünstigere Präferenz als diese, so ist es möglich, daß bei einer prozentual gleichen Beschleunigung der öffentlichen Verkehrsmittel dieser Pkw-Fahrer zunächst auf die P&R-Alternative wechselt und mit zunehmender Beschleunigung noch einmal seine Wahl zugunsten des ÖPNV ändert.

Quelle: Eigene Erhebung und Berechnungen.

Eine Beschleunigung des ÖPNV betrifft auch die Verkehrsmittelalternative P&R. Deshalb wird auch für diese Wahlalternative eine direkte Zeitelastizität ermittelt. Für die beiden Wahlalternativen Pkw und MFG hingegen wird eine indirekte Elastizität ermittelt. Je stärker sich Zeitänderungen auf ihren Modal Split auswirken, desto größer ist der Wert der Kreuzpreiselastizität.

Der hier unterstellte Variationsbereich der Zeitänderungen umfaßt eine Beschleunigung der Fahrtzeit um bis zu 30%. Diese Zeitdifferenz entspricht in absoluten Werten durchschnittlich 16,74 Min. für den ÖPNV und 15,88 Min. für P&R. Dieser Simulationsbereich wird möglich, da die Zeitangaben der Probanden durchschnittlich an der oberen Grenze der Zeitintervalle des Bewertungsexperiments liegen. Einschränkend ist allerdings anzumerken, daß die reale Verkehrssituation eine Beschleunigung in diesem Umfang nicht für alle Verkehrsteilnehmer ermöglichen kann. In diesem Abschnitt wird von dem Problem der Umsetzung der Beschleunigung abstrahiert, um die Zeitelastizität der Nachfrage mit Hilfe desselben Verfahrens bestimmen zu können, das in dieser Arbeit zur Ermittlung der Preiselastizitäten dient. Die Berücksichtigung der Realisierbarkeit von Beschleunigungspotentialen erfolgt im folgenden Abschnitt.

Auf der Basis von 31 Wertepaaren (Zeitänderungen zwischen 0% und 30%) wird eine lineare Nachfragefunktion mit Hilfe der Methode der kleinsten Quadrate bestimmt. Die Bestimmheitsmaße belaufen sich auf 0,96 (Pkw), 0,89 (MFG), 0,96 (ÖPNV) und 0,78 (P&R). Als Punktelastizitäten ergeben sich dann für den ÖPNV - 0,985 und für die P&R-Alternative -2,252.

Die indirekten Elastizitäten ergeben sich für die Pkw-Einzelfahrer mit dem Wert 0,391 und für die Fahrgemeinschaft zu 0,194. In der Größenordnung sind sie damit den indirekten Preiselastizitäten der Nachfrage vergleichbar. Es kann an dieser Stelle festgehalten werden, daß die Elastizitätswerte der Zeit für die öffentlichen Verkehrsmittel deutlich über denen des Preises liegen. Damit ist aber nicht die Frage beantwortet, ob mit Hilfe von die Fahrtzeit beeinflussenden Maßnahmen das Verkehrsmittelwahlverhalten tatsächlich wesentlich beeinflußt werden kann. Zu diesem Zweck ist noch zu prüfen, in welchem Ausmaß eine Beschleunigung der öffentlichen Verkehrsmittel realistischerweise durchführbar ist.

b_2) Busspuren und Lichtsignalanlagen

Unter Maßnahmen zur Beschleunigung des ÖPNV werden hier vor allem die Anlage von Busspuren sowie die Einrichtung von Lichtsignalanlagen, die dem ÖPNV Vorrang gewähren, verstanden. Die durchschnittliche Stauzeitangabe der Befragten für den ÖPNV und die P&R-Alternative beläuft sich auf 7,4 bzw. 5,8 Min. Damit liegen die folgenden Simulationen innerhalb des vom Bewertungsmodell gestützten Zeitintervalls; dies gilt auch dann, wenn zu diesen Fahrtzeitverkürzungen weitere 5 bis 10 Min. für verminderte Wartezeiten an Ampeln hinzugefügt werden.

Setzt man alle Stauzeitangaben, welche die Befragten für den Stadtbereich einschließlich der Zufahrtsstraßen angegeben haben, auf Null, so ergibt sich eine lediglich marginale Änderung des Modal Split: eine Verschiebung der Verkehrsmittelanteile von

0,3 Prozentpunkten zwischen ÖPNV und P&R. Von dieser Fahrtzeitreduzierung sind alle diejenigen Probanden betroffen, die Stauzeiten über Null angegeben haben. Eine weitere Beschleunigung der Fahrtzeit um 5 Min. je Weg, d.h. 10 Min. an einem Tag, die im Zuge der Vorrangschaltungen der Lichtsignalanlagen für den ÖPNV alle Probanden betreffen, führt zu einer Verlagerung von 1,3% der Berufspendler (2,7% der Pkw-Einzelfahrer), die bislang den Pkw nutzen, auf den ÖPNV. Die Zahl der Mitglieder von Fahrgemeinschaften, welche im Zuge von Zeiteinsparungen zu einem Wechsel des Verkehrsmittels zu bewegen sind, ist zwar absolut gesehen geringer die Zahl der Umsteiger unter den Einzelfahrern, bezogen auf ihren Modal Split aber etwas größer. Bei weiteren 5 Min. Zeitersparnis je Weg steigen etwa 1% der Befragten um, das sind gut 3,5% der Nutzer von Fahrgemeinschaften.

Obwohl die Zeitelastizität der Nachfrage größer ist als die Preiselastizität, sind die Möglichkeiten, den Modal Split mit Hilfe einer Beschleunigung der öffentlichen Verkehrsmittel zu beeinflussen, gering. Dies ist auf den in der Realität geringen Variationsspielraum der Fahrtzeit zurückzuführen. Die Preise können grundsätzlich in weit größerem Maße beeinflußt werden. Insgesamt kann für die Beschleunigungsmaßnahmen des ÖPNV angenommen werden, daß sie allein nicht ausreichen werden, den Modal Split nachhaltig zu verändern.

c) Komfortverbesserungen

Maßnahmen zur Komfortverbesserung für den ÖPNV sollten aus Sicht der Berufspendler im wesentlichen die Verkürzung der Wartezeiten, die Häufigkeit der Bedienung und das Sitzplatzangebot sein. Diese drei Merkmale machen etwa 56% der Nennungen derjenigen Pendler aus, die den Komfort des ÖPNV eher negativ beurteilen. Diejenigen, die ihm eine gute Beurteilung zukommen lassen, verweisen in etwa 65% der Nennungen auf seine Pünktlichkeit, die Direktfahrt, eine ausreichend hohe Bedienungsfrequenz und den verminderten Streß des Arbeitsweges bei Nutzung öffentlicher Verkehrsmittel. Im Fall der P&R-Alternative sind die Umsteigenotwendigkeit und die zu langen Wartezeiten die häufigsten Nennungen (etwa 54%), die zu einer tendenziell negativen Bewertung des Komforts führen. Mit 'gut' wird diese Wahlalternative häufig dann versehen, wenn mit ihrer Nutzung keine Parkplatzsuche notwendig ist, Verkehrsstaus vermieden werden und, wie auf Hauptverkehrsadern meist der Fall, Wartezeiten aufgrund hoher Bedienungsfrequenzen gering ausfallen. Diese Merkmale machen etwa 54% der Nennungen aus. Maßnahmen zur Erhöhung des Komforts sollten also bei der Anlage von Umsteigeanlagen an Punkten mit guter Anbindung an das öffentliche Verkehrssystem ansetzen.

Im besten Fall kann damit erreicht werden, daß die Pendler den Komfort der öffentlichen Verkehrsmittel alle mit gut bewerten. Die Analyse der Wahrnehmung der Verkehrsmittelalternativen hat gezeigt, daß ihr Komfort systematisch ungünstiger bewertet wird als der Komfort sowohl der Pkw-Einzelfahrt als auch der Fahrgemeinschaft. Mit der Verbesserung der oben genannten qualitativen Merkmale kann mithin eine relative Präferenzverbesserung der öffentlichen Verkehrsmittel erreicht werden.

In der hier durchgeführten Simulationsrechnung kann der ÖPNV im Gegensatz zur P&R-Alternative seinen Verkehrsmittelanteil von 20,33% auf 22,00% erhöhen. Potentielle Umsteiger sind sowohl Pkw-Einzelfahrer, von denen 2% einen Wechsel des Verkehrsmittels erwägen, als auch Mitglieder von Fahrgemeinschaften, von denen 2,3% auf den ÖPNV gezogen werden. Der Anteil dieser Verkehrsmittel geht damit von 49% auf 48% bzw. von 28,33% auf 27,67% zurück.

d) *Maßnahmenbündel 'Attraktiver ÖPNV'*

Keine der oben untersuchten Maßnahmen erscheint geeignet, als allein eingesetztes Instrument das Verkehrsmittelwahlverhalten der Berufspendler maßgeblich zu beeinflussen. Es ist allerdings davon auszugehen, daß jede Maßnahme die Präferenzen der Verkehrsteilnehmer zugunsten der öffentlichen Verkehrsmittel verändert. Mit Hilfe des Simulationsmodells soll in diesem Abschnitt eine Preisstrategie der öffentlichen Verkehrsmittel in Verbindung mit weiteren attraktivitätssteigernden Maßnahmen untersucht werden.

Zu diesem Zweck wird zunächst unterstellt, die öffentlichen Verkehrsmittel würden hinsichtlich des Komforts so an die Bedürfnisse der Pendler angepaßt, daß sie von diesen positiv bewertet werden. Des weiteren werden die Fahrtzeiten zunehmend verkürzt. Zunächst werden die Stauzeiten mit Hilfe eines durchgehenden Busspurensystems auf praktisch Null Zeiteinheiten reduziert, darauf aufbauend werden die Lichtsignalanlagen derart geschaltet, daß die Fahrtzeiten je Weg um weitere 5 Min. kürzer werden. Für diesen Fall zeigt die Tab. 80 die Wirkung einer Preisstrategie auf den Modal Split.

Tab. 80: Änderung des Modal Split in Abhängigkeit des Preises im Rahmen eines Maßnahmenprogramms zur Attraktivitätssteigerung der öffentlichen Verkehrsmittel

Fahrpreisänderung ÖPNV in %	Modal Split in %			
	PKW	MFG	ÖPNV	P&R
Ausgangssituation	49,00	28,33	20,33	2,33
0	46,67	27,33	23,67	2,33
-5	46,00	27,33	24,00	2,67
-10	46,00	27,33	24,00	2,67
-15	45,67	27,00	24,67	2,67
-20	45,67	27,00	24,67	2,67
-25	45,33	27,00	24,67	3,00

Quelle: Eigene Erhebung und Berechnungen.

Insgesamt kann ein Rückgang der Pkw-Einzelfahrer um knapp 4 Prozentpunkte festgestellt werden. Der Anteil sinkt von 49% in der Ausgangssituation um gut 2 Prozentpunkte aufgrund der Komfortverbesserung und der beschleunigenden Maßnahmen. Mit der darauf aufbauenden Preisstrategie sinkt er weiter um gut 2 Prozentpunkte auf 45,33%. Ein Umstieg der Mitglieder von Fahrgemeinschaften fällt mit gut 1 Prozentpunkt geringer aus. Er ist im wesentlichen auf die Komfortsteigerung und die Beschleunigung der öffentlichen Verkehrsmittel zurückzuführen, nicht hingegen auf die Preisstrategie.

Auf Seiten der öffentlichen Verkehrsmittel kann festgehalten werden, daß die P&R-Alternative um weniger als 1 Prozentpunkt zunimmt. Das Umsteigeverhalten konzentriert sich auf den ÖPNV ohne kombinierte Nutzung des Pkw. Allerdings steigt sein Anteil auch bei einer 25%igen Preissenkung im Rahmen des allgemein verbesserten Angebotes lediglich auf knapp 25%. Wenn also die Verkehrsmittelanteile deutlich zugunsten der öffentlichen Verkehrsmittel verändert werden sollen, so erscheint eine Strategie, die allein auf eine Attraktivitätssteigerung des ÖPNV setzt, hierfür allenfalls bedingt geeignet. Die öffentlichen Verkehrsmittel scheinen unter den derzeitigen Rahmenbedingungen nicht in der Lage zu sein, aus eigener Kraft nennenswerte Anteile des Modal Split auf sich zu ziehen. Selbst mit großem Aufwand wird die erhebliche Bedeutung des Pkw für den Berufspendlerverkehr nicht aufgehoben.[1]

3. Beschränkungen des Pkw-Verkehrs

a) Preisstrategien

a_1) Preiselastizität der Nachfrage

Preisänderungen für die Fahrt mit dem Pkw betreffen sowohl die Pkw-Einzelfahrer als auch die Fahrgemeinschaften und die P&R-Nutzer. Für alle drei Alternativen können also direkte Preiselastizitäten der Nachfrage angegeben werden. Die Änderungen der Kosten der Fahrgemeinschaft fallen für ein einzelnes Mitglied geringer aus als für die Pkw-Einzelfahrt, da die meisten Verkehrsteilnehmer die Kosten der MFG anteilig kalkulieren. Insofern ist es möglich, daß derzeitige Pkw-Einzelfahrer im Fall des Umstiegs auf eine andere Verkehrsmittelalternative zunächst in die Fahrgemeinschaft wechseln, bevor sie sich für den ÖPNV entscheiden. Da die Preisänderungen der drei

---

[1] Das Simulationsmodell stützt einen Preissenkungsspielraum für den ÖPNV von etwa 35%. Darüber hinausgehende Berechnungen können mit einem deutlich größeren Fehler behaftet sein. Unter diesem Vorbehalt sei hier angemerkt, daß ab Preissenkungen im Bereich zwischen 30% und 40% eine deutlich schnellere Abnahme des Verkehrsmittelanteils der Pkw-Einzelfahrer zu verzeichnen ist, gekoppelt mit einer entsprechend stärkeren Zunahme der Anteile des ÖPNV. Es läßt sich aber kein Schwellenwert ermitteln, ab dessen Überschreiten eine weitere Preissenkung zu einer strukturellen Änderung des Modal Split führt, d.h. einer schlagartigen Einbuße der Vorrangstellung des Pkw für den Pendlerverkehr.

Alternativen im Zuge der Ermittlung der Preiselastizität simultan erfolgen,[1] können die Substitutionsbeziehungen dazu führen, daß die Preiselastizität der Fahrgemeinschaft oder der P&R-Alternative ein positives Vorzeichen aufweist. Für den ÖPNV wird eine indirekte Preiselastizität der Nachfrage ermittelt. Je stärker sich Preisänderungen auf den Modal Split auswirken, desto größer ist der Wert der Kreuzpreiselastizität.

Da im folgenden für den Pkw ausschließlich Preiserhöhungen simuliert werden, wird die Elastizität auf Basis von prozentualen Preissteigerungen ermittelt. Der vom Bewertungsexperiment gestützte Variationsbereich des Pkw erlaubt Preisänderungen bis zu 38%. Da die Kostenangaben der Probanden für die Fahrgemeinschaft im Durchschnitt etwas unterhalb der Intervallgrenzen des Bewertungsexperiments liegen, ist der Variationsbereich für diese Verkehrsmittelalternative noch weitaus größer. Für die P&R-Alternative hingegen ist er begrenzter. Bei Preissteigerungen von 11% wird die obere Intervallgrenze gerade überschritten. In der Tab. 81 wird der Modal Split auch für die P&R-Alternative für Preissteigerungen von bis zu 30% der anteiligen Pkw-Kosten der Vollständigkeit halber ausgewiesen.

Tab. 81: Änderung des Modal Split in Abhängigkeit der Kosten des Pkw

Preisänderung Pkw in %	Modal Split in %			
	PKW	MFG	ÖPNV	P&R
0	49,00	28,33	20,33	2,33
5	47,33	29,33	21,33	2,00
10	46,67	29,67	21,67	2,00
15	46,00	30,33	22,00	1,67
20	45,00	30,67	22,67	1,67
25	43,67	31,67	23,00	1,67
30	43,67	31,67	23,00	1,67

Quelle: Eigene Erhebung und Berechnungen.

Die Punktelastizität wird mit Hilfe derselben Methode wie in den vorangegangenen Abschnitten ermittelt. Die Datengrundlage zur Linearisierung der Nachfragefunktionen beruht allerdings für die P&R-Alternative nicht auf 31 Wertepaaren, sondern auf 11 Wertepaaren, um den vom Bewertungsexperiment gestützten Variationsbereich zu berücksichtigen. Die Bestimmtheitsmaße der Nachfragefunktionen ergeben sich zu 0,960 (Pkw), 0,950 (MFG), 0,922 (ÖPNV) und 0,761 (P&R).

---

[1] Im Fall der Simulationsrechnungen ist die simultane Preisänderung der drei Alternativen nicht zwingend. So betrifft etwa eine Parkraumbewirtschaftung im Zentrum der Stadt nicht die P&R-Nutzer.

Als Preiselastizität wird für den Pkw -0,376 ermittelt. Sie bewegt sich damit für den Pkw zwar ebenso wie die (direkte) Preiselastizität der Nachfrage des ÖPNV (-0,36) im unelastischen Bereich. Ausgehend von den deutlich höheren Marktanteilen des Pkw sind die ausgelösten absoluten Nachfrageveränderungen allerdings größer. Für die Fahrgemeinschaft ergibt sich die Preiselastizität mit +0,407. Durch die Preiserhöhung bedingte Abwanderungen von der Fahrgemeinschaft zum ÖPNV werden also durch das Zugewinne von den Pkw-Einzelfahrern überkompensiert. Die Kreuzpreiselastizität des ÖPNV wird mit einem Wert von 0,432 ermittelt. Ausgehend von einem etwa gleich großen Modal Split ergibt sich daraus, daß der ÖPNV etwa gleich hohe Anteilszuwächse am Modal Split verzeichnen kann wie die Fahrgemeinschaften. Die Nachfrage reagiert allerdings für alle drei Alternativen unelastisch. Lediglich für die P&R-Alternative wird mit -1,068 ein Elastizitätswert im elastischen Bereich ermittelt.

a_2) Parkraumbewirtschaftung

Bei Einführung einer generellen Parkraumbewirtschaftung werden sich die Kosten für die Fahrt mit dem Pkw für die meisten Probanden ändern. Von den Befragten der Gruppen der Nutzer, der gelegentlichen Nutzer und der Nichtnutzer des Pkw geben $\backsim$1%, 87% bzw. 84% an, daß sie keine Parkgebühren zu entrichten hätten, wenn sie den Pkw für die Fahrt zur Arbeit nutzten.

Eine generelle Anhebung der Parkgebühren verändert allerdings die Kosten der Wahlalternativen für die Probanden in individuell unterschiedlicher Weise. Bei der Simulation einer Anhebung der Parkgebühren für das Kerngebiet der Stadt Münster ist zum ersten zu berücksichtigen, daß zumindest ein Teil der Befragten bereits heute Gebühren entrichtet. Für diese Probanden ändern sich die Kosten nur dann, wenn ihre bisherigen Parkgebühren geringer sind als das simulierte Niveau der Parkgebühren. Zum zweiten sind die steigenden Kosten um die Zuschußzahlungen der Arbeitgeber zu korrigieren, wenn diese nicht auf km-Basis oder auf Grundlage des Fahrpreises für die öffentlichen Verkehrsmittel berechnet werden, sondern sich als prozentualer Anteil an den insgesamt anfallenden Kosten der Fahrt zur Arbeit ergeben. Das in den Simulationsrechnungen angenommene Niveau der Parkgebühren in der Münsteraner Innenstadt entspricht deshalb nicht exakt dem damit verbundenen durchschnittlichen Kostenanstieg der Fahrtkosten des Pkw. Der ermittelte tatsächliche durchschnittliche Kostenanstieg entspricht knapp 90% des simulierten Gebührenniveaus. Auf die Kosten der Fahrgemeinschaften wirken sich die Parkgebühren mit knapp 30% des unterstellten Gebührenniveaus aus. Dieser deutlich verminderte Einfluß ist auf die Aufteilung der Kosten auf die Mitglieder der Fahrgemeinschaft zurückzuführen.

Da der durchschnittliche Kostenanstieg der Fahrgemeinschaften gegenüber dem Pkw vergleichsweise gering ausfällt, sind dem durch das Bewertungsexperiment gestützten Variationsbereich praktisch keine Grenzen gesetzt. Für den Pkw wird der gestützte Simulationsbereich ab einem Gebührenniveau von etwa 3,50 DM verlassen. Die Simulation höherer Parkgebühren ist aufgrund des linearen Präferenzmodells allerdings möglich. Die Simulationsrechnungen werden bis 6 DM/Tag durchgeführt, da dieser

Wert den derzeit höchsten Tarifen entspricht, welche die Parkhausbetreiber der Münsteraner Innenstadt für die Berufspendler anbieten. Die Unsicherheit der Ergebnisse wird zudem dadurch gemildert, daß die durchschnittlichen Fahrtkosten der drei Alternativen des Pkw für die hier durchgeführten Simulationsrechnungen innerhalb des durch das Modell gestützten Variationsbereichs liegen. Der Modal Split der Verkehrsträger ist in Tab. 82 ausgewiesen.

Tab. 82: Änderung des Modal Split in Abhängigkeit des Niveaus der Parkgebühren

Parkgebühren in der Innenstadt in DM	Modal Split in %			
	PKW	MFG	ÖPNV	P&R
0,00	49,00	28,33	20,33	2,33
0,50	46,67	30,00	21,00	2,33
1,00	45,33	31,00	21,33	2,33
1,50	43,67	32,00	21,67	2,67
2,00	43,00	32,33	21,67	3,00
2,50	42,67	32,67	21,67	3,00
3,00	40,67	33,00	22,33	4,00
3,50	39,67	33,33	23,00	4,00
4,00	36,67	34,67	24,67	4,00
4,50	35,33	34,00	26,33	4,33
5,00	35,00	34,33	26,33	4,33
5,50	33,67	34,00	27,33	5,00
6,00	33,33	33,67	27,67	5,33

Quelle: Eigene Erhebung und Berechnungen.

Für den Pkw-Einzelfahrer-Anteil läßt sich eine kontinuierliche Abnahme feststellen. Sein Modal Split sinkt von knapp der Hälfte auf etwa ein Drittel ab. Die Umsteiger wählen allerdings nicht allein den ÖPNV. Vielmehr verteilen sie sich auf die drei Wahlalternativen. Deren Anstieg der Verkehrsmittelanteile verläuft allerdings unterschiedlich. So steigt der Anteil der Fahrgemeinschaften mit zunehmendem Niveau der Parkgebühren absolut und relativ am schnellsten an. Allerdings kann ihr Anteil nicht wesentlich über ein Drittel erhöht werden, da eine weitere Steigerung der Parkgebühren zu einer Verkehrsverlagerung von der Fahrgemeinschaft zum ÖPNV führt. Dessen Verkehrsmittelanteile verändern sich bei geringen Parkgebühren nur unwesentlich, nehmen aber bei weiteren Gebührensteigerungen deutlich und kontinuierlich zu. Die Verkehrsmittelanteile der P&R-Alternative nehmen mit steigendem Niveau der Parkgebühren kontinuierlich, aber geringfügig zu.

Obwohl die Preiselastizität der Nachfrage des Pkw als tendenziell unelastisch angenommen werden kann, ergeben sich also im Zuge der Parkraumbewirtschaftung deutliche Veränderungen in der Struktur des Modal Split. Die deutliche Vorrangstellung des Anteils der Pkw-Einzelfahrer kann bereits bei einem realistischen Niveau der Parkgebühren aufgehoben werden. Pkw-Einzelfahrer und Fahrgemeinschaften können je etwa ein Drittel der Berufspendler auf sich vereinigen. Auch der ÖPNV kann mit einem Viertel der Verkehrsteilnehmer eine deutliche Zunahme seines Anteils verzeichnen. Lediglich die P&R-Alternative bleibt insgesamt ohne größere Bedeutung.

Die dargestellten Simulationsergebnisse basieren allerdings auf der Annahme einer weitgehenden Durchsetzung der Parkraumbewirtschaftung. Angesichts des Anteils unternehmenseigener Stellflächen für einen Anteil von 84 % der Pkw-Einzelfahrer ist eine generelle Erhöhung bzw. Einführung von Parkgebühren von der Kooperationsbereitschaft der privaten und öffentlichen Unternehmen abhängig. Geht man davon aus, daß sich nicht alle Unternehmen einer Einführung von Parkgebühren anschließen, werden keineswegs alle Nutzer des Pkw mit diesem Instrument erreicht.

Tab. 83: Änderung des Modal Split in Abhängigkeit des Niveaus der Gebühren öffentlicher Parkplätze

Parkgebühren in der Innenstadt in DM	Modal Split in %			
	PKW	MFG	ÖPNV	P&R
0,00	49,00	28,33	20,33	2,33
0,50	48,33	29,00	20,33	2,33
1,00	48,00	29,33	20,33	2,33
1,50	48,00	29,33	20,33	2,33
2,00	48,00	29,33	20,33	2,33
2,50	48,00	29,33	20,33	2,33
3,00	48,00	29,33	20,33	2,33
3,50	48,00	29,00	20,67	2,33
4,00	47,33	29,33	21,00	2,33
4,50	47,00	28,67	21,67	2,67
5,00	47,00	28,67	21,67	2,67
5,50	47,00	28,33	21,67	3,00
6,00	46,67	28,33	21,67	3,00

Quelle: Eigene Erhebung und Berechnungen.

Im Extremfall werden also lediglich 16 % der Pkw-Nutzer, nämlich diejenigen, die auf öffentliche Parkplätze angewiesen sind, mit Parkgebühren belastet. Auch die Mitglieder der Fahrgemeinschaften sind nur in einer Minderheit von etwa 23 % auf öffentliche Parkplätze angewiesen. Die Simulationsergebnisse einer Minimalvariante der Durchsetzung einer Parkraumbewirtschaftung für den Berufsverkehr sind in Tab. 83 wiedergegeben.

Das Verkehrsmittelwahlverhalten der Berufspendler verändert sich im Zuge dieser Minimalvariante der Parkraumbewirtschaftung nur unwesentlich. Der Anteil des Pkw geht lediglich geringfügig um gut 2 Prozentpunkte zurück. Davon profitiert zunächst der Anteil der Fahrgemeinschaften, bei höheren Gebühren allerdings steigen auch Mitglieder von Fahrgemeinschaften auf den ÖPNV um. Die P&R-Alternative bleibt wieder ohne größere Bedeutung. Insgesamt behält der Pkw seine Vorrangstellung im Berufspendlerverkehr. Die Kooperationsbereitschaft der Unternehmen ist also entscheidend, wenn mit Hilfe der Parkraumbewirtschaftung der Modal Split des Berufspendlerverkehrs beeinflußt werden soll.

a_3) Straßenbenutzungsgebühren

Führt man Straßenbenutzungsgebühren in Form einer Vignette zur Einfahrt in das Stadtgebiet während der morgendlichen rush hour ein, so werden alle Pkw-Nutzer mit dieser Lenkungsabgabe belastet. Je nach Ausgestaltung der Abgabe können auch die öffentlichen Verkehrsmittel mit einbezogen werden. Damit würden alle Verkehrsteilnehmer zumindest indirekt mit der Lenkungsabgabe konfrontiert. Für die hier durchge

Tab. 84: **Änderung des Modal Split in Abhängigkeit des Niveaus von Straßenbenutzungsgebühren**

Straßenbenutzungs-gebühren in DM	Modal Split in %			
	PKW	MFG	ÖPNV	P&R
0,00	49,00	28,33	20,33	2,33
0,50	46,67	30,00	21,00	2,33
1,00	45,33	31,00	21,33	2,33
1,50	43,67	32,00	21,67	2,67
2,00	42,67	32,33	22,00	3,00
2,50	42,33	32,67	22,00	3,00
3,00	40,33	33,00	22,67	4,00
3,50	39,33	33,33	23,33	4,00
4,00	36,33	34,67	25,00	4,00
4,50	35,00	34,00	26,67	4,33
5,00	34,67	34,33	26,67	4,33
5,50	33,33	34,00	27,67	5,00
6,00	33,00	33,67	28,00	5,33

Quelle: Eigene Erhebung und Berechnungen.

führten Simulationsrechnungen wird zunächst unterstellt, daß für jeden in die Stadt einfahrenden Pkw eine Gebühr erhoben wird. Die Kosten derjenigen Berufspendler, die sich zu Fahrgemeinschaften zusammenschließen, werden mithin nur anteilig erhöht. In der Tab. 84 wird der Modal Split in Abhängigkeit der Höhe der Straßenbenutzungsgebühr ausgewiesen.

Die Entwicklung der Verkehrsmittelanteile ist mit derjenigen vergleichbar, die sich im Zuge der konsequenten Parkraumbewirtschaftung ergibt. Da allerdings alle Pkw-Nutzer mit der Abgabe zusätzlich zu den bereits bestehenden Parkgebühren belastet werden, verändern sich die Verkehrsmittelanteile, wenn auch nur unwesentlich, stärker als bei der Parkraumbewirtschaftung.

Allerdings muß auch bei der Einführung von Straßenbenutzungsgebühren damit gerechnet werden, daß diese nur teilweise zu einer Steigerung der Fahrtkosten der Berufspendler führen werden. So gab bei einer Umfrage in Oslo etwa die Hälfte der Befragten Vignetteninhaber an, ihr Arbeitgeber übernehme die Kosten ganz oder zumindest teilweise.

Tab. 85: Durchschnittliche Änderung des Modal Split in Abhängigkeit des Niveaus von Straßenbenutzungsgebühren bei teilweiser Erstattung der Kosten

Straßenbenutzungs-gebühren in DM	Modal Split in %			
	PKW	MFG	ÖPNV	P&R
0,00	49,00	28,33	20,33	2,33
3,00	44,66	30,70	21,50	3,14
6,00	40,81	31,20	24,17	3,82

Quelle: Eigene Erhebung und Berechnungen.

Tab. 84 weist die Ergebnisse einer vollständigen Erstattung der Straßenbenutzungsgebühren für die Hälfte der Berufspendler aus. Die Auswahl der Verkehrsteilnehmer, die von einer Erstattung der Gebühren begünstigt werden, erfolgt durch eine Zufallsauswahl unter Zugrundelegung einer Gleichverteilung. Die angegebenen Modal Split-Werte sind die durchschnittlichen Ergebnisse von 30 Simulationsläufen für die Gebührenniveaus von 3 und 6 DM. Die Anpassungsreaktionen der Verkehrsteilnehmer fallen erwartungsgemäß deutlich geringer aus. Sie verteilen sich erneut zu etwa gleichen Teilen auf die Fahrgemeinschaften und die öffentlichen Verkehrsmittel.

Neben der Erstattung der Gebühren erscheint es angebracht, davon auszugehen, daß eine weitere Steigerung des Gebührenniveaus an Akzeptanzschwellen stoßen wird.[1]

---

[1] Vgl. *Solheim* (1991), S. 1f.

Deshalb kann an das Instrument der Straßenbenutzungsgebühr nicht der Anspruch gestellt werden, als alleiniges Mittel zur Erreichung einer beliebig hohen Veränderung der Verkehrsmittelanteile eingesetzt werden zu können.

b) Fahrtzeitverlängerungen

b_1) Zeitelastizität der Nachfrage

Die Zeitelastizität der Nachfrage ergibt sich als Quotient einer relativen Änderung der Nachfrage und einer relativen Änderung der sie bewirkenden Änderung der Fahrzeit. Es wird in diesem Abschnitt unterstellt, daß Fahrtzeitänderungen die Pkw-Einzelfahrer und die Fahrgemeinschaften betreffen, nicht aber die Nutzer der öffentlichen Verkehrsmittel und der P&R-Alternative. Des weiteren wird angenommen, daß sich diese Zeitänderungen stets als Verlängerungen der Fahrtzeit niederschlagen.

Der hier unterstellte Variationsbereich der Zeitänderungen umfaßt eine Verlängerung der Fahrtzeit um bis zu 30%. Diese Zeitvariation entspricht in absoluten Werten für die Pkw-Einzelfahrer durchschnittlich 10,45 Min. Der durchschnittliche Wert der gesamten Fahrtzeit liegt für die Pkw-Einzelfahrer damit in der oberen Hälfte des vom Bewertungsexperiment gestützten Bereichs. Für die Fahrgemeinschaften ergibt sich eine durchschnittliche Anhebung der Fahrtzeit um 15 Min. Damit liegen die Werte durchschnittlich oberhalb der Intervallgrenze. Die möglicherweise damit verbundene erhöhte Unsicherheit der Ergebnisse wird an dieser Stelle in Kauf genommen, um für die Schätzung der Punktelastizität eine genügend große Zahl von Werten zu erhalten. Im folgenden wird die Zeitelastizität mit Hilfe desselben Verfahrens ermittelt, das zur Ermittlung der Preiselastizitäten Verwendung findet. Die Modal Split-Werte sind in Tab. 86 in Abhängigkeit einer prozentualen Veränderung der Fahrzeiten der Pkw-Nutzer wiedergegeben.

Auf der Basis von 31 Wertepaaren (Zeitänderungen zwischen 0% und 30%) wird eine lineare Nachfragefunktion mit Hilfe der Methode der kleinsten Quadrate bestimmt. Die Bestimmtheitsmaße belaufen sich auf 0,870 (Pkw), 0,884 (MFG), 0,952 (ÖPNV) und 0,886 (P&R). Als direkte Punktelastizität ergibt sich für die Pkw-Einzelfahrer ein Wert von -0,171. Die Zeitelastizität der Nachfrage liegt damit, im Gegensatz zu der direkten Elastizität des ÖPNV, unter der Preiselastizität der Nachfrage. Für die Fahrgemeinschaften ergibt sich die Zeitelastizität zu -0,299. Beide Werte weisen tendenziell auf eine bezüglich der Zeit unelastische Nachfrage hin.

Als indirekte Zeitelastizität der Nachfrage ergibt sich für den ÖPNV ein Wert von 0,529. Dieser Wert weist auf eine unelastische Nachfrage auch für den ÖPNV hin. Mit einem Wert von 2,528 scheint die Nachfrage nach P&R tendenziell elastisch auf Zeitänderungen zu reagieren. Dieser Wert ist allerdings aufgrund des geringen Marktanteils der P&R-Alternative mit einer vergleichsweise großen Unsicherheit behaftet.

Tab. 86: Änderung des Modal Split in Abhängigkeit einer prozentualen Fahrtzeitverlängerung des Pkw

Zeitänderung Pkw in %	Modal Split in %			
	PKW	MFG	ÖPNV	P&R
0	49,00	28,33	20,33	2,33
5	48,67	28,00	21,00	2,33
10	48,00	27,00	22,00	3,00
15	47,67	26,67	22,33	3,33
20	47,67	26,33	22,67	3,33
25	46,67	26,00	23,33	4,00
30	46,00	26,00	24,00	4,00

Quelle: Eigene Erhebung und Berechnungen.

b_2) Zunahme der Stauzeiten für den Pkw-Verkehr

Wenngleich sich für die Zeitelastizität der Nachfrage im vorigen Abschnitt geringe Werte ergeben haben, kann eine Verlängerung der Stauzeiten im Innenstadtbereich Münsters dennoch grundsätzlich zu merklichen Veränderungen des Modal Split führen, wenn diese Zeitverzögerungen beispielsweise für Kurzstreckenfahrer nicht mehr akzeptabel erscheinen. In den folgenden Simulationsrechnungen wird für alle Berufspendler die Fahrzeit mit dem Pkw schrittweise um 1-15 Min. (jeweils für den Hin- und Rückweg) erhöht. Dies gilt in gleicher Weise für die Pkw-Einzelfahrt und für die Fahrtzeit der Fahrgemeinschaften. Der vom Bewertungsmodell gestützte Variationsbereich wird damit für die Pkw-Einzelfahrt eingehalten, für die Fahrgemeinschaft hingegen überschritten. Diese Unsicherheit wird an dieser Stelle in Kauf genommen, da die Verkehrsverhältnisse als für beide Alternativen gleich anzunehmen sind. Die Zeiten des ÖPNV und der P&R-Alternative bleiben unverändert.

Der Modal Split des Pkw sinkt mit zunehmenden Stauzeiten, bleibt aber auf hohem Niveau. Der Rückgang des Anteils der Fahrgemeinschaften fällt mit 1,67 Prozentpunkten deutlich geringer aus. Die Verlagerung der Anteile findet im wesentlichen zugunsten des ÖPNV statt, der wie die Fahrgemeinschaft etwa ein Viertel der Berufspendler auf sich ziehen kann. Wenngleich der Anteil der P&R-Alternative einmal mehr ohne größere Bedeutung ist, so kann doch festgehalten werden, daß er seinen Anteil verdoppelt. Im Fall zunehmender Stauzeiten im Stadtgebiet nehmen also mehr Pendler P&R-Angebote wahr.

Tab. 87: Änderung des Modal Split in Abhängigkeit einer Fahrtzeitverlängerung des Pkw

Zeitänderung Pkw in Min.	Modal Split in %			
	PKW	MFG	ÖPNV	P&R
0	49,00	28,33	20,33	2,33
1	48,67	28,33	20,67	2,33
2	48,00	28,00	21,67	2,33
3	48,00	27,67	21,67	2,67
4	48,00	27,67	21,67	2,67
5	47,67	27,33	22,00	3,00
6	47,67	27,33	22,00	3,00
7	47,33	27,00	22,67	3,00
8	47,00	27,00	23,00	3,00
9	46,33	27,00	23,33	3,33
10	46,00	26,67	24,00	3,33
11	45,33	26,67	24,33	3,67
12	44,67	26,67	25,00	3,67
13	44,33	26,67	25,00	4,00
14	44,00	26,67	25,33	4,00
15	43,67	26,67	25,67	4,00

Quelle: Eigene Erhebung und Berechnungen.

c) Maßnahmenbündel 'Beschränkung des Pkw-Verkehrs'

Restriktive Maßnahmen, die zu einer Verminderung der Attraktivität des motorisierten Individualverkehrs führen, zeigen in den Simulationsrechnungen der vorigen Abschnitte deutlich stärkere Verlagerungswirkungen auf die Verkehrsmittelanteile des Berufsverkehrs als die zuvor simulierten attraktivitätssteigernden Maßnahmen der öffentlichen Verkehrsmittel. Die mit Einzelmaßnahmen erzielbaren Verlagerungseffekte sind aber deutlichen Beschränkungen unterworfen. So ist die Parkraumbewirtschaftung abhängig von der Mitwirkung der Unternehmen. Die Einführung von Straßenbenutzungsgebühren wiederum kann in ihrer Wirkung entscheidend durch Ausgleichszahlungen der Unternehmen unterlaufen werden. Des weiteren ist davon auszugehen, daß Gebühren aufgrund von Akzeptanzschwellen nicht beliebig erhöht werden können. Die Wirkung der monetären Instrumente erweist sich in der Analyse der Einzelmaßnahmen allerdings als effektiver als die zeitliche Attraktivitätsminderung des Pkw-Verkehrs.

Im folgenden werden Wirkungen von Maßnahmenkombinationen simuliert, um zu prüfen, ob Maßnahmenbündel zu deutlich stärkeren Verkehrsverlagerungen führen können als isolierte Änderungen der Verkehrssystemeigenschaften. Es wird für die Simulationsrechnungen angenommen, daß die Berufseinpendler mit Straßenbenutzungsgebühren bis zu 6 DM an einem Tag belastet werden. Für eine zufällig ausgewählte Hälfte der Einpendler erstattet der Arbeitgeber allerdings diese Kosten. Des weiteren sei unterstellt, der Verkehr verzögere sich im Zuge von Maßnahmen des Straßenrückbaus um durchschnittlich bis zu 15 Min. je Weg. Der ÖPNV werde von diesen Verkehrsstauungen nicht betroffen. Ihm werden Teile des Straßenraums zur Aufrechterhaltung seiner Durchschnittsgeschwindigkeit zur Verfügung gestellt. In Tab. 88 sind die Modal Split-Werte der Simulationsrechnungen ausgewiesen.

Tab. 88: **Änderung der Verkehrsmittelanteile in Abhängigkeit zeitlicher und preislicher Restriktionen des Pkw**

Zeitänderung Pkw in Min.	Straßenbenutzungsgebühr in DM						
	0	1	2	3	4	5	6
P K W-Anteil in %							
0	49,00	46,67	44,33	43,00	40,00	39,33	38,33
5	47,67	46,00	44,33	42,00	40,00	38,33	38,00
10	46,00	44,00	41,33	40,00	38,33	37,00	36,00
15	43,67	41,33	39,00	38,00	36,33	34,33	33,00
M F G-Anteil in %							
0	28,33	29,67	31,33	32,00	33,67	33,67	33,00
5	27,33	28,67	30,33	30,33	31,33	32,00	32,00
10	26,67	28,00	29,33	29,33	30,67	31,33	31,00
15	26,67	27,33	29,00	29,00	30,33	30,33	30,00
Ö P N V-Anteil in %							
0	20,33	21,33	21,33	21,33	22,67	23,00	24,00
5	22,00	22,00	22,00	23,00	24,00	25,00	25,33
10	24,00	24,33	25,00	26,00	26,33	27,00	28,00
15	25,67	26,67	27,00	28,00	28,33	30,00	30,67
P & R-Anteil in %							
0	2,33	2,33	3,00	3,67	3,67	4,00	4,67
5	3,00	3,33	3,33	4,67	4,67	4,67	4,67
10	3,33	3,67	4,33	4,67	4,67	4,67	5,00
15	4,00	4,67	5,00	5,00	5,00	5,33	6,33

Quelle: Eigene Erhebung und Berechnungen.

Für den Pkw-Einzelfahrer-Anteil ergibt sich sowohl mit zunehmendem Preis als auch mit zunehmender Fahrtdauer ein deutlicher, kontinuierlicher Rückgang auf etwa ein Drittel der Fahrten. Die Mitfahrgemeinschaften hingegen können ihren Anteil nicht über ein Drittel hinaus steigern. Ihr Anteil nimmt mit zunehmender Fahrtdauer kontinuierlich ab. Diese Abnahme wird allerdings zunächst durch das Umsteigeverhalten der Einzelfahrer aufgrund der Einführung von Straßenbenutzungsgebühren überkompensiert. Dieser Effekt ist aber nicht anhaltend. Nehmen die Fahrtkosten durch das Road Pricing weiter zu, bewirken sie auch eine Abnahme der Fahrgemeinschaften am Modal Split. Für den hier zugrundegelegten Variationsbereich sinkt ihr Anteil auf das ursprüngliche Niveau zurück.

Auch für den ÖPNV ergibt sich unter den gegebenen Annahmen ein Drittel der Fahrten als Obergrenze des Modal Split. Da viele Pkw-Einzelfahrer zunächst im Zuge der Einführung von Straßenbenutzungsgebühren auf die Fahrgemeinschaften ausweichen, steigt sein Anteil erst mit stärkeren Restriktionen des MIV deutlich an. Diese deutliche Anteilszunahme setzt mit zunehmenden Stauzeiten für immer geringere Niveaus der Straßenbenutzungsgebühren ein.

Die hier unterstellten Maßnahmen betreffen den Innenstadtbereich Münsters. Die P&R-Alternative ist also am meisten begünstigt, da die Vorteile des Pkw in der Region zum Tragen kommen, die Restriktionen des Straßenverkehrs in der Stadt hingegen nicht. Dennoch bleibt der Anteil dieser Alternative für alle simulierten Merkmalskombinationen deutlich unter 10%. Auch unter für diese Verkehrsmittelalternative günstigen Bedingungen kommt ihr anscheinend keine wesentliche Rolle innerhalb des Gesamtverkehrssystems zu.

Insgesamt läßt sich festhalten, daß Restriktionen des MIV, wenn sie allein die Verkehrspolitik bestimmen sollen, sehr deutliche Veränderungen der Merkmale der Verkehrssysteme bewirken müssen, bevor die Vorrangstellung des Pkw im Berufsverkehr aufgehoben werden kann. Diese strukturelle Änderung des Modal Split scheint aber bereits mit realistischen, d.h. heute vorstellbaren Veränderungen der Systemmerkmale der Alternativen erreicht werden zu können. Im Zuge der monetären Instrumente erscheint es des weiteren angebracht, davon auszugehen, daß Fahrgemeinschaften eine wesentliche Wahlalternative für umsteigewillige Pkw-Einzelfahrer darstellen.

4. Kombinierte Maßnahmenprogramme

In den vorangegangenen Analysen hat sich gezeigt, daß die Zugwirkung einer einseitigen Attraktivitätssteigerung der öffentlichen Verkehrsmittel kaum zu nennenswerten Verkehrsverlagerungen führen wird. Umgekehrt zeigten die Simulationsrechnungen zur einseitigen Attraktivitätsminderung des Pkw, daß die Verkehrsverlagerungen nicht nur zwischen Pkw-Einzelfahrern und den öffentlichen Verkehrsmitteln erfolgen. Vielmehr ergeben sich im Zuge des Einsatzes monetärer Instrumente zunächst Verlagerungswirkungen zugunsten der Fahrgemeinschaften. Erst mit zunehmenden Kosten der Pkw-Fahrt konzentrieren sich die Verlagerungswirkungen auf den ÖPNV. In diesem Abschnitt soll deshalb vor allem die Hypothese untersucht werden, ob der durch die

Fahrgemeinschaften ermöglichte Kapazitätseffekt auch dann noch zu beobachten ist, wenn Maßnahmen zur Attraktivitätssteigerung der öffentlichen Verkehrsmittel von jenen zur Attraktivitätsminderung des Pkw flankiert werden.

Für die Simulationsrechnungen werden folgende Maßnahmen unterstellt. Zum ersten wird angenommen, der ÖPNV-Bedienungsstandard werde so weit ausgedehnt, daß die aktuellen und potentiellen Nutzer seine Komforteigenschaften positiv bewerten. Zweitens werden staugefährdete Abschnitte des städtischen Straßennetzes mit Busspuren versehen, so daß die öffentlichen Verkehrsmittel im Stadtgebiet von eventuell zunehmenden Stauungen des Straßenverkehrs nicht betroffen sind. Drittens wird eine Preissenkung von 30% des Tarifs der öffentlichen Verkehrsmittel[1] unterstellt. Zum vierten werden diese attraktivitätssteigernden Maßnahmen teilweise durch einen Straßenrückbau für den Pkw-Verkehr erkauft, und fünftens werden Straßenbenutzungsgebühren in einer Höhe bis zu 6 DM/Einfahrt in die Stadt erhoben. Allerdings wird wiederum davon ausgegangen, daß etwa die Hälfte der Pkw-Nutzer diese Gebühren von ihrem Arbeitgeber erstattet bekommen. Die mit Zuschußzahlungen bedachten Verkehrsteilnehmer werden mit Hilfe des Zufallszahlengenerators des Programmsystems SPSS auf Basis einer Gleichverteilung ermittelt. Tab. 89 weist die Ergebnisse aus, die sich unter den genannten Annahmen aus den Simulationsrechnungen ergeben.

Infolge des unterstellten Maßnahmenprogramms sinkt der Pkw-Einzelfahrer-Anteil am Berufsverkehr auf etwa ein Drittel ab, dies allerdings erst für sehr deutliche Veränderungen der Eigenschaften der Verkehrssysteme. Die attraktivitätsmindernden Maßnahmen des Pkw-Verkehrs führen sowohl durch die Zunahme der Fahrtkosten als auch durch die Verschlechterung der Fahrtzeiten zu einer kontinuierlichen, deutlichen Abnahme seines Anteils am Modal Split. Die Maßnahmen wirken mithin komplementär.

Die Fahrgemeinschaften hingegen können ihren Anteil im Zuge der Einführung von Straßenbenutzungsgebühren nur dann um 4 Prozentpunkte auf knapp ein Drittel steigern, wenn keine Verzögerungen in der Fahrtzeit auftreten. Dieser Kapazitätseffekt des Pkw tritt in immer schwächerer Form auf, wenn die Verzögerungen im Straßenverkehr zunehmen. Bei etwa 15 Min. Zeitverzögerung je Weg nutzen noch gut ein Viertel der Einpendler die Fahrgemeinschaft. Die Anteilsschwankungen in Abhängigkeit der Straßenbenutzungsgebühren bewegen sich bei lediglich 1% der Einpendler. Die restriktiven Maßnahmen gegen den MIV wirken hier also nicht komplementär. Die zeitlichen Änderungen der Systemeigenschaften bestimmen im wesentlichen den Anteil der Fahrgemeinschaften am Modal Split.

Für die Anteilswerte des ÖPNV kann eine etwa gleichbleibende Steigerung festgestellt werden. Unter Einführung restriktiver Maßnahmen gegen den Pkw kann ein in seiner Attraktivität verbesserter ÖPNV deutlich mehr als ein Drittel des Berufsverkehrs auf sich ziehen. Die Verlagerungswirkung der Straßenbenutzungsgebühr nimmt mit sich verschlechternden Zeitbedingungen für den Pkw zu. Es ergeben sich allerdings

---

[1] Simulationsrechnungen für eine Preissenkung von 20% des Tarifs der öffentlichen Verkehrsmittel ergaben grundsätzlich ähnliche Strukturen der Verkehrsverlagerungen, allerdings erwartungsgemäß auf geringerem Niveau.

keine Schwellenwerte, ab deren Überschreiten eine deutliche Zunahme der Anteilssteigerung festgestellt werden kann.

Tab. 89: Änderung der Verkehrsmittelanteile in Abhängigkeit zeitlicher und preislicher Restriktionen des Pkw bei gleichzeitiger Attraktivitätssteigerung des ÖPNV

Zeitänderung Pkw in Min.	Straßenbenutzungsgebühr in DM						
	0	1	2	3	4	5	6
P K W-Anteil in %							
0	46,00	44,67	42,33	39,67	37,67	37,00	37,00
5	45,67	43,67	41,00	39,00	37,67	36,33	35,33
10	43,33	40,67	37,67	37,00	35,33	34,33	33,33
15	39,33	37,00	35,00	34,33	32,67	30,00	29,33
M F G-Anteil in %							
0	27,00	28,33	30,00	30,00	30,67	31,00	30,00
5	26,67	27,67	29,33	29,00	29,33	29,33	28,67
10	26,00	27,00	28,00	27,00	28,00	28,33	27,67
15	25,67	26,00	26,33	26,33	26,67	26,67	26,33
Ö P N V-Anteil in %							
0	24,67	24,67	25,00	26,67	27,67	28,00	29,00
5	25,33	25,67	26,00	28,33	29,33	30,33	31,33
10	27,67	29,00	30,67	32,33	32,67	33,00	34,33
15	30,33	32,00	33,33	34,00	35,33	36,67	37,33
P & R-Anteil in %							
0	2,33	2,33	2,67	3,67	4,00	4,00	4,00
5	2,33	3,00	3,67	3,67	3,67	4,00	4,67
10	3,00	3,33	3,67	3,67	4,00	4,33	4,67
15	4,67	5,00	5,33	5,33	5,33	6,67	7,00

Quelle: Eigene Erhebung und Berechnungen.

Da die P&R-Alternative innerhalb des hier unterstellten Maßnahmenprogramms gleich doppelt begünstigt wird, ist es nicht verwunderlich, daß ihr Anteil eine Verdreifachung erfährt. Die attraktivitätsmindernden Maßnahmen des Pkw-Verkehrs führen sowohl durch die Zunahme der Fahrtkosten als auch durch die Verschlechterung der Fahrtzeiten zu einer jeweiligen Verdoppelung des ursprünglichen Anteils. Die Maßnahmenwirkung erweist sich also hier wieder als komplementär. Des weiteren kann für die Wirkung des relativen Zeitvorteils der P&R-Alternative ein Schwellenwert festgestellt werden. Nehmen die durchschnittlichen Zeitverzögerungen des Pkw-Verkehrs im Stadtgebiet um mehr als etwa 10 Min. zu, so ergibt sich eine deutliche Steigerung der Anteilszunahme des P&R-Verkehrs. Insgesamt muß allerdings dennoch festgestellt werden, daß diese Wahlalternative insgesamt ohne wesentliche Bedeutung für den Berufspendlerverkehr Münsters bleibt. Selbst für die hier in den Simulationsrechnungen ermittelte Verdreifachung ihres Anteils bleibt sie deutlich unter 10% des Modal Split. Damit kommt ihr sicherlich eine Bedeutung bei der Verlagerung von Verkehrsmittelanteilen auf die öffentlichen Verkehrsmittel zu. Als grundlegendes Element einer Strategie zur Verlagerung des Verkehr erscheint sie allerdings wenig geeignet.

Insgesamt läßt sich festhalten, daß die Fahrgemeinschaften im Zuge von Maßnahmenprogrammen zur Verlagerung von Verkehrsmittelanteilen eine wesentliche Rolle spielen. Der durch sie bewirkte Kapazitätseffekt des Pkw-Verkehrs hängt jedoch sowohl von der Zusammenstellung der Maßnahmen als auch von dem Ausmaß ab, mit dem sie die Verkehrssystemeigenschaften verändern. Ansätze, welche der Analyse der Verlagerungsmöglichkeiten von Verkehrsmittelanteilen im Berufsverkehr eine bipolare Problemstellung 'MIV versus ÖPNV' zugrundelegen, verkürzen den Lösungsraum für die Knappheitsprobleme des Berufsverkehrs mithin in unzulässiger Weise. Auch die Verknüpfung der Verkehrssysteme zu P&R-Systemen erweist sich in den hier durchgeführten Simulationsstudien keineswegs als Königsweg zur Bewältigung der Verkehrsprobleme.

5. Diskussion der Ergebnisse

Im Abschnitt III.B.2. der Arbeit wurden die methodischen Beschränkungen erörtert, denen die Conjoint-Analyse unterliegt. Das hier relevante methodische Problem liegt in der Abwägung zwischen der Komplexität der Bewertungsaufgabe und der Informationsverarbeitungskapazität der Probanden. Je realitätsnäher die Stimuli des Bewertungsexperiments gestaltet werden, desto komplexer wird die Aufgabe, diese in eine Präferenzreihenfolge zu bringen. Die Kennziffern für die interne Validität der individuell geschätzten Präferenzmodelle weisen darauf hin, daß die Bewertungsaufgabe in einer Weise gestellt wurde, welche die Probanden zu bewältigen imstande sind. Dies wird allerdings durch die Reduzierung des Designs auf insgesamt fünf Merkmale (Variable) der Verkehrssysteme erkauft.

Insbesondere die Komfortvariable ist mit ihren beiden Ausprägungen 'gut' und 'mäßig' wenig ausdifferenziert, da sich in den Vorstudien gezeigt hat, daß stark differenzierte Komfortmerkmale am ehesten dazu führen, daß manche Probanden sich mit der Bewertungsaufgabe überfordert fühlen. Die vorliegenden Simulationsergebnisse sind deshalb nur unter diesem Vorbehalt zu interpretieren. Daß die Komforteigenschaften der Verkehrsmittel nicht vernachlässigbar sind, zeigt sich nicht nur darin, daß mit einer Erhöhung der Komforteigenschaften der öffentlichen Verkehrsmittel deren Modal Split zumindest geringfügig steigt. Bereits die Clusterung der Importance-Werte weist eine wenn auch kleine Gruppe komfortsensibler Probanden aus. Wenn durch die Verbesserung des Komforts auch keine wesentliche Änderung des Verkehrsmittelwahlverhaltens erreicht werden kann, so trägt sie innerhalb eines Maßnahmenbündels zu einer Präferenz- bzw. Attraktivitätssteigerung der öffentlichen Verkehrsmittel bei.

Eine weitere Einschränkung der Interpretierbarkeit der Ergebnisse kann aus Verzerrungen der Wahrnehmung der Systemeigenschaften der in der Realität zur Wahl stehenden Verkehrsmittel resultieren. Im Abschnitt zur Wahrnehmung der Verkehrssystemeigenschaften können bis auf zwei Ausnahmen keine systematischen Verzerrungen der Wahrnehmung festgestellt werden. Dies bedeutet allerdings nicht, daß nicht vereinzelte Probanden einer Wahrnehmungsverzerrung der Realität unterliegen können. Diese Verzerrung muß nicht zwangsläufig zu einer gravierenden Veränderung der Simulationsergebnisse führen. Ist allerdings der Marktanteil eines Verkehrsmittels vergleichsweise klein, wie dies bei der Park & Ride-Alternative der Fall ist, so können bereits einige wenige Änderungen in der Entscheidungssimulation dazu führen, daß die ermittelten Elastizitätswerte deutlichen Schwankungen unterliegen können. Der Modal Split selbst allerdings bleibt in seiner Größenordnung im Vergleich zu den anderen Verkehrsmittelalternativen von dieser Fehlerquelle praktisch unberührt. Die Interpretierbarkeit der Simulationsergebnisse wird durch die Wahrnehmungsverzerrungen einiger Ausreißer also nicht grundsätzlich in Frage gestellt.

An dieser Stelle soll zudem noch einmal darauf hingewiesen werden, daß der ÖPNV-Anteil der Berufspendler in der status quo-Analyse leicht unterschätzt wird. Die Kennziffern für die Simulationsrechnungen, die Preiselastizität und die Zeitelastizität der Nachfrage des ÖPNV, werden jedoch mit plausiblen, in der Realität beobachtbaren Größen ermittelt. Ein Ausgleich der leichten Unterschätzung des ÖPNV-Anteils mit Hilfe eines Korrekturfaktors würde lediglich einen Niveaueffekt bewirken, der keine grundlegenden Änderungen der hier getroffenen Aussagen zur Folge hätte. Auf einen derartigen Skalierungsfaktor wird deshalb für die Interpretation der Ergebnisse verzichtet.

Ein weiterer für die Interpretation der Ergebnisse wichtiger Faktor ist der Zeithorizont, welcher der Analyse zugrundeliegt. Der hier dem Entscheidungskalkül zugrundeliegende kurzfristige Zeithorizont erlaubt die Setzung bestimmter längerfristiger Rahmenbedingungen für die individuell zu vollziehenden Abwägungsprozesse. Diese externen Bedingungen der Verkehrsmittelwahlentscheidungen betreffen insbesondere den Pkw-Besitz und die Wahl des Wohn- und Arbeitsstandortes. Die langfristig mögliche Änderung dieser Rahmenbedingungen verändern die Systemeigenschaften der Verkehrsmittelalternativen. Derartige Rückkopplungen auf das Alternativenfeld werden hier nicht berücksichtigt. Allerdings ist es plausibel anzunehmen, daß die langfristigen Änderungen der individuellen Alternativenfelder flexiblere Anpassungsreaktionen erlauben. Die hier ermittelten kurzfristigen Simulationsergebnisse stellen damit in Bezug auf eine vorgegebene Änderung des Modal Split eine Obergrenze der Eingriffsintensität in die Verkehrssysteme dar.

6. Fazit

Die in der Untersuchung ermittelten Elastizitäten der Nachfrage in Bezug auf die Preise und Fahrtzeiten der Verkehrsmittelalternativen weisen selbst in der kurzfristigen Analyse unelastische Werte auf. Diese Ergebnisse sind für den Berufsverkehr auch in empirischen Beobachtungsstudien festgestellt worden, was grundsätzlich für die externe Validität der Ergebnisse der hier durchgeführten Simulationsrechnungen spricht.

Wenngleich die Elastizitätswerte der Nachfrage gering ausfallen, können für einige der hier für die Stadt Münster simulierten Maßnahmen deutliche Wirkungen auf das Verkehrsmittelwahlverhalten festgestellt werden. Die Änderungen des Modal Split werden allerdings weniger von Maßnahmen zur Attraktivitätssteigerung der öffentlichen Verkehrsmittel hervorgerufen. Die Anteilsverschiebungen fallen sehr viel stärker aus, wenn restriktive, attraktivitätsmindernde Maßnahmen gegen den Pkw vorgesehen werden.

Die hier durchgeführte Analyse basiert auf einem erweiterten, vier Wahlalternativen einbeziehenden Modal Split. Bezüglich der Fahrgemeinschaften läßt sich festhalten, daß sie im Fall der restriktiven Maßnahmen gegen den Pkw-Verkehr einen Kapazitätseffekt bewirken können. Dieser Effekt sollte allerdings nicht überschätzt werden. Zum einen bleibt der Anteil der Fahrgemeinschaften stets unter einem Drittel und weist bei verstärktem Einsatz der Instrumente sogar sinkende Tendenzen auf. Zum zweiten besteht eine deutliche Substitutionsbeziehung zwischen den Fahrgemeinschaften und den öffentlichen Verkehrsmitteln, wenn Maßnahmen kombiniert zum Tragen kommen. Bezüglich der Park and Ride-Alternative weisen die Ergebnisse darauf hin, daß der kombinierten Verkehrsmittelnutzung keine tragende Rolle innerhalb eines Maßnahmenprogramms für den Berufspendlerverkehr zukommen kann. Denn selbst im Fall eines attraktiven städtischen Nahverkehrssystems in Kombination mit restriktiven Maßnahmen gegen den Pkw-Verkehr ergeben die Simulationsrechnungen Verkehrsmittelanteile von deutlich unter 10% der Einpendler, wohingegen Fahrgemeinschaften und ÖPNV je etwa knapp ein Drittel der Nachfrage auf sich zu ziehen in der Lage sind.

Die Möglichkeiten einer Steuerung des Modal Split mit Hilfe der hier geprüften Maßnahmen sind vergleichsweise gering. Selbst die scheinbar gut dosierbaren monetären Instrumente entziehen sich zumindest teilweise der Kontrolle durch die Institutionen, denen die Herbeiführung einer politisch angestrebten Verkehrsteilung obliegt. Der Erfolg dieser Instrumente hängt wesentlich von der Bereitschaft der Unternehmen ab, an ihrer Umsetzung mitzuwirken. Dies gilt sowohl für die Einführung von Parkgebühren, da fast alle der Pkw-Nutzer über unternehmenseigene Stellplätze verfügen können, als auch für die Einführung von Straßenbenutzungsgebühren, deren Wirksamkeit von der Erstattungspraxis der Unternehmen mitbestimmt wird.

Die Kompensationsleistungen, welche die Unternehmen im Fall einer Verteuerung des Pkw-Verkehrs ihren Angestellten vielfach anbieten werden, sind in den hier durchgeführten Simulationsrechnungen in mehreren Varianten berücksichtigt worden. Die Ergebnisse der Studien erlauben die begründete Annahme, daß Änderungen des Modal Split, die zur Aufhebung der dominierenden Stellung des Pkw-Einzelfahreranteils führen, mit Hilfe von Änderungen der Verkehrssystemeigenschaften erreicht werden können, die realistische Größenordnungen aufweisen. Diese Annahme wird auch durch die aufgrund des kurzfristigen Zeithorizonts eingeschränkten Interpretationsmöglichkeiten der Modellergebnisse nicht abgeschwächt, im Gegenteil: Unter der Annahme einer mit dem Zeithorizont zunehmenden Anpassungsflexibilität der Berufspendler ist davon auszugehen, daß die hier ermittelte Eingriffsintensität in die Eigenschaften der Verkehrssysteme als Obergrenze zu interpretieren ist.

Insgesamt erscheint damit die Annahme gerechtfertigt, daß einer mittleren Großstadt wie Münster durchaus Mittel und Wege offen stehen, auf das Verkehrsmittelwahlverhalten der Berufspendler einzuwirken. Eine Steigerung der Attraktivität der öffentlichen Verkehrsmittel allein reicht allerdings nicht aus. Die relative Attraktivität ist entscheidend. Restriktive Maßnahmen, welche die Attraktivität des Pkw-Verkehrs deutlich mindern, werden stets notwendig sein, wenn deutliche Verkehrsverlagerungen angestrebt werden.

V. ZUSAMMENFASSUNG

Die Grenzen des Ausbaus autogerechter Städte sind von (verkehrs-)politischer Seite bereits Anfang der 70er Jahre explizit formuliert worden. Um die externen Effekte des Verkehrs, die vor allem durch den motorisierten Individualverkehr entstehen, zu vermindern, zugleich aber die Mobilität der Bevölkerung gewährleisten zu können, wird der Verkehrsverlagerung auf öffentliche Verkehrsmittel stets besondere Bedeutung beigemessen. Trotz der hohen Defizite der Nahverkehrsunternehmen soll diese Verlagerung weitgehend mit Hilfe attraktivitätssteigernder Maßnahmen erreicht werden. Auch die Stadt Münster formuliert dieses Verlagerungsziel explizit. Allerdings finden sich in keinem der untersuchten verkehrspolitischen Programme operationalisierbare Zielformulierungen über Ausmaß und Zeitbezug. Die vorliegende Arbeit befaßt sich deshalb mit der Analyse der Wirkung kurzfristiger Maßnahmen und Maßnahmenbündel auf das Verkehrsmittelwahlverhalten der Berufseinpendler, die in hohem Maße zu dem Pkw-Verkehrsaufkommen während der Verkehrsspitzenzeiten beitragen und deren Zahl ein kontinuierliches Wachstum aufweist.

Die erstellte Synopse der bisherigen Untersuchungen von Einflußgrößen auf das Verkehrsmittelwahlverhalten hat gezeigt, daß sozioökonomische Merkmale der Verkehrsteilnehmer deren kurzfristiges Alternativenfeld der Verkehrsmittelwahl begrenzen und vielfach selbst mittel- bis langfristig nicht durch verkehrspolitische Maßnahmen zu beeinflussen sind. Die Eigenschaften der Verkehrssysteme selbst aber bieten Ansatzmöglichkeiten für eine Vielzahl kurzfristiger Maßnahmen, das Verkehrsmittelwahlverhalten der Verkehrsteilnehmer zu beeinflussen. Die Maßnahmenprogramme der Stadt Münster berücksichtigen die gesamte Bandbreite möglicher Instrumente. Letztlich wirken alle Maßnahmen auf die Merkmale Preis, Fahrzeit und Komfort der unterschiedlichen Verkehrsmittel (Pkw, Fahrgemeinschaft, ÖPNV und Park & Ride).

Bisherige Modelle der Verkehrsplanung analysieren Verkehrsmittelwahlverhalten auf aggregiertem Niveau, d.h. auf Basis räumlicher Einheiten, den Verkehrszellen. Die individuelle Entscheidungssituation des Verkehrsteilnehmers wird nicht berücksichtigt.

Sein Wahlverhalten geht als statistisch ermittelter Durchschnittswert in Form von Diversionskurven in Gesamtverkehrsmodelle ein. Disaggregierte, verhaltensorientierte Modelle analysieren zwar die Auswirkungen der Eigenschaften der alternativen Verkehrsmittel auf die Verkehrsmittelwahl. Auch diese Modelle sind jedoch nicht in der Lage, individuelles Wahlverhalten strukturerhaltend abzubilden, da sie, um genügend Beobachtungsdaten für die Auswertung zu erhalten, "verhaltenshomogene" Gruppen bilden müssen. Individualverhalten geht lediglich als zufällige Abweichung von systematischen, gruppenspezifischen Verhaltensparametern in die Modellbildung ein.

Erst einstellungsorientierte Ansätze erlauben die Analyse individueller Präferenzen der Verkehrsteilnehmer bezüglich der Eigenschaften der zur Wahl stehenden Verkehrsmittel. Im Rahmen der Conjoint-Analyse werden mit Hilfe von Bewertungsexperimenten für jeden Probanden genügend Daten erhoben, um individuelle Präferenzfunktionen ermitteln zu können. Mit deren Hilfe lassen sich die Präferenzen eines Verkehrsteilnehmers für unterschiedliche Merkmalskombinationen und damit für tatsächliche und fiktive Verkehrsmittel schätzen und miteinander vergleichen. Da Verlagerungsmaßnahmen nichts anderes darstellen als Veränderungen der Merkmalsausprägungen der Verkehrsmittel, lassen sich die Auswirkungen auch komplexer Maßnahmen(-bündel) auf die Präferenz für Verkehrsmittel individuell schätzen. Bevor allerdings Modellrechnungen zur Simulation der Verlagerungswirkungen von Maßnahmen zur Beeinflussung des Verkehrsmittelwahlverhaltens durchgeführt werden, ist zu prüfen, ob die Voraussetzungen zur Anwendung der Conjoint-Analyse hinreichend gegeben sind.

Einstellungsorientierte Untersuchungen basieren auf der Annahme, daß die Verkehrsteilnehmer in der Lage sind, die Eigenschaften der unterschiedlichen Verkehrssysteme unverzerrt wahrzunehmen. Dann ist die Annahme gerechtfertigt, daß Änderungen der Merkmalsausprägungen tatsächlich wahrgenommen werden und die individuellen Präferenzen für die Verkehrsmittel beeinflussen können. Wahrnehmungsverzerrungen können vor allem aus zwei Gründen entstehen: Erstens ist es möglich, daß Probanden, die früher ein anderes Verkehrsmittel genutzt haben, dessen Eigenschaften deutlich schlechter wahrnehmen, als sie in der Realität sind, um so ihre Wahlentscheidung nachträglich rechtfertigen zu können. Zweitens ist es möglich, daß Personen, die ein bestimmtes Verkehrsmittel nur gelegentlich oder gar nicht nutzen, dessen Eigenschaften aufgrund mangelnder Kenntnis oder zur Rechtfertigung ihrer Wahlentscheidung systematisch schlechter wahrnehmen. Die Bedeutung solcher Verzerrungen wurde geprüft, indem die Angaben der Gruppe der regelmäßigen Nutzer eines Verkehrsmittels (Referenzgruppe) mit denen der Gruppe der früheren und der gelegentlichen Nutzer (realer Erfahrungshintergrund) sowie mit denen der Gruppe der Nichtnutzer (kein realer Erfahrungshintergrund) verglichen und statistisch auf Gleichheit der Mittelwerte der Angaben getestet wurden. Lediglich im Fall der statistisch signifikanten Ablehnung der Nullhypothese kann von systematischen Wahrnehmungsunterschieden zwischen den Nutzergruppen ausgegangen werden. Von einer Wahrnehmungsverzerrung kann aber erst dann gesprochen werden, wenn die systematische Abweichung nicht auf tatsächliche Unterschiede zurückgeführt werden kann (wie es beispielsweise bei unterschiedlichen Fahrtzeitangaben bei Bus- und Bahnnutzern möglich ist).

Im Fall der Fahrpreise öffentlicher Verkehrsmittel ergaben die Untersuchungen der Fahrpreisangaben pro km erklärbare Abweichungen zwischen den Angaben der Gruppen: Die Nutzer der öffentlichen Verkehrsmittel sind fast ausschließlich Zeitkarteninhaber, die Nichtnutzer (mit realem Erfahrungshintergrund) legen für ihre Entscheidung aber vielfach Einzelfahrpreise zugrunde. Die überwiegende Mehrheit der Befragten gibt zudem an, daß sie ein Verkehrsmittel regelmäßig nutzen, nicht mehrere im Wechsel. Es könnte also für einen Teil der Gruppe der Nichtnutzer des ÖPNV rational sein, ihrer Entscheidung die günstigen Zeitkartentarife zugrundezulegen, in deren Genuß sie im Fall des Umstiegs kämen.

Des weiteren fällt auf, daß die Fahrzeitangaben der Mitglieder von Fahrgemeinschaften für einen km teilweise unter den Angaben der Probanden liegen, die bislang keine Erfahrungen mit dieser Alternative gemacht haben. Da kein objektiver Grund für längere Fahrzeitangaben der Gruppe der Nichtnutzer (ohne realen Erfahrungshintergrund) ermittelt werden konnte, kann dieser Wahrnehmungsunterschied als Wahrnehmungsverzerrung interpretiert werden. Diese Verzerrung kann nicht für die Gruppe der gelegentlichen bzw. früheren Nutzer festgestellt werden.

Die statistischen Tests auf Gleichheit der Mittelwerte der Angaben zu den jeweiligen Verkehrsmitteleigenschaften zeigten sonst keine systematischen Abweichungen zwischen den Angaben der drei Gruppen, die nicht auf objektive Unterschiede zurückzuführen sind. Da lediglich für die Gruppen der Nichtnutzer von Fahrgemeinschaften Wahrnehmungsverzerrungen festgestellt werden konnten, ist davon auszugehen, daß ehemalige Nutzer von Verkehrsmitteln deren Eigenschaften nicht grundlos systematisch schlechter einschätzen als deren tatsächliche Nutzer. Eine bewußte Abwertung zur Rechtfertigung der geänderten Wahlentscheidung wird also nicht vorgenommen. Damit kann davon ausgegangen werden, daß Veränderungen der Merkmale der Verkehrssysteme von den potentiellen Nutzern im wesentlichen adäquat zur Kenntnis genommen werden. Die genannten Wahrnehmungsverzerrungen bieten Ansatzpunkte für Informationsmaßnahmen, die Berufspendler dazu bewegen sollen, ihre Entscheidungskalküle zu überdenken.

Die Abwägung zwischen der Realitätsnähe der Bewertungsaufgabe und der Informationsverarbeitungskapazität der Probanden ist ein wesentlicher Aspekt für die Gestaltung des Bewertungsexperiments der Conjoint-Analyse. Je realitätsnäher die Bewertungsaufgabe ausgestaltet wird, desto einfacher wird die Bewertung der Wahlalternativen für die Befragten, da das Abstraktionsniveau der Aufgabe sinkt; zugleich aber müssen für die Schätzung der Präferenzfunktionen um so mehr Bewertungen abgegeben werden, was die Gefahr der Überforderung in sich birgt. Das hier auf Basis der Ergebnisse von Vorstudien (30 Interviews) verwendete Untersuchungsdesign bezieht die Merkmale Preis, Fahrzeit, Gehwegentfernung nach Verlassen des Fahrzeugs zum Arbeitsplatz und Komfort des Verkehrsmittels mit ein. Eine Verkehrsmittelvariable wurde eingeführt, um mögliche subjektive Einflußfaktoren, welche durch die vier anderen Merkmale nicht abgedeckt werden, aufnehmen zu können. Die Kriterien, die in dieser Untersuchung zur Beurteilung der internen Validität des Modells herangezogen wurden, erlauben den Rückschluß, daß die Probanden bei der Bewertungsaufgabe nicht überfordert gewesen sind. Dafür sprechen vor allem die Vorzeichen der Teilnutzenkoeffizienten, die mit den theoretisch erwarteten in den meisten Fällen übereinstimmen. In Fällen, in denen diese Übereinstimmung nicht zutraf, konnte anhand des Importance-Kriteriums mit Hilfe von Zweistichprobentests gezeigt werden, daß die Bedeutung des Koeffizienten gering ist; d.h. unplausible Vorzeichen ergeben sich dann, wenn dem jeweiligen Merkmal von dem Befragten lediglich geringe Aufmerksamkeit geschenkt wird. Des weiteren läßt sich festhalten, daß keines der Merkmale die Präferenzbildung dominiert. Die Probanden ziehen in den meisten Fällen mehr als ein Kriterium zur Präferenzbildung heran. Umgekehrt kommt der Verkehrsmittelvariable keine besondere Bedeutung zu; die Befragten bilden ihre Präferenzen also tatsächlich weitgehend auf Basis der vorgegebenen Merkmale.

Eine weitere Annahme der einstellungsorientierten Conjoint-Analyse ist, daß die Probanden ihren Präferenzen gemäß handeln, also das Verkehrsmittel wählen, dem sie im Modell die höchste Präferenz beimessen. Im Zuge einer status quo-Analyse, d.h. der Bestimmung der individuellen Präferenzen unter Berücksichtigung der Daten der realen Verkehrssituation (Angaben der Befragten), ergab sich, daß die Alternative mit der höchsten Präferenz in über 70% der Fälle dem in der Realität gewählten Verkehrsmittel entspricht. Für das tatsächlich gewählte Verkehrsmittel ordnet das Modell in über 90% der Fälle zumindest die zweithöchste Präferenz zu. Bei der Aggregation der individuellen Entscheidungen zum Modal Split zeigte sich, daß die Abweichung zwischen dem tatsächlichen Modal Split der Stichprobe und dem in der status quo-Analyse simulierten statistisch nicht signifikant ist.

Alle genannten Kennziffern der Validität des Modells wurden gegen die entsprechenden Parameter eines Zufallsmodells statistisch getestet. Innerhalb dieses Modells wurden die Bewertungsexperimente nicht von den Befragten, sondern vom Computer mit Hilfe eines Zufallszahlengenerators gemäß einer Gleichverteilung vorgenommen. In allen Tests wurde die Nullhypothese, daß die jeweiligen Kennziffern der Validität der unterschiedlichen Modelle gleich sind, statistisch signifikant abgelehnt.

Die Simulationsergebnisse ergaben zudem Anhaltspunkte für die externe Validität des Modells, d.h. für die Übertragbarkeit der Modellergebnisse auf die Grundgesamtheit. Zunächst kann festgehalten werden, daß der Modal Split der Stichprobe repräsentativ für Münster ist. Da das hier vorgestellte Modell diese Verkehrsteilung hinreichend genau abbildet, scheint die Übertragbarkeit der Simulationsergebnisse auf Münster gewährleistet. Zudem wurde für die öffentlichen Verkehrsmittel eine Preiselastizität von -0,345 ermittelt. Sie liegt damit in dem Bereich, der mit Hilfe von Beobachtungsdaten in einer Vielzahl von Studien für den Berufsverkehr ermittelt worden ist. Die Zeitelastizität der Nachfrage liegt - ebenfalls in Übereinstimmung mit weiteren empirischen Studien - deutlich über der Preiselastizität.

Vor der Durchführung von Simulationen wurde zunächst getestet, ob sich Gruppen mit vergleichbaren Präferenzen für Verkehrssystemeigenschaften bilden lassen. Dieser Test wurde sowohl unter praktischen als auch methodischen Aspekten durchgeführt. Wenn homogene Gruppen identifiziert werden können, bieten diese in der Praxis Ansatzpunkte für eine zielgruppenspezifische und damit eventuell effizientere Ausgestaltung der Verlagerungsmaßnahmen. Da die Existenz verhaltenshomogener Gruppen eine zentrale Annahme der in dieser Arbeit vorgestellten klassischen Methoden der

Modal Split-Analyse ist, erlaubt die Marktsegmentierung zugleich eine Überprüfung dieser Annahme.

Zur Marktsegmentierung wird das Instrument der Clusteranalyse verwendet. Mit Hilfe dieses Verfahrens können trennscharfe Marktsegmente gefunden werden, da jeder Proband einer Gruppe eindeutig zugeordnet wird. Zunächst wurde, analog zu Studien des Konsumgütermarketings, auf Basis der individuellen Werte des Importance-Kriteriums, d.h. auf Basis der Experimentaldaten, einstellungshomogene Gruppen gebildet. Insgesamt konnten 6 Cluster gebildet werden, z.B. preissensible oder zeitsensible Verkehrsteilnehmer. Auffallend ist, daß sich keine verkehrsmittelaffine Gruppe ermitteln ließ. Grundsätzlich sind also die Berufspendler zu einem Wechsel des Verkehrsmittels bereit.

Im Unterschied zu Konsumgütern handelt es sich bei Nahverkehrsleistungen aber nicht um Güter mit homogenen Eigenschaften. Vielmehr sieht sich jeder Verkehrsteilnehmer mit einem individuellen Alternativenfeld konfrontiert. Auch wenn die Bewertungsexperimente mit individuell angepaßten Untersuchungsdesigns erfolgten, so wurden stets mehr Alternativen zur Bewertung vorgelegt, als dem jeweiligen Probanden in der Realität zur Verfügung stehen können.

In der Realdatenanalyse wurde die Eigenschaftensensibilität eines Verkehrsteilnehmers durch die Veränderung einer Verkehrssystemeigenschaft gemessen, die erforderlich ist, um zwischen der erst- und zweitbesten Alternative Indifferenz herbeizuführen. Unter Berücksichtigung der realen Entscheidungssituation konnten keine homogenen Gruppen mehr gebildet werden. Alle hier verwendeten Homogenitäts- bzw. Heterogenitätsmaße, also nicht nur die kontrahierenden, sondern auch die konservativen und die dilatierenden, bildeten einen monolithischen Cluster und einzelne Ausreißer. Daraus ergeben sich zwei Folgerungen: Erstens ist die Annahme eines homogenen Gutes im Fall der Analyse des Personennahverkehrs nicht sinnvoll. Die Analysen sollten stets auf Basis der Daten realer, individueller Entscheidungssituationen durchgeführt werden. Zweitens lassen sich auf Basis der realen Entscheidungssituation keine homogenen Gruppen bilden. Daraus folgt erstens, daß die Möglichkeit einer zielgruppenspezifischen Ausgestaltung der Verlagerungsmaßnahmen als gering eingeschätzt werden muß. Zweitens ist die in den bisherigen Verkehrsmittelwahlmodellen getroffene Annahme homogener Gruppen zumindest in diesem Fall abzulehnen.

Die abschließend durchgeführten Simulationsrechnungen erfolgten in drei Schritten. Zunächst wurden Auswirkungen von Maßnahmen zur Attraktivitätssteigerung der öffentlichen Verkehrsmittel, einschließlich der P&R-Alternative, auf den Modal Split untersucht. Daran anschließend wurden Simulationsrechnungen ausschließlich für Maßnahmen zur Beschränkung des Pkw-Verkehrs durchgeführt. Schließlich wurde die Entwicklung des Modal Split für unterschiedliche Ausprägungen eines kombinierten Maßnahmenprogramms ermittelt.

Insgesamt läßt sich für die attraktivitätssteigernden Maßnahmen der öffentlichen Verkehrsmittel festhalten, daß sie nur bedingt geeignet scheinen, den Modal Split zu beeinflussen. In der Ausgangssituation der Modellschätzung umfaßt der Individualverkehr knapp die Hälfte der Berufspendler, während die Fahrgemeinschaften und die öffentlichen Verkehrsmittel, einschließlich der P&R-Alternative, etwa je ein Viertel des Verkehrsaufkommens auf sich ziehen. Selbst ein kombiniertes Maßnahmenprogramm zur Attraktivitätssteigerung des ÖPNV führt lediglich zu einer Verlagerung von 5 Prozentpunkten zwischen den Pkw-Einzelfahrern und den öffentlichen Verkehrsmitteln. Der Anteil der öffentlichen Verkehrsmittel bleibt damit unter einem Drittel des Verkehrsaufkommens. Konkret bedeutet dies:

- Die Einführung eines Job Tickets kann sich nicht auf die Berufseinpendler der Stadt Münster als Hauptumsteigerpotential stützen. Da diese Gruppe ein kontinuierliches Wachstum aufweist, ist davon auszugehen, daß sich Job Tickets auch längerfristig nur mit Schwierigkeiten am Markt behaupten können.
- Ein Nulltarif im Stadtverkehr begünstigt die Einpendler, die bereit sind, auf P&R-Möglichkeiten der Stadt Münster umzusteigen. Die Simulationsrechnungen ergeben allerdings für die P&R-Alternative nur marginale Erhöhungen ihres Anteils am Berufsverkehr.
- Um die Auswirkungen von möglichen Wahrnehmungsverzerrungen abschätzen zu können, wurde des weiteren eine Informationsstrategie simuliert. Es wurde unterstellt, der Teil der Befragten, der seinem Entscheidungskalkül bislang Einzelfahrpreise zugrundelegt, korrigiere seine Preisvorstellungen auf Zeitkartenniveau. Es stellte sich heraus, daß eine solche Strategie zwar die Präferenz für die öffentlichen Verkehrsmittel erhöht, nicht aber zu einer Änderung der Präferenzrangfolge und damit zu einer geänderten Verkehrsmittelwahl führt.
- Für die Zeitelastizität der Nachfrage wurde ein höherer Wert ermittelt als für die Preiselastizität. Dennoch scheinen die Möglichkeiten, Verkehrsverlagerungen mit Hilfe der Beschleunigung durch Busspuren und Vorrangschaltungen bei Lichtsignalanlagen zu erzielen, vergleichsweise gering zu sein. Dies ist auf den technisch begrenzten Variationsspielraum der Fahrtzeit zurückzuführen.
- Die Simulationsrechnungen weisen für Komfortverbesserungen in Form von verbesserten Fahrplanabstimmungen, Erhöhung des Sitzplatzangebotes und der Bedienungsfrequenzen ein mindestens gleich hohes Verlagerungspotential wie für die anderen vorgestellten Maßnahmen aus.

Insgesamt aber ist davon auszugehen, daß ein attraktiver ÖPNV allein nicht in der Lage ist, so viele Berufseinpendler auf sich zu ziehen, daß die mit einem Anteil von 49% dominierende Stellung der Pkw-Einzelfahrer aufgehoben werden könnte.

Sollen deshalb Maßnahmen zur Beschränkung des Pkw-Verkehrs ergriffen werden, so ist insbesondere die Frage zu beantworten, welche Verlagerungswirkungen dadurch hervorgerufen werden.

- Auch für die Individualverkehrsnachfrage wurde mit -0,376 eine Preiselastizität im unelastischen Bereich ermittelt. Würde die tägliche Fahrt zur Arbeit allerdings durch Parkgebühren oder Straßenbenutzungsgebühren von bis zu (realistischen) 6 DM/Tag verteuert, so ist von strukturellen Veränderungen des Modal Split auszugehen. Der Individualverkehr geht mit steigendem Gebührenniveau kontinuierlich auf etwa ein Drittel zurück. Die Fahrgemeinschaften können ihren Anteil zunächst auf etwa ein

Drittel steigern. Dieser Effekt der Ausschöpfung der vorhandenen Kapazität des Pkw-Verkehrs nimmt mit zunehmenden Fahrtkosten allerdings ab. Umgekehrt nimmt der Anteil der öffentlichen Verkehrsmittel mit der Erhöhung der Kosten des Pkw-Verkehrs zunächst nur langsam zu; mit steigenden Park- oder Straßenbenutzungsgebühren allerdings kann der ÖPNV seinen Anteil am Modal Split deutlich steigern. Bei einem Gebührenniveau von 6 DM/Tag entfallen auf die öffentlichen Verkehrsmittel fast 30 % des Verkehrsaufkommens. Die P&R-Alternative kann zwar ihren Anteil verdoppeln. Sie erreicht damit allerdings lediglich einen Anteil von etwa 5 % des Verkehrsaufkommens.

- Die Wirkung monetärer Instrumente sollte allerdings nicht überschätzt werden. So geben 84 % der Befragten an, daß sie über unternehmenseigene Stellflächen gebührenfrei verfügen können. Eine wirkungsvolle Parkraumbewirtschaftung kann sich nicht nur auf die wenigen Nutzer von öffentlichen Stellflächen beschränken. Sie ist wesentlich auf eine umfassende Kooperationsbereitschaft der Unternehmen angewiesen. Einschränkungen sind nach den Erfahrungen in Oslo auch für die Einführung von Straßenbenutzungsgebühren zu machen. Dort erhalten etwa 50 % der Berufseinpendler die Gebühren zumindest teilweise erstattet. Die für eine zufällige Auswahl von 50 % Betroffenen durchgeführten Simulationsrechnungen ergeben jedoch auch für diesen Fall eine deutliche Reduzierung des Individualverkehrs um fast 10 Prozentpunkte.
- Im Gegensatz zu den öffentlichen Verkehrsmitteln liegt der Wert der Zeitelastizität der Nachfrage für den Individualverkehr unter demjenigen der Preiselastizität. Die Reaktion der Verkehrsteilnehmer auf zunehmende Verkehrsstauungen fällt gering aus. Eine zeitliche Verzögerung von durchschnittlich 10 Min. je Hin- und Rückweg führt zu einer Verminderung des Individualverkehrsaufkommens um 3 Prozentpunkte. Die Hoffnung, schlechtere Bedingungen des Straßenverkehrs könnten eine große Zahl von Berufspendlern dazu bewegen, auf öffentliche Verkehrsmittel umzusteigen, dürfte sich als trügerisch erweisen.
- Im Rahmen einer Maßnahmenkombination von Straßenbenutzungsgebühren (50 % der Befragten erhalten diese wiederum erstattet) und zeitlichen Verzögerungen der Fahrtdauer von bis zu 15 Min. je Hin- und Rückweg weisen der Individualverkehr, die Fahrgemeinschaften und die öffentlichen Verkehrsmittel Anteile von etwa 30 % am Verkehrsaufkommen auf. Die P&R-Alternative erreicht bei den Simulationsrechnungen einen Modal Split von gut 6 %.

Trotz der genannten Einschränkungen kann also davon ausgegangen werden, daß mit Hilfe von Maßnahmen zur Beschränkung des motorisierten Individualverkehrs der Modal Split wesentlich beeinflußt werden kann. Die Verkehrsverlagerungen erfolgen allerdings sowohl zugunsten der öffentlichen Verkehrsmittel als auch der Fahrgemeinschaften.

Werden die Maßnahmen zur Attraktivitätssteigerung der öffentlichen Verkehrsmittel mit denen zur Beschränkung des Pkw-Verkehrs kombiniert, so ergeben die Simulationsrechnungen, daß die dominierende Rolle des Individualverkehrs für den Berufseinpendlerverkehr der Stadt Münster bereits mit realistischen Maßnahmen aufgehoben werden kann. Die durch die Bildung von Fahrgemeinschaften bewirkte Ausschöpfung der Kapazität des Pkw-Verkehrs wird in dem Maße geschmälert, wie die öffentlichen Verkehrsmittel durch Busspuren und Preissenkungen attraktiver gestaltet werden können. Insgesamt läßt sich aber auch im Rahmen kombinierter Maßnahmenprogramme kein Schwellenwert beobachten, ab dessen Überschreitung eine sprunghafte Zunahme der Nachfrage nach Leistungen der öffentlichen Verkehrsmittel zu verzeichnen wäre. Obwohl die P&R-Alternative durch die Maßnahmen in jeder Hinsicht begünstigt wird, bleibt sie mit ihrem Anteil am Verkehrsaufkommen in jedem Fall deutlich unter 10%. Sie stellt damit keinesfalls den Königsweg zur Bewältigung der Verkehrsprobleme während der Spitzenzeiten dar.

Den hier durchgeführten Wirkungsanalysen liegt ein kurzfristiger Zeithorizont zugrunde. Damit setzen die individuellen Standortentscheidungen für Wohnort und Arbeitsplatz und die Entscheidung für oder gegen die Haltung eines Pkw Rahmenbedingungen für das individuelle Alternativenfeld der Verkehrsmittelwahl. Die längerfristig mögliche Änderung dieser Rahmenbedingungen kann wesentlichen Einfluß auf die Systemeigenschaften der Verkehrsmittelalternativen nehmen. Derartige Rückkopplungen auf das Alternativenfeld wurden in dieser Arbeit nicht berücksichtigt. Es kann davon ausgegangen werden, daß die langfristige Anpassungsflexibilität der Berufspendler größer ist als die kurzfristige. Die hier ermittelten kurzfristigen Simulationsergebnisse stellen damit in Bezug auf eine vorzugebende Beeinflussung des Modal Split eine Obergrenze der Eingriffsintensität in die Verkehrssysteme dar. Es ist deshalb davon auszugehen, daß der Stadt Münster praktikable Mittel und Wege offenstehen, verkehrspolitisch angestrebte Verlagerungsziele tatsächlich zu erreichen.

Anhang

Fragebogen zur Strukturierung der Interviews

**Institut für Verkehrswissenschaft an der Universität Münster
Erhebungsbogen zur Nahverkehrsstudie Münster**

Angaben zum Berufsweg (Istsituation):
Wohnort (Ort/Viertel/Straße): _____
Arbeitsort (Straße): _____
Entfernung in km: ___ km

Überwiegend benutztes Verkehrsmittel ☐

   1 Auto   4 Park & Ride
   2 Bus   5 Mitfahrgemeinschaft
   3 Bahn   9 Sonst: _____

Wichtigste Gründe für die Verkehrsmittelwahl:
_____
_____

Zweitrangig benutztes Verkehrsmittel: ☐
Wichtigste Gründe für die zeitweilige Nutzung des zweitrangig benutzten Verkehrsmittels:
_____
_____

Angaben zum Befragten:

Alter: ___ Jahre
Geschlecht: ☐ m ☐ w
Ausbildung:

    1 Hauptschule   4 Fachschule
    2 Mittlere Reife   5 Hochschulstudium
    3 Abitur

Stellung im Beruf:

    1 Lehrling   4 Angestellter
    2 Student   5 Beamter
    3 Arbeiter   6 Selbständiger

Branche:

    1 Handel   5 Dienstleistung
    2 Bank   6 Industrie
    3 Versicherung 7 Handwerk
    4 Verwaltung 8 Wissenschaft

Anzahl der Mitarbeiter im Unternehmen (Filiale): ☐

Gleitende Arbeitszeit: ☐ ja ☐ nein
Arbeitsbeginn: ___ Uhr ___ Min
Arbeitsende: ___ Uhr ___ Min

Besorgungen in der Stadt (z.B. Einkaufen, Amtsgänge, Arztbesuche) mache ich normalerweise:

a) vor Arbeitsbeginn ☐
     während der Pausen ☐
     nach der Arbeit ☐

b) selten ☐
     oft ☐

Haushaltsgröße:

    Anzahl Erwachsene: ___ / Kinder: ___

Verkehrsmittel-Verfügbarkeit:

    Führerscheinbesitz: ☐ ja ☐ nein
    Anzahl der Pkw im Haushalt: ___
    eigener Pkw: ☐ ja ☐ nein
    Pkw zur dauernden Verfügung: ☐ ja ☐ nein
    Kosten der Pkw-Haltung im Jahr insgesamt: ___ , ___ DM/Jahr
    (Steuern, Versicherung, Reparaturen, Abschreibung;
     nicht: variable Kosten wie Benzin etc.)

Wenn Sie regelmäßiger oder gelegentlicher **A U T O F A H R E R** (EINZELFAHRER !!) im Berufsverkehr sind, dann füllen Sie bitte **d i e s e   S e i t e** aus, andernfalls blättern Sie bitte um.

Zeit:
Stehen Sie oft im Stau? ☐ ja ☐ nein
   Wenn ja: ☐ Hinweg ☐ Rückweg
      wo? _____ _____
      wieviele Minuten? ___ Min ___ Min
Müssen Sie oft einen Parkplatz suchen?
   ☐ ja ☐ nein
   Wenn ja, wie lange? ___ Min
reine Fahrzeit eines Weges (ohne Stau und Parkplatzsuche): ___ Min
Wie weit ist es vom Parkhaus/Parkplatz bis zum Arbeitsplatz?
   (1 Weg) _____ Meter

Kosten:
Kosten für eine Hin- und Rückfahrt
   (Benzin etc.): __,__ DM

Parkhaus/Parkplatz gehört Arbeitgeber? ☐ ja ☐ nein
Parkgebühr:
   ☐ keine
   ☐ __,__ DM/Tag.

Fahrtkostenzuschuß des Arbeitgebers: ___,__ DM/Monat
   Bemessungsgrundlage: _____

Wenn Sie **n i c h t** Autofahrer (Einzelfahrer) sind, aber einen Pkw für die Fahrt zur Arbeit benutzen könnten, dann füllen Sie bitte **d i e s e S e i t e** aus (**Schätzwerte**), andernfalls blättern Sie bitte um.

Zeit:
Stünden Sie oft im Stau? ☐ ja ☐ nein
   Wenn ja: ☐ Hinweg ☐ Rückweg
      wo? _____ _____
      wieviele Minuten? ___ Min ___ Min
Müßten Sie oft einen Parkplatz suchen?
   ☐ ja ☐ nein
   Wenn ja, wie lange? ___ Min
reine Fahrzeit eines Weges (ohne Stau und Parkplatzsuche): ___ Min
Wie weit wäre es vom Parkhaus/Parkplatz bis zum Arbeitsplatz?
   (1 Weg) _____ Meter

Kosten:
Kosten für eine Hin- und Rückfahrt
   (Benzin etc.): __,__ DM

Parkhaus/Parkplatz gehört Arbeitgeber? ☐ ja ☐ nein
Müßten Sie eine Parkgebühr bezahlen?
   ☐ keine
   ☐ __,__ DM/Tag.

Fahrtkostenzuschuß des Arbeitgebers: ___,__ DM/Monat
   Bemessungsgrundlage: _____

Wenn Sie regelmäßiger oder gelegentlicher Mitfahrer in einer **F A H R -
G E M E I N S C H A F T** sind, dann füllen Sie bitte **d i e s e   S e i t e**
aus, andernfalls blättern Sie bitte um.

Wieviele Mitfahrer sind in Ihrer Fahrgemeinschaft? ☐
Fahren Sie den Pkw?
    ☐ ja, immer   ☐ ja, im Wechsel   ☐ nein

Zeit:
Um wieviele Min verlängert sich der Weg durch das Abholen der
   Mitfahrer?   Umweg: ___ Min   Wartezeit: ___ Min
Stehen Sie oft im **Stau**?   ☐ ja ☐ nein
   Wenn ja: ☐ Hinweg   ☐ Rückweg
      wo? _____ _____
      wieviele Minuten? ___ Min ___ Min
Wenn Sie abgesetzt werden: Wie lang ist der Fußweg zur Arbeit?
   (1 Weg) _____ Meter
Wenn Sie nicht abgesetzt werden: Wie weit ist es vom Parkhaus/Parkplatz
   bis zum Arbeitsplatz? (1 Weg) _____ Meter
Müssen Sie oft einen Parkplatz suchen?   ☐ ja ☐ nein
   Wenn ja, wie lange?   ___ Min
reine Fahrzeit eines Weges (ohne Stau, Parkplatzsuche, Fußweg): ___ Min
Entstehen Ihnen Wartezeiten durch abweichende Arbeitszeiten der
   Mitfahrer?   ☐ ja ☐ nein
   Wenn ja, wieviele Minuten?   ___ Min

Ihr A n t e i l an den Kosten:
Kosten für eine Hin- und Rückfahrt
   (Benzin etc.): __,__ DM

Parkhaus/Parkplatz gehört dem Arbeitgeber eines Mitfahrers?
   ☐ ja ☐ nein
Parkgebühr:
   ☐ keine
   ☐ __,__ DM/Tag.

Fahrtkostenzuschuß des Arbeitgebers: ___,__ DM/Monat
   Bemessungsgrundlage: _____

Wenn Sie **n i c h t** Mitfahrer in einer Fahrgemeinschaft sind: Kennen Sie jemanden, der etwa den gleichen Berufsweg zurücklegt wie Sie?
 ☐ ja ☐ nein **Wenn ja,** dann füllen Sie bitte auf dieser Seite **Schätzwerte** für den Fall einer **Fahrgemeinschaft mit dieser Person** aus, andernfalls blättern Sie bitte um.

Führen Sie den Pkw in einer Mitfahrgemeinschaft?
 ☐ ja, immer ☐ ja, im Wechsel ☐ nein

Zeit:
Um wieviele Min verlängert sich der Weg durch das Abholen des Mitfahrers? Umweg: __ Min Wartezeit: __ Min
Stünden Sie oft im **Stau**? ☐ ja ☐ nein
 Wenn ja: ☐ Hinweg ☐ Rückweg
  wo? _____ _____
  wieviele Minuten? __ Min __ Min
Wenn Sie abgesetzt würden: Wie lang wäre der Fußweg zur Arbeit?
 (1 Weg) __ Meter
Wenn Sie nicht abgesetzt würden: Wie weit wäre es vom Parkhaus/Parkplatz bis zum Arbeitsplatz? (1 Weg) __ Meter
Müßten Sie oft einen Parkplatz suchen? ☐ ja ☐ nein
 Wenn ja, wie lange? __ Min
reine Fahrzeit eines Weges (ohne Stau, Parkplatzsuche, Fußweg): __ Min
Entstünden Ihnen Wartezeiten durch abweichende Arbeitszeiten des Mitfahrers? ☐ ja ☐ nein
 Wenn ja, wieviele Minuten? __ Min

Ihr A n t e i l an den Kosten:
Kosten für Hin- und Rückfahrt
 (Benzin etc.): __,__ DM

Parkhaus/Parkplatz gehörte dem Arbeitgeber des Mitfahrers?
 ☐ ja ☐ nein
Parkgebühr:
 ☐ keine
 ☐ __,__ DM/Tag.

Fahrtkostenzuschuß des Arbeitgebers: ___,__ DM/Monat
 Bemessungsgrundlage: _____

Wenn Sie regelmäßiger oder gelegentlicher **B U S / B A H N F A H R E R** sind, dann füllen Sie bitte **d i e s e S e i t e** aus, andernfalls blättern Sie bitte um.

Zeit:
Entfernung der Haltestelle/des Bahnhofs von der Wohnung: ___ Min
Verkehrsmittel bis zur Haltestelle/zum Bahnhof:
    1 Fußweg
    2 Fahrrad
    3 Auto-Mitfahrer
Ist der Bus/Zug normalerweise pünktlich (max. 5 Min zu spät)?
    ☐ ja   ☐ nein
normale Wartezeit an der Haltestelle/dem Bahnhof:___ Min
Umsteigen erforderlich?   ☐ ja   ☐ nein
    Wenn ja, Wo? _____
             Umsteigezeit? ___ Min
Steht der Bus oft im **Stau**?   ☐ ja ☐ nein
    Wenn ja: ☐ Hinweg   ☐ Rückweg
        wo? _____   _____
        wieviele Minuten? ___ Min   ___ Min
<u>reine</u> Fahrtzeit des Busses/Zuges (incl. Umsteigezeit, ohne Stau): ___ Min
Wie weit ist es von der Haltestelle/dem Bahnhof bis zum Arbeitsplatz?
    (1 Weg)_____ Meter
Wartezeit an der Haltestelle/dem Bahnhof der Stadt Münster auf dem
    Rückweg:___ Min

Preis:
Fahrkartenart:
    1 Einzelkarte   3 Monatskarte
    2 Mehrfachkarte 4 Jahreskarte
Preis: ___,__ DM
Fahrtkostenzuschuß des Arbeitgebers: ___,__ DM/Monat
    Bemessungsgrundlage: _____

Frequenz:
Wie oft fährt der Bus/Zug in einer Stunde? alle ___ Min

Komfort:
Haben Sie normalerweise einen Sitzplatz? ☐ ja ☐ nein
Sind die Haltestellen überdacht?   ☐ ja ☐ nein

Wenn Sie **n i c h t** Bus- oder Bahnfahrer sind, dann füllen Sie bitte diese Seite aus (**Schätzwerte**), andernfalls blättern Sie bitte um.

Zeit:
Wie weit ist die/der nächste Haltestelle/Bahnhof von der Wohnung entfernt? ___ Min
Welches Verkehrsmittel würden Sie bis zur Haltestelle/ zum Bahnhof benutzen?
    1 Fußweg
    2 Fahrrad   ☐
    3 Auto-Mitfahrer
Wäre der Bus/Zug normalerweise pünktlich (max. 5 Min zu spät)?
    ☐ ja   ☐ nein
Wartezeit an der Haltestelle/dem Bahnhof: ___ Min
Wäre ein Umsteigen erforderlich?   ☐ ja   ☐ nein
    Wenn ja, Wo? _____
        geschätzte Umsteigezeit: ___ Min
Stünde der Bus oft im **Stau**?   ☐ ja   ☐ nein
    Wenn ja: ☐ Hinweg   ☐ Rückweg
        wo? _____ _____
        wieviele Minuten? ___ Min   ___ Min
<u>reine</u> Fahrtzeit des Busses/Zuges (ohne Stau; mit Umsteigezeit): ___ Min
Wie weit wäre es von der Haltestelle/dem Bahnhof bis zum Arbeitsplatz: (1 Weg) ___ Meter
Wartezeit an der Haltestelle/dem Bahnhof der Stadt Münster auf dem Rückweg: ___ Min

Preis:
Preis für die tägliche Hin- und Rückfahrt: ___,__ DM
Fahrtkostenzuschuß des Arbeitgebers: ___,__ DM/Monat
    Bemessungsgrundlage: _____

Frequenz:
Wie oft führe der Bus/Zug in einer Stunde? alle ___ Min

Komfort:
Hätten Sie normalerweise einen Sitzplatz?   ☐ ja   ☐ nein
Sind die Haltestellen überdacht?   ☐ ja   ☐ nein

Wenn Sie regelmäßig oder gelegentlich eine **PARK & RIDE**-Möglichkeit nutzen, dann füllen Sie bitte **d i e s e   S e i t e** aus, andernfalls blättern Sie bitte um.

Welche Park & Ride-Möglichkeit benutzen Sie? _____

Zeit:
Stehen Sie oft im **Stau**?   ☐ ja   ☐ nein
   Wenn ja: ☐ Hinweg   ☐ Rückweg
      wo? _____   _____
      wieviele Minuten?   ___ Min   ___ Min
Sind die Park & Ride-Plätze ausgelastet?   ☐ ja   ☐ nein
   Wenn ja, wie lange suchen Sie einen Parkplatz?   ___ Min
Wie lange warten Sie auf einen Bus?   ___ Min
Ist ein Umsteigen in der Stadt erforderlich?   ☐ ja   ☐ nein
   Wenn ja, wo? _____
      Wartezeit: ___ Min
Steht der Bus oft im **Stau**?   ☐ ja   ☐ nein
   Wenn ja: ☐ Hinweg   ☐ Rückweg
      wo? _____   _____
      wieviele Minuten?   ___ Min   ___ Min
Fahrzeit eines Weges (ohne Stau und Parkplatzsuche;
   mit Wartezeit am P&R-Platz, Busfahrt und Umsteigezeit):   ___ Min
Wie weit ist es von der Haltestelle bis zum Arbeitsplatz?
   (1 Weg) _____ Meter

Kosten:
Kosten für eine Hin- und Rückfahrt
   (Benzin etc.):   __,__ DM

Park & Ride -Gebühr: Parken: __,__ DM/Tag
                       Bus: __,__ DM/Tag

Fahrtkostenzuschuß des Arbeitgebers: ___,__ DM/Monat
   Bemessungsgrundlage: _____

Frequenz:
Wie oft fährt der Bus in einer Stunde?   alle ___ Min

Komfort:
Haben Sie normalerweise einen Sitzplatz?   ☐ ja   ☐ nein
Sind die Haltestellen überdacht?   ☐ ja   ☐ nein

Wenn Sie **n i c h t** Park & Ride - Möglichkeiten nutzen, aber einen Pkw für die Fahrt zur Arbeit benutzen könnten, dann füllen Sie bitte diese Seite aus (**Schätzwerte**), andernfalls blättern Sie bitte um.

Welche Park & Ride-Möglichkeit könnten Sie benutzen? _____

Zeit:
Stünden Sie oft im **Stau**?   ☐ ja   ☐ nein
   Wenn ja: ☐ Hinweg   ☐ Rückweg
     wo? _____   _____
     wieviele Minuten?   ___ Min   ___ Min
Sind die Park & Ride-Plätze ausgelastet?   ja ☐ / nein ☐
   Wenn ja, wie lange müßten Sie einen Parkplatz suchen?   ___ Min
Wie lange warteten Sie auf einen Bus?   ___ Min
Ist ein Umsteigen in der Stadt erforderlich?   ☐ ja   ☐ nein
   Wenn ja, wo? _____
     geschätzte Wartezeit: ___ Min
Stünde der Bus oft im **Stau**?   ☐ ja   ☐ nein
   Wenn ja: ☐ Hinweg   ☐ Rückweg
     wo? _____   _____
     wieviele Minuten?   ___ Min   ___ Min
Fahrzeit eines Weges (ohne Stau und Parkplatzsuche; mit Wartezeit am P&R-Platz, Busfahrt und Umsteigezeit):   ___ Min
Wie weit wäre es von der Haltestelle bis zum Arbeitsplatz?
   (1 Weg) ___ Meter

Kosten:
Kosten für eine Hin- und Rückfahrt
   (Benzin etc.):   __,__ DM
Park & Ride -Gebühr: Parken: __,__ DM/Tag
                     Bus: __,__ DM/Tag
Fahrtkostenzuschuß des Arbeitgebers: ___,__ DM/Monat
   Bemessungsgrundlage: _____

Frequenz:
Wie oft führe der Bus in einer Stunde?   alle ___ Min

Komfort:
Hätten Sie normalerweise einen Sitzplatz?   ☐ ja   ☐ nein
Sind die Haltestellen überdacht?   ☐ ja   ☐ nein

KOMFORT der Verkehrsmittel

Bitte bewerten Sie den Komfort bei allen Verkehrsmitteln in ihrer **h e u - t i g e n   S i t u a t i o n**. Neben für das jeweilige Verkehrsmittel vorgeschlagenen Komfortkriterien können Sie selbst weitere hinzufügen (mit Ausnahme der Kriterien Geschwindigkeit und Fußweg in der Innenstadt).

A u t o ☐ sehr gut ☐ gut ☐ mäßig ☐ schlecht

    Kriterien für die Bewertung: Stau und Parkplatzsuche
    Weitere: _____
    _____

B u s / B a h n ☐ sehr gut ☐ gut ☐ mäßig ☐ schlecht

    Kriterien für die Bewertung: Warten, Pünktlichkeit, Frequenz, Umsteigen, Sitzplatz, Wetterschutz
    Weitere: _____
    _____

Fahrgemeinschaft ☐ sehr gut ☐ gut ☐ mäßig ☐ schlecht

    Kriterien für die Bewertung: Stau, Parkplatzsuche, Warten, Umweg
    Weitere: _____
    _____

Park & Ride ☐ sehr gut ☐ gut ☐ mäßig ☐ schlecht

    Kriterien für die Bewertung: Stau, Parkplatzsuche, Warten, Pünktlichkeit, Frequenz, Umsteigen, Sitzplatz und Wetterschutz
    Weitere: _____
    _____

Vom Interviewer auszufüllen !!!

Nehmen Sie bitte an einem kleinen Experiment teil. Sie erhalten eine Folge von Karten, die Merkmale von **wirklichen und nicht wirklichen Verkehrssituationen** enthalten. Um es zunächst einfach zu halten, **ordnen Sie bitte die Karten nach Plätzen** (1. Platz für die Ihrer Meinung nach beste Situation, egal, ob sie wirklich existiert oder nicht, 2. Platz für die nächstbeste Situation …). **Plätze können auch doppelt** vergeben werden.

Platz-Nr.:	1															
Karten-Nr.:																

Ordnen Sie nun die Karten in einer **eindeutigen Reihenfolge**. Plätze dürfen **nicht mehr doppelt vergeben** sein.

Platz-Nr.:	1	2	3	4	5	6	7	8	9	10	11	12	13	14	15	16
Karten-Nr.:																
Punktzahl:	100															

Geben Sie bitte **jeder Situation** abschließend eine **Punktzahl**, wobei Sie der **besten Situation 100 Punkte** geben, der zweitbesten entsprechend weniger …

Die abschließenden Fragen werden Sie wahrscheinlich nur ungern beantworten, sie sind aber für die Untersuchung von **großer Bedeutung**!

Um Ihnen ein Vertrauen in die Wahrung des **Datenschutzes** zu ermöglichen, sei zur Behandlung der Daten folgendes gesagt:
1. Die Einkommensdaten stehen am Ende dieses Fragebogens, da sie **getrennt** von allen anderen Daten von einer anderen Person eingegeben werden.
2. Alle Daten werden nur in aggregierter, d.h. **zusammengefaßter Form** verwendet. Ein **Rückschluß** aus der Arbeit auf einzelne Personen ist **nicht möglich**!!!
3. Die Einkommensdaten werden zudem von der Datenmatrix nach der Untersuchung getrennt.

Bitte geben Sie an:
a) Ihr verfügbares Einkommen (Brutto abzüglich Steuern und Sozialabgaben in DM)
b) das verfügbare Haushaltseinkommen (Brutto abzüglich Steuern und Sozialabgaben in DM):

☐	bis	499	☐	500 - 999
☐	1.000	- 1.499	☐	1.500 - 1.999
☐	2.000	- 2.499	☐	2.500 - 2.999
☐	3.000	- 3.499	☐	3.500 - 3.999
☐	4.000	- 4.499	☐	4.500 - 4.999
☐	5.000	- 5.499	☐	5.500 - 5.999
☐	6.000	- 6.499	☐	6.500 - 6.999
☐	7.000	- 7.499	☐	7.500 - 7.999
☐	8.000	- 8.499	☐	8.500 - 8.999
☐	9.000	- 9.499	☐	9.500 - 9.999
☐	10.000	und mehr		

Literaturverzeichnis

Monographien und Artikel

Abay, G., Zehnder, C. (1992), Road Pricing für die Agglomeration Bern, Zürich

Addelman, S. (1962), Orthogonal Main-Effect Plans for Asymmetrical Factorial Experiments, in: Technometrics, 4. Jg., S. 21-45

Arbeitskreis Bus/Schiene (Hrsg., 1988), Kooperation Bus/Schiene im Münsterland, Vierter Sachstandsbericht des Arbeitskreises, Münster

Bacharach, M. (1976), Economics and the Theory of Games, London u. Basingstoke

Backhaus, K., Ewers, H.-J., u.a. (1992), Marketingstrategien für den schienengebundenen Güterfernverkehr, Beiträge aus dem Institut für Verkehrswissenschaft an der Universität Münster, hrsg. v. H.-J. Ewers, Heft 126, Göttingen

Backhaus, K., u.a. (1990), Multivariate Analysemethoden, Berlin u.a.

Baum, H. (1972), Grundlagen einer Preis-Abgabenpolitik für die städtische Verkehrsinfrastruktur, Düsseldorf

Baum, H. (1991), Verkehrsstrategien in Städten, Köln

Ben-Akiva, M., Atherton, T.J. (1977), Methodology for Short-Range Travel Demand Predictions, Analysis of Carpooling Incentives, in: Journal of Transport Economics and Policy, 11. Jg., S. 224-261

Ben-Akiva, M., Lerman, St.R. (1979), Disaggregate Travel and Mobility Choice Models and Measures of Accessibility, in: Behavioural Travel Modelling, hrsg. v. A. Hensher, P.R. Stopher, London, S. 654-679

Bleymüller, J., Bergs, S., Lamers, A. (1983), Multivariate Analyse für Wirtschaftswissenschaftler, Münster

Bleymüller, J., Gehlert, G., Gülicher, H. (1979), Statistik für Wirtschaftswissenschaftler, München

Böltken, F. (1987), Wahrnehmung und Bewertung von Lebensbedingungen im regionalen und zeitlichen Vergleich, in: Informationen zur Raumentwicklung, S. 749-766

Bohley, P. (1973), Der Nulltarif im Nahverkehr, in: Kyklos, 26. Jg., S. 113-142

Bosserhoff, D., Grund, R., Masak, H.-O. (1990), Straßenbahn komplett beschleunigt, in: Der Nahverkehr, 8. Jg., Heft 6, S. 63-67

Bossert, W., Stehling, F. (1990), Theorie kollektiver Entscheidungen, Berlin u.a.

Bradley, M. (1988), Realism and Adaptation in Designing Hypothetical Travel Choice Concepts, in: Journal of Transport Economics and Policy, 22. Jg., S. 121-137

Braun, G. (1989), Welchen Siedlungsstrukturen muß sich der ÖPNV nach 2000 stellen?, in: ÖPNV nach 2000, Schriftenreihe der Deutschen Verkehrswissenschaftlichen Gesellschaft DVWG, Heft B 117, Köln, S.59-88

Braun, J., Wermuth, M. (1973), VPS 3 - Konzept und Programmsystem eines analytischen Gesamtverkehrsmodells, München

Brauner, D.J. (1986), Determinanten von Angebot und Nachfrage im öffentlichen Personennahverkehr, Krefeld

Brög, W. (1981), Individuelles Verhalten als Basis verhaltensorientierter Modelle, in: Verkehrsnachfragemodelle, Schriftenreihe der Deutschen Verkehrswissenschaftlichen Gesellschaft DVWG, Heft B 57, Köln, S. 136-188

Brüll, A., u.a. (1976), Verhaltensmuster, Verkehrsmittel, Verkehrsnetze - Analysen und Entwicklungen -, Schriftenreihe des Instituts für Stadtbauwesen RWTH Aachen, hrsg. v. A. Mäcke, Aachen

Buchanan, C. (1964), Verkehr in Städten, übersetzt v. H. Lehmann-Grube, Essen

Bucher, H.-J., Kocks, M. (1987), Die Suburbanisierung in der ersten Hälfte der 80er Jahre, in: Informationen zur Raumentwicklung, o.Jg., S. 689-707

Budde (1991), Park-and-Ride, Verbindung des ÖPNV mit dem IV, innovatives P+R Terminal Konzept, in: Nahverkehrsforschung '91, hrsg. v. Bundesministerium für Forschung und Technologie und Bundesministerium für Verkehr, Ottobrunn, S. 295-303

Cambridgeshire County Council (Hrsg., o.J.), Congestion Metering in Cambridge City, o.O.

Carmone, F.J., Green, P.E., Jain, A.K. (1978), Robustness of Conjoint Analysis: Some Monté Carlo Results, in: Journal of Marketing Research, 15. Jg., S. 300-303

Cattin, Ph., Wittink, D.R. (1982), Commercial Use of Conjoint Analysis: A Survey, in: Journal of Marketing, 46. Jg., S. 44-53

Cattin, Ph., Wittink, D.R. (1989), Commercial Use of Conjoint Analysis: An Update, in: Journal of Marketing, 53. Jg., S. 91-96

Cervero, R. (1990), Transit Pricing Research, A Review and Synthesis, Transportation, 17. Jg., S. 117-139

Cerwenka, P., Rommerskirchen, St. (1985), Personenverkehrsprognosen für die Bundesrepublik Deutschland bis zum Jahre 2000, Schriftenreihe des Verbandes der Automobilindustrie e.V. (VDA), Bd. 48, Frankfurt/M.

Chapman, R.G., Staelin, R. (1982), Exploiting Rank Ordered Choice Set Data Within the Stochastic Utility Model, in: Journal of Marketing Research, 19. Jg., S. 288-301

Cook, Th.D., Campbell, D.T. (1981), Quasi-Experimentation, Design & Analysis Issues for Field Settings, Chicago

Daly, H.E. (1990), Toward some Operational Principles of Sustainable Development, in: Ecological Economics, 2. Jg., S. 1-6

Der Bundesminister für Verkehr (Hrsg., 1987), Behindertengerechte Verkehrssysteme - Busverkehr, Forschung Stadtverkehr, hrsg. v. Bundesminister für Verkehr, Heft 43, Hof/Saale

Der Bundesminister für Verkehr (Hrsg.), Verkehr in Zahlen, versch. Jahre

Der Minister für Stadtentwicklung, Wohnen und Verkehr des Landes Nordrhein-Westfalen (Hrsg., 1990), Gesamtverkehrsplan Nordrhein-Westfalen, Dortmund

Der Oberstadtdirektor der Stadt Münster (Hrsg., 1986a), Ratsvorlage 77/86, Anlage 2A, Münster

Der Oberstadtdirektor der Stadt Münster (Hrsg., 1986b), Ratsvorlage 77/86, Anlage 2B, Münster

Der Oberstadtdirektor der Stadt Münster (Hrsg., 1986c), Fortschreibung des Generalverkehrsplanes der Stadt Münster 1981, 3. Stufe, Bericht Planfall Netz I, II, Münster

Der Oberstadtdirektor der Stadt Münster (Hrsg., 1989), Umweltbericht 1988, Beiträge zur Stadtforschung, Stadtentwicklung, Stadtplanung, 1/1989, Münster

Der Oberstadtdirektor der Stadt Münster (Hrsg., 1991a), Luftqualität in Münster, April 1990-März 1991, Werkstattberichte zum Umweltschutz, 5/1991

Der Oberstadtdirektor der Stadt Münster (Hrsg., 1991b), ÖPNV-Förderprogramm Münster 1991, Beiträge zur Stadtforschung, Stadtentwicklung, Stadtplanung, 4/1991, Münster

Der Oberstadtdirektor der Stadt Münster (Hrsg., 1991c), Ratsvorlage 350/91, Münster

Der Oberstadtdirektor der Stadt Münster (Hrsg., 1992), Verkehrsmittelwahl im Berufsverkehr, Programm fahrradfreundliche Stadt, Beiträge zur Stadtforschung, Stadtentwicklung, Stadtplanung, 2/92, Münster

Deutsche Bundesbahn (Hrsg., 1991a), Kursbuch 91/92 der Deutschen Bundesbahn und der Deutschen Reichsbahn (1991), gültig bis 30. Mai 1992

Deutsche Bundesbahn (Hrsg., 1991b), Deutscher Eisenbahn-Personen-, Gepäck- und Expreßguttarif Teil II (1992), Preistafel, gültig ab 1. Januar 1992

Deutsche Shell AG (Hrsg., 1987), Frauen bestimmen die weitere Motorisierung, Hamburg

Deutsche Shell AG (Hrsg., 1989), Grenzen der Motorisierung in Sicht, Shell-Prognose des Pkw-Bestandes bis zum Jahr 2010, Hamburg

Deutscher Städtetag (Hrsg., 1984), Verkehrspolitisches Konzept der deutschen Städte, DST-Beiträge zur Wirtschafts- und Verkehrspolitik, Reihe F, Heft 5, Köln

Deutsches Institut für Wirtschaftsforschung (DIW) (1985), Aktualisierte Pkw-Bestandsprognose für die Bundesrepublik Deutschland bis zum Jahr 2000, DIW-Wochenbericht 37/85, S. 419-425

Dix, M.C., Goodwin, P.B. (1982), Cost of Using a Car (Perception and Fiscal Policy), in: The Future of the Use of a Car, hrsg. v. d. OECD, Round Table 56, Paris, S. 65-179

Domencich, Th.A., McFadden, D. (1975), Urban Travel Demand, A Behavioral Analysis, Contributions to Economic Analysis, hrsg. v. D.W. Jorgenson, J. Waelbrock, Band 93, Amsterdam, Oxford

EMNID (o.J.), KONTIV 1989, Tabellenteil, o.O.

Eichhorn, W. (1979), Modelle und Theorien in den Wirtschaftswissenschaften, in: Wissenschaftstheoretische Grundfragen der Wirtschaftswissenschaften, hrsg. v. H. Raffée, B. Abel, München

Eickeler, R. (1991), Töpfer will Kommunen Mut zum Handeln machen, in: Handelsblatt Nr. 104 v. 4.6.1991, S. 3

Erbe, G. (1968), Optimale Preisbildung bei Unternehmen des öffentlichen Personennahverkehrs, Münster

Ewers, H.-J. (1991), Straßenbenutzungsgebühren als Lenkungs- und Finanzierungsinstrument, in: Mobilität und Verkehr, Reichen die heutigen Konzepte aus?, VDI Berichte 915, S. 73-82

Ewers, H.-J. (1992), Der Weg der Vernunft in der Verkehrspolitik, Ökologische Verkehrspolitik und das Spannungsfeld Stadt/Land, in: Verkehrspolitik kontrovers, hrsg. v. Frankfurter Institut für wirtschaftspolitische Forschung e.V., S. 83-104

Ewers, H.-J., Keuchel, St. (1992), Anmerkungen zum Vorschlag einer Nahverkehrsabgabe in Nordrhein-Westfalen, (unveröffentlichtes Manuskript)

Fachgruppe Forum Mensch und Verkehr (1989), Beeinflussung des Verkehrsverhaltens durch Öffentlichkeitsarbeit, SRL Arbeitsberichte, hrsg. v. d. Vereinigung der Stadt-, Regional- und Landesplaner e. V., Bochum

Forschungsgesellschaft für Straßen- und Verkehrswesen (Hrsg., 1986), VSM Verkehrs-System-Management, Bericht 1986, Köln

Frank, W. (1990), Auswirkungen von Fahrpreisänderungen im öffentlichen Personennahverkehr, Veröffentlichungen des Forschungsinstituts für Wirtschaftspolitik an der Universität Mainz, hrsg. v. H. Bartling u.a., Band 50, Berlin

Frantzke, A. (1989), Die Automobilnachfrage der privaten Haushalte in der Bundesrepublik Deutschland, Schriftenreihe des Verbandes der Automobilindustrie e.V. (VDA), Heft 61, Frankfurt/M.

Fuhrich, M. (1987), Entwicklungsprobleme und Perspektiven aus kommunaler Sicht, in: Informationen zur Raumentwicklung, o.Jg., S. 663-674

GfK Marktforschung (1988), Öffentlicher Personennahverkehr im Urteil der Bevölkerung 1988, hrsg. v. Verband öffentlicher Verkehrsbetriebe (VÖV), Köln

Green, P.E. (1990), Conjoint Analysis in Marketing: New Developments with Implications for Research and Practice, in: Journal of Marketing, 54. Jg., S. 3-19

Green, P.E., Krieger, A.M. (1991), Segmenting Markets with Conjoint Analysis, in: Journal of Marketing, 55. Jg., S. 20-31

Green, P.E., Srinivasan, V. (1978), Conjoint Analysis in Consumer Research: Issues and Outlook, Journal of Consumer Research, 5. Jg., S. 103-123

Green, P.E., Srinivasan, V. (1990), Conjoint Analysis in Marketing: New Developments with Implications for Research and Practice, in: Journal of Marketing, 54. Jg., S. 3-19

Green, P.E., Tull, D.S. (1982), Methoden und Techniken der Marketingforschung, Stuttgart

Gruppe Hardtberg (1986), Untersuchung über die behindertengerechte Gestaltung des öffentlichen Schienenverkehrs, Forschung Stadtverkehr, hrsg. v. Bundesminister für Verkehr, Heft 39, Hof/Saale

Güttler, H., Wittmann, F.-T. (1987), Berichtsregionenkonzept als Forschungs- und Informationsinstrument, in: Informationen zur Raumentwicklung, o.Jg., S. 647-662

Gutknecht, R. (1986), Nachfrageelastizitäten bei Fahrpreis- und Angebotsänderungen, in: Verkehr und Technik, 39. Jg., S. 157-161

Gwilliam, K.M., u.a. (1991), Factors Influencing Mode Choice, Final Report, Rotterdam

Hagerty, M.R. (1985), Improving the Predicitve Power of Conjoint Analysis: The Use of Factor Analysis and Cluster Analysis, in: Journal of Marketing Research, 22. Jg., S. 168-184

Hanusch, H. (1987), Nutzen-Kosten-Analyse, München

Harrod, R.F. (1938), Scope and Method of Economics, in: The Economic Journal, 48. Jg., S. 383-412

Hau, D.T. (1990), Developments in Transport Policy, Electronic Road Pricing, Developments in Hong Kong 1983-1989, in: Journal of Transport Economics and Policy, 24. Jg., S. 203-214

Hautzinger, H., u.a. (1990), Personenverkehrsprognose 2000/2010 für die Bundesverkehrswegeplanung, München

Heggie, I.G. (1976), A Diagnostic Survey of Urban Journey-to-Work Behaviour, in: Modal Choice and the Value of Travel Time, hrsg. v. I.G. Heggie, Oxford, S. 5-47

Heimerl, G., Dobeschinsky, H., Gerhardt, P.H. (1991), Internalisierung externer Kosten - Versuch einer Zuscheidung ausgewählter Komponenten auf die verschiedenen Verkehrsträger, in: Beiträge zur Tagung des "Verkehrswissenschaftlichen Arbeitskreises", St. Pölten

Heimerl, G., Intraplan Consult GmbH München (1988), Standardisierte Bewertung von Verkehrswegeinvestitionen des öffentlichen Personennahverkehrs, o.O.

Held, M. (1982), Verkehrsmittelwahl der Verbraucher, Wirtschaftspsychologische Schriften der Universitäten München und Augsburg, hrsg. v. A. Meyer, H. Brandstetter, Band 8, Berlin

Hensher, D.A., Barnard, P.O., Truong, P.T. (1988), The Role of Stated Preference Methods in Studies of Travel Choice, in: Journal of Transport Economics and Policy, 22. Jg., S. 45-58

Heuer, J.B. (1956), Ökonomische und soziologische Probleme der englischen neuen Städte, in: Deutsche Siedlungs- und Wohnungspolitik, Gegenwartsprobleme und Zukunftsaspekte, Festschrift zum 25-jährigen Bestehen des Instituts für Siedlungs- und Wohnungswesen der Westfälischen Wilhelms-Universität Münster, Köln

Higgins, Th.J. (1990), Demand Management in Suburban Settings, in: Transportation, 17. Jg., S. 93-116

Höfler, K.H., u.a. (1981), Reaktion der ÖPNV-Benutzer auf unterschiedliche Angebotsstandards und Ableitung von Maßnahmen für eine bedarfsgerechte Angebotsgestaltung im ÖPNV, Basel, Hamburg

Hoffmann, H. (1979), Die Charta von Athen, in: Stadtbauwelt, 62. Jg., S. 129-137

Hollatz, J.W., Tamms, F. (Hrsg., 1965), Die kommunalen Verkehrsprobleme in der Bundesrepublik Deutschland, Essen

Holtz, P., Puderbach, Kl. (1991), Kleinräumige Verteilung der Pendler in Münster am 25.5.1987, in: Statistischer Bericht der Stadt Münster 4/1991, Münster, S. 19-54

Howard, E. (1968), Gartenstädte von morgen, hrsg.v. J. Posener, Berlin, Frankfurt/M., Wien

Hunt, J.D. (1992), Valuing In-Vehicle Travel Time in Barcelona, in: International Journal of Transport Economics, 19. Jg., S. 85 - 103

IHK Münster (Hrsg., 1992), Liste der Unternehmen mit mehr als 50 Angestellten in der Stadt Münster, Stand 1992

Intraplan Consult GmbH, München (Hrsg., 1989), Regionale Struktur des Personenverkehrs in der Bundesrepublik Deutschland, ITP Beiträge zur Verkehrsplanung, München

Intraplan München u.a. (Hrsg., 1989), Regionale Struktur des Personenverkehrs in der Bundesrepublik Deutschland im Jahre 1985, München

Jain, A.K., u.a. (1979), A Comparison of the Internal Validity of Alternative Parameter Estimation Methods in Decompositional Multiattribute Preference Models, in: Journal of Marketing, 16. Jg., S. 313-322

Juchum, G., Weich, G., Wichote, H.-J. (1991), Autokosten und Steuern 1991, hrsg. v. ADAC e.V., Bericht Verkehr, Augsburg

Kampmann, R. (1991), Großstädte im Wandel - eine Analyse der Auswirkungen regionaler und sektoraler Entwicklungstendenzen, in: RWI-Mitteilungen, 42. Jg., S. 215-248

Kandler, J. (1987), Wechselbeziehungen zwischen Verkehrsplanung und Stadtentwicklung, in: AfK, 2. Jg., S. 190-205

Keuchel, St. (1992), Internationale Erfahrungen mit Straßenbenutzungsgebühren im Stadtverkehr, in: Internationales Verkehrswesen, 44. Jg., S. 377-386

Kindt, V. (1971), Die Tarifelastizität der Nachfrage im öffentlichen städtischen Personennahverkehr, Göttingen

Klewe, H., Holzapfel, H. (1991), Umweltkarten, in: Verkehr und Technik, 44. Jg., S. 111-128

Kloas, J., Kuhfeld, H. (1987), Verkehrsverhalten im Vergleich, Personenverkehr in der Bundesrepublik Deutschland in den Jahren 1976 und 1982 nach Verkehrsarten, Zwecken, Entfernungsstufen, Gemeindetypen und Bevölkerungsgruppen, Deutsches Institut für Wirtschaftsforschung, Beiträge zur Strukturforschung, Heft 96, Berlin

Kloten, N. (1967), Utopie und Leitbild im wirtschaftspolitischen Denken, in: Kyklos, 20. Jg., S. 334

Knoflacher, H. (1990), Schadstoffbelastungen bei verschiedenen Mobilitätsformen: Das Beispiel Wien, in: Internationales Verkehrswesen, 42. Jg., S. 222-226

Könnemann, B. (1980), Untersuchungen zum Prozess des Verkehrsmittelverhaltens am Beispiel der Verkehrsmittelnutzung in Erlangen unter Berücksichtigung der Wahrnehmungen von Busnutzern, Berlin

Kroes, E.P., Sheldon, R.J. (1988), Stated Preference Methods, in: Journal of Transport Economics and Policy, 22. Jg., S. 11-25

Krug, St. (1988), Quantitative Analyse von Wirkungen ausgewählter Maßnahmen des Verkehrs-System-Managements (VSM) zur Verbesserung der Verkehrsnachfrageschätzung durch ökonometrische Modelle, Schlußbericht, Berkeley

Krug, St. (1989), Verkehrs-System-Management in den USA, in: Internationales Verkehrswesen, 41. Jg., S. 321-328

Kruskal, J.B. (1964a), Multidimensional Scaling by Optimizing Goodness of Fit to a Nonmetric Hypothesis, in: Psychometrica, 29. Jg., S. 1-27

Kruskal, J.B. (1964b), Nonmetric Multidimensional Scaling: A Numerical Method, in: Psychometrica, 29. Jg., S. 115-128

Küchler, R. (1985), Wegekettenorientierte Verkehrsberechnungsmodelle, Darmstadt

Kutter, E. (1972), Demographische Determinanten städtischen Personenverkehrs, Veröffentlichungen des Instituts für Stadtbauwesen, hrsg. v. H. Habekost, Heft 9, Braunschweig

Kutter, E. (1978), Grundlagen der Verkehrsursachenforschung, in: Beiträge zur Verkehrswissenschaft, Schriftenreihe des Instituts für Verkehrsplanung und Verkehrswegebau, Band 1, Berlin

Kypke-Burchardi, B.U. (1975), Wechselbeziehungen zwischen Individualverkehr, öffentlichem Verkehr und Parkproblemen in Großstädten mit unterschiedlicher Wirtschafts- und Sozialstruktur, Wiesbaden

Lancaster, K.J. (1970), A New Approach to Consumer Theory, in: The Demand for Travel, Theory and Measurement, hrsg. v. R.E. Quandt, Lexington, S. 18-54

Le Corbusier (1956), Grundfragen des Städtebaus, Suttgart

Leutzbach, W., Pampel, F. (1983), Aufbereitung von Ergebnissen der Stadtverkehrsforschung, Köln

Louviere, J.J. (1988), Conjoint Analysis Modelling of Stated Preferences, A Review of Theory, Recent Developments and External Validity, in: Journal of Transport Economics and Policy, 22. Jg., S.93-119

Luce, R.D., Raiffa, H. (1957), Games and Decisions, New York u.a.

Mäcke, P.A., Hensel, H. (1975), Arbeitsmethode der städtischen Verkehrsplanung, Wiesbaden, Berlin

Makridakis, S., Reschke, H., Wheelwright, St. (1980), Prognosetechniken für Manager, Wiesbaden

Malhorta, K.N. (1982), Structural Reliability and Stability of Nonmetric Conjoint Analyses, in: Journal of Marketing Research, 19. Jg., S. 199-207

Martens, G., Verron, H. (1979), Interdisziplinäres Forschungsprojekt Akzeptanz von Nahverkehrssystemen - Arbeitsbericht zum Zwischenbericht -, Berlin

McCarthy, G.M. (1969), Multiple Regression Analysis of Household Trip Generation - A Critique, in: Highway Research Record, Nr. 297, S. 31-43

McCullough, J., Best, R. (1979), Conjoint Measurement: Temporal Stability and Structural Reliability, in: Journal of Marketing Research, 16. Jg., S. 26-31

McKay, C. (1989), Möglichkeiten der privatwirtschaftlichen Finanzierung von Verkehrsinfrastruktur-Investitionen in der EG, Beiträge aus dem Institut für Verkehrswissenschaft an der Universität Münster, hrsg. v. H.St. Seidenfus, Heft 119, Göttingen

Meckenheim, N.U. (1987), Das Baugesetzbuch und seine Bedeutung für die Kreise, in: Der Landkreis, 11. Jg., S. 545-548

Meier, G., Weiss, P. (1990), Modelle diskreter Entscheidungen, Wien, New York

Meier, W. (1991), Wie wirken bessere Angebote auf das Verkehrsverhalten?, in: Der Nahverkehr, 10. Jg., Heft 1, S. 8-13

Mötsch, G. (1986), Umweltschutzkarten, in: Verkehr und Technik, 39. Jg., S. 152-156

Moreau, A. (1992), Wie erlebt der Fahrgast die Wartezeiten im öffentlichen Verkehr?, in: Public Transport International, 41. Jg., Heft 3, S. 52-71

OECD (Hrsg., 1985), Co-ordinated Urban Transport Pricing, Paris

OECD (Hrsg., 1988), Cities and Transport, Paris

OECD (Hrsg., 1990), Environmental Policies for Cities in the 1990s, Paris

PLANCO Consulting GmbH (Hrsg., 1991), Externe Kosten des Verkehrs, Essen

Pearce, W.D., Button, K.J. (1989), Improving the Urban Environment: How to Adjust National and Local Government Policy for Sustainable Urban Growth, in: Progress in Planning, hrsg. v. D.R. Diamond u.a., Oxford u.a., S. 139-184

Pischner, Th. (1991), Senkung der Verkehrsemissionen in Stuttgart - Untersuchungen im Rahmen der Erstellung eines Luftreinhalteplanes, in: Informationen zur Raumentwicklung, o.Jg., S. 93-100.

Prognos, BVU (Hrsg., 1989), Güterverkehrsprognosen 2000/2010 für die Bundesverkehrswegeplanung, Schlußbericht, Basel, Freiburg/Breisgau

Pudenz, E. (1974), Die Qualität der Verkehrsbedienung, Göttingen

Puderbach, K. (1992), Berufseinpendler nach Wohnsitzgemeinden und Zeitaufwand für den Weg zur Arbeitsstätte, in: Statistischer Bericht der Stadt Münster 1/1992, Münster

Pütz, Th. (1960), Die wirtschaftspolitische Konzeption, in: Zur Grundlegung wirtschaftspolitischer Konzeptionen, Schriften des Vereins für Socialpolitik, hrsg. v. H.-J. Seraphim, Neue Folge Band 18, Berlin

Ratzenberger, R., Josel, K., Hahn, W. (1989), Maßnahmen zur Steigerung der Attraktivität und der Leistungsfähigkeit des öffentlichen Personennahverkehrs, ifo studien zur Verkehrswirtschaft, Heft 21, München

Regierungspräsident Münster (Hrsg., 1992), Volkszählung am 25. Mai 1987, Darstellung der Pendlerbeziehungen von Münster, krfr. Stadt

Regierungspräsidium Stuttgart (Hrsg., 1988), Das NO_x-Maßnahmegutachten als weiterer Baustein des Luftreinhalteplans Stuttgart/Stadt, Stuttgart

Robert Bosch GmbH, Forschungsinstitut für Kommunikationstechnik (Hrsg., 1991), Konzept für ein umfassendes Verkehrsmanagement, Hildesheim

Röck, W. (1974), Interdependenzen zwischen Städtebaukonzeptionen und Verkehrssystemen, Beiträge aus dem Institut für Verkehrswissenschaft an der Universität Münster, hrsg. v. H.St. Seidenfus, Heft 74, Göttingen

Rothengatter, W. (1989), Soziale Zusatzkosten des Verkehrs, in: Vierteljahreshefte zur Wirtschaftsforschung, hrsg. v. Deutschen Institut für Wirtschaftsforschung (DIW), (o.Jg.), Berlin, S. 62-84

Rüsch, G. (1980), Zur Theorie der Verkehrsplanung, eine allokationstheoretische Analyse, Wien

SPSS Inc. (Hrsg., 1991), SPSS Statistical Algorithms, o.O.

Schaefer, P. (1987), Kriterien zur Beurteilung von Wirksamkeitsuntersuchungen im Verkehrswesen - eine Reflexion der Theorie der internen und externen Validität, in: Verkehrsstatistik heute, Schriftenreihe der Deutschen Verkehrswissenschaftlichen Gesellschaft DVWG, Band B 97, Bergisch Gladbach, S. 187-206

Schmidt, C.-D. (1991), Pilotprojekt bargeldlose Zahlungsmittel, in: Der Nahverkehr, 9. Jg., S. 29-34

Schubö, W., u.a. (1991), SPSS Handbuch der Programmversionen 4.0 und SPSS-X 3.0, Stuttgart, New York

Schumann, J. (1987), Grundzüge der mikroökonomischen Theorie, Berlin, Heidelberg

Seidenfus, H.St. (1983), Das Konzept der Effizienz und der Effektivität und seine Bedeutung für den Verkehr, in: Raccolta delle Lezioni, XXIII. Corso Internationale, hrsg. v. Istituto per lo Studio dei Trasporti nell' Integrazione Economica Europea, Triest, S. 27-41

Seidenfus, H.St. (1985), Möglichkeiten der Transportrationalisierung zur Sicherung der internationalen Wettbewerbsfähigkeit der deutschen Montanindustrie, Beiträge aus dem Institut für Verkehrswissenschaft, hrsg. v. H.St. Seidenfus, Heft 105, Göttingen

Simon, H., Kucher, E. (1988), Die Bestimmung empirischer Preisabsatzfunktionen, in: ZfB, 58. Jg., S. 171-183

Socialdata (1985), Repräsentativ-Erhebung zur Ermittlung des Mobilitätsverhaltens (Mobilitäts-)Behinderter und ihrer Haushaltsmitglieder, Forschung Stadtverkehr, hrsg. v. Bundesminister für Verkehr, Heft 36, Hof/Saale

Socialdata (1992), Mobilität im Kreis Borken, Verhalten, Einschätzungen, Chancen für den ÖPNV, München

Solheim, T., (1991), The Toll-Ring in Oslo - Presentation of a Study-Programm and Some Preliminary Results, Vortrag, gehalten auf der OECD-Tagung vom 3.-4. Juni 1991 in Chiba, Japan

Stadt Münster Wirtschaftsförderung (Hrsg., 1992), Liste der öffentlichen Einrichtungen der Stadt Münster, Stand 1992

Stadtwerke Münster GmbH (Hrsg., 1991), Fahrplan Stadt Münster - Winter 1991/92 -, gültig ab 29. September 1991 bis 30. Mai 1992

Statistisches Bundesamt (Hrsg., o.J.), Statistische Jahrbücher für die Bundesrepublik Deutschland, Stuttgart

Statistisches Bundesamt (Hrsg., 1991), Statistisches Jahrbuch 1991 für das vereinte Deutschland, Wiesbaden

Stegt, J., Seehausen, K.R. (1990), Die neue Baunutzungsverordnung 1990, Wesentliche Ziele und Inhalte, in: Der Landkreis, 7. Jg., S. 299-302

Steierwald Schönharting und Partner u.a. (1988), Luftreinhalteplan Stuttgart - Gutachten zur Senkung der Verkehrsemissionen, Stuttgart

Steinhausen, D., Langer, K. (1977), Clusteranalyse, Berlin, New York

Stelzl, I. (1984), Artikel 'Experiment', in: Sozialwissenschaftliche Methoden, hrsg. v. E. Roth, München, S. 220-237

Stiftung Warentest (Hrsg., 1991), test-Sonderheft Auto, Berlin

Stock, R. (1991), Parkraummanagement kontra Citysperrung, in: Mobilität und Verkehr, Reichen die heutigen Konzepte aus?, VDI Berichte 915, S. 133-151

Stopher, P.R., Meyburg, A.H. (1975), Urban Transportation Modelling and Planning, Lexington, Toronto, London

Streit, M.E. (1991), Theorie der Wirtschaftspolitik, Düsseldorf

Studiengesellschaft für unterirdische Verkehrsanlagen e.V., STUVA, (1978), Untersuchung zur Frage der verstärkten Berücksichtigung der Belange von Behinderten im öffentlichen Personennahverkehr, Forschung Stadtverkehr, hrsg. v. Bundesminister für Verkehr, Heft 23, Bonn-Bad Godesberg

Thomas, L. (1983), Der Einfluß von Kindern auf die Produktpräferenzen ihrer Mütter, Berlin

Tokarski (1991), Demonstrationsvorhaben Busverkehrssystem Lübeck - Erfahrungen aus der Realisierung eines rechnergestützten Betriebsleitsystems (RBL), in: Nahverkehrsforschung '91, hrsg. v. Bundesministerium für Forschung und Technologie und Bundesministerium für Verkehr, Ottobrunn, S. 348-362

Transport and Road Research Laboratory (TRRL) (Hrsg., 1980), The Demand for Public Transport, Crowthorne

Umweltbundesamt (Hrsg., 1991), Verkehrsbedingte Luft- und Lärmbelastungen - Emissionen, Immissionen, Wirkungen -, Berlin

Umweltbundesamt (Hrsg., 1990), Daten zur Umwelt 1988/1989, Berlin

Umweltbundesamt (Hrsg., 1992), Daten zur Umwelt 1990/1991, Berlin

Verband öffentlicher Verkehrsbetriebe VÖV (Hrsg.), Statistik, versch. Jahrgänge

Verband öffentlicher Verkehrsbetriebe, Deutscher Städtetag (Hrsg., 1990), Finanzierung des Nahverkehrs, Köln

Verband öffentlicher Verkehrsbetriebe, Deutscher Städtetag, Deutsche Bundesbahn (Hrsg., 1986), Gemeinde-Verkehrs-Finanzierung für Busse und Bahnen 1967-1986, Köln

Vereinigung der Stadt-, Regional- und Landesplaner e.V. (SRL) (Hrsg., 1989), Beeinflussung des Verkehrsverhaltens durch Öffentlichkeitsarbeit, Bochum

Verkehrsbericht 1970 der Bundesregierung, BtDrs. VI/1350, Bonn 1970

Verkehrsgemeinschaft Münsterland (Hrsg., 1991), Kreisfahrpläne Steinfurt, Warendorf, Coesfeld und Borken, gültig ab 2. Juni 1991

Verkehrsgemeinschaft Ruhr-Lippe (Hrsg., 1992), Kreisfahrpläne Unna, Hochsauerland und Soest, Fahrplan Hamm, gültig ab Juni 1992

Verkehrsgemeinschaften Münsterland und Ruhr-Lippe (1991), VGM/VRL Preisstufenübersicht, gültig ab 2. Juni 1991

Verkehrsministerium Baden-Württemberg (Hrsg., 1991), Überlegungen der Arbeitsgruppe Nahverkehrsabgabe (NVA), Stuttgart

Verkehrsverbund Rhein-Ruhr (Hrsg., 1991), Tarif-Information, Essen, Mülheim an der Ruhr, gültig ab Januar 1991

Verron, H. (1986), Verkehrsmittelwahl als Reaktion auf ein Angebot, Berlin

Vierter Immissionsschutzbericht der Bundesregierung, BtDrs. 11/2714 v. 28.7.1988

Vogel, K. (1991), Verfassungsmäßigkeit einer Nahverkehrsabgabe in Baden-Württemberg - Rechtsgutachten -, München

Walther, K. (1975), Die fahrzeitäquivalente Reisezeit im öffentlichen Personennahverkehr, in: Verkehr und Technik, 28. Jg., S. 271-275

Weber, K. (1989), Wirtschaftsprognostik, München

Weber, M. (1990), ÖPNV-Beschleunigung und Betriebsleittechnik, in: Verkehr und Technik, 43. Jg., S. 171-178

Weber, M. (1991), Von der Straßenbahn zur Stadtbahn, in: Verkehr und Technik, 44. Jg., S.158-169

Weis, H.Chr., Steinmetz, P. (1991), Marktforschung, Ludwigshafen

Wermuth, M. (1981), Verhaltensorientierte Verkehrsnachfragemodelle, Konzeption und praktische Anwendbarkeit, in: Verkehrsnachfragemodelle, Schriftenreihe der Deutschen Verkehrswissenschaftlichen Gesellschaft DVWG, Band B 57, Köln, S. 96-135

Westfälische Bauindustrie GmbH (Hrsg., 1991), Informationsschrift Parkhaus Theater, Stand 01/91, o.O.

Wittink, D.R., Cattin, Ph. (1981), Alternative Estimation Methods for Conjoint Analysis: A Monté Carlo Study, Journal of Marketing Research, 18. Jg., S. 101-106

Rechtsvorschriften

Baugesetzbuch (BauGB) v. 8.12.1986 (BGBl I S. 2253), geändert durch Gesetz v. 25.7.1988 (BGBl I S. 1093)

Bundes-Immissionsschutzgesetz (BImSchG) v. 14.5.1990 (BGBl I S. 881)

Gesetzesentwurf der Fraktion DIE GRÜNEN zur Einführung einer Lenkungsabgabe zur Reduzierung des motorisierten Individualverkehrs in den Städten und Gemeinden des Landes Nordrhein-Westfalen ("Nahverkehrsabgabe"), Landtag Nordrhein-Westfalen, LtDrs. 11/2644 v. 4.11.1991

Richtlinie des Rates v. 7. März 1985 über Luftqualitätsnormen für Stickstoffdioxid, 85/203/EWG, in: Amtsblatt der Europäischen Gemeinschaften, 28. Jg. (1985), L 87, Anhang III

Technische Anleitung zur Reinhaltung der Luft (TA-Luft) v. 27.2.1986 (GMBl S. 95)

Verordnung über die bauliche Nutzung der Grundstücke (Baunutzungsverordnung - BauNVO) in der Neufassung v. 23.1.1990 (BGBl I S. 133)

BEITRÄGE AUS DEM INSTITUT FÜR VERKEHRSWISSENSCHAFT AN DER UNIVERSITÄT MÜNSTER

Herausgegeben von Hellmuth St. Seidenfus

Heft 88: **Investitionsentscheidungen im Güterverkehr.** 206 S., brosch.
Heft 89: **Wirtschaftlicher Strukturwandel und Verkehr.** 336 S., brosch.
Heft 90: K. HILLEBRAND, **Geldwertstabilität und Verkehrssektor.** 189 S., brosch.
Heft 91: **Effiziente Verkehrspolitik — Voraussetzungen und Probleme.** 173 S., brosch.
Heft 92: H.-W. DÜNNER, **Die Wettbewerbssituation auf den Güterverkehrsmärkten der Bundesrepublik Deutschland.** 179 S., brosch.
Heft 93: H. ST. SEIDENFUS u. a., **Neuorientierung der Verkehrspolitik?** 131 S., brosch.
Heft 94: **Die deutschen Universalhäfen und ihre Hinterlandverbindungen.** 220 S., brosch.
Heft 95: P. FAUST, **Kooperation in der Massengutschiffahrt unter besonderer Berücksichtigung der Entwicklungsländerflotten.** 224 S., brosch.
Heft 96: H.-J. MASSENBERG, **Deregulierung des Güterverkehrs in der Bundesrepublik Deutschland.** 265 S., brosch.
Heft 97: H.-G. SCHLENKERMANN, **Die Konzentration in der Binnenschiffahrt — Ursachen und Entwicklungen.** 393 S., brosch.
Heft 98: N. SPARDING, **Interdependenzen des Regionalverkehrs — Systemanalyse und Modellentwicklung.** 255 S., brosch.
Heft 99: **Der internationale Güterverkehr in Europa — Entwicklungsstand und Perspektiven.** 241 S., brosch.
Heft 100: **Das mittelständische Güterverkehrsgewerbe — Bedeutung und Probleme.** 161 S., brosch.
Heft 101: **Transportsysteme und Verkehrspolitik.** 136 S., brosch.
Heft 102: J. OFFERGELD, **Spezialisierung des Verkehrsangebotes und Strukturwandel in der verladenden Wirtschaft.** 185 S., brosch.
Heft 103: F. BILLAND, **Der Kraftfahrzeugmarkt der Europäischen Gemeinschaften im Spannungsfeld zwischen binnenwirtschaftlicher und weltwirtschaftlicher Integration.** 283 S., brosch.
Heft 104: **Innovation im Verkehr.** 225 S., brosch.
Heft 105: H. ST. SEIDENFUS, **Möglichkeiten der Transportrationalisierung zur Sicherung der internationalen Wettbewerbsfähigkeit der deutschen Montanindustrie.** 242 S., brosch.
Heft 106: H. AUSTERMANN, **Die Unternehmenspolitik der nordwesteuropäischen Fluggesellschaften nach der Deregulierung des US-amerikanischen Luftverkehrsmarktes.** 193 S., brosch.
Heft 107: B. REUTERSBERG, **Logistik als Instrument zur Steigerung der Marktleistungsfähigkeit von Stahlhandlungen.** XII, 289 S., brosch.
Heft 108: E. MÖHLMANN, **Möglichkeiten der Effizienzsteigerung logistischer Systeme durch den Einsatz neuer Informations- und Kommunikationstechnologien im Güterverkehr.** 282 S., brosch.

VANDENHOECK & RUPRECHT IN GÖTTINGEN

BEITRÄGE AUS DEM INSTITUT FÜR VERKEHRSWISSENSCHAFT AN DER UNIVERSITÄT MÜNSTER

Herausgegeben von Hellmuth St. Seidenfus

Heft 109: **Verkehrs- und unternehmenspolitische Anpassungsstrategien an veränderte Ressourcenbewertungen.** 210 S., brosch.

Heft 110: W.H. DEHN, **Qualitative Wachstumschancen der See- und Luftfrachtspedition in der interkontinentalen Distributions-Logistik der Investitionsgüterindustrie.** 201 S., brosch.

Heft 111: **Der EG-Binnenmarkt als verkehrspolitische Aufgabe.** 306 S., brosch.

Heft 112: K. ADEN, **Die Deregulierung des Straßengüterverkehrs der Vereinigten Staaten von Amerika - Eine Analyse ihrer Inhalte und Auswirkungen -.** 206 S., brosch.

Heft 113: D. REHMANN, **Rationalität, Effizienz und Effektivität der staatlichen Förderungspolitik zugunsten des kombinierten Ladungsverkehrs.** 286 S., brosch.

Heft 114: **Strategien zur Verbesserung der Koordination von Verkehrsabläufen.** 169 S., brosch.

Heft 115: M. WIECHERS, **Effiziente Organisation und Finanzierung des öffentlichen Personenverkehrs - Eine Analyse aus der Sicht der Theorie öffentlicher Güter -.** 267 S., brosch.

Heft 116: W. DRECHSLER, **Markteffekte logistischer Systeme - Auswirkungen von Logistik- und unternehmensübergreifenden Informationssystemen im Logistikmarkt -.** 271 S., brosch.

Heft 117: **Der Verkehr in der Phase der Anpassung an den vollendeten Binnenmarkt der EG.** 160 S., brosch.

Heft 118: **Perspektiven des Weltverkehrs.** 185 S., brosch.

Heft 119: C. McKAY, **Möglichkeiten der privatwirtschaftlichen Finanzierung von Verkehrsinfrastruktur-Investitionen in der EG.** 169 S., brosch.

Heft 120: R. GEUTHER, **Der Wettbewerb in der Containerlinienschiffahrt - Der Transportmarkt Bundesrepublik Deutschland - Fernost -.** 227 S., brosch.

Heft 121: M. MEYER-SCHWICKERATH, **Perspektiven des Tourismus in der Bundesrepublik Deutschland - Zur Notwendigkeit eines wirtschaftspolitischen Konzepts -.** 177 S., brosch.

Heft 122: M. HINRICHER, **Die Zukunftschancen kleiner und mittlerer Seehäfen - Eine Untersuchung am Beispiel ausgewählter Seehäfen der Hamburg-Antwerpen-Range -.** 410 S., brosch.

Heft 123: **Probleme des Wettbewerbs zwischen staatlichen und privaten Unternehmen im Verkehr.** 213 S., brosch.

Heft 124: C. KÖSTERS, **Binnenhäfen im Wettbewerb - Eine Analyse am Beispiel der Regionen Niederrhein und Rhein-Main -.** 206 S., brosch.

Heft 125: **Die Anbindung europäischer Drittländer an die Verkehrsmärkte der Gemeinschaft.** 324 S., brosch.

VANDENHOECK & RUPRECHT IN GÖTTINGEN

BEITRÄGE AUS DEM INSTITUT FÜR VERKEHRSWISSENSCHAFT AN DER UNIVERSITÄT MÜNSTER

Herausgegeben von Hans-Jürgen Ewers

Heft 126: K. BACKHAUS, H.-J. EWERS, J. BÜSCHKEN, M. FONGER, **Marketingstrategien für den schienengebundenen Güterfernverkehr.** 284 S., brosch.

Heft 127: P. WITTENBRINK, **Wirkungen einer Internalisierung negativer externer Effekte des Straßengüterverkehrs auf die Güterverkehrsnachfrage.** 102 S., brosch.

Heft 128: In Vorbereitung

Heft 129: K. RENNINGS, M. FONGER, H. MEYER, **Make or Buy · Transaktionskostentheorie als Entscheidungshilfe für die Verkehrswirtschaft.** 146 S., brosch.

Heft 130: W. ALLEMEYER, A. BRENCK, P. WITTENBRINK, F. v. STACKELBERG, **Privatisierung des Schienenverkehrs.** 275 S., brosch.

Heft 131: S. KEUCHEL, **Wirkungsanalyse von Maßnahmen zur Beeinflussung des Verkehrsmittelwahlverhaltens - Eine empirische Untersuchung am Beispiel des Berufsverkehrs der Stadt Münster/Westfalen.** 274 S., brosch.

Heft 132: M. FONGER, **Gesamtwirtschaftlicher Effizienzvergleich alternativer Transportketten - Eine Analyse unter besonderer Berücksichtigung des multimodalen Verkehrs Schiene/Straße -.** 316 S., brosch.

Heft 133: M. HÖLLER, V. HAUBOLD, D. STAHL, H. RODI, **Die Bedeutung von Informations- und Kommunikationstechnologien für den Verkehr.** 240 S., brosch.

VANDENHOECK & RUPRECHT IN GÖTTINGEN

VORTRÄGE UND STUDIEN AUS DEM INSTITUT FÜR VERKEHRSWISSENSCHAFT AN DER UNIVERSITÄT MÜNSTER

Herausgegeben von Hellmuth St. Seidenfus

Heft 9: K. KADAS, **Technisch-ökonomische Steuerung von Verkehrsabläufen mit Hilfe kybernetischer Systeme.** 21 S., geh.

Heft 10: B.T. BAYLISS, **Methodische Probleme von Verkehrsprognosen.** 24 S., geh.

Heft 11: H. ST. SEIDENFUS, **Rationalisierung des öffentlichen Personen-Nahverkehrs.** 24 S., geh.

Heft 12: H. ST. SEIDENFUS - U. MEYKE, **Nutzen-Kosten-Analyse für Wasserstrassenprojekte - Methodenkritische Überlegungen am Beispiel der Rhein - Main - Donau - Verbindung.** 46 S., geh.

Heft 13: H.R. HOPPE - H.J. NOORTMAN, **Aktuelle Probleme der Seehafen- und Regionalpolitik.** 36 S., geh.

Heft 14: G. STORSBERG - A. DE WAELE, **Eisenbahn der Zukunft - Zukunft der Eisenbahn?** 47 S., geh.

Heft 15: **In Memoriam Andreas Predöhl (1893-1974).** 19 S., geh.

Heft 16: D.L. GENTON, **Planung von Verkehrssystemen unter Ungewißheit.** 29 S., geh.

Heft 17: G. W. HEINZE - H.-M. DRUTSCHMANN, **Raum, Verkehr und Siedlung als System - dargestellt am Beispiel der deutschen Stadt des Mittelalters.** 65 S., geh.

Heft 18: H.ST. SEIDENFUS, **Die Bedeutung der Seehäfen für die Industrialisierung Mitteleuropas.** 20 S., geh.

Heft 19: F. J. SCHROIFF, **Verkehrspolitik in der Bundesrepublik Deutschland zwischen Marktwirtschaft und Dirigismus.** 27 S., geh.

Heft 20: H.ST. SEIDENFUS, **Energiewirtschaftlicher Strukturwandel und die Zukunft des Verkehrs.** 33 S., geh.

Heft 21: S. KADAS, **Verkehrsprognosen für Großstädte.** 32 S., geh.

Heft 22: R. JOCHIMSEN, **Die Zukunft des öffentlichen Personennahverkehrs.** 16 S., geh.

Heft 23: H. JÜRGENSEN, **Verkehrspolitik in der Periode der Ressourcenverknappung.** 23 S., geh.

Heft 24: K. ADEN, **Die Deregulierung der Eisenbahnen in den Vereinigten Staaten von Amerika.** 23 S., geh.

Heft 25: T. J. THEIS, **Einflüsse des EG-Binnenmarktes auf die Sicherheit im Straßenverkehr.** 43 S., geh.

Herausgegeben von Hans-Jürgen Ewers

Heft 26: H.-J. EWERS, **Dem Verkehrsinfarkt vorbeugen - Zu einer auch ökologisch erträglicheren Alternative der Verkehrspolitik unter veränderten Rahmenbedingungen.** 68 S., geh.

Heft 27: **Der Verkehr Osteuropas im Wandel.** 52 S., geh.

Heft 28: H.-J. EWERS - F. v. STACKELBERG, **Der Einfluß von EG-Mandat und Tour-de-Rôle auf die deutsche Binnenschiffahrt.** 49 S., geh.

VANDENHOECK & RUPRECHT IN GÖTTINGEN